Vidas de César

Vidas de César

SUETÔNIO

O divino Júlio

Tradução e notas
Antonio da Silveira Mendonça

PLUTARCO

César

Tradução e notas
Ísis Borges Belchior da Fonseca

Estação Liberdade

Copyright © Para a tradução, notas e introdução de *O divino Júlio*, Antonio da Silveira Mendonça, 2007; para tradução e notas de *César*, Ísis Borges Belchior da Fonseca, 2007; para "Introdução a Plutarco", Pedro Paulo A. Funari, 2007.

Revisão	Estação Liberdade
Composição	Johannes C. Bergmann/Estação Liberdade
Capa	Natanael Longo de Oliveira
Imagem da capa	© Bettmann/Corbis/LatinStock
Editores	Angel Bojadsen / Edilberto Fernando Verza

CIP-BRASIL – CATALOGAÇÃO NA FONTE
Sindicato Nacional dos Editores de Livros, RJ

S942v
   Suetônio, ca. 69-ca. 122
     Vidas de César/ por Suetônio e Plutarco ; tradução e notas Antonio da Silveira Mendonça, Ísis Borges Belchior da Fonseca. – São Paulo : Estação Liberdade, 2007
   272 p.

Inclui bibliografia

ISBN-13 978-85-7448-121-0

   1. César, Júlio, 100-44 a.C. 2. Chefes de Estado – Roma – Biografia. 3. Generais – Roma – Biografia. 4. Roma – História – Império, 30 a.C.-248 a.C. – Obras anteriores a 1500. I. Plutarco, ca. 50-ca. 125. II. Título,

06-3860.

                         CDD 923.137
                         CDU 929:32(37)

Todos os direitos reservados à

Editora Estação Liberdade Ltda.
Rua Dona Elisa, 116 01155-030 São Paulo-SP
Tel.: (11) 3661 2881 Fax: (11) 3825 4239
editora@estacaoliberdade.com.br
www.estacaoliberdade.com.br

Sumário

Introdução a Suetônio 11

O DIVINO JÚLIO
Suetônio 19

Introdução a Plutarco 131

CÉSAR
Plutarco 137

SUETÔNIO

O divino Júlio

Introdução a Suetônio

Antonio da Silveira Mendonça*

De Gaio Suetônio Tranqüilo, que escarafunchou a vida de seus biografados com detalhes até mesmo fesceninos, a ponto de um moderno estudioso (injustamente?) compará-lo a um mordomo bisbilhoteiro, pouco ou quase nada se sabe.

A data do nascimento foi por volta do ano 70 d.C.; era filho de uma modesta família eqüestre, classe social de segundo escalão nos tempos da República, mas que com o advento do império ascendeu com a retirada progressiva, não sem esperneio, da aristocracia senatorial republicana. Realmente, foram os eqüestres, de mãos dadas com libertos e com os morigerados recém-togados provinciais os que forneceram os quadros para a administração do vasto império. Tinham a indústria que nos outros estiolara na arrogância e incompetência.

Após os anos de formação intelectual a que os cidadãos de sua estirpe se entregavam, Suetônio, apadrinhado por duas influentes personalidades, o escritor e político Plínio, o Jovem, e Septício Claro, detentor do ambicionado cargo de comandante da guarda pretoriana, entra no círculo do poder. Primeiramente foi administrador, no governo de Trajano (98-117 d.C.), de bibliotecas públicas, cujo primeiro projeto partiu de César, e logo se multiplicaram em Roma e nas províncias e se transformaram em poderoso fator para difusão do livro e da cultura no império. Em seguida,

---

* Antonio da Silveira Mendonça é professor adjunto da Universidade de São Paulo, onde leciona no curso de pós-graduação (Língua e Literatura Latina). Traduziu várias obras, entre as quais *A guerra civil*, de Caio Júlio César, *Júlio César: o ditador democrático*, de Luciano Canfora, ambas pela Estação Liberdade, *A Conjuração de Catilina e a Guerra de Jugurta*, de Salústio (Ed. Vozes), e *Remédios do Amor*, de Ovídio (Ed. Nova Alexandria).

VIDAS DE CÉSAR

no governo de Adriano (117-138 d.C.) coube-lhe a importante chefia dos arquivos imperiais e a secretaria (*ab epistulis*) particular do príncipe, cargos que lhe ensejaram a oportunidade excepcional de inspecionar as entranhas do poder.

Em 122 d.C., essa brilhante carreira, juntamente com a de seu patrono Septício Claro, é interrompida com a dispensa promovida pelo imperador, desejoso talvez, como é comum nas mudanças de administração, de se livrar de qualquer resíduo dos quadros herdados do governo de Trajano.

A partir desse episódio até a data imprecisa da morte do biógrafo não se tem nenhuma pista do percurso dos seus dias; resta apenas a suposição de que tenha consagrado seu ócio para dar as últimas demãos à sua prolífica produção literária, para cuja existência confluíram seu paciente labor em vasculhar toda sorte de documentação e a oportunidade única que lhe proporcionaram os cargos ocupados.

Lamenta-se que entre o que se perdeu da obra de Suetônio esteja *Pratum* (ou *Prata*), vasto repositório de erudição enciclopédica, que na trilha de Varrão e de Plínio, o Velho, procurava fazer o inventário de várias províncias do saber, bem a gosto da época. Conhecida apenas por fragmentos e pelos catálogos de títulos, ela navegava por assuntos como calendário, representações teatrais, jogos, problemas do vestuário, expressões de insulto, etc. Embora se tratasse de obra de compilação e, portanto, pouco original e investigativa, não deixaria de ser bastante valiosa por proporcionar uma visão extensa da história cultural do século II d.C. Mas é por um outro gênero literário que esse incansável compilador de documentos se notabilizou: a biografia.

Embora o pensamento romano, nesse campo, como em muitas outras manifestações do espírito humano, tenha sofrido influência grega, é na autêntica tradição romana que se devem buscar as raízes históricas para o desenvolvimento desse tipo de relato. Ele está em germe nas *laudationes funebres* e nos *tituli* que por longos e longos anos ritualizaram a liturgia do poder da aristocracia dominante. Quando morria um dos seus membros, um magistrado ou familiar, em pomposo cerimonial, fazia o discurso em que se juntava o elogio do morto com a glória de seus ancestrais, estando bem entendido que na publicação das façanhas familiares era de praxe a ocorrência de deslizes promocionais. Antes, porém, do enterro ou da cremação, se fazia

INTRODUÇÃO A SUETÔNIO

reproduzir os traços físicos do defunto em máscara de cera guardada no átrio da casa da família; abaixo dessa reprodução ficava a inscrição (*titulus*) do seu nome, atos praticados, magistraturas ocupadas, etc. Esses registros familiares são considerados pelos estudiosos como o embrião da biografia em Roma.

Com o tempo, o gênero biográfico vai-se configurando com contornos mais definidos. As lutas políticas que a partir da segunda metade do século II a.c. promoveram a cisão entre *optimates* e *populares*, a delegação de poderes extraordinários para a solução de graves crises políticas e econômicas (guerras, rebelião de escravos, repressão à pirataria, ameaças ao abastecimento) fizeram emergir lideranças autocráticas de grande poder político. Nada a estranhar se a literatura latina registre o relato das atividades desses potentados sob a forma de biografia ou autobiografia, apologética ou encomiástica, de que dão prova, entre outras manifestações, os *commentarii* de Sila (138-78 a.C.), de César (100-44 a.C.).

Com Varrão (116-27 a.C.) e Cornélio Nepos (100-24 a.C.), a marcha histórica da biografia romana dá um passo adiante com a apresentação de coletâneas ou séries de biografados. É do polígrafo reatino as *Imagines*, obra hoje desaparecida, mas citada na tradição latina.

Quanto a Cornélio Nepos, as informações que nos chegaram sobre sua vida e, particularmente, o fato de boa parte de sua produção biográfica ter-lhe sobrevivido nos esclarecem sobre seu papel na historiografia romana. Amigo do poeta Catulo, que lhe louva as qualidades de historiador e lhe dedica os famosos *Carmina* (Carmen 1), manteve correspondência com Cícero e foi íntimo de Ático, com quem dividia o pendor pelos estudos históricos e de quem produziu biografia encomiástica. Sua obra *De uiris illustribus*, vasta galeria de homens famosos distribuídos em várias categorias (reis, generais, poetas, oradores, etc.) apresenta um tratamento inovador. Cada categoria se compunha de dois livros: num se exibia o perfil de personalidade romana, no outro a biografia de estrangeiro eminente. Esse tipo internacionalista, digamos assim, de apresentação em paralelo, que algumas décadas depois Plutarco (50?-120? d.C.) celebrizou, dá mostra, a nosso ver, de abertura mental e maturidade cultural. Um intelectual de um império hegemônico não se sente constrangido de fazer muitos de seus expoentes ombrearem com o mérito e o valor de representantes de outras culturas, e um deles, Aníbal, o causador talvez da maior humilhação militar imposta ao nome romano.

VIDAS DE CÉSAR

Da vasta produção do biógrafo até nos chegaram do *De excellentibus ducibus exterarum gentium* 22 biografias de comandantes estrangeiros (19 gregos, um persa e dois cartagineses) e do *De Latinis historicis* a de Catão, o Censor, e de Tito Pompônio Ático.

Se Suetônio tem predecessores no campo biográfico, no entanto, como veremos, ao redigir o *De uita Caesarum*, dotou o gênero de um estatuto tão marcante que, na tradição literária, se tornou modelo canônico para muitos que se aventuraram nesse tipo de narrativa. A coleção narra a vida dos doze primeiros imperadores romanos, de César a Domiciano.

De antemão é bom lembrar um trunfo de crítica externa que Suetônio poderia alegar se ressuscitasse após séculos e séculos que sua obra tem sido lida. Em meio à perda irreparável de grandíssima parte da produção cultural escrita da Antiguidade, sua coletânea sobre os doze imperadores sobreviveu, durante a longa tradição manuscrita, praticamente intacta, com exceção da dedicatória ao amigo Septício Claro e dos capítulos introdutórios da primeira biografia (*César*), que neste livro se publica com o texto original, a tradução e notas. Essa fidelidade e interesse secularmente perdurado reclamariam da crítica um exame sereno e ponderado, particularmente sobre os presumíveis leitores e os objetivos da obra, hoje em dia, ao que parece, ventilados mais recentemente com base em dados da comunicação social.

Na biografia de Augusto (*Diuus Augustus* 9,1) o autor esclarece o esquema de trabalho de acordo com o qual se estruturam seus relatos: *Proposita uitae eius uelut summa, partes singillatim neque per tempora sed per species exsequar, quo distinctius demonstrari cognoscique possent.* ["Após apresentar como que o arcabouço da vida dele, vou desenvolver, uma a uma, diferentes partes, não, porém, cronologicamente, mas por rubricas para que possam ser expostas e conhecidas com bastante precisão."] O texto, como se pode ver, está envolto em preocupação didática; tem o mérito não só de esclarecer o método de trabalho do autor, como também o empenho de que sua recepção seja a mais eficiente possível. Levando-se em conta essa evidente preocupação didática e o reconhecimento atual praticamente unânime de que o público alvo do escritor era o estamento não muito letrado dos eqüestres, dos funcionários públicos da órbita do poder imperial, aqui estaria a razão por que Suetônio adote um tipo de linguagem não raro tida

INTRODUÇÃO A SUETÔNIO

por alguns críticos como pedestre, monótona e sem brilho. A simplicidade teria função pedagógica.

Modernamente é consensual o pensamento de que o aparecimento do gênero biográfico, tendo por protagonista a figura do imperador, estava em sintonia com o momento histórico. De fato, com a implantação do império o centro do poder se desloca do Senado e das instituições correlatas para a corte do príncipe. A vitimação da *Libertas* no altar da *Pax* levou com ela as instituições do antigo regime e o modelo historiográfico que nelas se fundava. A história analística, apesar de ainda ter rasgos estéticos esplêndidos na pena genial de Tácito, estertorava no anacronismo e na ilusão de que a eleição anual dos cônsules balizasse alguma coisa e de que a política orbitasse apenas à volta da grande Cidade. O advento da monarquia imperial alterou a datação histórica, agora não se dirá mais, por exemplo, que Otávio nasceu no consulado de Cícero (63 a.C.). A periodização terá como marco a administração de cada imperador: da sua ascensão à morte ou queda.

É comum encontrar entre os que se ocupam de Suetônio a afirmação de que sua obra biográfica é de cunho erudito, por sinal, uma das características da intelectualidade dos primeiros séculos da nossa era, como se pode ver, por exemplo, na vasta obra de Plínio, o Velho. Não se entenda que o termo envolva apuro, requinte ou elevação de linguagem fornecidos pela retórica. Erudito tem a ver com o enfoque preponderante sobre o conteúdo, a busca minuciosa e a difusão do maior número possível de informações que as fontes lhe possam oferecer. O leitor de Suêtonio não tem dificuldade alguma em depreender o traço erudito de seu trabalho, visível, por exemplo, na biografia de César, através da consulta minuciosa da documentação existente, a discussão, de regra, ponderada sobre assuntos polêmicos, o fornecimento de detalhes sobre a vida pública e, surpreendentemente, as minúcias (pouco exemplares na época) da vida privada do ditador, como preferência homossexual ou ataques adulterinos a rainhas e a esposas de amigos ou aliados.

E toda essa massa de dados é transmitida no fluir de um observador praticamente isento, com indiferença por qualquer visão moralista ou de edificação. Para o autor, sua disciplina pouco ou nada tem a ver com a *magister uitae*, como queria Cícero, e seu ofício de fazer história não se reveste da importância que a ela atribui Salústio para a formação do bom cidadão.

VIDAS DE CÉSAR

Essa atitude, segundo uma boa parte de tratadistas atuais, sobretudo italianos, tem a ver com o público alvo visado pelo historiador. Durante os dois primeiros séculos do império houve um notável trabalho de alfabetização de numerosas camadas da população do império, com a criação de bom número de bibliotecas, e a conseqüente difusão do livro que, ainda de restrita aquisição em razão do custo, podia, de maneira supletiva, ser consultado ou ouvido através das *recitationes*. Os beneficiários desse novo momento (eqüestres, elites provinciais ironizadas pelas elites decadentes, libertos ascendidos, etc.) constituíam uma nova classe de leitores com uma certa unidade ou *coiné* cultural que concorreu para a homogeneização do império. Esse público "burguês" seria o alvo de Suetônio; buscaria ele ir ao encontro do leitor descompromissado que encontraria prazer em conhecer fatos, vários de natureza anedótica, que envolvessem o imperador e sua corte.

Se é esse o público alvo de Suetônio, caem por terra algumas críticas que lhe fazem. Entre elas a seguinte :

"Com ele a história perde sua dignidade majestosa, quase trágica, suas sínteses grandiosas, solenizadas pela retórica, substituídas por detalhes muitas vezes picantes, que já dão mais a noção do homem do que do chefe de Estado."

Ora, o leitor do biógrafo, como num folhetim, não contava ver na figura do príncipe um estadista, mas o perfil de um homem com toda sua concretude, com grandezas, vaidades e misérias. Nesse ponto nada mais emblematicamente suetoniano do que a possibilidade de imaginar o grande César desfilando garboso com a coroa heróica, justo galardão pelo seu feito guerreiro, mas ao mesmo tempo saber que intimamente ele com ela se comprazia porque lhe escondia uns reduzidos longos fios de cabelo e a luzidia e penosa calvície.

São Paulo, março de 2007.

ଠ ଓ

Na composição de notas de rodapé, o tradutor, em não poucas ocasiões, buscou apoio em obras dos seguintes autores:
CANFORA, Luciano. *Júlio César, o ditador democrático*. São Paulo: Estação Liberdade, 2002.

INTRODUÇÃO A SUETÔNIO

CARCOPINO, Jerôme. *César*. Paris: PUF, 1950.

CESARE. *La guerra civile: Guerra d'Alessandria, Guerra d'África, Guerra di Spagna*. Nápoles: Liguori Editore, 1973.

GRIMAL, Pierre. *Dictionnaire de la mythologie grecque et romaine*. Paris: PUF, 1958.

JAL, Paul. *La guerre civile à Rome*. Paris: PUF, 1963.

LAVEDAN, Pierre. *Dictionnaire illustré de la mythologie et des antiquités grecques et romaines*. Paris: Hachette, s/d.

MOMMSEN, Th. *Histoire romaine*. Paris: Marpon et Flammarion, s/d.

PLUTARCO. *Vita Caesaris a cura di Albino Garzetti*. Florença: La Nuova Itália, 1968.

ROSS-TAYLOR, Lily. *La politique et les partis à Rome au temps de César*. Paris: Maspéro, 1977.

SYME, Ronald. *La rivoluzione romana*. Torino: Einaudi, 1962.

The Oxford Classical Dictionary. Oxford: Clarendon Press, 1953.

YAVET, Zvi. *César et son image*. Paris: Belles Lettres, 1990.

∞ ∞

Este humilde e empenhado trabalho de tradução e notas o autor dedica a seus queridos netos Danilo, Sofia, Rodrigo e Vinícius que estão ingressando ou brevemente ingressarão no mundo encantado e sedutor da leitura.

Diuus Iulius

O divino Júlio

[1] 1. Annum agens sextum decimum patrem amisit; sequentibusque consulibus flamen Dialis destinatus dimissa, Cossutia, quae familia equestri sed admodum diues praetextato desponsata fuerat, Corneliam, Cinnae quater consulis filiam, duxit uxorem, ex qua illi mox Iulia nata est; neque ut repudiaret compelli a dictatore Sulla ullo modo potuit. 2. Quare et sacerdotio et uxoris dote et gentilicis hereditatibus multatus diuersarum partium habebatur, ut etiam discedere e medio et, quamquam morbo quartanae adgrauante prope per singulas noctes commutare latebras cogeretur seque ab inquisitoribus pecunia redimeret, donec per uirgines Vestales perque Mamercum Aemilium et Aurelium Cottam propinquos et adfines suos ueniam impetrauit. 3. Satis constat Sullam, cum deprecantibus amicissimis et ornatissimis uiris aliquamdiu denegasset atque illi pertinaciter contenderent, expugnatum tandem proclamasse siue diuinitus siue aliqua coniectura: uincerent ac sibi haberent, dum modo scirent eum, quem incolumem tanto opere cuperent, quandoque optimatium partibus, quas secum simul defendissent, exitio futurum; nam Caesari multos Marios inesse.

---

1. A biografia de César não se inicia aqui; como muito da produção intelectual da Antigüidade, perdeu-se dela, com o passar do tempo, a fase anterior da infância e parte da adolescência.

2. Caio Júlio César pai, descendente de velha família patrícia, sobrinho, irmão e primo de cônsules, morreu subitamente em 85 a.C., não tendo ido além da pretura.

3. Em Roma, os flâmines, membros integrantes do *collegium pontificum*, constituíam um grupo de quinze sacerdotes, doze *minores* e três *maiores*; a cada um deles era atribuído o culto de um deus. Destinado por Cina e Mário a ser *flamen maior Dialis* (flâmen de Júpiter), César recebeu o veto de Sila, inimigo jurado de seus dois padrinhos e parentes.

4. A toga *praetexta*, usada tanto por magistrados como por meninos de condição livre até os dezesseis anos, era dotada de uma fita cor de púrpura em toda sua volta.

[1] 1. Aos dezesseis anos[1] perdeu o pai[2]. Designado flâmine[3] de Júpiter durante o consulado seguinte, divorciou-se de Cossúcia, moça de família eqüestre, mas particularmente rica, da qual ficara noivo em tempo de pretexta[4]. Casou-se com Cornélia, filha de Cina, por quatro vezes cônsul, da qual dali a pouco lhe nasceu Júlia. De jeito algum o ditador Sila conseguiu forçá-lo a que a repudiasse[5]. 2. Em vista disso teve cassado o sacerdócio, o dote da esposa e as heranças familiares e foi considerado do partido inimigo, a ponto de ter até de cair na clandestinidade, de trocar de esconderijo quase que a cada noite, ainda que vitimado pela febre quartã, e livrar-se dos agentes de Sila à custa de dinheiro. Enfim, através das virgens vestais, de Mamerco Emílio e Aurélio Cota, seus parentes e aliados, logrou o perdão. 3. Sabe-se com bastante evidência que Sila, depois de ter-se mostrado irredutível por largo tempo aos apelos de pessoas muito amigas e importantes e resistir obstinadamente, enfim rendido[6], declarou por inspiração divina ou conjectura: que se considerassem vencedores e o mantivessem, mas uma coisa deviam saber: a pessoa que com tanta insistência desejavam poupar, um dia seria a ruína do partido dos optimates, que juntos tinham defendido; pois em César se encontravam muitos Mários.

---

5. A relutância de César em repudiar Cornélia, filha de Cina, e o fato de ser ele reconhecido como sobrinho de Mário, um e outro líderes anti-oligárquicos, são elementos importantes para se entender o empenho precoce dele em marcar sua posição entre os *populares*.

6. Por aqui se pode ver que as decisões políticas do governante romano não dependiam apenas de suas convicções partidárias, mas também do que na vida política romana se chamou *amicitia*. Sobre a importância política dessa verdadeira instituição romana, ver Canfora, cap. "Amicitia", p. 194. Por outro lado, se, em Suetônio, Sila aparece rendido (*expugnatum*) aos apelos dos amigos, e, portanto, conformado, não é bem o que acontece no relato de Plutarco (*César* 1, 4-5).

VIDAS DE CÉSAR

[2] 1. Stipendia prima in Asia fecit Marci Thermi praetoris contubernio; a quo ad accersendam classem in Bithyniam missus desedit apud Nicomeden, non sine rumore prostratae regi pudicitiae; quem rumorem auxit intra paucos rursus dies repetita Bithynia per causam exigendae pecuniae, quae deberetur cuidam libertino clienti suo. 2. Reliqua militia secundiore fama fuit et a Thermo in expugnatione Mytilenarum corona ciuica donatus est.

[3] 1. Meruit et sub Seruilio Isaurico in Cilicia, sed breui tempore. 2. Nam Sullae morte comperta, simul spe nouae dissensionis, quae per Marcum Lepidum mouebatur, Romam propere redit et Lepidi quidem societate, quamquam magnis condicionibus inuitaretur, abstinuit, cum ingenio eius diffisus tum occasione, quam minorem opinione offenderat.

[4] 1. Ceterum, composita seditione ciuili, Cornelium Dolabellam consularem et triumphalem repetundarum postulauit; absolutoque Rhodum secedere statuit, et ad declinandam inuidiam et ut per otium ac requiem Apollonio Moloni, clarissimo tunc dicendi magistro, operam daret. 2. Huc dum hibernis iam mensibus traicit, circa Pharmacussam insulam a praedonibus captus est mansitque apud eos non sine summa indignatione prope quadraginta dies cum uno medico et cubiculariis duobus. Nam comites seruosque ceteros initio statim ad expediendas pecunias, quibus redimeretur, dimiserat. 3. Numeratis

7.   A partida para a Ásia em 81 a.C., na comitiva do pretor Marcos Termo, livrou-o dos esbirros de Sila, mas sua missão junto ao rei Nicomedes, inquinada de lubricidade segundo os adversários, tornou-se um dos temas preferidos da maledicência ferina da Cidade e produziu efeitos devastadores sobre a masculinidade de César. Plutarco, circunspecto, não registra o detalhe picante (*César* 1, 7), mas Suetônio, mais para cronista social, não o deixa passar em brancas nuvens.

8.   Mitilene, principal cidade da ilha de Lesbos, tinha-se revoltado contra Roma, durante a guerra desta contra Mitridates, em razão da carga excessiva dos tributos; foi tomada de assalto e destruída por Termo em 80 a.C.

9.   Só com a morte de Sila (78 a.C.), César, aos 22 anos (mas já com a urticária da revolução, como parece deixar transparecer Suetônio), retorna a Roma e, reconhecido como chefe popular, é aliciado com propostas tentadoras a participar da aventura de uma revolução. Diz não, por desconfiar da viabilidade da iniciativa e da índole do possível parceiro, Marcos Emílio Lépido, pai do futuro triúnviro.

22

SUETÔNIO: O DIVINO JÚLIO

[2] 1. Iniciou o serviço militar na Ásia no quartel-general do pretor Marcos Termo; enviado por ele à Bitínia para mobilizar uma esquadra, deixou-se ficar na corte de Nicomedes, não sem que se espalhasse o boato de ter-se ele prostituído ao rei, rumor aumentado quando logo a seguir voltou à Bitínia sob a alegação de cobrar uma dívida de um liberto, seu cliente[7]. 2. O resto da campanha lhe valeu uma reputação mais favorável, e Termo, na tomada de Mitilene[8], condecorou-o com a coroa cívica.

[3] 1. Serviu também na Cilícia sob o comando de Servílio Isáurico, mas por pouco tempo. 2. Com efeito, a par da morte de Sila e contando com os novos conflitos provocados por Lépido, apressou sua volta a Roma, mas, apesar de o tentarem propostas magníficas, absteve-se de se aliar a Lépido, porque se fiava pouco não só da personalidade do homem, como da situação, que se lhe deparava menos favorável do que imaginara[9].

[4] 1. No entanto, aplacada a rebelião civil, moveu processo de extorsão a Cornélio Dolabela[10], ex-cônsul agraciado com o triunfo; com a absolvição do réu, decidiu resguardar-se em Rodes para esquivar-se de represália e para freqüentar, durante esse período de ócio e descanso, Apolônio Molão, na época o mais ilustre mestre de eloqüência. 2. Na travessia para lá, já em meses de inverno, foi capturado por piratas[11] na altura da ilha de Farmacussa, tendo de conviver com eles, para sua maior indignação, por uns quarenta dias, na companhia de um médico e dois camareiros. Desde o início despachara imediatamente os companheiros e os demais escravos para liberar o dinheiro do resgate. 3. Logo após a contagem dos 50 talentos

---

10. Esse Dolabela, que não tem parentesco com o genro de Cícero, fora comandante da frota de Sila, cônsul em 81 a.C. e governador da Macedônia. O processo ficou famoso pela importância do acusado, pelo discurso de César e pela defesa de Hortênsio, o maior tribuno da época (cf. Gélio, *Noites Áticas* IV, 16, 8 e Tácito, *Discurso dos oradores* 34, 7). A absolvição do réu e a atitude de César de se ausentar prudentemente de Roma estavam a demonstrar ainda a solidez do regime imposto por Sila.

11. O relato da captura de César pelos piratas da Cilícia é, em Plutarco (*César* 2, 1-7), bem mais vivo e recheado de detalhes importantes para o conhecimento da personalidade do biografado.

VIDAS DE CÉSAR

deinde quinquaginta talentis expositus in litore non distulit quin e uestigio classe deducta persequeretur abeuntis ac redactos in potestatem supplicio, quod saepe illis minatus inter iocum fuerat, adficeret. 4. Vastante regiones proximas Mithridate, ne desidere in discrimine sociorum uideretur, ab Rhodo, quo pertenderat, transiit in Asiam auxiliisque contractis et praefecto regis prouincia expulso nutantis ac dubias ciuitates retinuit in fide.

[5] 1. Tribunatu militum, qui primus Romam reuerso per suffragia populi honor optigit, actores restituendae tribuniciae potestatis, cuius uim Sulla deminuerat, enixissime iuuit. 2. L. etiam Cinnae uxoris fratri, et qui cum eo ciuili discordia Lepidum secuti post necem consulis ad Sertorium confugerant, reditum in ciuitatem rogatione Plotia confecit habuitque et ipse super ea re contionem.

[6] 1. Quaestor Iuliam amitam uxoremque Corneliam defunctas laudauit e more pro rostris. 2. Et in amitae quidem laudatione de eius ac patris sui utraque origine sic refert: "Amitae meae Iuliae maternum genus ab regibus ortum, paternum cum diis inmortalibus coniunctum est. Nam ab Anco Marcio sunt Marcii Reges, quo nomine fuit mater; a Venere Iulii, cuius gentis familia est nostra. Est ergo in genere et sanctitas regum, qui plurimum inter homines

---

12. O tipo de pena de morte aplicado aos corsários – aqui não revelado pelo biógrafo – só aparece no decorrer da biografia (*César* 74, 1), onde se exalta uma de suas virtudes, a grande brandura (*lenissimus*) do romano em punir com a morte seus carcereiros. Detalhes culturais.

13. Essa vitória eleitoral, de datação discutível (74? 75?), colocava César entre os *tribuni militum a populo*, magistrados encarregados de funções militares, não necessariamente e sempre de comando em legião; o cargo, no entanto, lhe dava visibilidade política ao empenhar-se pela adoção de medidas do ideário *popularis*: restauração das prerrogativas dos tribunos da plebe e anistia aos políticos perseguidos pelo regime silano.

14. Os detentores da questura, magistratura da fase inicial da carreira política (*cursus honorum*) e que, uma vez cumprida, podia dar-lhes acesso ao Senado, quando lotada em Roma (*quaestura urbana*), cuidavam do *aerarium* (moeda e documentos oficiais); destacados nas províncias nas comitivas de generais ou governadores, ocupavam-se em primeiro lugar de questões financeiras, mas podiam comandar tropas e administrar a justiça. César tomou posse do cargo de questor em dezembro de 70 a.C., ano do consulado de Pompeu e Crasso, ocupados em remover o entulho das medidas oligárquicas impostas por Sila.

15. O episódio do panegírico da tia Júlia, esposa de Mário, rende altos dividendos políticos. Segundo Plutarco (*César* 5, 2-4), o elogio da tia, acompanhado da reabilitação das *imagines* de Mário, de um lado, granjeou a César junto ao povo favor e simpatia porque era grande a estima popular pelo líder *popularis* e herói militar, vencedor de Jugurta e dos

SUETÔNIO: O DIVINO JÚLIO

e o desembarque na praia, César não deixou passar um instante para sair ao encalço dos corsários; lançou navios ao mar e deitando a mão neles, aplicou-lhes o suplício[12] que, em meio a troças, viviam a ameaçá-lo. 4. Estando então Mitridates pilhando terras de sua vizinhança, César, para que não viessem a pensar que nada fazia pelos aliados em perigo, de Rodes, para onde rumara, passou à Ásia e, tendo reunido tropas auxiliares, expulsou da província o preposto do rei e manteve em lealdade as cidades vacilantes e indecisas.

[5] 1. Durante seu tribunado militar, primeira magistratura que, ao regressar a Roma, obteve por voto popular[13], apoiou com todo o empenho os que promoviam a restauração dos direitos dos tribunos, cujo poder fora por Sila enfraquecido. 2. Obteve também com a lei Plótia que voltassem à cidade Lúcio Cina, irmão de sua mulher, e todos os que com ele, durante as discórdias civis, tinham sido partidários de Lépido, e que, após a morte do cônsul, tinham-se refugiado junto de Sertório. O próprio César pronunciou um discurso sobre o caso.

[6] 1. Durante a questura[14], pronunciou, como era costume, o elogio fúnebre de sua tia Júlia[15] e da esposa Cornélia[16] nos rostros[17]. 2. E no panegírico da tia disse o seguinte a respeito da ascendência dupla dela e de seu próprio pai: "Do lado materno minha tia Júlia descende de reis, e o paterno está ligado aos deuses imortais. Com efeito, os Márcios Reis, e esse foi nome de sua mãe, vêm de Anco Márcio e de Vênus provêm os Júlios a cuja gente pertence nossa família. Há, pois, no nosso sangue a sacralidade dos reis, que têm grande poder entre os homens, e a santidade dos deuses,

---

cimbros e teutões; por outro lado, serviu para publicitar o cacife da sua *gens Iulia*, ilustre, a um tempo, pela ascendência real e divina, pensamento que, segundo muitos adversários, revelaria já nele a idéia de monarquizar o poder.

16. O elogio de Cornélia, filha do líder *popularis* Cina, mãe de sua filha Júlia, a futura esposa de Pompeu, embora não fosse usual por se tratar de pessoa jovem, não deixou também de lhe ser politicamente favorável; o povo viu no gesto do viúvo a delicadeza de sentimentos familiares e uma certa sinalização de que os ideais políticos do genro se casavam também com o ideário do sogro.

17. Rostros eram hastes pontiagudas colocadas na proa de embarcações para perfurar o casco de navios inimigos. Em Roma, passou a receber essa designação (*rostra*) a tribuna do foro, de que se serviam os oradores para falar ao povo, por ser ela adornada com os esporões dos navios tomados aos volscos de Âncio durante a guerra latina.

VIDAS DE CÉSAR

pollent, et caerimonia deorum, quorum ipsi in potestate sunt reges." 3. In Corneliae autem locum Pompeiam duxit Quinti Pompei filiam, L. Sullae neptem; cum qua deinde diuortium fecit, adulteratam opinatus a Publio Clodio, quem inter publicas caerimonias penetrasse ad eam muliebri ueste tam constans fama erat, ut senatus quaestionem de pollutis sacris decreuerit.

[7] 1. Quaestori ulterior Hispania obuenit; ubi cum mandatu praetoris iure dicundo conuentus circumiret Gadisque uenisset, animaduersa apud Herculis templum Magni Alexandri imagine ingemuit et quasi pertaesus ignauiam suam, quod nihil dum a se memorabile actum esset in aetate, qua iam Alexander orbem terrarum subegisset, missionem continuo efflagitauit ad captandas quam primum maiorum rerum occasiones in urbe. 2. Etiam confusum eum somnio proximae noctis — nam uisus erat per quietem stuprum matri intulisse — coiectores ad amplissimam spem incitauerunt arbitrium terrarum orbis portendi interpretantes, quando mater, quam subiectam sibi uidisset, non alia esset quam terra, quae omnium parens haberetur.

[8] Decedens ergo ante tempus colonias Latinas de petenda ciuitate agitantes adiit, et ad audendum aliquid concitasset, nisi consules conscriptas in Ciliciam legiones paulisper ob id ipsum retinuissent.

[9] 1. Nec eo setius maiora mox in urbe molitus est: siquidem ante paucos dies quam aedilitatem iniret, uenit in suspicionem conspirasse cum Marco Crasso consulari, item Publio Sulla et L. Autronio post designationem consulatus ambitus condemnatis, ut principio anni senatum adorirentur, et

---

18. Plutarco (*César* 9-10) trata com bastantes detalhes desse rumoroso caso de sacrilégio e tentativa de adultério, bem como da reação indulgente de César para com seu incômodo aliado, e radical para com sua mulher sobre quem, a seu ver, não devia pesar nem mesmo suspeita. Um dos muitos escândalos em que, para o traído, o culpado acaba sendo o sofá.

19. A estada de César na parte meridional da Hispânia (defronte do Marrocos), narrada aqui bem enxutamente, ensejou-lhe a oportunidade de entrar em contacto com os mecanismos da administração provincial romana. O narrador do *Bellum Hispaniense* (42, 1) registra discurso de César aos nativos sobre a importância que ele atribuía então a essa província e sobre os favores a eles dispensados (*quae potuisset eo tempore, beneficia largitum esse*), generosidade da qual não estava isento o intuito de construir, já durante a questura (69 a.C.), uma rede de clientela na região.

SUETÔNIO: O DIVINO JÚLIO

de cujo poder dependem os reis." 3. Com a morte de Cornélia ele se casou com Pompéia, filha de Quinto Pompeu e neta de Lúcio Sila; dela posteriormente se divorciou, ao supor que mantivera relações adúlteras com Públio Clódio; e tão consistentes eram as notícias de que este se insinuara junto dela em trajes femininos durante cerimônia religiosa, que o Senado decretou um inquérito sobre sacrilégio[18].

[7] 1. Como questor coube-lhe a Hispânia Ulterior[19]; estando lá administrando a justiça nas assembléias de cidadãos romanos, por delegação do pretor, veio ter a Cádiz e, à vista da estátua de Alexandre Magno[20] junto ao templo de Hércules, se pôs em pranto e, como que insatisfeito com sua inatividade por nada ainda ter realizado de memorável numa idade em que Alexandre já era senhor do mundo, pediu incontinente sua dispensa, para deitar mão, o mais rápido possível, às oportunidades de maiores feitos na cidade. 2. Além do mais, estando ele perplexo com o sonho da noite anterior (pois durante o sono sonhara ter violentado a mãe), os adivinhos o animaram às mais amplas esperanças, interpretando que se lhe sinalizava o domínio do mundo, uma vez que a mãe, que ele vira sob seu corpo, nada mais era que a terra, considerada a progenitora de todos os homens.

[8]. Tendo partido assim antes do prazo, esteve em visita às colônias latinas que se agitavam pleiteando a cidadania e as teria levado a um golpe de aventura, se os cônsules, expressamente para isso, não tivessem retido por algum tempo as legiões recrutadas para a Cilícia.

[9] 1. E não foi menor sua disposição de intentar logo depois na cidade projetos ainda mais vastos. Com efeito, poucos dias antes de exercer a edilidade, houve a suspeita de ter ele entrado em conluio com ex-cônsul Marcos Crasso, e com Públio Sila e Lúcio Autrônio, condenados por corrupção eleitoral depois de serem designados cônsules. A idéia seria atacar o

---

20. Aparece aqui a saga ou o ciclo em que as vidas de Alexandre e de César se cruzam e se confrontam. Canfora (pp. 46-47) considera este episódio (e o seguinte: o sonho incestuoso com a mãe) mitificante e inconsistente em virtude de sua ocorrência em contextos e com ingredientes discrepantes. Em Plutarco (*César* 11, 5-6), o choro brota ao ler sobre fatos da vida de Alexandre, e o sonho com a mãe se dá na véspera da passagem do Rubicão (*César* 32, 9). Ver como Carcopino (p. 645) encara e interpreta o episódio.

VIDAS DE CÉSAR

trucidatis quos placitum esset, dictaturam Crassus inuaderet, ipse ab eo magister equitum diceretur constitutaque ad arbitrium re publica Sullae et Autronio consulatus restitueretur. 2. Meminerunt huius coniurationis Tanusius Geminus in historia, Marcus Bibulus in edictis, C. Curio pater in orationibus. De hac significare uidetur et Cicero in quadam ad Axium epistula referens Caesarem in consulatu confirmasse regnum, de quo aedilis cogitarat. Tanusius adicit Crassum paenitentia uel metu diem caedi destinatum non obisse et idcirco ne Caesarem quidem signum, quod ab eo dari conuenerat, dedisse; conuenisse autem Curio ait, ut togam de umero deiceret. 3. Idem Curio sed et M. Actorius Naso auctores sunt conspirasse eum etiam cum Gnaeo Pisone adulescente, cui ob suspicionem urbanae coniurationis prouincia Hispania ultro extra ordinem data sit; pactumque ut simul foris ille, ipse Romae ad res nouas consurgerent, per Ambrones et Transpadanos; destitutum utriusque consilium morte Pisonis.

[10] 1. Aedilis praeter Comitium ac Forum basilicasque etiam Capitolium ornauit porticibus ad tempus extructis, in quibus abundante rerum copia pars apparatus exponeretur. 2. Venationes autem ludosque et cum collega et separatim edidit, quo factum est, ut communium quoque inpensarum solus gratiam caperet nec dissimularet collega eius Marcus Bibulus, euenisse sibi quod Polluci; ut enim geminis fratribus aedes in Foro constituta tantum Castoris uocaretur, ita suam Caesarisque munificentiam unius Caesaris dici. 3. Adicit insuper Caesar etiam gladiatorium munus, sed aliquanto paucioribus quam destinauerat paribus; nam cum multiplici undique familia conparata inimicos

---

21. Suetônio alude à chamada "primeira" conjuração (66-65 a.C.). As fontes consultadas e citadas por ele são tidas como pouco benévolas (Canfora, p. 48) para com César, haja vista os editos de Marcos Bíbulo, marcados de extrema virulência para com seu colega de consulado e de outras magistraturas.

22. Essa conspiração tem enfoque e tratamento bem diferente em Salústio (*Conjuração de Catilina* 18-19), em cujo relato as figuras centrais nela envolvidas são Pisão e Catilina, e onde não aparece a menor alusão que envolva o nome de César. Convicção ou conivência do historiador com o antigo chefe de lutas políticas?

23. César foi edil em 65 a.C. Aos membros dessa instituição colegiada, eletiva e anual, como as demais magistraturas ordinárias da carreira política, competiam a administração urbana (*cura urbis*), o abastecimento (*cura annonae*), a responsabilidade pelos jogos. Particularmente importante para a carreira de um político romano era o patrocínio dos esportes; algumas modalidades deles, embora bastante violentas para nossa cultura, eram muito apreciadas pelos vários escalões da sociedade romana.

SUETÔNIO: O DIVINO JÚLIO

Senado no início do ano, investir Crasso da ditadura após a eliminação das pessoas por eles decidida, proclamar César chefe da cavalaria e, depois de organizar o Estado a seu talante, reintegrar Sila e Autrônio no consulado. 2. Fizeram referência a essa conjuração[21] o historiador Tanúsio Gêmino, Marcos Bíbulo nos seus editos e Caio Curião pai, em discursos. A ela parece que também Cícero aludia quando, em carta a Áxio, consignou que César ratificou no consulado o reinado que sonhara como edil. Tanúsio acrescenta que Crasso, por arrependimento ou medo, não compareceu no dia marcado para a matança e, em vista disso, César também não deu o sinal combinado. Ora, Curião diz que o combinado era que César deixasse cair a toga do ombro. 3. O mesmo Curião e com ele Marcos Actório Nasão afirmam que César conspirou também com o jovem Cneu Pisão, a quem, por suspeita dessa conjuração[22] em Roma, foi dada a título excepcional a província da Hispânia; que entre eles havia um acordo segundo o qual um no exterior, outro em Roma, provocariam uma revolução, através dos ambrões e dos transpadanos, mas que a morte de Pisão pusera por terra o plano dos dois.

[10] 1. Como edil[23], ele embelezou[24], além do comício, do foro e das basílicas, também o Capitólio com a construção de pórticos provisórios para ali expor uma parte de seu tesouro constituído de grande quantidade de peças. 2. Proporcionou caçadas e jogos juntamente com seu colega ou por conta própria e o resultado foi que apenas ele ganhava popularidade, mesmo quando as despesas eram comuns e Marcos Bíbulo, seu colega, não se furtou em dizer que com ele ocorrera o que se dava com Pólux: como o templo dos gêmeos construído no foro era chamado apenas de Castor, da mesma forma as munificências suas e de César eram atribuídas unicamente a César. 3. Mas não parou aí: deu lutas de gladiadores, com parelhas, porém, um pouco menos numerosas do que projetara; é que em razão de se apavorarem os inimigos dele com a quantidade de lutadores reunidos de

---

24. O texto faz referência a alguns elementos da geografia urbana de Roma: o Capitólio, uma das sete colinas famosas, cidadela (*arx*) e santuário (templo de Júpiter, Minerva e Juno); o foro romano, ampla baixada, outrora pantanosa entre as colinas do Palatino, Capitólio, Quirinal e Esquilino, centro dinâmico de atividades políticas, judiciárias e econômicas, onde se encontrava o comício (*comitium*), local das assembléias centuriatas; e as basílicas, edifícios públicos retangulares destinados a reuniões de negócios e a tribunais.

VIDAS DE CÉSAR

exterruisset, cautum est de numero gladiatorum, quo ne maiorem cuiquam habere Romae liceret.

[11] 1. Conciliato populi fauore temptauit per partem tribunorum, ut sibi Aegyptus prouincia plebiscito daretur, nanctus extraordinarii imperii occasionem, quod Alexandrini regem suum socium atque amicum a senatu appellatum expulerant resque uulgo improbabatur. 2. Nec obtinuit aduersante optimatium factione; quorum auctoritatem ut quibus posset modis in uicem deminueret, tropaea Gai Mari de Iugurtha deque Cimbris atque Teutonis olim a Sulla disiecta restituit atque in exercenda de sicariis quaestione eos quoque sicariorum numero habuit, qui proscriptione ob relata ciuium Romanorum capita pecunias ex aerario acceperant, quamquam exceptos Corneliis legibus.

[12] Subornauit etiam qui Gaio Rabirio perduellionis diem diceret, quo praecipuo adiutore aliquot ante annos Luci Saturnini seditiosum tribunatum senatus coercuerat, ac sorte iudex in reum ductus tam cupide condemnauit, ut ad populum prouocanti nihil aeque ac iudicis acerbitas profuerit.

[13] 1. Deposita prouinciae spe pontificatum maximum petit non sine profusissima largitione: in qua reputans magnitudinem aeris alieni, cum mane ad comitia descenderet, praedixisse matri osculanti fertur domum se nisi pontificem non reuersurum. 2. Atque ita potentissimos duos competitores multumque et aetate et dignitate antecedentes superauit, ut plura ipse in eorum tribubus suffragia quam uterque in omnibus tulerit.

---

25. Esse tipo de comando excepcional (*extraordinarium imperium*), de amplos poderes, concedido, ao arrepio da normalidade constitucional, a Pompeu por duas vezes (*Lex Gabinia* 67 a.C. e *Lex Manilia* 66 a.C.), teria o pretexto de recolocar no trono um amigo e aliado do povo romano; seu objetivo, no entanto, era ensejar a César refazer, com as riquezas do Egito, seu patrimônio depauperado com as despesas perdulárias da administração passada.

26. A oposição republicana dos aristocratas contrários ao progressivo aparecimento de autocratas na política romana provoca em César reações certeiras: promove a ressurreição de símbolos contrários à política de Sila, do qual a classe oligárquica se tornara herdeira, e a perseguição aos que se tinham fartado com o patrimônio dos proscritos pelo antigo regime.

27. Pode parecer estranho e contraditório que elementos da classe dirigente romana, cada vez mais céticos ou agnósticos quanto à sua religião por influência do racionalismo grego, se esforcem tanto para serem investidos dos vários tipos de cargos religiosos, principalmente do vitalício pontificado supremo, o mais ambicionado e rendoso para um político.

SUETÔNIO: O DIVINO JÚLIO

todas as partes, por precaução estipulou-se um número máximo de gladiadores que alguém podia ter em Roma.

[11] 1. Conquistado o favor popular, tentou através de um grupo
de tribunos que, por plebiscito, lhe fosse atribuído o território do Egito,
deparando aí a oportunidade de um comando extraordinário[25], uma vez
que os habitantes de Alexandria tinham expulsado seu rei, chamado amigo
e aliado pelo Senado, e o caso provocara desaprovação generalizada. 2. Não
logrou êxito diante da oposição do partido dos aristocratas[26]; por sua vez,
César, com o intuito de, por todos os meios possíveis, enfraquecer-lhes o
poder, fez repor os troféus de Caio Mário sobre Jugurta e os cimbros e
teutões, abatidos outrora por Sila e, procedendo a uma investigação judicial
sobre assassinos, incluiu no número deles os que, embora isentos pelas leis
Cornélias, tinham, durante as proscrições, recebido dinheiro do erário por
cabeças de cidadãos romanos.

[12] Peitou um cidadão para mover processo de alta traição contra
Caio Rabírio, agente principal do Senado que, anos atrás, reprimira as tentativas sediciosas do tribuno Lúcio Saturnino; designado juiz por sorteio,
César o condenou com tal paixão que, quando Rabírio recorreu ao povo,
nada lhe foi mais útil que a contundência de seu juiz.

[13] 1. Frustradas suas esperanças com vistas ao Egito, candida-
tou-se a pontífice supremo, não sem prodigalizar somas enormes; por isso,
refletindo sobre o tamanho de sua dívida, diz-se que na manhã em que
partia para as eleições anunciou à mãe que o beijava que "para casa não
tornaria senão pontífice". 2. Foi tal sua vitória sobre os dois outros compe-
tidores, homens poderosíssimos e muito acima dele em idade e títulos, que,
sozinho, recebeu mais votos nas tribos deles do que os dois em todas[27].

Não se pode esquecer que, devido ao seu caráter estatal, à grande visibilidade dos seus ritos
e mitos, à religiosidade da população culturalmente menos sofisticada, o culto era de grande
influência na sociedade romana, na qual servia de instrumento de dominação da classe dirigente. César, vinculado ao ideário epicurista segundo o qual, após a morte, não há motivos
para aflições ou alegria porque tudo se acaba (cf. Salústio, *Conjuração da Catalina* 51, 20),
aos 37 anos, se lança numa batalha de vida ou morte, concorrendo com dois veteranos e
provados políticos, a cuja ancianidade de serviços geralmente se reservava esse cargo.

VIDAS DE CÉSAR

[14] 1. Praetor creatus, detecta coniuratione Catilinae senatuque uniuerso in socios facinoris ultimam statuente poenam, solus municipatim diuidendos custodiendosque publicatis bonis censuit. 2. Quin et tantum metum iniecit asperiora suadentibus, identidem ostentans quanta eos in posterum a plebe Romana maneret inuidia, ut Decimum Silanum consulem designatum non piguerit sententiam suam, quia mutare turpe erat, interpretatione lenire, uelut grauius atque ipse sensisset exceptam. 3. Obtinuisset adeo transductis iam ad se pluribus et in his Cicerone consulis fratre, nisi labantem ordinem confirmasset M. Catonis oratio. 4. Ac ne sic quidem impedire rem destitit, quoad manus equitum Romanorum, quae armata praesidii causa circumstabat, inmoderatius perseueranti necem comminata est, etiam strictos gladios usque eo intentans, ut sedentem una proximi deseruerint, uix pauci complexu togaque obiecta protexerint. 5. Tunc plane deterritus non modo cessit, sed et in reliquum anni tempus curia abstinuit.

[15] Primo praeturae die Quintum Catulum de refectione Capitoli ad disquisitionem populi uocauit rogatione promulgata, qua curationem eam in alium transferebat; uerum impar optimatium conspirationi, quos relicto statim nouorum consulum officio frequentes obstinatosque ad resistendum concucurrisse cernebat, hanc quidem actionem deposuit.

[16] 1. Ceterum Caecilio Metello tribuno plebis turbulentissimas leges aduersus collegarum intercessionem ferenti auctorem propugnatoremque

---

28. As eleições para a pretura e o consulado ocorriam ordinariamente no final do mês de julho, verão no hemisfério norte, logo após os jogos apolinários, festa que favorecia o comparecimento de eleitores moradores de regiões distantes de Roma.

29. É como pretor eleito em 63 a.C. que César participa das discussões no Senado sobre a pena a ser aplicada aos partidários de Catilina aprisionados em Roma. Do debate acalorado e do confronto entre César e Catão, Salústio traça um quadro fascinante na *Conjuração de Catilina*.

30. Famoso por suas decisões céleres, César, como se vê logo abaixo no texto, entra para a pretura batendo forte nos adversários, mas não consegue esquivar-se dos contragolpes sérios dos *optimates*: ameaça de morte por combater como ilegal a pena capital, reação sofrida pelo processo intentado contra Quinto Cátulo, tentativa de lhe cassarem o mandato por apoiar leis tidas como subversivas. Mas os movimentos populares acabam por salvar seu líder, já agora respirando aliviado e sofreando prudentemente o fervor revolucionário.

31. A atuação do colegiado dos tribunos, criado inicialmente como magistratura da plebe para defendê-la do patriciado, mas, com o tempo, integrado com seus amplos poderes

32

SUETÔNIO: O DIVINO JÚLIO

[14] 1. Eleito pretor[28], quando foi descoberta a conspiração de Catilina e o Senado, unânime, pronunciava a sentença de morte para cúmplices desse crime, ele foi o único que propôs que, tendo seus bens confiscados, fossem eles distribuídos por municípios e lá mantidos presos. 2. E foi além. Insistindo em fazer ver aos partidários de soluções extremas quanto a plebe romana os odiaria no futuro, infundiu-lhes tão grande medo que Décimo Silano, cônsul designado, não podendo, sem vexame, voltar atrás em seu parecer, não se sentiu constrangido em dar uma interpretação mais atenuada, como se tivesse sido mais severo do que realmente pensava. 3. E teria logrado êxito, pois a maioria dos senadores tinha passado para seu lado, inclusive Cícero, irmão do cônsul, se o discurso de Catão não tivesse amparado a casa que balançava. 4. E ainda assim continuou a fazer obstrução até que um grupo armado de cavaleiros romanos que fazia a ronda da cúria, diante de sua obstinação sem limites, ameaçou-o de morte, apontando-lhe até suas espadas desembainhadas; os que estavam sentados a seu lado abandonaram-no, e a custo uns poucos lhe deram cobertura, abraçando-se a ele e cobrindo-o com suas togas. 5. Só então, ele, totalmente apavorado, não apenas se rendeu como deixou de freqüentar a cúria pelo resto do ano[29].

[15] No primeiro dia da pretura[30] convocou Quinto Cátulo para responder por uma investigação popular sobre a restauração do Capitólio, tendo apresentado projeto de lei que transferia a outra pessoa esse encargo. No entanto, impotente diante da coligação dos aristocratas que, retirando-se apressados da cerimônia dos novos cônsules, acorriam em grande número, determinados a resistir, renunciou a essa ação.

[16] 1. Quando Cecílio Metelo, tribuno da plebe[31], passando por cima da intercessão de colegas, propôs leis totalmente subversivas, César o

---

(veto e intercessão) na constituição geral do Estado romano, foi alvo de debates acalorados (ver Cícero, *De legibus* III, 19), acusado de inviabilizar o funcionamento regular do regime com o emprego do direito de veto a todo ato de qualquer magistrado. Os tribunos, desde os tempos dos Gracos até o fim da República, estiveram na crista de muitas crises institucionais. A única maneira que podia anular a iniciativa de um tribuno era o veto de um colega seu de colegiado. O Senado, quando não conseguia cooptar um deles, tratava de anular-lhes as decisões tidas como subversivas, através da declaração do *senatusconsultum ultimum*, medida (constantemente contestada pelos líderes populares) que concedia aos cônsules poderes excepcionais de suspensão das garantias constitucionais.

VIDAS DE CÉSAR

se pertinacissime praestitit, donec ambo administratione rei publicae decreto patrum submouerentur. 2. Ac nihilo minus permanere in magistratu et ius dicere ausus, ut comperit paratos, qui ui ac per arma prohiberent, dimissis lictoribus abiectaque praetexta domum clam refugit pro condicione temporum quieturus. 3. Multitudinem quoque biduo post sponte et ultro confluentem operamque sibi in adserenda dignitate tumultuosius pollicentem conpescuit. 4. Quod cum praeter opinionem euenisset, senatus ob eundem coetum festinato coactus gratias ei per primores uiros egit accitumque in curiam et amplissimis uerbis conlaudatum in integrum restituit inducto priore decreto.

[17] 1. Recidit rursus in discrimen aliud inter socios Catilinae nominatus et apud Nouium Nigrum quaestorem a Lucio Vettio indice et in senatu a Quinto Curio, cui, quod primus consilia coniuratorum detexerat, constituta erant publice praemia. 2. Curius e Catilina se cognouisse dicebat, Vettius etiam chirographum eius Catilinae datum pollicebatur. 3. Id uero Caesar nullo modo tolerandum existimans, cum inplorato Ciceronis testimonio quaedam se de coniuratione ultro ad eum detulisse docuisset, ne Curio praemia darentur effecit; Vettium pignoribus captis et direpta supellectile male mulcatum ac pro rostris in contione paene discerptum coniecit in carcerem; eodem Nouium quaestorem, quod compellari apud se maiorem potestatem passus esset.

[18] 1. Ex praetura ulteriorem sortitus Hispaniam retinentes creditores interuentu sponsorum remouit ac neque more neque iure, ante quam prouinciae ornarentur, profectus est, incertum metune iudicii, quod priuato

---

32. O pretor urbano tinha como prerrogativa do cargo o uso da toga com barrado de púrpura e a companhia de dois guardas que o precediam, quando em público. Quando em Roma, ele tinha a função única de administrar a justiça; após exercê-la por um ano, partia para o exterior para governar província proconsular.

33. Carcopino (p. 695), de fervorosa admiração pelo seu ídolo, era de opinião de que César fingira ficar impressionado com a reação do Senado.

34. Sobre esse episódio polêmico ver os pontos de vista discordantes de Carcopino (p. 696) e da recente obra de Canfora (pp. 69-72).

35. Desde 197 a.C. a Península Ibérica estava dividida em duas províncias, por muito tempo de fronteiras não bem definidas: a Hispânia Inferior, concentrada no vale inferior do Ebro, tendo como cidade sede Tarragona, e a Hispânia Ulterior, concentrada no vale do Bétis (Guadalquibir), estendendo-se de Cartagena no Mediterrâneo até larga parte do oeste atlântico.

SUETÔNIO: O DIVINO JÚLIO

apoiou e o defendeu com a maior obstinação, até que ambos foram, por decreto do Senado, depostos da administração pública. 2. Ele, no entanto, atreveu-se a continuar na magistratura e a administrar a justiça, mas, quando se deu conta de que os inimigos estavam prontos a barrá-lo com a força das armas, despachou os litores[32], despiu-se da pretexta e furtivamente se refugiou em casa, disposto a se aquietar em razão das circunstâncias[33]. 3. Ademais, dois dias depois, como uma multidão num impulso espontâneo lhe batesse às portas e em alvoroço assegurasse sua colaboração para preservar-lhe o cargo, ele a acalmou. 4. Diante dessa reação inesperada, o Senado, reunido às pressas por causa dessa mobilização, fez-lhe chegar seus agradecimentos através de suas lideranças e, convocando-o à cúria, cumulou-o dos maiores elogios e reintegrou-o no cargo, revogando o decreto anterior.

[17] 1. Voltou a passar por outro momento crítico quando teve o nome incluído entre os cúmplices de Catilina[34], denunciado perante o questor Nóvio Nigro por Lúcio Vétio, e no Senado por Quinto Cúrio a quem tinham sido votadas recompensas públicas por ter sido o primeiro a revelar os planos dos conspiradores. 2. Cúrio afirmava que suas informações vinham do próprio Catilina. Vétio chegava a prometer um manuscrito dele enviado a Catilina. 3. César, entendendo que em hipótese alguma devia suportar tal acusação, demonstrou, implorando o testemunho de Cícero, que fora iniciativa sua levar ao cônsul detalhes da conjuração e conseguiu que não fossem dadas a Cúrio as recompensas. Vétio, tendo sofrido arresto e pilhagem de seu mobiliário, passou por maus tratos, quase foi linchado na assembléia diante dos rostros e depois César o atirou à prisão; para lá também foi o questor Nóvio por ter deixado que se citasse diante dele um magistrado de instância superior.

[18] 1. À saída da pretura coube-lhe por sorteio a Hispânia Ulterior[35]; retido pelos credores, deles se livrou com a apresentação de fiadores[36]; contrariando a tradição e a lei, partiu antes que as províncias estivessem

---

36. Sabe-se por outras fontes que as burras de Crasso, grande beneficiário do sangue e do patrimônio dos proscritos de Sila, serviram de garantia e aplacaram as iras dos credores de César.

VIDAS DE CÉSAR

parabatur, an quo maturius sociis inplorantibus subueniret; pacataque prouincia pari festinatione, non expectato successore ad triumphum simul consulatumque decessit. 2. Sed cum edictis iam comitiis ratio eius haberi non posset nisi priuatus introisset urbem, et ambienti ut legibus solueretur multi contra dicerent, coactus est triumphum, ne consulatu excluderetur, dimittere.

[19] 1. E duobus consulatus competitoribus, Lucio Lucceio Marcoque Bibulo, Lucceium sibi adiunxit, pactus ut is, quoniam inferior gratia esset pecuniaque polleret, nummos de suo communi nomine per centurias pronuntiaret. 2. Qua cognita re optimates, quos metus ceperat nihil non ausurum eum in summo magistratu concordi et consentiente collega, auctores Bibulo fuerunt tantundem pollicendi, ac plerique pecunias contulerunt, ne Catone quidem abnuente eam largitionem e re publica fieri. 3. Igitur cum Bibulo consul creatur. Eandem ob causam opera ab optimatibus data est, ut prouinciae futuris consulibus minimi negotii, id est siluae callesque, decernerentur. 4. Qua maxime iniuria instinctus omnibus officiis Gnaeum Pompeium adsectatus est offensum patribus, quod Mithridate rege uicto cunctantius confirmarentur acta sua; Pompeioque Marcum Crassum reconciliauit ueterem inimicum ex consulatu,

---

37. Os procônsules e propretores, ao partir para as províncias, previamente designadas pelo Senado antes das respectivas eleições e que lhes eram atribuídas por sorteio, deviam aguardar a *ornatio prouinciae*, isto é, a outorga pelo Senado das dotações indispensáveis para a administração da província: verba, tropas, funcionalismo, onde estava incluído o inevitável grupo dos apaniguados (parentes e amigos) da comitiva do *imperator*, sequiosos de um farto pé-de-meia e/ou da esperança de luzir em uma empreitada militar que lhes enriquecesse o currículo para futuros embates eleitorais na Cidade.

38. O capítulo faz referência a uma das mais alardeadas qualidades de César, a vertiginosa e proverbial celeridade (Cícero, *Ático* XVI, 10,1: *Aiunt enim eum Caesariana uti celeritate*), imortalizada por ele próprio na famosa aliteração do *Veni, Vidi, Vici*, motivo de espanto e apreensão para os adversários. A candidatura ao consulado e a obtenção, através do Senado, do ambicionado desfile triunfal pelas ruas de Roma, enriquecedor do currículo de qualquer político romano, era de difícil compatibilização porque, para ser candidato, era preciso ser simples cidadão (*priuatus*) e a renúncia ao *imperium* inviabilizava o desfile, ocasião única em que um general podia entrar com tropas na Cidade. César deve ter sentido que não conseguiria dispensas e privilégios por parte do Senado; daí a renúncia.

39. A dispensa pretendida por César era o privilégio de se candidatar *in absentia*, isto é, ser dispensado de comparecer pessoalmente à assembléia eleitoral.

36

SUETÔNIO: O DIVINO JÚLIO

providas das dotações legais[37], não se sabendo ao certo se por medo de processo que o ameaçava como simples cidadão ou para acudir com presteza aos apelos dos aliados; tendo, com igual rapidez[38], pacificado a província e, sem aguardar sucessor, abalou-se para o triunfo e o consulado. 2. Mas, estando já marcadas as eleições, como não se podia levar em conta sua candidatura a não ser que entrasse na cidade como simples cidadão, e como eram muitos os que se opunham a seus conchavos para ser dispensado das leis[39], viu-se forçado a desistir do triunfo para não ser barrado ao consulado.

[19] 1. Dos dois outros aspirantes ao consulado, Lúcio Luceio e Marcos Bíbulo, César fez aliança com o primeiro, tendo ficado pactuado que este, por gozar de menor popularidade e ter muitos recursos, forneceria dinheiro a cada centúria em nome dos dois. 2. A par dessa aliança, os aristocratas, tomados do medo de que César, elevado à suprema magistratura com um colega com as mesmas idéias e em sintonia com seus atos, não deixaria de a tudo se atrever, recomendaram a Bíbulo que fizesse as mesmas promessas e a maioria deles contribuiu com dinheiro; nem mesmo Catão chegou a discordar de que essa liberalidade fosse útil ao Estado[40]. 3. E assim César foi eleito com Bíbulo. Por igual razão os aristocratas se empenharam para que fossem atribuídas aos futuros cônsules províncias, onde nada teriam que fazer, isto é, de florestas e pastagens. 4. Espicaçado ao extremo por essa injustiça[41], César passou a cercar Pompeu de todas as atenções, na ocasião magoado com os senadores porque protelavam a ratificação dos seus atos após a vitória sobre o rei Mitridates. Reconciliou Marcos Crasso com Pompeu, seu antigo desafeto desde o consulado que ambos administraram

---

40. Essa liberalidade a que o impoluto Catão presta seu apoio nada mais era do que corrupção eleitoral, baseada no aforismo de que os fins justificam os meios. Demais não se deve esquecer que Bíbulo, tenaz adversário de César desde os tempos da edilidade, era genro de Catão.

41. Como foi dito anteriormente, em Roma, de acordo com a lei Semprônia de 123 a.C., antes que os futuros cônsules conhecessem os resultados das eleições para o exercício de seus mandatos, o Senado devia previamente designar as províncias cujo governo proconsular lhes caberia por sorteio. Convencidos de antemão da eleição de César, os senadores destinam aos futuros procônsules províncias onde não teriam nada de que se ocupar (*minimi negotii*). Nada feria mais a alma de um nobre romano do que privá-lo da possibilidade de ilustrar seu currículo e engrandecer sua *dignitas*, particularmente tratando-se de César, ainda à sombra de Pompeu e com muito caminho a percorrer para se ombrear com ele.

VIDAS DE CÉSAR

quem summa discordia simul gesserant; ac societatem cum utroque iniit, ne quid ageretur in re publica, quod displicuisset ulli e tribus.

[20] 1. Inito honore primus iterum instituit, ut tam senatus quam populi diurna acta confierent et publicarentur. 2. Antiquum etiam rettulit morem, ut quo mense fasces non haberet, accensus ante eum iret, lictores pone sequerentur. 3. Lege autem agraria promulgata obnuntiantem collegam armis Foro expulit ac postero die in senatu conquestum nec quoquam reperto, qui super tali consternatione referre aut censere aliquid auderet, qualia multa saepe in leuioribus turbis decreta erant, in eam coegit desperationem, ut, quoad potestate abiret, domo abditus nihil aliud quam per edicta obnuntiaret. 4. Vnus ex eo tempore omnia in re publica et ad arbitrium administrauit, ut nonnulli urbanorum, cum quid per iocum testandi gratia signarent, non Caesare et Bibulo, sed Iulio et Caesare consulibus actum scriberent, bis eundem praeponentes nomine atque cognomine, utque uulgo mox ferrentur hi uersus: "Non Bibulo quiddam nuper, sed Caesare factum est;/ Nam Bibulo fieri consule nil memini." 5. Campum Stellatem maioribus consecratum agrumque Campanum ad subsidia rei publicae uectigalem relictum diuisit extra sortem ad uiginti milibus ciuium, quibus terni pluresue liberi essent. 6. Publicanos remissionem petentis tertia mercedum parte releuauit ac, ne in locatione nouorum

---

42. Esse pacto, impropriamente conhecido como o primeiro triunvirato, foi considerado desde a Antiguidade o germe da futura guerra civil (Horácio, *Odes* 2, 1-7). No pódio dessa tríade revolucionária, César ainda ocupava a terceira posição; ganhara, no entanto, pontos valiosíssimos com a habilidade demonstrada de ser algodão entre cristais, pois, foi obra de sua engenharia política reconciliar Crasso e Pompeu em rusgas e antagonismo desde 70 a.C., quando foram colegas de consulado. Até hoje se discute o momento preciso (Horácio diz que foi no consulado de Metelo Céler, em 60 a.C.) da realização dessa autêntica *coniuratio* cujas negociações, seguramente secretas, passaram, até uma certa época, despercebidas da atenta rede de informação de Cícero. Sondado posteriormente por César, o grande orador se negou a participar dessa aliança.

43. Canfora (p. 109) é de parecer que essa providência objetivava claramente aumentar a "pressão" externa sobre o Senado. Os que conhecem a obra de César têm a oportunidade de constatar sua grande sensibilidade política para tirar partido da divulgação de informação e do acesso à opinião pública.

44. Em suas andanças, os cônsules até então só tinham direito a que os precedessem doze litores com feixes e machadinhas no mês em que se alternavam no efetivo exercício da magistratura. César, preocupado com a liturgia do cargo e sua própria visibilidade, ressuscita a antiga tradição que permitia ao cônsul em recesso ter em público uma pequena guarda.

SUETÔNIO: O DIVINO JÚLIO

no mais completo desacordo; entrou em aliança com os dois[42] pela qual nada se faria no Estado que desagradasse a um dos três.

[20] 1.Tão logo tomou posse do cargo, foi dos romanos o primeiro a instituir que se tornasse público o relatório escrito dos atos diários do Senado e das assembléias populares[43]. 2. Restabeleceu também o costume antigo de que no mês em que não tivesse os feixes, um ordenança o precedesse e os litores lhe viessem atrás[44]. 3. Quando da promulgação da lei agrária[45], expulsou do fórum com armas o colega que a vetava e, no dia seguinte, quando este apresentou queixa no Senado e não encontrou ninguém que tivesse a coragem de tratar do caso ou propor medida sobre tal consternação, providência muitas vezes tomada em perturbações da ordem bem mais leves, foi levado a tal abatimento que até o fim de seu mandato nada mais fez que oposição através de editos. 4. A partir desse momento César tratou sozinho e a seu talante de todos os negócios; por isso alguns gozadores, ironizando, quando assinavam algum documento para produzir fé, escreviam que tinha sido exarado no consulado não de César e Bíbulo, mas de Júlio e César, mencionando duas vezes a mesma pessoa pelo nome e sobrenome; logo se divulgaram estes versos: "Não foi Bíbulo que recentemente fez tal coisa, mas César;/ pois não me lembro de nada feito por Bíbulo". 5. A planície de Estela, consagrada pelos antepassados, e o território da Campânia, sujeito a impostos para socorrer o Estado, ele os dividiu, sem sorteio, a uns vinte mil cidadãos que tinham três ou mais filhos. 6. Quando os publicanos pleitearam desconto, ele abateu um terço das taxas e recomendou-lhes publicamente que não propusessem preços

---

45. Atendendo aos interesses de Pompeu, preocupado em recompensar seus veteranos da guerra contra Mitridates com distribuição de terra, César apresenta uma proposta (*rogatio*) de lei agrária ao Senado, onde sofre forte oposição, principalmente de Catão através de interminável obstrução em que era vezeiro e que só tem fim com a prisão dele decretada pelo cônsul. Sem chances de sucesso no Senado, César apela diretamente para a assembléia popular, de onde seu colega Bíbulo, genro de Catão, é escorraçado ao tentar fazer oposição e posteriormente é até mesmo espancado quando interpõe seu veto. Diante de tais violências, a Bíbulo só restou se fechar em casa com ferrolhos e de lá lançar suas pasquinadas de editos com ameaças e revelações escabrosas sobre o comportamento ético do colega. E é a partir daí que César passa a governar sozinho.

VIDAS DE CÉSAR

uectigalium inmoderatius licerentur, propalam monuit. 7. Cetera item, quae cuique libuissent, dilargitus est contra dicente nullo ac, si conaretur quis, absterrito. Marcum Catonem interpellantem extrahi curia per lictorem ducique in carcerem iussit. Lucio Lucullo liberius resistenti tantum calumniarum metum iniecit, ut ad genua ultro sibi accideret. Cicerone in iudicio quodam deplorante temporum statum, Publium Clodium inimicum eius, frustra iam pridem a patribus ad plebem transire nitentem, eodem die horaque nona transduxit. 8. Postremo in uniuersos diuersae factionis indicem induxit praemiis, ut se de inferenda Pompeio nece sollicitatum a quibusdam profiteretur productusque pro rostris auctores ex conpacto nominaret; sed uno atque altero frustra nec sine suspicione fraudis nominatis desperans tam praecipitis consilii euentum intercepisse ueneno indicem creditur.

[21] 1. Sub idem tempus Calpurniam L. Pisonis filiam successuri sibi in consulatu duxit uxorem suamque, Iuliam, Gnaeo Pompeio conlocauit repudiato priore sponso Seruilio Caepione, cuius uel praecipua opera paulo ante Bibulum inpugnauerat. 2. Ac post nouam adfinitatem Pompeium primum rogare sententiam coepit, cum Crassum soleret essetque consuetudo, ut quem ordinem interrogandi sententias consul Kal. Ianuariis instituisset, eum toto anno conseruaret.

---

46. A crítica de Cícero produziu em César reação fulminante e teve efeito desastroso para o grande orador. Clódio, ativista político, agitador da plebe, chefe de bando, aliado importante mas incômodo de César, ansiava pelo cargo de tribuno da plebe, inacessível, no entanto, a qualquer membro de família patrícia de onde ele provinha, a dos *Claudii*. Em represália às criticas recebidas, César, amparado nas prerrogativas de seu cargo de pontífice supremo, sem pestanejar, faz Públio Clódio, condescendente com a plebe até na maneira de pronunciar o ditongo latino – *au* –, passar para as fileiras da plebe, facultando-lhe o acesso ao cargo ambicionado. De posse dele, move campanha inexorável contra o cônsul de 63 a.C. por ter ilegalmente promovido a execução dos cúmplices de Catilina e o condena a um amargurado e desonroso exílio, de que são testemunhas suas cartas do período. O estrago na *dignitas* e na carreira do homem que se considerava um segundo Rômulo (*patriae pater*) por ter esmagado a conjuração, foi fatal e politicamente irremediável.

47. Essas violências e arbitrariedades e outras mais fizeram com que suas vítimas curtissem um longo e recôndito rancor (Catão era o nome em mais evidência) na esperança de que no dia em que ele aparecesse em Roma como simples cidadão (*priuatus*), pudessem, através de grandes advogados e tribunais coniventes, tirá-lo de circulação.

40

SUETÔNIO: O DIVINO JÚLIO

exorbitantes na adjudicação de novos impostos. 7. Prodigalizou igualmente outros favores a quem solicitasse, sem que ninguém protestasse e, se o fizesse, seria demovido pelo terrorismo. Marcos Catão, por lhe ter feito obstrução, ele deu ordem que um litor o tirasse da cúria e o levasse à prisão. Lúcio Luculo lhe fazia uma oposição um pouco aberta demais, ele lhe infundiu um medo tão grande de acusações caluniosas que chegou a se pôr a seus joelhos. Certa vez Cícero lastimou num tribunal as condições do momento político, no mesmo dia e na hora nona, ele fez passar de patrício a plebeu o inimigo dele, Públio Clódio, favor que este reclamava em vão há muito tempo dos senadores[46]. 8. Enfim, contra todos os inimigos dos diferentes grupos[47] [ele subornou um acusador] para, à custa de recompensas, declarar que tinha sido atraído por alguns deles para dar cabo de Pompeu e, diante dos rostros, de acordo com o combinado, nomear os mandantes; mas um ou outro nome tendo sido indicado sem resultado e, diante da suspeita de fraude, César, tendo dúvidas sobre o êxito de plano tão ousado, pelo que se diz, tirou o denunciante de circulação, envenenando-o.

[21] 1. Por essa mesma época casou-se com Calpúrnia, filha de Lúcio Pisão, que iria suceder-lhe no consulado, e deu em casamento a Pompeu a sua Júlia[48], tendo rompido o noivado anterior dela com Servílio Cepião, que, um pouco antes, mais que qualquer outro, fustigara Bíbulo. 2. A partir desse novo parentesco passou a pedir o parecer de Pompeu em primeiro lugar[49], e não a Crasso, como vinha sendo a praxe, embora o costume fosse manter durante todo o ano a ordem de pedido de parecer adotada nas calendas de janeiro.

---

48. Essas transações matrimoniais estigmatizadas por Catão (Plutarco, *César* 14, 8) foram moeda corrente na política da época e apesar disso, até sua morte precoce em 54 a.C., a doce Júlia, segundo fontes antigas, foi além dos anseios políticos do pai e manteve com Pompeu uma união onde não faltou afeição e amor recíprocos.

49. Nessa época, o cônsul em exercício, *ex-officio* presidente do Senado, tinha o direito de escolher, entre os senadores consulares, a personalidade número um da casa (o *princeps senatus*), a quem, durante o ano, cabia a honra de ser consultado, em primeiro lugar, para dar seu parecer sobre as questões em debate. César também aqui alterou as regras do jogo em favor do genro.

VIDAS DE CÉSAR

[22] 1. Socero igitur generoque suffragantibus ex omni prouinciarum copia Gallias potissimum elegit, cuius emolumento et oportunitate idonea sit materia triumphorum. 2. Et initio quidem Galliam Cisalpinam Illyrico adiecto lege Vatinia accepit; mox per senatum Comatam quoque, ueritis patribus ne, si ipsi negassent, populus et hanc daret. 3. Quo gaudio elatus non temperauit, quin paucos post dies frequenti curia iactaret, inuitis et gementibus aduersariis adeptum se quae concupisset, proinde ex eo insultaturum omnium capitibus; ac negante quodam per contumeliam facile hoc ulli feminae fore, responderit quasi adludens: in Suria quoque regnasse Sameramin magnamque Asiae partem Amazonas tenuisse quondam.

[23] 1. Functus consulatu, Gaio Memmio Lucioque Domitio praetoribus de superioris anni actis referentibus, cognitionem senatui detulit; nec illo suscipiente triduoque per inritas altercationes absumpto, in prouinciam abiit. Et statim quaestor eius in praeiudicium aliquot criminibus arreptus est. 2. Mox et ipse a Lucio Antistio tr. pl. postulatus appellato demum collegio optinuit, cum rei publicae causa abesset, reus ne fieret. 3. Ad securitatem ergo posteri temporis in magno negotio habuit obligare semper annuos magistratus et e petitoribus non alios adiuuare aut ad honorem pati peruenire, quam qui sibi recepissent propugnaturos absentiam suam; cuius pacti non dubitauit a quibusdam ius iurandum atque etiam syngrapham exigere.

---

50. Para Suetônio, a opção calculada pelos recursos e condições da Gália revelava já a intenção premeditada de se imortalizar com façanhas militares (no que se poderia pensar numa preocupação de rivalizar com Pompeu). Plutarco (*César* 15, 1-2) parece ir além; para ele, esse proconsulado de tão longa duração marca a inauguração paulatina de uma nova fase na vida política de César; o líder das massas urbanas (nem sempre afinadas com os interesses da nação) vai se transformar no chefe de uma poderosa força militar.

51. O bate-boca tem toques de lubricidade, terreno onde a maledicência peninsular (*Italum acetum*), até mesmo no parlamento, é fértil e insopitável. César, consciente do poder que lhe é atribuído, afirma que poderá pisar na cabeça de todos os seus adversários (*insultaturum omnium capitibus*), isto é, tê-los à sua mercê. Um deles reverte a metáfora para o campo das situações eróticas e, aludindo à difundida pecha de homossexual do futuro procônsul, retruca não ser possível a uma mulher se encontrar em tal situação. César, fazendo-se de desentendido e voltando-se ao sentido primeiro de sua expressão metafórica, cita o exemplo de figuras lendárias a que se associam poder, coragem e dominação.

SUETÔNIO: O DIVINO JÚLIO

[22] 1. Sufragado então pelo sogro e o genro, dentre o grande número de províncias deu total preferência às Gálias, cujos recursos e oportunidades, em sua opinião, seriam fontes geradoras de triunfos[50]. 2. E inicialmente recebeu a Gália Cisalpina acrescida do Ilírico pela lei Vatínia; logo a seguir, também a Gália Cabeluda através do Senado, pois receavam os senadores que, se não lha dessem, também essa lhe teria sido dada pelo povo. 3. No auge do júbilo, não se conteve e, poucos dias depois, diante de um Senado numeroso, gabou-se de ter conseguido o que ambicionara, a despeito da má vontade e dos lamentos dos adversários e de, a partir daí, poder calcar-lhes a cabeça; tendo-lhe um senador dito, para ofendê-lo, que isso a mulher alguma seria fácil, ele respondeu com humor que na Síria reinara Semíramis e as Amazonas tinham dominado grande parte da Ásia[51].

[23] 1. Ao término do consulado, os pretores Caio Mêmio e Lúcio Domício apresentaram um relatório dos fatos do ano findo e ele encaminhou as investigações ao Senado. Como este se omitia, e se passavam três dias em discussões inúteis, César partiu para a província e incontinente um seu questor foi detido para uma investigação prévia por algumas acusações. 2. Logo a seguir, o próprio César foi intimado por Lúcio Antisto, tribuno da plebe, mas, tendo apelado ao colégio dos tribunos, conseguiu eximir-se de acusação por estar ausente, a serviço do Estado. 3. Para se garantir para o futuro, considerou de grande interesse ter sempre a adesão dos magistrados em exercício e, quanto aos candidatos não colaborar nem permitir que chegassem aos cargos senão os que se comprometessem a defendê-lo na ausência; para o cumprimento desse compromisso não hesitou em exigir de alguns o juramento ou mesmo documento assinado[52].

---

52. Todo o capítulo 23, 1-3 são restos a pagar pelas arbitrariedades cometidas durante o consulado. A partir de agora os inimigos estarão atentos e vigilantes para ir à desforra com medidas judiciais ou parlamentares, e César, longe do centro do poder, a blindar zelosamente sua retaguarda política na Cidade através de agentes e aliados, muitos convictamente dobrados pelo ouro da Gália. Plutarco é bem claro sobre o custo das adesões dos magistrados (*César* 21, 3-4).

VIDAS DE CÉSAR

[24] 1. Sed cum Lucius Domitius consulatus candidatus palam minaretur consulem se effecturum quod praetor nequisset adempturumque ei exercitus, Crassum Pompeiumque in urbem prouinciae suae Lucam extractos conpulit, ut detrudendi Domitii causa consulatum alterum peterent, perfecitque per utrumque, ut in quinquennium sibi imperium prorogaretur. 2. Qua fiducia ad legiones, quas a re publica acceperat, alias priuato sumptu addidit, unam etiam ex Transalpinis conscriptam, uocabulo quoque Gallico — Alauda enim appellabatur —, quam disciplina cultuque Romano institutam et ornatam postea uniuersam ciuitate donauit. 3. Nec deinde ulla belli occasione, ne iniusti quidem ac periculosi abstinuit, tam foederatis quam infestis ac feris gentibus ultro lacessitis, adeo ut senatus quondam legatos ad explorandum statum Galliarum mittendos decreuerit ac nonnulli dedendum eum hostibus censuerint. Sed prospere cedentibus rebus et saepius et plurium quam quisquam umquam dierum supplicationes impetrauit.

---

53. Esse Lúcio Domício, cunhado de Catão, marido de Pórcia, herdeiro legítimo da arrogância e rudeza dos Aenobarbos, acumulou fracassos sobre fracassos na tentativa implacável de barrar a caminhada de César: derrota na pretensão ao consulado de 55, na resistência ao cerco de Corfínio (fevereiro de 49), na defesa marítima de Marselha sitiada por César (julho de 49), na frustrada nomeação para suceder a César no proconsulado da Gália para a qual se sentia com direitos assegurados, pois lá um ascendente seu, Cneu Domício Aenobarbo (cônsul em 122 a.C.), se cobrira de louros, tendo sido o responsável pela *Via Domitia* (da Provença aos Pirineus). Às vésperas de Farsália (9 de agosto de 48 a.C.), tendo como favas contadas a vitória definitiva sobre César, exibia seus títulos (César, *A Guerra Civil* 3, 83, 1 *cum...gratiam dignitatemque iactaret...*) e reivindicava a contrapartida de suceder a César no cargo vitalício de *Summus Pontifex*. Foi seu último e malogrado surto, pois de lá não logrou se safar com vida.

54. A renovação do pacto triunviral de abril de 56 a.C. se dá num momento de graves turbulências que punham em risco as bases da aliança de 60, como se pode ver em carta de Cícero ao irmão (*Quinto* II, 3). Pompeu, em Roma, enfrentava dificuldades políticas e até de ordem pessoal, hostilizado por Clódio e seu bando, responsabilizado pela penúria de trigo, sofrendo o assédio de Catão apoiado por Crasso. Esperançoso, Cícero previa uma grande reviravolta (*itaque magnae mihi res iam moueri uidebantur*). Mas os grandes acontecimentos não ocorreram na deriva da expectativa e desejos do grande orador. Na vitoriosa conferência de Luca, onde se acotovelaram mais de duzentos senadores e não poucos os feixes de magistrados (Plutarco, *César* 21, 4-6), César impinge (*compulit*) a Crasso e Pompeu o consulado de 55, com direito, no ano seguinte, a Pompeu do proconsulado da Hispânia e a Crasso o da Síria, reservando para si a prorrogação do comando da Gália por mais cinco anos (*Lex Pompeia Licinia*).

SUETÔNIO: O DIVINO JÚLIO

[24] 1. E como Lúcio Domício[53], candidato ao consulado, fazia ameaças públicas de que na qualidade de cônsul poria em prática o que não conseguira como pretor e lhe tiraria os exércitos, ele, tendo feito que Crasso e Pompeu se deslocassem para Luca, cidade de sua província, forçou-os a se candidatarem a um segundo consulado para barrar Domício e, por intermédio dos dois, alcançou que se lhe prorrogasse o comando por um qüinqüênio[54]. 2. Confortado com esses resultados, às legiões que recebera do Estado acrescentou, de seu próprio bolso, outras; a uma delas, recrutada até entre transalpinos, (com o nome gaulês de Alauda), montada e adestrada de acordo com a tática e o treinamento romano, ele a premiou, inteira, com o direito de cidadania. 3. A partir de então, atacando, sem provocação, populações tanto aliadas como inimigas e ferozes, não se furtou a nenhuma ocasião de guerra, mesmo injusta ou arriscada, a tal ponto que certa vez o Senado decidiu enviar delegados para investigar a situação das Gálias, e alguns senadores foram de parecer que fosse entregue aos inimigos[55]. Dado, porém, o bom sucesso de suas ações, obteve súplicas públicas mais vezes e por mais dias que jamais algum outro general[56].

---

55. Suetônio não esclarece que essa delegação do Senado estava ligada ao episódio do massacre dos usipetos e tinctérios a respeito do qual outras fontes (César, *Guerra da Gália* IV, 4-15; Plutarco, *César* 22, 1-6; *Catão, o moço* 51) dão versões mais detalhadas. Os chefes dessas nações germânicas, que tinham invadido a Gália, estavam em negociações com César em busca de um acordo. O procônsul, pretextando que, em franco atentado à *fides*, cavaleiros gauleses, seus aliados, tinham sido por eles atacados e mortos durante o período de trégua, recebe-os para conversações e contra a *fides* não só os trucida como provoca o genocídio dessas nações. Essa perfídia, explorada evidentemente por razões de política interna, mas de clara percepção humanística, provoca a ira de Catão, que propõe que fosse César entregue aos povos ofendidos para que não se atraísse sobre a Cidade a ira dos deuses.

56. E ao término da campanha desse ano de 55 a.C., César envia a Roma amplo relatório no qual dá conta da trágica vitória sobre os usipetos e tinctérios, da inédita presença das forças romanas na Britânia e no além Reno; o Senado decreta preces de agradecimento aos deuses (*supplicatio*) pelo sucesso das ações, por não menos de vinte dias, glória que até então nenhum cidadão romano experimentara.

VIDAS DE CÉSAR

[25] 1. Gessit autem nouem annis, quibus in imperio fuit, haec fere. 2. Omnem Galliam, quae saltu Pyrenaeo Alpibusque et monte Cebenna, fluminibus Rheno ac Rhodano continetur patetque circuitu ad bis et tricies centum milia passuum, praeter socias ac bene meritas ciuitates, in prouinciae formam redegit, eique in singulos annos stipendii nomine inposuit. 3. Germanos, qui trans Rhenum incolunt, primus Romanorum ponte fabricato adgressus maximis adfecit cladibus. 4. Adgressus est et Britannos ignotos antea superatisque pecunias et obsides imperauit, per tot successus ter nec amplius aduersum casum expertus; in Britannia classe ui tempestatis prope absumpta et in Gallia ad Gergouiam legione fusa et in Germanorum finibus Titurio et Aurunculeio legatis per insidias caesis.

[26] 1. Eodem temporis spatio matrem primo, deinde filiam, nec multo post nepotem amisit. 2. Inter quae, consternata Publi Clodi caede re publica, cum senatus unum consulem nominatimque Gnaeum Pompeium fie-

---

57. Da longa campanha da Gália, que na saga de César se estende por oito livros, Suetônio faz o brevíssimo resumo num capítulo; duas poderiam ser as razões dessa sobriedade: 1) o autor partiria da idéia, explícita em Plutarco, de que numa biografia (diferente da história) o que importa não é o relato de uma congérie de fatos, mas apenas os dados marcantes que definem e compõem os traços do biografado; 2) talvez considerasse ocioso repisar fatos e situações amplamente conhecidos pela grande circulação e sucesso que os *Commentarii* de César alcançaram, consagrados pelo elogio entusiasta de Cícero.

58. César (*Guerra da Gália* IV, 16, 1-7), talvez para conciliar o Senado, apresenta as razões de natureza estratégica que o levaram a atravessar o Reno, razões que já na Antigüidade não teriam convencido Dião Cássio, para quem "ele vivia atormentado pelo desejo de fazer o que ainda nenhum dos seus pares tinha feito" (*História romana*, XXXIX, 48), opinião que se casa bem com o ponto de vista de Plutarco (*César* 22, 6) quando fala da ansiedade do procônsul em ser o primeiro a atravessar o Reno.

59. Por duas vezes esteve César na Britânia: a primeira (ver *Guerra da Gália* IV, 20 e seguintes), de pouca duração, em 55 a.C., quando já ia avançado o verão, e o motivo alegado (embora não fosse o único nem possivelmente o verdadeiro) era de que os nativos davam apoio aos gauleses nas guerras contra os romanos (*quod omnibus fere Gallicis bellis hostibus nostris inde subministrata auxilia*); a segunda, de propósitos bem mais ambiciosos, com cinco legiões, em 54 a.C (*Guerra da Gália* V, 8 e seguintes). Desta, para felicidade dos historiadores, participou, como legado de César, Quinto, irmão de Cícero, cuja correspondência do ano nos fornece informações preciosas. Dela transparece certa frustração por não se deparar na ilha nem ouro nem prata, senão escravos boçais. É fácil não perceber que o propósito primeiro era projetar a imagem invencível de um comandante de realizações tão extraordinárias quanto a de seu parceiro de triunvirato. As façanhas das Gálias, várias inéditas, habilmente exploradas e publicitadas através de relatórios do

46

SUETÔNIO: O DIVINO JÚLIO

[25] 1. Eis mais ou menos o que realizou nos seus nove anos de comando[57]. 2. Excetuadas as populações aliadas e com títulos de reconhecimento, submeteu à condição de província toda a Gália compreendida entre os Pirineus, os Alpes, os Cebenas e os rios Reno e Ródano, num circuito que se estende por cerca de três milhões e duzentos mil passos e impôs-lhe quarenta milhões de sestércios à guisa de imposto anual. 3. Foi o primeiro romano que, tendo construído uma ponte sobre o Reno, atacou os germanos, moradores do outro lado desse rio e infligiu-lhes derrotas extremamente duras[58]. 4. Atacou também os britanos, até então uns desconhecidos, e, tendo-os vencido, exigiu deles dinheiro e reféns[59]. E em meio a tantos sucessos não conheceu mais que três resultados adversos: na Britânia a sua frota quase foi aniquilada por violenta tempestade, na Gália uma legião destroçada diante de Gergóvia e no território dos germanos seus legados Tintúrio e Aurunculeio foram liquidados em uma emboscada[60].

[26] 1. Num mesmo espaço de tempo, perdeu primeiro a mãe, a seguir a filha[61] e não muito depois, o neto. 2. Nesse ínterim, encontrava-se o Estado abalado com o assassinato de Clódio[62]; como o Senado fora

---

próprio comandante, incomparável escritor, nutriram com extremo êxito a opinião pública de Roma e da Itália.

60. Os três insucessos que Suetônio registra estão também anotados por César no *Guerra da Gália* (IV, 29, 1-4; V, 26-38; VII, 50-51).

61. Conforme comentamos (cf. cap. 21, 1), a união de Júlia com Pompeu, ajustada pelo pai, foi para o casal muito além de um arreglo político; eles deram demonstração de que se sentiam matrimonialmente realizados. A morte dela (54 a.C.), decorrente de parto, foi, de acordo com Plutarco (*César* 23, 6), motivo de grande dor para Pompeu e César, e de consternação para os amigos comuns ao perceberem que o fim dos laços de parentesco ameaçava a paz e a concórdia no Estado.

62. Esse patrício da *gens Claudia*, de cuja passagem para a plebe (*transitio ad plebem*) e da frustrada aventura galante e sacrílega na casa de César já se falou (cf. cap. 20, 7), por anos pôs em polvorosa membros poderosos da classe dirigente, fazendo até Pompeu botar ferrolhos nas próprias portas. Descartado por César após a conferência de Luca, continuou sua liderança junto às massas urbanas proletarizadas para a quais patrocinara a distribuição gratuita de trigo. Com ele se institucionalizou a violência e a baderna em Roma com o surgimento incontrolável de gangues armadas antagônicas a serviço de grupos políticos. Numa refrega na Via Ápia do bando de Clódio, ligado à plebe, com o de Milão, identificado com os interesses da aristocracia, Clódio é assassinado e a República fica à mercê do caos.

VIDAS DE CÉSAR

ri censuisset, egit cum tribunis plebis collegam se Pompeio destinantibus, id potius ad populum ferrent, ut absenti sibi, quandoque imperii tempus expleri coepisset, petitio secundi consulatus daretur, ne ea causa maturius et inperfecto adhuc bello decederet. 3. Quod ut adeptus est, altiora iam meditans et spei plenus nullum largitionis aut officiorum in quemquam genus publice priuatimque omisit. Forum de manubiis incohauit, cuius area super sestertium milies constitit. Munus populo epulumque pronuntiauit in filiae memoriam, quod ante eum nemo. Quorum ut quam maxima expectatio esset, ea quae ad epulum pertinerent, quamuis macellariis ablocata, etiam domesticatim apparabat. 4. Gladiatores notos, sicubi infestis spectatoribus dimicarent, ui rapiendos reseruandosque mandabat. Tirones neque in ludo neque per lanistas, sed in domibus per equites Romanos atque etiam per senatores armorum peritos erudiebat, precibus enitens, quod epistulis eius ostenditur, ut disciplinam singulorum susciperent ipsique dictata exercentibus darent. 5. Legionibus stipendium in perpetuum duplicauit. Frumentum, quotiens copia esset, etiam sine modo mensuraque praebuit ac singula interdum mancipia e praeda uiritim dedit.

---

63.   Para pôr cobro à anarquia e não perder pé da situação, o Senado transige e com apoio até de Catão (Plutarco, *César* 28, 7) promove, ao arrepio da lei, a nomeação (sem eleições, portanto) de Pompeu, com os amplos poderes de cônsul único e de procônsul da Hispânia. Com o triunvirato em frangalhos com a morte de Júlia (54), a de Crasso em Carras (53) e o desaparecimento de Clódio (52), a aristocracia marcava pontos e a seu lado a estrela de Pompeu subia, e a de César parecia descer, tanto que seus adeptos quiseram fazer dele, como contrapeso, colega de Pompeu, quando se tratou da instituição desse consulado único.

64.   Fazendo ouvido de mercador aos seus aliados (e assessores) que lhe acenavam com o consulado imediato ao lado Pompeu com vistas talvez a proporcionar um equilíbrio de forças em Roma, César sabidamente preferiu o plebiscito, que lhe assegurava o privilégio de se candidatar a um segundo consulado, ausente de Roma (*in absentia*). O motivo verdadeiro para tal pedido, evidentemente, não era para "não deixar a província prematuramente e a guerra por terminar." Era, sim, o receio de ter de comparecer na Cidade como simples cidadão (*priuatus*) e ter de enfrentar acusações e processos havia tempo prometidos, que o mandariam para o exílio.

65.   Crente de que, com a garantia legal obtida com o plebiscito, ninguém lhe tiraria o tapete na última hora, César parte febril para a formação do seu comitê de propaganda eleitoral. Como financiar a campanha, também em Roma, bastante cara? Seguramente não à custa de superfaturamento de obras públicas, mas com recursos "próprios" achacados nas províncias, com a venda dos despojos das conquistas (*manubiae*). E como conquistar o eleitorado? Patrocinando obras (*evergetismo*) e projetos caríssimos como o *Forum Iulium* (Cícero, *Ático* IV, 16, 8), com jogos de gladiadores (que quanto mais sadicamente requintados, mais valorizados pelo eleitorado freneticamente sedento de

SUETÔNIO: O DIVINO JÚLIO

de parecer que se nomeasse um cônsul único[63] – especificamente Pompeu – entendeu-se com os tribunos, que planejavam fazê-lo colega de Pompeu, que seria melhor apresentarem ao povo a proposta de que lhe fosse permitido candidatar-se, ausente, a um segundo consulado, quando estivesse por extinguir-se o prazo de seu comando, para que não fosse obrigado por causa dessa candidatura a deixar a província prematuramente e a guerra por terminar[64]. 3. Tão logo obtém esse privilégio[65], já concebendo projetos mais ambiciosos e cheio de esperança, não deixa escapar qualquer tipo de larizeza ou favores para quem quer que fosse, a título público ou privado. Com a venda dos despojos começou o foro, cujo terreno custou para lá de cem milhões de sestércios. Prometeu espetáculo de gladiadores e banquete em memória da filha, o que antes dele ninguém fizera. Para que a expectativa desses festejos fosse a maior possível, as coisas que diziam respeito ao banquete, embora contratadas com fornecedores, ele as fez também preparar em casas de particulares. 4. Se em algum lugar gladiadores famosos lutavam diante de um público hostil, dava instruções que fossem apanhados à força e lhe fossem reservados. Quanto aos aprendizes de gladiador, ele promovia seu adestramento, não nas academias ou através de profissionais, mas nas residências, através de cavaleiros romanos ou mesmo de senadores familiarizados com o manejo das armas, e insistia em recomendar, como se pode ver em suas cartas, que se encarregassem da instrução de cada um deles e, pessoalmente, dirigissem seus treinamentos. 5. Duplicou o soldo das legiões para sempre. Todas as vezes que houve abundância de trigo, distribuiu-o sem limite ou restrição e, de tempos em tempos, deu a cada homem um escravo dos espólios[66].

---

sangue), com banquetes para cuja preparação, além da contratação de fornecedores, os próprios convivas eram chamados a colaborar para maior expectativa e o envolvimento com a festança. Tudo isso financiado pelo ouro e pela venda dos cidadãos escravizados da Gália. E tudo isso foi eleitoralmente em vão porque realmente, na hora da onça beber água, Pompeu puxou o tapete e César substituiu o voto pela espada.

66. Essas larguezas não seriam apenas a expressão do reconhecimento e da gratidão (virtude de seu apreço) pelos resultados da conquista militar. Já que se trata de um capítulo de contexto eleitoral, não é de se excluir que com essa liberalidade César esperava contar com a benevolência e os votos desses militares (em grande parte cidadãos) para sua eleição. Não era raro licenciar soldados em época eleitoral para o exercício do voto. Por outro lado não há razão para estranhar que cada soldado tenha ganho um escravo, pois Plutarco (*César* 15, 5) admite que, além de um milhão de mortos da campanha da Gália, houve outro tanto de prisioneiros.

VIDAS DE CÉSAR

[27] 1. Ad retinendam autem Pompei necessitudinem ac uoluntatem Octauiam sororis suae neptem, quae Gaio Marcello nupta erat, condicionem ei detulit sibique filiam eius in matrimonium petit Fausto Sullae destinatam. 2. Omnibus uero circa eum atque etiam parte magna senatus gratuito aut leui faenore obstrictis, ex reliquo ordinum genere uel inuitatos uel sponte ad se commeantis uberrimo congiario prosequebatur, libertos insuper seruulosque cuiusque, prout domino patronoue gratus qui esset. 3. Iam reorum aut obaeratorum aut prodigae iuuentutis subsidium unicum ac promptissimum erat, nisi quos grauior criminum uel inopiae luxuriaeue uis urgeret, quam ut subueniri posset a se; his plane palam bello ciuili opus esse dicebat.

[28] 1. Nec minore studio reges atque prouincias per terrarum orbem adliciebat, aliis captiuorum milia dono offerens, aliis citra senatus populique auctoritatem, quo uellent et quotiens uellent, auxilia submittens, superque Italiae Galliarumque et Hispaniarum, Asiae quoque et Graeciae potentissimas urbes praecipuis operibus exornans; 2. donec, attonitis iam omnibus et quorsum illa tenderent reputantibus, Marcus Claudius Marcellus consul, edicto praefatus, de summa se re publica acturum, rettulit ad senatum, ut ei succederetur ante tempus, quoniam bello confecto pax esset ac dimitti deberet uictor exercitus; et ne absentis ratio comitiis haberetur, quando et plebiscito Pompeius postea abrogasset. 3. Acciderat autem, ut is legem de iure magistratuum ferens eo capite, quo petitione honorum absentis submouebat, ne Caesarem

---

67. Otávia, irmã do futuro imperador Augusto, indicada pelo tio avô para esse casamento dinástico não aceito por Pompeu, foi esposa de Caio Cláudio Marcelo (cônsul em 50 a.C.); após a morte do marido, casou-se com o tribuno Marco Antônio.

68. A idéia da guerra civil como solução para situações desesperadas de dívidas parece que não era só uma questão de humor e ironia. Viveria subjacente para outras emergências difíceis.

69. O ouro da Gália jorrava também pelo mundo afora na busca de apoio e clientela. Era preciso, por um lado, obstinadamente ocupar espaço, principalmente na Hispânia, onde, desde os tempos de Sertório, Pompeu fincara sua bandeira e conquistara uma vasta clientela e, ainda agora procônsul, tinha na península ibérica dois exércitos poderosos; por outro, não descurar a Ásia onde, após a vitória consagradora sobre Mitridates, o grande estrategista reorganizara a província e desfilara com honras quase divinas.

70. Esse Marcos Cláudio Marcelo, cônsul em 51 a.C., além das medidas registradas por Suetônio, fez vergastar publicamente em Roma um senador de *Nouum Comum*, colônia recentemente criada por César, por não lhe reconhecer a cidadania atribuída pelo procônsul

50

SUETÔNIO: O DIVINO JÚLIO

[27] 1. Para continuar mantendo parentesco e afeição com Pompeu, ofereceu-lhe em casamento Otávia[67], neta de sua irmã, que tinha sido casada com Caio Marcelo, e para si pediu-lhe a filha em casamento, prometida a Fausto Sila. 2. Depois de amarrar, com empréstimos gratuitos ou juros baixos, todos os que viviam à volta de Pompeu e também boa parte do Senado, passou a conceder polpudas somas aos cidadãos de outras ordens que se dirigiam a ele a convite seu ou por iniciativa própria, sem falar nos libertos e humildes escravos de qualquer um, na medida em que fossem simpáticos a seus donos ou antigos patrões. 3. Por outro lado, dos acusados, dos envolvidos em dívida, da juventude estróina era ele o apoio único e de grande disponibilidade, a não ser que o tamanho dos delitos, da miséria e dos excessos pesasse mais do que sua capacidade de socorrer; a esses dizia totalmente às claras que precisavam de uma guerra civil[68].

[28] 1. E não era menor o seu empenho em atrair, pelo mundo afora, reis e províncias, oferecendo a uns, como presente, milhares de prisioneiros, a outros, passando por cima da autoridade do Senado e da assembléia, fornecia tropas auxiliares para onde quisessem e quantas vezes quisessem e, de sobra, embelezava, com monumentos notáveis, poderosíssimas cidades da Itália, das Gálias, das Hispânias, como também da Ásia e da Grécia[69]. 2. Até que, diante do espanto geral das pessoas, que se interrogavam sobre aonde queria ele chegar, o cônsul Marcos Cláudio Marcelo[70], tendo anunciado em edito que passaria a se ocupar dos interesses maiores da República, propôs ao Senado: que fosse dado a César um sucessor antes do prazo, uma vez que, com o término da guerra, reinava a paz e se devia desmobilizar um exército vitorioso; que nas eleições não se levasse em conta sua candidatura em caso de ausência, já que o plebiscito tinha sido anulado posteriormente por Pompeu. 3. Ora, ocorrera que Pompeu, ao propor a lei sobre o direito dos magistrados[71], se esquecera de isentar César no artigo

(Plutarco, *César* 29, 1-2). Ficou imortalizado pelo *Pro Marcello*, discurso em que pateticamente Cícero pede a César seu retorno do exílio, só não consumado em razão de sua morte violenta quando se preparava para voltar.

71. A lei que passou a exigir de todos os candidatos a presença em Roma durante a eleição se chamou *Lex Pompeia de iure magistratuum*. Sobre o privilégio legalmente concedido anteriormente a César de se candidatar *in absentia,* outras fontes fazem menção (César, *Guerra civil* I, 32, 3; Cícero, *Ático* VII, 3, 3; VIII, 3, 3).

VIDAS DE CÉSAR

quidem exciperet per obliuionem, ac mox lege iam in aes incisa et in aerarium condita corrigeret errorem. 4. Nec contentus Marcellus prouincias Caesari et priuilegium eripere, rettulit etiam, ut colonis, quos rogatione Vatinia Nouum Comum deduxisset, ciuitas adimeretur, quod per ambitionem et ultra praescriptum data esset.

[29] 1. Commotus his Caesar ac iudicans, quod saepe ex eo auditum ferunt, difficilius se principem ciuitatis a primo ordine in secundum quam ex secundo in nouissimum detrudi, summa ope restitit, partim per intercessores tribunos, partim per Seruium Sulpicium alterum consulem. 2. Insequenti quoque anno Gaio Marcello, qui fratri patrueli suo Marco in consulatu successerat, eadem temptante collegam eius Aemilium Paulum Gaiumque Curionem uiolentissimum tribunorum ingenti mercede defensores parauit. 3. Sed cum obstinatius omnia agi uideret et designatos etiam consules e parte diuersa, senatum litteris deprecatus est, ne sibi beneficium populi adimeretur, aut ut ceteri quoque imperatores ab exercitibus discederent; confisus, ut putant, facilius se, simul atque libuisset, ueteranos conuocaturum quam Pompeium nouos milites. 4. Cum aduersariis autem pepigit, ut dimissis octo legionibus Transalpinaque Gallia duae sibi legiones et Cisalpina prouincia uel etiam una legio cum Illyrico concederetur, quoad consul fieret.

[30] 1. Verum neque senatu interueniente et aduersariis negantibus ullam se de rex publica facturos pactionem, transiit in citeriorem Galliam, conuentibusque peractis Rauennae substitit, bello uindicaturus si quid de tribunis plebis intercedentibus pro se grauius a senatu constitutum esset. 2. Et praetextum quidem illi ciuilium armorum hoc fuit; causas autem alias fuisse

---

72. No intuito de ganhar o apoio de Lúcio Emílio Paulo, o outro cônsul do ano 50, César concedeu-lhe vultosas verbas para pôr termo à construção da basílica Emília.

SUETÔNIO: O DIVINO JÚLIO

em que proibia aos ausentes concorrer às magistraturas e logo, quando a lei já estava gravada e guardada no erário, tratara de corrigir o erro. 4. Não satisfeito de retirar de César as províncias e o privilégio, Marcelo propôs ainda que aos colonos que pela lei Vatínia tinham sido transferidos para Nova Como fosse cassado o direito de cidadania, porque concedido com intenção demagógica e contra as prescrições legais.

[29] 1. César, impressionado com essas ameaças e convencido, segundo consta de pessoas que dele teriam ouvido com freqüência, de que "era mais difícil rebaixá-lo, como líder político, do primeiro para o segundo plano, do que do segundo para o último", resistiu com todos os meios, seja através da intercessão dos tribunos, seja através de Sérvio Sulpício, o outro cônsul. 2. No ano seguinte, tendo Caio Marcelo, sucessor no consulado de seu primo Marcos, renovado essas tentativas, César, através de somas enormes, ganhou como defensores Paulo Emílio[72], colega de Marcos, e Caio Curião, o mais contundente dos tribunos. 3. Mas, verificando que as resistências a ele se tornavam mais radicais e que também os cônsules designados eram do partido contrário, solicitou, em carta ao Senado, que não lhe fosse tirado o privilégio outorgado pelo povo ou que igualmente os outros comandantes deixassem seus exércitos; ele contava, é o que se supõe, que, caso desejasse, lhe seria mais fácil reunir seus antigos soldados do que a Pompeu mobilizar novas tropas. 4. Demais, ele assumiu com os adversários o compromisso de renunciar a oito legiões e à Gália transalpina, desde que lhe fossem concedidas duas legiões e a província cisalpina, ou mesmo uma única legião e o Ilírico, até que se elegesse cônsul.

[30] 1. Mas como o Senado não se interpunha e os adversários recusavam fazer qualquer acordo sobre os assuntos públicos, ele passou à Gália citerior e, tendo administrado a justiça, se deteve em Ravena, pronto a reagir com as armas, se decisões drásticas fossem tomadas pelo Senado contra os tribunos da plebe que, para defendê-lo, se valiam do veto. 2. É verdade que essa foi a alegação dele para a guerra civil, mas pensa-se que os

VIDAS DE CÉSAR

opinantur. 3. Gnaeus Pompeius ita dictitabat, quod neque opera consummare, quae instituerat, neque populi expectationem, quam de aduentu sui fecerat, priuatis opibus explere posset, turbare omnia ac permiscere uoluisse. 4. Alii timuisse dicunt, ne eorum, quae primo consulatu aduersus auspicia legesque et intercessiones gessisset, rationem reddere cogeretur; cum M. Cato identidem nec sine iure iurando denuntiaret delaturum se nomen eius, simul ac primum exercitum dimisisset; cumque uulgo fore praedicarent, ut si priuatus redisset, Milonis exemplo circumpositis armatis causam apud iudices diceret. 5. Quod probabilius facit Asinius Pollio, Pharsalica acie caesos profligatosque aduersarios prospicientem haec eum ad uerbum dixisset referens: "Hoc uoluerunt; tantis rebus gestis Gaius Caesar condemnatus essem, nisi ab exercitu auxilium petissem." 6. Quidam putant captum imperii consuetudine pensitatisque suis et inimicorum uiribus usum occasione rapiendae dominationis, quam aetate prima concupisset. 7. Quod existimasse uidebatur et Cicero scribens de Officiis tertio libro semper Caesarem in ore habuisse Euripidis uersus, quos sic ipse conuertit:

Nam si uiolandum est ius, regnandi gratia
uiolandum est; aliis rebus pietatem colas.

---

73. Por todo esse capítulo 30, Suetônio entra em considerações sobre o que os antigos já consideravam como os motivos que levaram César a pegar em armas contra a pátria. Segundo o biógrafo, o que César alegava era a defesa das instituições violadas pelos adversários e é o que o general, pelo menos em parte, afirma na *Guerra civil* (1, 22, 5): "Saíra de sua província para restabelecer em seus poderes os tribunos da plebe expulsos da Cidade, para devolver a liberdade a si e ao povo romano, oprimido por uma facção minoritária". A explicação atribuída a Pompeu, de cunho psicológico, não quadra com tudo que se sabe do temperamento de César. Uma outra se apóia no testemunho de Cícero (e até

SUETÔNIO: O DIVINO JÚLIO

motivos[73] foram outros. 3. Cneu Pompeu vivia dizendo que seu objetivo foi criar tumulto e confusão generalizada, porque não conseguira terminar as obras que planejara nem satisfazer com seus recursos particulares as expectativas que despertara na população para o momento de seu retorno. 4. Outros afirmam que ele temia ser obrigado a dar conta das irregularidades praticadas no primeiro consulado contra os auspícios, as leis e a intercessões. Com efeito Marcos Catão, mais de uma vez e sob juramento, anunciou que o acusaria na justiça no momento em que desmobilizasse seu exército, e por toda parte se proclamava que, se ele regressasse como simples cidadão, teria que se defender perante os juízes, rodeado de soldados armados, de acordo com o precedente de Milão. 5. Asínio Polião corrobora essa hipótese ao registrar que ele, contemplando, na batalha de Farsália, seus adversários destroçados e batidos, disse textualmente o seguinte: "Eles o quiseram; após tão grandes feitos, eu, Caio César, teria sido condenado, se não pedisse socorro ao exército." 6. Há os que pensam que ele foi vítima da convivência com o comando e, após pesar cuidadosamente as forças suas e dos adversários, aproveitou a ocasião de empalmar o poder absoluto a que vinha aspirando desde a mocidade. 7. Essa parece ter sido também a opinião de Cícero ao escrever no livro terceiro do *De officiis* que César tinha sempre nos lábios os versos de Eurípides, por ele assim traduzidos:

Se, realmente, for preciso violar o direito, que o seja para reinar;
nos demais casos, pratique-se a observância.

---

hoje tem seus seguidores), segundo o qual, desde muito cedo, César manifestou suas idéias e pendores monárquicos, viabilizados pelos longos anos de vida militar. Asínio Polião (cuja obra infelizmente se perdeu), partidário político de César e atento observador dos fatos da guerra civil de que participou ativa e freqüentemente, alinhava-se entre os que eram de opinião de que César aplicara um golpe preventivo sobre os adversários que pretendiam, até sob juramento, alijá-lo do cenário político através de processos judiciais. (Ver Canfora, capítulos 16 e 17.)

VIDAS DE CÉSAR

[31] 1. Cum ergo sublatam tribunorum intercessionem ipsosque urbe cessisse nuntiatum esset, praemissis confestim clam cohortibus, ne qua suspicio moueretur, et spectaculo publico per dissimulationem interfuit et formam, qua ludum gladiatorium erat aedificaturus, considerauit et ex consuetudine conuiuio se frequenti dedit. 2. Dein post solis occasum mulis e proximo pistrino ad uehiculum iunctis occultissimum iter modico comitatu ingressus est; et cum luminibus extinctis decessisset uia, diu errabundus tandem ad lucem duce reperto per angustissimos tramites pedibus euasit. 3. Consecutusque cohortis ad Rubiconem flumen, qui prouinciae eius finis erat, paulum constitit, ac reputans quantum moliretur, conuersus ad proximos: "Etiam nunc," inquit, "regredi possumus; quod si ponticulum transierimus, omnia armis agenda erunt."

[32] 1. Cunctanti ostentum tale factum est. 2. Quidam eximia magnitudine et forma in proximo sedens repente apparuit harundine canens; ad quem audiendum cum praeter pastores plurimi etiam ex stationibus milites concurrissent interque eos et aeneatores, rapta ab uno tuba prosiliuit ad flumen et ingenti spiritu classicum exorsus pertendit ad alteram ripam. 3. Tunc Caesar: "Eatur," inquit, "quo deorum ostenta et inimicorum iniquitas uocat. Iacta alea est," inquit.

---

74. Por terem vetado obstinadamente a decisão do Senado que destituía César do comando da Gália, seus tribunos, Marco Antônio e Cássio Longino (um dos futuros tiranicidas), foram expulsos da casa com a aplicação de medida de emergência (*senatusconsultum ultimum*), decisão (contestada pelo *populares*) que suspendia as garantias constitucionais. A crônica dessa sessão, evidentemente tensa e conflituosa, apresenta, de acordo com as fontes, dados, em parte, conflitantes. A versão do texto de Suetônio é enxuta (31, 1); o depoimento de Cícero (*Familiares* 16, 11, 2) é também conciso, mas relevante: os dois tribunos tinham sido expulsos sem nenhum tipo de violência (*nulla ui expulsi*). César, porém, para quem o incidente era de flagrante ilegalidade e justificador da intervenção armada, carrega nas tintas (*Guerra civil* I, 5, 4; I, 7, 2-3; I, 22, 5). A relevância dada ao episódio terá talvez contribuído para Plutarco rechear seu relato (*César* 31, 3), acrescentando detalhes até emocionais que outras fontes não registram.

75. Como se pode ver, César se serve de vários artifícios para que nada transpire de seu plano de ação: deslocamento de poucas coortes, processo de despistamento (ida ao teatro, exame de planta de construção, jantar concorrido), camuflagem (uso de carroça alugada em vez do seu conhecido corcel), viagem à noite, pequena comitiva, opção por caminho pouco trilhado. Apenas porque queria surpreender o inimigo do outro lado do Rubicão? Ou temeria a presença em seu quartel de partidários dos inimigos, e que tinham ido para a aventura da Gália apenas para se enriquecer ou fazer currículo e que poderiam denunciar seu plano? Não teria sido o caso de Labieno, seu infatigável e onipresente legado da campanha da Dália, em quem se enrustia o adepto de Pompeu? Por outro lado, se o

SUETÔNIO: O DIVINO JÚLIO

[31] 1. Diante da notícia de que a intercessão dos tribunos tinha sido abolida[74] e que eles tinham deixado a Cidade, César fez que rapidamente algumas coortes tomassem a dianteira às ocultas, para não despertar suspeita; depois, para despistar, assistiu a um espetáculo público; esteve a examinar a planta de uma escola de gladiadores que tinha a intenção de construir e compareceu a um concorrido jantar, como era seu costume. 2. A seguir, depois do pôr-do-sol, tendo atrelado burros a um carro de um moinho da vizinhança, entrou a caminhar no mais absoluto sigilo, com pequena comitiva[75]. Com o apagar das luzes ele se extraviou e, após vagar de um lado para o outro por longo tempo, finalmente, com o raiar do dia, encontrou um guia e caminhando a pé através de trilhas estreitíssimas achou uma saída. 3. Tendo alcançado as coortes às margens do Rubicão, riacho que marcava o limite de sua província, parou um pouco e, refletindo sobre o grande alcance de sua empreitada, disse, dirigindo-se aos mais próximos: "Até aqui podemos voltar atrás; mas se atravessarmos a pequena ponte, tudo será levado adiante pelas armas."

[32] 1. Estando indeciso, ocorreu-lhe o seguinte prodígio. 2. Um homem de grande porte e de extraordinária beleza apareceu de repente, sentou-se bem perto e começou a tocar flauta. Além de pastores, também um grande número de soldados acorreu dos postos para ouvi-lo, entre eles alguns trombeteiros; o homem, apanhando a trombeta a um deles, lançou-se ao regato e, pondo-se a soar a trombeta com um sopro incrível, passou para outra margem. 3. Então César disse: "É preciso ir para onde nos convocam as mensagens dos deuses e a injustiça dos homens. O dado está lançado."[76]

---

grosso de seu próprio exército viesse a saber com antecedência de seu plano de invadir a Itália, não poderia haver resistência ou deserções, como ocorrera quando Sila esteve para atacar Roma?

76. O final do capítulo 31 e todo o 32 se referem ao estado de espírito de César (simulado?) às margens do Rubicão, só superado pela intervenção divina. A versão do episódio da passagem do riacho, em Plutarco (*César* 31, 5-9), prescinde dos deuses, mas é mais patética e de maiores detalhes. Luciano Canfora (pp. 179-180) estima que o prodígio narrado por Suetônio nada mais é que um golpe teatral encenado por César para tirar da paralisia os espíritos mergulhados em dúvida. Essa hipótese poderá parecer plausível se se levar em conta que César, epicurista e agnóstico, se serviu da religião (pontífice supremo) e a manipulou para tirar o maior proveito político possível junto à grande parte da população, crente e devota. Por outro lado, é bom notar que a frase do texto de Suetônio

VIDAS DE CÉSAR

[33] 1. Atque ita traiecto exercitu, adhibitis tribunis plebis, qui pulsi superuenerant, pro contione fidem militum flens ac ueste a pectore discissa inuocauit. 2. Existimatur etiam equestres census pollicitus singulis; quod accidit opinione falsa. 3. Nam cum in adloquendo adhortandoque saepius digitum laeuae manus ostentans adfirmaret se ad satis faciendum omnibus, per quos dignitatem suam defensurus esset, anulum quoque aequo animo detracturum sibi, extrema contio, cui facilius erat uidere contionantem quam audire, pro dicto accepit, quod uisu suspicabatur; promissumque ius anulorum cum milibus quadringenis fama distulit.

[34] 1. Ordo et summa rerum, quas deinceps gessit, sic se habent. 2. Picenum Vmbriam Etruriam occupauit et Lucio Domitio, qui per tumultum successor ei nominatus Corfinium praesidio tenebat, in dicionem redacto atque dimisso secundum Superum mare Brundisium tetendit, quo consules Pompeiusque confugerant quam primum transfretaturi. 3. Hos frustra per omnis moras exitu prohibere conatus Romam iter conuertit appellatisque de re publica patribus ualidissimas Pompei copias, quae sub tribus legatis M. Petreio et L. Afranio et M. Varrone in Hispania erant, inuasit, professus ante inter suos:

Iacta alia est (que pode ter sido pronunciada em grego, língua em que a elite romana era fluente e freqüentemente se expressava quando não queria que os menos instruídos a entendessem) aparece em Plutarco (*César* 32, 8) na forma volitiva: "atire-se o dado", versão preferida por alguns historiadores por ser mais consentânea com a situação do discurso.

77. Os que lêm a *Guerra civil* têm a oportunidade de verificar que lá César não dá demonstração alguma de indecisão; passa de Ravena (Cisalpina) a Rímini (Itália) na maior serenidade, sem nem mesmo citar o riacho limite (Rubicão). É que nesse livro autobiográfico e apologético, de estilo estudadamente despojado e pretensamente isento para que melhor apareça sua verdade de defensor das instituições e da lei (!), não há lugar para vacilações e fraquezas senão dos adversários.

78. Na Antigüidade rasgar a roupa e cair em prantos são manifestações freqüentes em momentos particularmente patéticos. César em seu relato autobiográfico (*Guerra civil* I, 7, 1-7) sobre elas se cala, preocupado em expor racionalmente os tópicos de seu discurso, transcrito em discurso indireto, a forma mais burocrática de reprodução de fala e mais neutra de emoções.

79. A idéia de César, em sua descida fulminante pela faixa do Adriático, era circunscrever as operações bélicas à Italia e liqüidar rapidamente a guerra, o que teria evitado a ocorrência de uma longa e crudelíssima contenda, de proporções planetárias, como bem previa Cícero (*Ático* IX, 10, 2): *genus belli crudelissimi et maximi*. A partida de Pompeu, que sofreu críticas azedas de seus próprios adeptos por entregar de mão beijada a César a sede do governo, embutia um plano estratégico audacioso de que se falará logo adiante.

SUETÔNIO: O DIVINO JÚLIO

[33] 1. E aí então fez passar o exército[77]; após acolher os tribunos da plebe, que tinham vindo ter com ele depois da expulsão, reuniu a tropa e, aos prantos e rasgando a roupa no peito, apelou para a lealdade dos soldados[78]. 2. Pensou-se que ele tinha prometido a cada um o censo dos cavaleiros; o que ocorreu foi um equívoco. 3. Com efeito, em meio à sua alocução e exortação, ele, com bastante freqüência, mostrava o dedo da mão esquerda e assegurava que de bom grado se privaria até do próprio anel para honrar a dívida com aqueles todos através dos quais ia defender sua dignidade; a parte mais distante da assembléia, que tinha mais condições para vê-lo discursar do que para ouvi-lo, tomava como dito o que acreditava ver. Espalhou-se então o boato de que ele havia prometido a cada um o direito ao anel, juntamente com quatrocentos mil sestércios.

[34] 1. Eis a seqüência e o resumo das ações que praticou a partir daí. 2. Ocupou o Piceno, a Úmbria e a Etrúria. Teve à sua discrição Lúcio Domício, nomeado, em plena baderna, seu sucessor, que controlava Corfínio com uma guarnição e o despediu; margeando o Adriático, abalou-se para Brundísio onde tinham-se refugiado os cônsules e Pompeu, dispostos a atravessar o mar. 3. Depois de tentar inutilmente barrar-lhes a partida[79] com toda sorte de obstáculos, mudou seu rumo para Roma, tendo convocado os senadores para tratar de situação política[80]; atacou as poderosíssimas tropas de Pompeu, que na Hispânia estavam sob o comando de seus três lugar-tenentes, Marcos Petreio, Lúcio Afrânio e Marcos Varrão[81], tendo antes declarado aos seus íntimos que "se dirigia a um exército sem general

---

80. A ida a Roma tinha o duplo propósito de conseguir dos senadores que tinham permanecido na Itália a iniciativa de promover sua reconciliação com Pompeu, e de obter deles o apoio para legitimar a nova ordem institucional revolucionária (César, *Guerra civil* I, 32, 7-8). Para a realização desse objetivo, procurou cooptar e aliciar Cícero e fazer dele seu agente, particularmente sobre a massa silenciosa e instável dos senadores que não tinham acompanhado Pompeu (Cícero, *Ático* IX, 6A; 9, 6, 6; 9, 9; 9, 11A).

81. Dada a fama de hábil estrategista de que se aureolara Pompeu, havia o temor indisfarçável (Cícero, *Ático* IX, 9, 2: *hoc non opinione timeo, sed interfui sermonibus*) de que ele, com sua poderosa armada e extensa clientela, iria cortar o abastecimento da Itália (*consilium est suffocare Vrbem et Italiam fame*) e, depois, numa operação em forma de tenaz, marchar (como Sila) para a península, pelo norte, através da Hispânia, da qual era procônsul, e pelo sul, pela Grécia e África. Da leitura da *Guerra civil* se pode verificar que César previa como possível essa estratégia. Daí a necessidade de neutralizar as forças militares inimigas estacionadas na península ibérica.

VIDAS DE CÉSAR

ire se ad exercitum sine duce et inde reuersurum ad ducem sine exercitu. 4. Et quanquam obsidione Massiliae, quae sibi in itinere portas clauserat, summaque frumentariae rei penuria retardante, breui tamen omnia subegit.

[35] 1. Hinc urbe repetita in Macedoniam transgressus Pompeium, per quattuor paene menses maximis obsessum operibus, ad extremum Pharsalico proelio fudit et fugientem Alexandriam persecutus, ut occisum deprehendit, cum Ptolemaeo rege, a quo sibi quoque insidias tendi uidebat, bellum sane difficillimum gessit, neque loco neque tempore aequo, sed hieme anni et intra moenia copiosissimi ac sollertissimi hostis, inops ipse omnium rerum atque inparatus. 2. Regnum Aegypti uictor Cleopatrae fratrique eius minori permisit, ueritus prouinciam facere, ne quandoque uiolentiorem praesidem nacta nouarum rerum materia esset. 3. Ab Alexandria in Syriam et inde Pontum transiit, urgentibus de Pharnace nuntiis, quem Mithridatis Magni filium ac tunc occasione temporum bellantem iamque multiplici successu praefe-

---

82. A famosa tirada de César, bem provavelmente recolhida e registrada por Asínio Polião, dublê de historiador e membro atuante de várias campanhas de César, ironiza Pompeu e suas tropas da Grécia, mas não as da Hispânia, tidas por bastante belicosas, onde se destacava o legado Petreio, um daqueles poucos romanos considerados na República como autêntico cabo de guerra (*uir militaris*), quase um militar profissional, como Labieno.

83. Marselha, enclave grego (600 a.C.) no sul da Gália transalpina, centro de difusão do helenismo no mediterrâneo ocidental, após uma declaração inicial de neutralidade, acolhe a frota inimiga de Domício Aenobarbo (César, *Guerra civil* 1, 34-36), provocando a reação de César, que inicia, em maio de 59 a.C., o cerco da cidade, posteriormente entregue ao comando de Décimo Bruto (mar) e de Caio Trebônio (terra). De volta de sua campanha vitoriosa na Hispânia, César recebe, em outubro desse mesmo ano, a capitulação de Marselha, quando vem a saber de sua designação (legal?) de ditador, promovida pelo pretor Marcos Lépido (César, *Guerra civil* II, 21-22).

84. Ao contrário de Plutarco (*César* 44-47) e, evidentemente, do próprio César (*Guerra civil* III, 82-99), que concedem longo espaço ao relato da batalha também chamada da Tessália, Suetônio, como se vê, é de extrema contenção verbal.

85. Sobre o assassínio de Pompeu, é de cuidadosa parcimônia o registro tanto de Suetônio quanto o de César (*Guerra civil* III, 106, 4: *Alexandriae de Pompei morte cognoscit*) em contraste com o que exibe Plutarco na biografia de César (48, 2) e na de Pompeu (78-79).

86. Desde a Antigüidade (Plutarco, *César* 48, 5-8) se indaga por que César se deixou enredar nessa duríssima guerra que prolongou sua estada no Egito por longos nove meses (de outubro de 48 a junho de 47), num confinamento pouco honroso para um cônsul romano, enquanto seus inimigos se rearticulavam na África para a desforra.

87. Para além das razões pessoais ou sentimentais, que as mentes românticas privilegiam e festejam, pesou na opção de César pela impopular Cleópatra o cálculo político, de acordo

SUETÔNIO: O DIVINO JÚLIO

e depois se voltaria contra um general sem exército."[82] 4. Embora tanto o cerco de Marselha, que em sua passagem lhe fechara as portas[83], como a extrema penúria de trigo lhe retardassem o ritmo, em pouco tempo a tudo superou.

[35] 1. De lá, tornou a Roma e, depois, tendo passado à Macedônia, por quase quatro meses manteve assédio a Pompeu com obras monumentais, por fim o desbaratou na batalha de Farsália[84]; indo ao encalço dele em fuga para Alexandria, ficou sabendo que o tinham assassinado[85]. Ao certificar-se de que igualmente a ele o rei Ptolomeu preparava ciladas, moveu-lhe uma guerra realmente duríssima, em posição e estação adversas, no inverno e dentro das muralhas de um inimigo provido de tudo e extremamente solerte, enquanto ele passava por toda sorte de necessidade e se encontrava despreparado[86]. 2. Vencedor, deixou o reino do Egito a Cleópatra[87] e a seu irmão mais novo, temendo transformá-lo em província para que, nas mãos de um governador mais violento, não viesse a ser foco de revolução. 3. De Alexandria passou à Síria[88] e daí ao Ponto diante de insistentes notícias sobre Fárnaces[89], filho de Mitridates, o grande, e que se prevalecia das circunstâncias para atacar e já dava mostras de muita arrogância em razão de seus numerosos sucessos. No quinto dia de sua chegada,

---

com a seguinte consideração de Canfora: "Numa situação de guerra civil ainda pendente a paralisar a potência hegemônica, a única política sábia era, por parte de César, manter a todo custo um país nevrálgico como o Egito na condição de efetiva submissão a Roma; isso se podia obter apenas impondo de novo a presença de Cleópatra no vértice." (p. 238).

88. Mesmo sabendo (cf. César, *Guerra de Alexandria* 55) que em Roma as coisas não iam nada bem (*multae Romae male administrari*) e estavam exigindo sua volta, César decidiu reordenar as províncias da Síria, Cilícia e Ásia (*eas ita relinquere constitutas*). Entenda-se que para lá foi ele como o novo *patronus* a receber sob sua proteção (*in fidem recipere*) a vasta clientela oriental de Pompeu que outrora por lá desfilara como um monarca divino. É o que se pode ver no capítulo 65 da *Guerra de Alexandria*.

89. Premiado por Pompeu com o reino do Bósforo Cimério por ter liderado a revolta que levou à morte seu próprio pai, Mitridates, o grande, Fárnaces, tirando partido de estarem os políticos romanos ocupados com a guerra civil, invadira a Cólquida, Armênia menor e a Capadócia. Cneu Domício Calvino, lugar-tenente de César na região, tentara barrá-lo, mas sofrera sério revés. Para vingá-lo e "restabelecer o próprio prestígio aos olhos da vasta clientela pompeiana" (Canfora, p. 263), César se dirige ao Ponto e em Zela desbarata o invasor em batalha fulminante, sintetizada por ele próprio num dos bordões aliterantes mais felizes e célebres da história da humanidade: *Veni, Vidi, Vici*.

VIDAS DE CÉSAR

rocem, intra quintum quam adfuerat diem, quattuor quibus in conspectum uenit horis, una profligauit acie; crebro commemorans Pompei felicitatem, cui praecipua militiae laus de tam inbelli genere hostium contigisset. 4. Dehinc Scipionem ac Iubam reliquias partium in Africa refouentis deuicit, Pompei liberos in Hispania.

[36] 1. Omnibus ciuilibus bellis nullam cladem nisi per legatos suos passus est, quorum C. Curio in Africa periit, C. Antonius in Illyrico in aduersariorum deuenit potestatem, P. Dolabella classem in eodem Illyrico, Cn. Domitius Caluinus in Ponto exercitum amiserunt. 2. Ipse prosperrime semper ac ne ancipiti quidem umquam fortuna praeterquam bis dimicauit: semel ad Dyrrachium, ubi pulsus non instante Pompeio negauit eum uincere scire, iterum in Hispania ultimo proelio, desperatis rebus etiam de consciscenda nece cogitauit.

[37] 1. Confectis bellis quinquiens triumphauit, post deuictum Scipionem quater eodem mense, sed interiectis diebus, et rursus semel post superatos

---

90. O homem que na *Guerra civil* (I, 4, 4) afirma que Pompeu não admitia que com ele alguém ombreasse em *dignitas* e liderança na Cidade (*neminem dignitate secum exaequari uolebat*) contesta ironicamente, nessa citação de Suetônio, o mérito de seu antagonista exatamente na atividade (militar) e na região (Oriente) em que maior era seu prestígio. Os que lêem o *Bellum ciuile*, longo depoimento de propaganda política *pro domo sua*, em que as virtudes do protagonista avultam diante dos vícios de seus adversários, têm ocasião de verificar que Pompeu é um dos bem visados (*Guerra civil* III, 86, 1; 3, 87, 7).

91. As forças republicanas remanescentes de Farsália, sob a liderança de Catão e o comando de Cipião, genro de Pompeu, assessorados por importantes cabos de guerra (Labieno, Petreio, Afrânio), tinham-se reagrupado na Tunísia, sob a proteção do rei Juba. César, de volta a Roma em princípio de outubro de 47 a.c., pouco se detém na Cidade para resolver sérios problemas internos e já no final de dezembro parte de Lilibeu (Sicília) para enfrentar seus adversários. Após um início difícil, ele os vence na batalha de Tapso (6 de abril de 46 a.C.), da qual resultou um número importante de baixas entre os republicanos, como Cipião, Catão (suicídio em Útica), Afrânio, sem falar do fim estranho e trágico que se impuseram o rei Juba e Petreio. (cf. Plutarco, *César* 52, 1-9; 53, 1-7; 54, 1-6 e *Guerra da África*, passim).

92. Da guerra da Hispânia se pode dizer que ideologicamente difere da africana; nesta são fundamentalmente republicanos (pense-se na liderança incontestе de Catão) em luta contra o monarca; naquela os filhos (Cneu Pompeu e Pompeu Júnior) herdeiros de um potentado se batem contra um outro potentado cujo herdeiro (Otaviano) dará seguimento a essa guerra quase familiar. Nada a estranhar se, sacudindo ainda a poeira de Tapso, Labieno, pompeiano da primeira hora, tenha se mandado para a Hispânia, antigo

SUETÔNIO: O DIVINO JÚLIO

nas quatro horas em que se encontraram, César o arrasou em um único combate; por isso com freqüência ele fazia alusão ao caráter vencedor de Pompeu[90], a quem coubera excepcional glória militar sobre inimigos tão pouco belicosos. 4. A seguir, venceu Cipião e Juba, que reanimavam na África as forças remanescentes do partido[91], e os filhos de Pompeu[92], na Hispânia.

[36] 1. Em todas as guerras civis não sofreu qualquer derrota, a não ser através de seus lugares-tenentes: Caio Curião morreu na África[93], Caio Antonio caiu em poder dos adversários no Ilírico, lá mesmo Público Dolabela perdeu a esquadra e Cneu Domício, seu exército, no Ponto. 2. Sob seu comando, as batalhas foram sempre de êxito indiscutível e a fortuna nem mesmo lhe foi ambígua, salvo em duas ocasiões: a primeira, em Dirráquio[94], quando, vendo que Pompeu, após repeli-lo, não lhe foi ao encalço, disse que ele não sabia vencer; a segunda vez foi no último combate na Hispânia, quando, descrente dos resultados, pensou até em suicidar-se.

[37] 1. Ao término das guerras, por cinco vezes celebrou o desfile triunfal: quatro depois da vitória sobre Cipião, num único mês, mas em dias alternados, e uma vez ainda depois de derrotar os filhos de Pompeu[95].

---

e poderoso reduto de seu chefe. A luta foi dura, César chegou a pensar em suicídio, mas a Fortuna, sua deusa protetora ao lado de Vênus, desta vez ainda lhe sorriu. Munda fez rolar mais duas cabeças coroadas: Cneu Pompeu filho e Labieno, o denodado e onipresente legado de César da *Guerra da Gália* (rotina das revoluções).

93. Dos reveses seguramente o mais sério foi o de Caio Curião, de cuja atividade e tragédia César trata extensamente na *Guerra civil* (II, 23-44).

94. César chega a pensar que naquele transe seu exército podia ter sido totalmente aniquilado (*Guerra civil* III, 70, 1) se Pompeu tivesse avaliado bem a situação. E Plutarco registra (*César* 39, 8) que ele teria dito aos íntimos: "Hoje a vitória teria sido dos inimigos, se eles tivessem tido quem soubesse vencer". Uma estocada a mais sobre a pouca competência militar de Pompeu. No entanto, na fala aos seus soldados, isenta peremptoriamente o comando de qualquer responsabilidade na derrota: "...podiam atribuir a culpa a qualquer outro, menos a ele" (*Guerra civil* III, 73, 4).

95. O desfile triunfal *(triumphus)* era prêmio e homenagem concedidos pelo Senado a magistrados que, investidos de comando (*imperium*), se haviam distinguido militarmente contra inimigos externos (*hostes*). No dia da cerimônia, o general vitorioso, num carro puxado por quatro cavalos, partia do Campo de Marte, precedido de um cortejo formado por familiares, prisioneiros destinados a posterior execução, ricos troféus e despojos. Recebido na entrada da Cidade pelo Senado, magistrados e cidadãos prestantes, percorria

VIDAS DE CÉSAR

Pompei liberos. 2. Primum et excellentissimum triumphum egit Gallicum, sequentem Alexandrinum, deinde Ponticum, huic proximum Africanum, nouissimum Hispaniensem, diuerso quemque apparatu et instrumento. 3. Gallici triumphi die Velabrum praeteruehens paene curru excessus est axe diffracto ascenditque Capitolium ad lumina quadraginta elephantis dextra sinistraque lychnuchos gestantibus. 4. Pontico triumpho inter pompae fercula trium uerborum praetulit titulum VENI·VIDI·VICI, non acta belli significantem sicut ceteris, sed celeriter confecti notam.

[38] 1. Veteranis legionibus praedae nomine in pedites singulos super bina sestertia, quae initio ciuilis tumultus numerauerat, uicena quaterna milia nummum dedit. Adsignauit et agros, sed non continuos, ne quis possessorum expelleretur. 2. Populo praeter frumenti denos modios ac totidem olei libras trecenos quoque nummos, quos pollicitus olim erat, uiritim diuisit et hoc amplius centenos pro mora. 3. Annuam etiam habitationem Romae usque ad bina milia nummum, in Italia non ultra quingenos sestertios remisit. 4. Adiecit epulum ac uiscerationem et post Hispaniensem uictoriam duo prandia; nam cum prius parce neque pro liberalitate sua praebitum iudicaret, quinto post die aliud largissimum praebuit.

[39] 1. Edidit spectacula uarii generis: munus gladiatorium, ludos etiam regionatim urbe tota et quidem per omnium linguarum histriones, item

---

ruas da capital, passava pelo Foro em direção ao Capitólio, sede do templo maior da religião romana. Se um escravo ao lado do ilustre coroado lhe lembrava que não deixava de ser um mortal, na retaguarda, em clima de clara carnavalização bem à romana, sua tropa, livre dos freios da disciplina severa da caserna, versejava impropérios (Suetônio 49, 8; 51). Dos cinco triunfos celebrados por César, três tinham legitimação porque se tratava de vitórias sobre potências estrangeiras (Gália, Alexandria e Ponto). A campanha vitoriosa em Tapso (África), da qual resultou a morte de ilustres cidadãos romanos, teve como justificativa ou pretexto o fato de ser nela derrotado Juba, rei da Numídia. Despertou, no entanto, indignação entre os romanos o triunfo celebrado sobre os filhos de Pompeu (Plutarco, *César* 56, 6-9).

96.   O capítulo 38, todo ele constituído da prestação de bens de subsistência (simbolizados no famoso *panem*), revela o empenho de César em premiar e se assegurar o apoio de suas duas principais fontes de sustentação: a massa do proletariado urbano, buliçosa e exigente, mas em grande parte responsável pela sua ascensão política até o primeiro consulado, posteriormente contrabalançada pela clientela militar, conquistada e firmada com os nove anos da campanha da Gália.

SUETÔNIO: O DIVINO JÚLIO

2. O primeiro e o mais notável dos triunfos foi o da Gália, seguido do de Alexandria, depois o do Ponto, bem próximo deste o da África e, por último, o da Hispânia, todos diferentes quanto ao aparato e dispositivos. 3. No dia do desfile triunfal da Gália, ao transpor o Velabro, quebrou-se o eixo do carro e por pouco não foi ele atirado fora; subiu ao Capitólio à luz de archotes em candelabros carregados à direita e à esquerda por quarenta elefantes. 4. No triunfo do Ponto, além dos andores do cortejo, ele fez colocar à sua frente um cartaz com os dizeres "Veni, Vidi, Vici" [Vim, Vi, Venci], que aludiam não aos feitos de guerra, como nos demais, mas à rapidez com que foram cumpridos.

[38] 1. A título de despojo, deu a cada soldado da infantaria das antigas legiões vinte e quatro mil sestércios, além dos dois mil pagos no início da conflagração civil. Concedeu também lotes de terra, mas não contíguos, para não desalojar dela nenhum possuidor. 2. À população doou, além dos dez módios de trigo e igual quantia de libras de óleo, trezentos sestércios por pessoa, prometidos anteriormente, mais outros cem, pelo atraso. 3. Perdoou, por um ano, o aluguel de casa, que em Roma chegava até a dois mil sestércios e na Itália não ultrapassava quinhentos. 4. Acrescentou ainda um banquete e distribuição de carne e, depois da vitória na Hispânia, duas refeições; pois, como a seu juízo, a primeira tinha sido frugal e pouco condizente com sua generosidade, ofertou, cinco dias depois, uma segunda, fartíssima[96].

[39] 1. Proporcionou espetáculos[97] de vários tipos: combates de gladiadores, representações teatrais por todos os bairros da cidade e, mais,

---

97. Para os proletários da Cidade (e parece que não eram os únicos), tão importante quanto a comida (*panem*) eram os espetáculos (*circenses*): proporcionar esse conhecido binômio era tarefa imprescindível para qualquer cidadão que pretendesse obter e manter uma carreira política vitoriosa no fim da República. Os agentes executores de boa parte dessas promoções populares eram muitas e muitas vezes escravos, prisioneiros, criminosos, trágicos figurantes, diante de uma assistência fanatizada e sádica, ávida de sangue e crueldade. No entanto, tão forte era a atração pela diversão violenta que não raro membros da classe elevada, em busca da consagração pública, renunciavam sua condição social para, mesmo com risco de vida, comparecer como lutadores diante de platéias ululantes. Nada a estranhar se até mesmo um imperador esgrime armas com gladiadores e, como cocheiro, fustigue parelhas nas raias de circo (Suetônio, *Calígula* 54, 2).

VIDAS DE CÉSAR

circenses athletas naumachiam. 2. Munere in Foro depugnauit Furius Leptinus stirpe praetoria et Q. Calpenus senator quondam actorque causarum. Pyrricham saltauerunt Asiae Bithyniaeque principum liberi. 3. Ludis Decimus Laberius eques Romanus mimum suum egit donatusque quingentis sestertiis et anulo aureo sessum in quattuordecim e scaena per orchestram transiit. 4. Circensibus spatio Circi ab utraque parte producto et in gyrum euripo addito, quadrigas bigasque et equos desultorios agitauerunt nobilissimi iuuenes. Troiam lusit turma duplex maiorum minorumque puerorum. Venationes editae per dies quinque ac nouissime pugna diuisa in duas acies, quingenis peditibus, elephantis uicenis, tricenis equitibus hinc et inde commissis. Nam quo laxius dimicaretur, sublatae metae inque earum locum bina castra exaduersum constituta erant. 5. Athletae stadio ad tempus exstructo regione Marti campi certauerunt per triduum. 6. Nauali proelio in minore Codeta defosso lacu biremes ac triremes quadriremesque Tyriae et Aegyptiae classis magno pugnatorum numero conflixerunt. 7. Ad quae omnia spectacula tantum undique confluxit hominum, ut plerique aduenae aut inter uicos aut inter uias tabernaculis positis manerent, ac saepe prae turba elisi exanimatique sint plurimi et in his duo senatores.

[40] 1. Conuersus hinc ad ordinandum rei publice statum fastos correxit iam pridem uitio pontificum per intercalandi licentiam adeo turbatos, ut neque messium feriae aestate neque uindemiarum autumno conpeterent; annumque ad cursum solis accommodauit, ut trecentorum sexaginta quinque

---

98. As danças, exceção feita às religiosas, por não condizerem talvez com a *grauitas* romana, não eram socialmente bem aceitas e praticadas por romanos. Nessas festanças, onde não faltou o traço cosmopolita da Cidade com representações em numerosas línguas (*omnium linguarum*), esteve presente a dança marcial da Pírrica e, porque provavelmente os jovens romanos não estivessem preparados para apresentá-la, lançou-se mão de *troupe* formada por filhos de reis e régulos da Ásia e da Bitínia. Uma ótima ocasião de congraçamento entre o grande patrão (*patronus*) e seus reais clientes?

99. Eram curtas peças teatrais (de substrato itálico) com duas ou três personagens que encenavam, de maneira apimentada e até obscena, aspectos do quotidiano da Cidade, com apelo a recursos teatrais burlescos; nelas as personagens (ao contrário dos outros gêneros) eram representadas por mulheres (*mimae*). A partir do séc. I a.C. o mimo se reveste de caráter literário com a participação especial de Décimo Labério e Publício Sírio, que acentuaram seu caráter de crítica política e social. Cícero, preocupado em estar sempre a par das fofocas da Cidade, pede a Ático que o mantenha minuciosamente informado do que dizem os mimos (Cícero, *Ático* xIV, 3, 2): *mimorum dicta perscribito*.

SUETÔNIO: O DIVINO JÚLIO

com atores falando em todas as línguas, jogos de circo, lutas de atletas e batalhas navais. 2. No combate de gladiadores, bateram-se Fúrio Leptimo, de família pretoriana, e Quinto Calpeno, ex-senador e advogado. Dançaram a pírrica[98] filhos de príncipes da Ásia e da Bitínia. 3. No teatro, Décimo Labério, cavaleiro romano, representou um mimo[99] seu e, tendo sido premiado com quinhentos sestércios e um anel de ouro, deixou o palco, atravessou a orquestra, indo se sentar em um dos quatorze lances do teatro. 4. Nos jogos do circo, aumentado em sua arena de ambos os lados e dotado de um fosso, jovens da mais alta prosápia instigaram quadrigas, bigas e cavalos de volteio. Dois esquadrões formados de crianças de diferentes idades praticaram os jogos troianos. Por cinco dias houve caçadas e por último uma batalha pôs frente a frente duas formações, reunindo cada uma quinhentos infantes, vinte elefantes e trinta cavaleiros. Mas, para que houvesse mais espaço para lutar, retiraram-se as metas do circo e, em seu lugar, se instalaram dois campos um de frente para o outro. 5. Os atletas lutaram por três dias num estádio adrede construído na região do Campo de Marte. 6. Para a batalha naval, cavou-se uma represa na pequena Codeta onde birremes, trirremes, quadrirremes das esquadras tíria e egípcia se enfrentaram com grande número de combatentes. 7. Para esses espetáculos afluiu de todos as partes um tão grande número de pessoas que a maioria dos forasteiros teve de ficar em barracas armadas por entre as casas ou nas estradas, e, com freqüência, muitos foram esmagados ou sufocados pela multidão, inclusive dois senadores.

[40] 1. Voltando-se, a partir daí, para a reorganização do Estado, reformou o calendário[100] que, há tempo, por falha dos pontífices, estava em tal desordem em razão do abuso da intercalação, que as festas das colheitas não coincidiam com o verão, nem as da vindima, com o outono. Adaptou

---

100. Antes da reforma, a contagem do ano provocara desequilíbrio e desajuste entre o tempo do calendário e o tempo das estações do ano. Para obviar a dificuldade apelou-se pela introdução, de tempos em tempos, de um décimo terceiro mês de vinte e dois dias (*mensis intercalaris*), de decisão a juízo do Colégio dos Pontífices. Essa atribuição deu ensejo a fraude e corrupção, pois os pontífices (recrutados na classe política), para ampliar ou reduzir o mandato de magistrados em exercício ou de seus sucessores, introduziam o mês *intercalaris* ou deixavam de fazê-lo arbitrariamente. Com a reforma o ano passou a ter 365 dias e o calendário a se chamar juliano em razão do nome de seu patrocinador. Com alguns ajustes, teve vida longa e só foi reformado em 1582 por iniciativa do papa Gregório XIII, até hoje em vigor com o nome de gregoriano.

VIDAS DE CÉSAR

dierum esset et intercalario mense sublato unus dies quarto quoque anno intercalaretur. 2. Quo autem magis in posterum ex Kalendis Ianuariis nouis temporum ratio congrueret, inter Nouembrem ac Decembrem mensem interiecit duos alios; fuitque is annus, quo haec constituebantur, quindecim mensium cum intercalario, qui ex consuetudine in eum annum inciderat.

[41] 1. Senatum suppleuit, patricios adlegit, praetorum aedilium quaestorum, minorum etiam magistratuum numerum ampliauit; nudatos opere censorio aut sententia iudicum de ambitu condemnatos restituit. 2. Comitia cum populo partitus est, ut exceptis consulatus conpetitoribus de cetero numero candidatorum pro parte dimidia quos populus uellet pronuntiarentur, pro parte altera quos ipse dedisset. Et edebat per libellos circum tribum missos scripturas breui: "Caesar dictator illi tribui. Commendo uobis illum et illum, ut uestro suffragio suam dignitatem teneant." 3. Admisit ad honores et proscriptorum liberos. 4. Iudicia ad duo genera iudicum redegit, equestris ordinis ac senatorii; tribunos aerarios, quod erat tertium, sustulit. 5. Recensum

---

101. Suetônio diz que César completou (*suppleuit*) o Senado. A partir de Sila seus membros eram em número de seiscentos e com essas novas nomeações chegaram a novecentos.

102. Já se viu que César, nos tempos do primeiro consulado (59 a.C.), na condição de sumo pontífice, fizera de um patrício (caso de Clódio) um plebeu (*reductio ad plebem*), tornando-o assim legalmente qualificado para o exercício do tribunato da plebe. Agora, amparado na lei *Cássia* (45 a.C.), em operação inversa, promovia plebeus ao patriciado, reduzido grupo aristocrático detentor ainda de uns poucos antigos privilégios. Com essa medida de aparente apreço pelas tradições republicanas (cujas bases seus inimigos o acusavam de querer subverter), ia ele à custa de favores e lisonjas consolidando seu poder pessoal.

103. A explicação mais comumente apresentada para o aumento do número das magistraturas superiores se prendia às novas exigências administrativas. No tempo de Sila eram dez as províncias e agora eram dezoito, para cuja administração deviam ser enviados os magistrados no ano seguinte ao exercício do mandato. Há, no entanto, quem complemente essa explicação, afirmando que César, fiel às inúmeras promessas a seus comparsas, não tinha como recompensá-los senão nomeando-os para cargos de influência.

104. Dos processos de reabilitação de cidadãos condenados arbitrariamente de acordo com a *Lex Pompeia de ambitu* em ações de rito rapidíssimo durante o consulado único de Pompeu (52 a.C.) sob o olhar vigilante e a pressão de seus legionários, César trata na *Guerra civil* (III, 1, 4-5) e faz questão de mostrar que com ele tudo se processa de acordo com a lei e o funcionamento das instituições. O texto de Suetônio é um pouco mais explícito que o de Plutarco (*César* 37, 2) e dá a entender que a reabilitação englobava os banidos atingidos tanto por decisão dos censores como pela lei eleitoral de Pompeu.

SUETÔNIO: O DIVINO JÚLIO

o ano ao curso do sol, fazendo-o constar de trezentos e sessenta e cinco dias, com a inclusão de um dia a cada quatro anos e a eliminação do mês intercalado. 2. Para que a contagem dos dias a partir das novas calendas de janeiro estivesse já mais ajustada, ele fez colocar entre os meses de novembro e dezembro mais outros dois; daí resultou que o ano em que se aplicaram essas reformas foi de quinze meses, com a inclusão do mês intercalado, que ocorria costumeiramente.

[41] 1. Completou o Senado[101], criou patrícios[102], ampliou o número dos pretores, edis, questores[103] e também das magistraturas inferiores; reabilitou cidadãos cassados por decisão dos censores, ou condenados por crime eleitoral em sentença judicial[104]. 2. Passou a partilhar com povo as eleições[105]: exceção feita aos que concorriam ao consulado, uma metade dos candidatos às outras magistraturas era eleita por vontade popular, a outra metade ele é que escolhia. Indicava-os através de bilhetes de redação concisa, que circulavam por entre as tribos: "Do ditador César à tribo tal. Recomendo-vos fulano e sicrano para que possam através do vosso voto obter o cargo desejado." 3. Permitiu que se candidatassem às magistraturas também os filhos dos proscritos[106]. 4. Reduziu os tribunais a duas categorias de juízes, os da ordem eqüestre e os da senatorial; suprimiu a terceira, a dos tribunos do erário[107]. 5. Promoveu o recenseamento do povo, não de

---

105. Nesses anos do poder hegemônico de César na política romana, suscita dúvidas (Yavetz, pp. 144-150) a afirmação de que, exceto para o consulado, a escolha de metade das outras magistraturas ficava a critério da vontade popular. César, na qualidade de magistrado (*dictator*) que presidia às eleições, aceitaria alguém a quem não tivesse dado sua *commentatio*? Balbo, o poderoso agente de César, segundo testemunho de Asínio Polião (*Cícero, Ad familiares* X, 32, 2), se blasonava de seguir o exemplo de César (*fecit eadem quae C. Caesar*) quando em Cadiz declarou eleitos os que quis (*renuntiauit quos ei uisum est*).

106. Durante a ditadura de Sila (82-81) fora implantado em Roma o instituto da proscrição (*proscriptio*), que atingiu os inimigos do regime, especialmente a classe eqüestre e os simpatizantes de Mário, cuja política a favor das reivindicações da plebe era desde então adotada por César, seu sobrinho por afinidade. A proscrição consistia na publicação da lista dos condenados à morte, cujos bens eram confiscados (*publicatio*) e levados a leilão, do qual se beneficiaram os partidários desse regime de exceção, marcado na tradição romana com o estigma de extrema crueldade. Como se isso não bastasse, os filhos e netos dos proscritos tinham sido banidos da vida pública.

107. Há quem dê à lei da reforma judiciária (46 a.C.) sobre a composição dos tribunais a interpretação segundo a qual, longe de querer dispensar os tribunos do erário, pessoas

VIDAS DE CÉSAR

populi nec more nec loco solito, sed uicatim per dominos insularum egit atque ex uiginti trecentisque milibus accipientium frumentum e publico ad centum quinquaginta retraxit; ac ne qui noui coetus recensionis causa moueri quandoque possent, instituit, quotannis in demortuorum locum ex iis, qui recensi non essent, subsortitio a praetore fieret.

[42] 1. Octoginta autem ciuium milibus in transmarinas colonias distributis, ut exhaustae quoque urbis frequentia suppeteret, sanxit, ne quis ciuis maior annis uiginti minorue quadraginta, qui sacramento non teneretur, plus triennio continuo Italia abesset, neu qui senatoris filius nisi contubernalis aut comes magistratus peregre proficisceretur; neue ii, qui pecuariam facerent, minus tertia parte puberum ingenuorum inter pastores haberent. 2. Omnisque medicinam Romae professos et liberalium artium doctores, quo libentius et ipsi urbem incolerent et ceteri adpeterent, ciuitate donauit. 3. De pecuniis mutuis disiecta nouarum tabularum expectatione, quae crebro mouebatur, decreuit tandem, ut debitores creditoribus satis facerent per aestimationem possessionum, quanti quasque ante ciuile bellum comparassent, deducto summae aeris alieni, si quid usurae nomine numeratum aut perscriptum fuisset; qua condi-

---

com visibilidade na sociedade romana pela riqueza e influência, César os teria promovido a eqüestres, abrindo os tribunais a um grande número de cidadãos da primeira classe censitária (Carcopino, pp. 995-996; Yavetz, pp. 132-133).

108. A *Lex frumentaria* de 46 a.C., restringindo o número dos assistidos pelo Estado com direito à alimentação gratuita, punha cobro aos abusos da distribuição indiscriminada inaugurada por Clódio (58 a.C.) e desencorajava a ociosidade de uma larga parcela da população.

109. A criação das colônias de cidadãos romanos, se, na política romana, foi um dos agentes importantes da romanização, da proteção e segurança dos territórios incorporados ao império com a conquista, neste caso específico se pode ver que serviu para desafogar a Cidade da grande massa urbana dos economicamente inúteis, desocupados, alforriados, ex-agricultores fracassados no cultivo de suas terras pelos serviços militares longamente prestados ou desalojados delas pelo avanço inevitável do latifúndio. Tanto isso é verdade que essa medida de fomento à emigração vinha acompanhada de uma outra que restringia o afastamento das pessoas importantes para o bom funcionamento da vida urbana.

SUETÔNIO: O DIVINO JÚLIO

acordo com o costume e o lugar tradicional, mas por bairros, através dos proprietários das habitações coletivas. Dos trezentos e vinte mil que recebiam trigo do estado ele os reduziu a cento e cinqüenta mil; para que algum dia, em razão do recenseamento, não viessem a ocorrer novos distúrbios, determinou que anualmente, para a vaga dos mortos, fosse feito pelo pretor o sorteio dos que não tinham sido incluídos entre os inscritos[108].

[42] 1. Ele assentou oitenta mil cidadãos em colônias de além-mar, mas, para que, por outro lado, a população da cidade enxugada se bastasse, estabeleceu: que nenhum cidadão maior de vinte anos e menor de sessenta podia se ausentar da Itália por mais de três anos seguidos, a não ser em missão militar; que nenhum filho de senador podia partir para o exterior a menos que fizesse parte do estado-maior de um general ou fosse membro da comitiva de um magistrado[109]; que os pecuaristas deviam ter entre seus pastores ao menos um terço de homens livres na idade da puberdade[110]. 2. A todos que exerciam a medicina e que ensinavam artes liberais em Roma concedeu a cidadania, para que eles próprios tivessem maior prazer em habitá-la e os outros se sentissem atraídos por ela[111]. 3. Pondo fim às expectativas de abolição das dívidas, assunto freqüentemente ventilado, decretou por fim que os devedores pagassem a seus credores, arbitrando-se as propriedades de acordo com o preço que cada uma tinha custado antes da guerra civil e deduzindo-se da soma das dívidas o que tinha sido pago a título de juros em dinheiro ou em valores; com esses ajustes se reduziu

---

110. Suetônio, ao falar, em termos vagos, da obrigatoriedade de um terço da mão-de-obra ser livre nas propriedades dedicadas à pecuária, deixa em aberto algumas questões. Uma vez que ele está falando de movimentos migratórios, a obrigação de empregar esse tipo de trabalhador teria como justificativa e finalidade proporcionar emprego no campo a quem não o tinha na Cidade? Esse terço de trabalhadores livres teria a função de contrabalançar o grande número de trabalhadores escravos dos latifúndios da Itália que exploravam a pecuária? Que tipo de atividade exerceriam? De segurança ou produtiva? As autoridades, por questão de segurança, tinham motivos para estar vigilantes a respeito da grande concentração de escravos. A rebelião de Espártaco ainda estava fresca na memória; demais, políticos inescrupulosos (caso de Domício Enobarbo, Célio e Milão) deles tinham-se servido para fins políticos (César, *G.C.* I, 34, 2; III, 21, 4; III, 22, 2).

111. Impossível não sentir admiração por um político que, há mais de dois mil anos, a braços com os graves problemas de restruturação do Estado, se preocupa em fomentar a importação de cérebros para o desenvolvimento e projeção de seu país no campo da saúde e da cultura.

VIDAS DE CÉSAR

cione quarta pars fere crediti deperibat. 4. Cuncta collegia praeter antiquitus constituta distraxit. 5. Poenas facinorum auxit; et cum locupletes eo facilius scelere se obligarent, quod integris patrimoniis exsulabant, parricidas, ut Cicero scribit, bonis omnibus, reliquos dimidia parte multauit.

[43] 1. Ius laboriosissime ac seuerissime dixit. Repetundarum conuictos etiam ordine senatorio mouit. Diremit nuptias praetorii uiri, qui digressam a marito post biduum statim duxerat, quamuis sine probri suspicione. 2. Peregrinarum mercium portoria instituit. Lecticarum usum, item conchyliatae uestis et margaritarum nisi certis personis et aetatibus perque certos dies ademit. 3. Legem praecipue sumptuariam exercuit dispositis circa macellum custodibus, qui obsonia contra uetitum retinerent deportarentque ad se, submissis nonnumquam lictoribus atque militibus, qui, si qua custodes fefellissent, iam adposita e triclinio auferrent.

---

112. Em Roma o problema das dívidas era crônico e endêmico, com aspectos bem peculiares. A carreira política só era lograda e sustentada com o dispêndio de grandes somas, geralmente obtidas através de empréstimos. Por outro lado, a classe dirigente, para a qual a posse e a propriedade de bens imóveis, especialmente terras, era penhor de segurança e manutenção de *status*, resistia à idéia de se desfazer do próprio patrimônio para zerar seus débitos. Muitas vezes, um cargo de chefia numa rica província era o grande alívio para recomposição das burras exauridas. Quando não se tinha como pagar, sobretudo em tempos de vacas magras, sonhava-se com o cancelamento ou anistia geral das dívidas, as famosas *tabulae nouae*, patrocinadas por políticos populistas, ou com uma revolução (a tentativa de Catilina). Como se pode ver pelo texto de Suetônio, a atitude de César, nesta questão, se pautou por estudada moderação, principalmente quando teve de enfrentar as exigências radicais do pretor Célio (César, *G.C.* III,1, 2-3; III, 20, 1-5 e 21, 1-3; Canfora, pp. 220-223).

113. Entre os colégios ancestrais que tiveram o funcionamento preservado, sem dúvida, estavam os sacerdotais (*pontifices, augures, XV uiri sacrificiandis*, etc). Por outro lado, é sabido que várias associações, a partir de determinado tempo, passaram a jogar duro nas eleições e a interferir na política, um risco e apreensão para qualquer governo forte. Segundo Yavetz (p. 108), "em última análise, César perseguia nesse caso objetivos políticos – salvaguardar a segurança do Estado e reforçar sua própria posição." Os judeus – aliados fundamentais de César na guerra de Alexandria – foram poupados, ou por gratidão, ou porque a sinagoga era politicamente inofensiva.

SUETÔNIO: O DIVINO JÚLIO

quase um quarto dos créditos[112]. 4. Dissolveu todas as associações[113], salvo as constituídas desde tempos remotos. 5. Aumentou as penas dos crimes; e como os ricos tinham mais facilidades para delinqüir, porque podiam se exilar mantendo seus patrimônios, ele, de acordo com o que escreve Cícero, puniu os assassinos com a perda total dos bens e os demais, com a metade.

[43] 1. Administrou a justiça com o maior zelo e a maior severidade. Chegou até a eliminar da classe senatorial magistrados culpados de peculato. Anulou o casamento de um ex-pretor que se casara com uma mulher separada há apenas dois dias do marido, sem que houvesse suspeita de adultério. 2. Estabeleceu taxas alfandegárias para mercadorias estrangeiras[114]. Proibiu o uso de liteiras, bem como de roupas de púrpura, e de pérolas, a não ser para pessoas de determinada idade e durante certos dias. 3. Empenhou-se particularmente na aplicação da lei sobre gastos suntuários; colocou guardas nas vizinhanças dos mercados para apreender os gêneros alimentícios proibidos e trazê-los a sua presença, a ponto de às vezes enviar sorrateiramente litores e soldados para retirar até das mesas o que tivesse escapado dos guardas[115].

---

114. Com essa legislação, César restabelece o imposto alfandegário (*portorium*) sobre produtos estrangeiros (*peregrinae merces*), imposto que fora abolido pela *Lex Caecilia* quinze anos antes. Os postos aduaneiros (*stationes*), marítimos ou de fronteiras, já nessa época, mantinham afixados os produtos gravados de taxas pelo fisco. Embora Suetônio não dê maiores detalhes, o contexto imediatamente posterior parece indicar que essas mercadorias se enquadravam entre os artigos de luxo, pouco ou nada acessíveis à massa, mas a partir daí mais caros para os ricos e, como tais, bem-vindos para os publicanos e para o erário de César. Há quem veja na prescrição uma medida sadia de proteção à produção peninsular (Carcopino, p. 1.000).

115. Uma mentalidade, difusa na sociedade romana, cultivava a ilusão de que os padrões éticos e a frugalidade dos seus avoengos poderiam conviver com o enorme acervo das aquisições imperialistas. Ora, com os despojos dos generais e das apropriações do Estado vieram os tesouros das letras e da filosofia grega, que fizeram a cabeça multímoda da intelectualidade romana e a requintaram. E com as conquistas vieram também as riquezas materiais e com elas o requinte do luxo e da alegria de viver com suas profundas transformações no tecido social. Sila, César, Augusto remaram contra a corrente do apuro inevitável do vestir, do morar, do comer e do amar, em nome do moralismo do *mos maiorum* (código de ética dos antepassados). Ovídio, apesar da pecha de mundano e frívolo, parece ter tido uma noção mais clara do seu tempo ao afirmar: "Que outros tenham simpatia pelo passado; eu me felicito de ser poeta agora; eu me dou bem com o meu tempo" (*Arte de amar* III, 121-122). O que talvez o tenha forçado a aprender a língua dos citas...

VIDAS DE CÉSAR

[44] 1. Nam de ornanda instruendaque urbe, item de tuendo ampliandoque imperio plura ac maiora in dies destinabat: 2. in primis Martis templum, quantum nusquam esset, exstruere repleto et conplanato lacu, in quo naumachiae spectaculum ediderat, theatrumque summae magnitudinis Tarpeio monti accubans; 3. ius ciuile ad certum modum redigere atque ex immensa diffusaque legum copia optima quaeque et necessaria in paucissimos conferre libros; 4. bibliothecas Graecas Latinasque quas maximas posset publicare data Marco Varroni cura comparandarum ac digerendarum; 5. siccare Pomptinas paludes; emittere Fucinum lacum; uiam munire a mari Supero per Appennini dorsum ad Tiberim usque; perfodere Isthmum; 6. Dacos, qui se in Pontum et Thraciam effuderant, coercere; mox Parthis inferre bellum per Armeniam minorem nec nisi ante expertos adgredi proelio. 7. Talia agentem atque meditantem mors praeuenit. 8. De qua prius quam dicam, ea quae ad formam et habitum et cultum et mores, nec minus quae ad ciuilia et bellica eius studia pertineant, non alienum erit summatim exponere.

[45] 1. Fuisse traditur excelsa statura, colore candido, teretibus membris, ore paulo pleniore, nigris uegetisque oculis, ualitudine prospera, nisi quod tempore extremo repente animo linqui atque etiam per somnum exterreri solebat. 2. Comitiali quoque morbo bis inter res agendas correptus est. 3. Circa corporis curam morosior, ut non solum tonderetur diligenter ac raderetur, sed uelleretur etiam, ut quidam exprobrauerunt, caluitii uero deformitatem

---

116. Essa série febril de projetos evergéticos grandiosos, do verão de 46 (Canfora, pp. 308-309), ânsia talvez de perpetuação (*non onmis moriar?*), uma vez concretizada, teria feito de César, e não de seu herdeiro, a pessoa com motivos prioritários para se orgulhar de ter feito da Roma de tijolos a Roma de mármore, segundo palavras de Carcopino (p. 1.008).

117. Para poupar gastos com obras de infra-estrutura, a maioria dos teatros antigos ficava adossada a elevações, local adequado para se colocarem os degraus da platéia (*cauea*). A rocha Tarpéia, junto à colina do Capitólio, já era um penhasco famoso porque do alto dele se atiravam os condenados à morte. Esse projeto de teatro foi executado no governo de Augusto e dedicado à memória de Marcelo, sobrinho do imperador.

118. Dotar a Cidade de um centro de cultura, proporcionar ao público o maior acesso possível a todo tipo de publicação com o surgimento inevitável do debate livre, entregar esse acervo à discrição de um respeitável intelectual polígrafo, seu crítico e antigo inimigo de armas, tudo isso faz de César um autarca diferente. Diferente, segundo Canfora

SUETÔNIO: O DIVINO JÚLIO

[44] 1. A cada dia eram mais numerosos e mais ambiciosos seus projetos[116] para embelezar e prover a cidade, para defender e estender o império. 2. Planejava sobretudo: construir o templo de Marte (o maior do mundo), aterrando e nivelando o lago no qual proporcionara o espetáculo da batalha naval, bem como um teatro de enormes proporções, nas encostas da rocha Tarpéia[117]; 3. condensar o direito civil, e do enorme e disperso acervo das leis reunir em pouquíssimos livros o mais importante e indispensável; 4. abrir ao público bibliotecas gregas e latinas com o maior acervo possível de títulos, para cuja aquisição e classificação encarregara Marcos Varrão[118]; 5. drenar os pântanos pontinos; dotar o lago Fucino de escoadouro; abrir uma estrada do Adriático até o Tibre, passando pela crista dos Apeninos; abrir um canal no istmo de Corinto; 6. reprimir os Dacos, espalhados pelo Ponto e pela Trácia; mover, para logo, guerra aos partos através da Armênia Menor, mas só terçar armas depois de testar-lhes as forças. 7. Em meio a essas atividades e projetos a morte se antecipou. 8. Mas antes de falar dela, não parece descabido tratar sucintamente de coisas que dizem respeito a seus traços, porte, cuidados pessoais e hábitos, bem como o que se refere a suas pendores civis e militares.

[45] 1. Diz-se que ele era de estatura alta, tez clara, membros bem proporcionados, faces um pouco mais cheias, olhos negros e vivos, de saúde privilegiada, só que nos últimos tempos, com freqüência, esteve sujeito a súbitos desmaios e a pesadelos durante o sono. 2. Por duas vezes, no exercício de suas funções sofreu também ataques de epilepsia. 3. Exigente com relação aos cuidados corporais, caprichava no corte de cabelo e em raspar a barba, chegando até a se depilar, o que foi motivo de crítica de alguns[119];

(pp. 422-423), "pela ausência de propósitos de censura no campo cultural", diferente da "obstinação metódica com que Augusto, fixando disposições (...) estabelecia que livros de César podiam, quais não podiam ser acessíveis ao público (...)".

119. Esses tratos corporais eram expressão de uma moda refinada em desacordo com os cânones da tradição ética romana que os vinculava a desvios de comportamento sexual. Segundo registra Aulo Gélio (*N.A.* VI, 4-5), Cipião Africano, vestido de acordo com o figurino do passado (*antiquitate indutus*) dizia que quem andava com barba e coxas depiladas já teria feito o mesmo que faziam os garotos de programa. Cícero (*Catilinária* II, 22-23) fala com desprezo de um grupo de partidários de Catilina, jovens de cabelos bem penteados, barbeados ou de barba cortada com apuro, com túnicas longas e de mangas, que, lindos e refinados, tinham aprendido a amar e ser amados (*amare et amari*).

VIDAS DE CÉSAR

iniquissime ferret saepe obtrectatorum iocis obnoxiam expertus. 4. Ideoque et deficientem capillum reuocare a uertice adsueuerat et ex omnibus decretis sibi a senatu populoque honoribus non aliud aut recepit aut usurpauit libentius quam ius laureae coronae perpetuo gestandae. 5. Etiam cultu notabilem ferunt: usum enim lato clauo ad manus fimbriato nec umquam aliter quam ut super eum cingeretur, et quidem fluxiore cinctura; unde emanasse Sullae dictum optimates saepius admonentis, ut male praecinctum puerum cauerent.

[46] 1. Habitauit primo in Subura modicis aedibus, post autem pontificatum maximum in Sacra uia domo publica. 2. Munditiarum lautitiarumque studiosissimum multi prodiderunt: uillam in Nemorensi a fundamentis incohatam magnoque sumptu absolutam, quia non tota ad animum ei responderat, totam diruisse, quanquam tenuem adhuc et obaeratum; in expeditionibus tessellata et sectilia pauimenta circumtulisse;

[47] Britanniam petisse spe margaritarum, quarum amplitudinem conferentem interdum sua manu exegisse pondus; gemmas, toreumata, signa, tabulas operis antiqui semper animosissime comparasse; seruitia rectiora politioraque inmenso pretio, et cuius ipsum etiam puderet, sic ut rationibus uetaret inferri;

---

120. Embora a toga fosse a vestimenta primitiva e nacional dos romanos, a túnica tornou-se com o tempo de amplo uso. Era um tipo de roupa linha saco com abertura para os braços e o pescoço, bem apertada na cintura por um cordão que permitia levantá-la ou abaixá-la de acordo com as necessidades do uso. As túnicas das mulheres eram mais largas e longas. Com o tempo, vai-se introduzindo, entre os homens, a moda de túnicas longas *(talares tunicae)* e com mangas *(manicatae)* até os dedos, o que não era de bom tom *(indecorum:* Aulo Gélio, *N.A.* VI, 12, 1). O laticlavo era uma túnica especial, dotado de faixa larga de púrpura, privilégio de senadores.

121. César morou no bairro de Subura, situado no vale das colinas do Viminal e Esquilino, famoso pela agitação, barulho e libertinagem, e também pelos seus artesãos e comerciantes. Desde que foi eleito chefe da religião romana *(Pontifex Maximus)*, passou a residir na Régia, edifício-sede da administração do colégio dos pontífices, situado na Via Sacra, ao pé do Palatino e vizinho do templo de Vesta.

122. Essas manifestações de requinte e sumptuosidade seriam anteriores às leis que proibiam artigos de luxo e gastos suntuários (Suetônio, *César* 43, 2-3), ou a liturgia do cargo o isentava delas? Uma coisa, no entanto, é certa: o requinte em transportar ladrilhos e mosaicos para forrar o piso de seu pretório briga contra as críticas que o próprio César faz ao luxo das tendas dos pompeianos, às vésperas da batalha de Farsália (César, *G.C.* III, 96, 1).

SUETÔNIO: O DIVINO JÚLIO

mas amargurava-se com a própria calvície, exposta amiúde às pilhérias de seus detratores. 4. Por isso costumava puxar para a parte dianteira da cabeça seus raros cabelos, e de todas as honras conferidas pelo Senado e o povo a nenhuma recebeu e utilizou com mais satisfação do que a que lhe dava o direito de portar permanentemente a coroa de louro. 5. Também se diz que se fazia notar pela elegância: usava um laticlavo guarnecido de franjas até as mãos e sobre ele passava o cinto, por sinal, de maneira pouco apertada; daí a palavra de Sila a prevenir com bastante freqüência os aristocratas que tivessem cuidado com o garoto de cinto frouxo[120].

[46] 1. Morou primeiro numa modesta casa do Subura[121]; depois, como sumo pontífice, na Via Sacra, em edifício oficial. 2. De acordo com o testemunho de muitas pessoas foi um apaixonado do requinte e da sumptuosidade; embora num momento dispusesse de parcos recursos e fosse devedor inadimplente, fez destruir inteira uma casa de campo no território de Arícia, erguida com alicerces novos e acabada com grandes gastos, só porque não correspondia plenamente ao que dela esperava; em suas campanhas fazia transportar de um lado para outro ladrilhos e mosaicos em peças, para servirem de piso[122];

[47] Divulgaram também que ele se dirigiu à Britânia na esperança de lá encontrar pérolas[123] e, para avaliar-lhes o tamanho, as sopesava na própria mão; que colecionava com o maior entusiasmo jóias, vasos cinzelados, estátuas, quadros de autores antigos e que pagava por escravos esbeltos e refinados preços absurdos de que ele próprio se escandalizava, a ponto de não permitir que constasse do registro de suas contas;

---

123. Tem-se discutido sobre o que pretendia César com a ida à Britânia. Pela correspondência de Cícero (*Ático* IV, 17, 6), cujo irmão ocupava então cargo importante de legado no exército da Gália (e era, portanto, informante gabaritado), pode-se verificar que a expedição redundou em decepção, não propriamente por não ter encontrado pérolas, mas por não encontrar materiais preciosos e butim compensador, apenas escravos boçais. Não parece, todavia, fora de propósito pensar que para o comandante-em-chefe, inequivocamente interessado na projeção da própria imagem, ser o primeiro romano a desembarcar na ilha pagava com lucro todas as surpresas.

VIDAS DE CÉSAR

[48] 1. conuiuatum assidue per prouincias duobus tricliniis, uno quo sagati palliatiue, altero quo togati cum inlustrioribus prouinciarum discumberent. 2. Domesticam disciplinam in paruis ac maioribus rebus diligenter adeo seuereque rexit, ut pistorem alium quam sibi panem conuiuis subicientem compedibus uinxerit, libertum gratissimum ob adulteratam equitis Romani uxorem, quamuis nullo querente, capitali poena adfecerit.

[49] 1. Pudicitiae eius famam nihil quidem praeter Nicomedis contubernium laesit, graui tamen et perenni obprobrio et ad omnium conuicia exposito. 2. Omitto Calui Licini notissimos uersus:

> "Bithynia quicquid
> et pædicator Caesaris umquam habuit."

3. Praetereo actiones Dolabellae et Curionis patris, in quibus eum Dolabella "paelicem reginae, spondam interiorem regiae lecticae," at Curio "stabulum Nicomedis et Bithynicum fornicem" dicunt. 4. Missa etiam facio edicta Bibuli, quibus proscripsit collegam suum "Bithynicam reginam, eique antea regem fuisse cordi, nunc esse regnum." 5. Quo tempore, ut Marcus Brutus refert, Octauius etiam quidam, ualitudine mentis liberius dicax, conuentu maximo, cum Pompeium "regem" appellasset, ipsum "reginam salutauit." 6. Sed C. Memmius etiam ad cyathum et uinum Nicomedi stetisse obicit, cum reliquis exoletis, pleno conuiuio, accubantibus nonnullis urbicis negotiatoribus, quorum refert nomina. 7. Cicero uero, non contentus in quibusdam epistulis scripsisse a satellitibus eum in cubiculum regium eductum in aureo lecto ueste purpurea decubuisse floremque aetatis a Venere orti in Bithynia contaminatum, quondam etiam in senatu defendenti ei Nysae causam, filiae Nicomedis, beneficiaque

---

124. Todo o capítulo 49 se concentra no registro de uma única e possível ocorrência de homossexualismo passivo de César. Ora, sabe-se que no mundo helenizado (onde então se homiziava César do rancor de Sila) não era rara a prática homossexual, cujas preferências recaíam sobre jovens atraentes. Mas, por outro lado, as insinuações sobre as decorrências da estada de César na corte de Nicomedes só começam a ser ventiladas muitos anos depois, sobretudo quando de sua ascensão política, sem que se registrassem novos casos reveladores de uma tendência, facilmente detectável em longa vida de caserna. Como se

SUETÔNIO: O DIVINO JÚLIO

[48] 1. que proporcionava regularmente nas províncias jantares com dois tipos de serviços, num se recostavam seus oficiais e os gregos, no outro os togados e os notáveis da província. 2. Mantinha, nas coisas pequenas e nas grandes, exigências domésticas com tal escrúpulo e severidade que fez botar grilhões num padeiro que servia aos convivas pão diferente do seu, e, sem que ninguém apresentasse queixa, puniu com a pena de morte um dos seus mais caros libertos, por ter seduzido a esposa de um cavaleiro romano.

[49] 1. Nada feriu sua dignidade viril[124] a não ser a parceria com Nicomedes, que lhe custou sério e permanente descrédito e o expôs ao ludíbrio geral. 2. Não levo em conta os famosos versos de Licínio Calvo:

"Tudo o que a Bitínia
e o amante de César jamais tiveram."

3. Passo ao largo das acusações de Dolabela e de Curião, o pai, nas quais o primeiro o chama "rival da rainha", "espaldar da liteira real" e o outro, "bordel de Nicomedes" e "baixo meretrício da Bitínia". 4. Deixo de lado também os editos de Bíbulo, em que chamava publicamente seu colega de "rainha da Bitínia, que em outros tempos teve no coração o rei e agora tem nele o reinado." 5. Nessa época, segundo testemunho de Marcos Bruto, um tal de Otávio, falador destemperado por distúrbios mentais, tendo, diante de grande assistência, chamado Pompeu "rei", saudou César "rainha". 6. Mêmio chega a censurar César de, na companhia de outros jovens desfrutáveis, ter sido copeiro desse mesmo Nicomedes, num concorrido banquete do qual participavam alguns comerciantes romanos, cujos nomes cita. 7. Cícero, porém, não se deu por satisfeito de registrar em algumas cartas que guardas reais o conduziram aos aposentos do rei, que ele deitou-se no leito real, vestido de púrpura, e que na Bitínia o filho de Vênus conspurcou a flor da juventude. Foi além: certa vez, estando César defendendo no Senado a causa de Nisa, filha de Nicomedes, e relembrando os favores recebidos do rei, Cícero interrompeu-o, dizendo: "Acaba lá com essa, por favor, todo

---

pode ver pelo texto, os depoimentos arrolados por Suetônio (sem, contudo, os confirmar) têm, na sua maioria, clara motivação política e o evidente matiz da rude maledicência, tão cara ao povo itálico (*italum acetum*), e que não deixa de seduzir a soldadesca machista.

VIDAS DE CÉSAR

regis in se commemoranti: "Remoue," inquit, "istaec, oro te, quando notum est, et quid ille tibi et quid illi tute dederis." 8. Gallico denique triumpho milites eius inter cetera carmina, qualia currum prosequentes ioculariter canunt, etiam illud uulgatissimum pronuntiauerunt:

"Gallias Caesar subegit, Nicomedes Caesarem:
Ecce Caesar nunc triumphat qui subegit Gallias,
Nicomedes non triumphat qui subegit Caesarem."

[50] 1. Pronum et sumptuosum in libidines fuisse constans opinio est, plurimasque et illustres feminas corrupisse, in quibus Postumiam Serui Sulpici, Lolliam Auli Gabini, Tertullam Marci Crassi, etiam Cn. Pompei Muciam. 2. Nam certe Pompeio et a Curionibus patre et filio et a multis exprobratum est, quod cuius causa post tres liberos exegisset uxorem et quem gemens Aegisthum appellare consuesset, eius postea filiam potentiae cupiditate in matrimonium recepisset. 3. Sed ante alias dilexit Marci Bruti matrem Seruiliam, cui et primo suo consulatu sexagiens sestertium margaritam mercatus est et bello ciuili super alias donationes amplissima praedia ex auctionibus hastae minimo addixit; cum quidem plerisque uilitatem mirantibus facetissime Cicero: "Quo melius," inquit, "emptum sciatis, tertia deducta;" existimabatur enim Seruilia etiam filiam suam Tertiam Caesari conciliare.

[51] Ne prouincialibus quidem matrimoniis abstinuisse uel hoc disticho apparet iactato aeque a militibus per Gallicum triumphum:

"Vrbani, seruate uxores: moechum caluom adducimus.
Aurum in Gallia effutuisti, hic sumpsisti mutuum."

---

125. Agamenão era casado com Clitemnestra; durante sua longa ausência do leito marital, empenhado que estava no cerco de Tróia, Egisto se insinua, tornando-se amante da rainha. Quando Agamenão retorna, os dois cúmplices o recebem com festas, promovendo em sua homenagem um banquete durante o qual o assassinam. Os que conheciam o mito se davam conta da pertinência e do alcance da metáfora.

126. Servília, exemplo de um certo tipo de mulher liberada do fim da República, do qual Salústio também exibe alguns exemplos, era filha de Quinto Servílio Cepião e irmã de Catão de Útica por parte da mãe Lívia, que foi casada em segundas núpcias com Marcos Pórcio Catão. Durante seu casamento com Marcos Júnio Bruto (tribuno da plebe de 83 a.C.)

SUETÔNIO: O DIVINO JÚLIO

mundo sabe o que ele te deu e o que deste tu a ele." 8. Por fim, durante o desfile triunfal da Gália, seus soldados, entre outros versos mordazes que cantavam escoltando o carro, recitavam os seguintes de ampla divulgação:

"César submeteu as Gálias, Nicomedes submeteu César:
Aqui triunfa agora César que submeteu as Gálias,
Não triunfa Nicomedes que submeteu César."

[50] 1. É por toda gente reconhecido seu pendor suntuoso pelos prazeres do sexo; seduziu um grande número de mulheres ilustres, dentre as quais Postúmia, mulher de Sérvio Sulpício, Lólia, mulher de Aulo Gabínio, Tertula, mulher de Marcos Crasso e até Múcia, mulher de Cneu Pompeu. 2. Pois, realmente os Curiões, pai e filho, e muitos outros censuraram Pompeu por ter ele, por ambição de poder, recebido em casamento a filha daquele que algum tempo antes o levara a despedir a mulher, mãe de três filhos, a quem então, em lágrimas, costumava chamar "Egisto"[125]. 3. Sua amante predileta, no entanto, foi Servília[126], mãe de Marcos Bruto, para quem comprou, durante seu último consulado, uma pérola de seis milhões de sestércios e, durante a guerra civil, além de outras doações, adjudicou-lhe por um preço insignificante um sem-número de propriedades vendidas em hasta pública. Como a maioria das pessoas estranhassem o baixo preço, Cícero, com seu grande humor, disse: "Para que saibais que a compra foi ainda melhor, houve a dedução da terça." Com efeito, especulava-se que Servília alcovitava a César até sua filha Tércia.

[51] Que ele não poupava nem mesmo as mulheres dos provinciais se evidencia por este dístico que os mesmos soldados extravasaram por ocasião do desfile triunfal da Gália:

"Romanos, segurai vossas esposas: estamos trazendo um careca adúltero;
fornicaste na Gália com o ouro que aqui tomaste de empréstimo."

---

nasceu Marcos Júnio Bruto, o tiranicida. Por ter sido por anos amante de César, havia o rumor de que Bruto era filho dele; para corroborar essa insinuação se aduzia a famosa frase do dia do atentado, dita em latim (ou grego?): *"Tu quoque, Brute, fili mi!"*, lamento do pai injustiçado e não queixa de um amigo paternal.

VIDAS DE CÉSAR

[52] 1. Dilexit et reginas, inter quas Eunoen Mauram Bogudis uxorem, cui maritoque eius plurima et immensa tribuit, ut Naso scripsit; 2. sed maxime Cleopatram, cum qua et conuiuia in primam lucem saepe protraxit et eadem naue thalamego paene Aethiopia tenus Aegyptum penetrauit, nisi exercitus sequi recusasset, quam denique accitam in urbem non nisi maximis honoribus praemiisque auctam remisit filiumque natum appellare nomine suo passus est. 3. Quem quidem nonnulli Graecorum similem quoque Caesari et forma et incessu tradiderunt. 4. M. Antonius adgnitum etiam ab eo senatui adfirmauit, idque scire C. Matium et C. Oppium reliquosque Caesaris amicos; quorum Gaius Oppius, quasi plane defensione ac patrocinio res egeret, librum edidit, non esse Caesaris filium, quem Cleopatra dicat. 5. Heluius Cinna tr. pl. plerisque confessus est habuisse se scriptam paratamque legem, quam Caesar ferre iussisset cum ipse abesset, uti uxores liberorum quaerendorum causa quas et quot uellet ducere liceret. 6. At ne cui dubium omnino sit et impudicitiae et adulteriorum flagrasse infamia, Curio pater quadam eum oratione "omnium mulierum uirum et omnium uirorum mulierem" appellat.

[53] 1. Vini parcissimum ne inimici quidem negauerunt. Marci Catonis est: "unum ex omnibus Caesarem ad euertendam rem publicam sobrium accessisse." 2. Nam circa uictum Gaius Oppius adeo indifferentem docet, ut quondam ab hospite conditum oleum pro uiridi adpositum aspernantibus ceteris solum etiam largius appetisse scribat, ne hospitem aut neglegentiae aut rusticitatis uideretur arguere. 3. Abstinentiam neque in imperiis neque in magistratibus praestitit.

---

127. Como se pode ver, o tema da paternidade do filho de Cleópatra suscita polêmica desde a Antigüidade. Plutarco (*César* 49, 10) admite, sem ressalvas, que era de César o garoto a quem os alexandrinos chamavam *Kaisaríon* (literalmente *Cesarito* ou *Cesarzinho* ou o haplológico *Cesito*). Embora Suetônio não tenha dúvidas sobre a paternidade de César, registra depoimentos conflitantes. Entre historiadores modernos continua a antiga discordância (Carcopino, p. 919; Canfora, p. 243). A forma latina correspondente, *Caesario, -onis*, traduzida em português por *Cesarião*, como consta no *Dicionário Latino Português*, de Torrinha, e no *Vocabulário Onomástico da Academia das Ciências de Lisboa* (1940), mascara ou oblitera, em razão do sufixo *–ão*, que tende a ser entre nós característica de aumentativo, a carga do diminutivo que o original grego encerra.

SUETÔNIO: O DIVINO JÚLIO

[52] 1. Foi também amante de rainhas, entre outras, Êunoe, esposa de Bógude, da Mauritânia, concedendo a ela e ao marido inúmeros e amplos favores, conforme Nasão escreveu; 2. mas privilegiou Cleópatra, cujos banquetes, muitas vezes, se estenderam até o amanhecer, e, em sua companhia, teria feito, em navio de cabines, a travessia do Egito à Etiópia, se seus soldados não se tivessem recusado a acompanhá-lo; tendo-a feito vir a Roma, não a deixou partir sem cumulá-la das maiores honras e recompensas, permitindo que ao filho dela fosse dado seu próprio nome. 3. Alguns autores gregos relataram que o garoto tinha semelhanças com César nos traços físicos e no andar. 4. Marco Antônio assegurou no Senado que César o reconheceu, e disso tinham conhecimento Caio Mácio, Caio Ópio e outros amigos de César; um deles, Caio Ópio, como se o caso precisasse de ampla defesa e justificação, publicou um livro para provar que não era de César o filho que Cleópatra dizia ser[127]. 5. Hélvio Cina, tribuno da plebe, confessou a um grande número de pessoas que tinha consigo, já preparado, um texto de lei que, por ordem de César, devia ser apresentado em sua ausência, segundo o qual, para conseguir filhos, lhe seria permitido casar com quantas mulheres fossem de sua escolha. 6. Ora para que não paire dúvida alguma de que ele esteve marcado pela má reputação de indignidade viril e de adultério, (basta ver) o que dele diz Curião, pai, em um dos seus discursos: "o marido de todas as mulheres e a mulher de todos os maridos."

[53] 1. Que era muito parco no consumo de vinho, nem os inimigos o contestam. É de Catão o seguinte: "De todos os que atentaram contra a constituição republicana, César foi o único sóbrio." 2. Realmente Caio Ópio nos informa que, a respeito de comida, ele era tão pouco exigente a ponto de relatar que, certa vez, a pessoa que o hospedava serviu azeite rançoso, em vez de fresco e, embora os outros convivas o recusassem, ele o consumiu de maneira até um pouco exagerada, para não dar mostras de tachar de negligente ou ignorante a pessoa que o recebia. 3. Mas não demonstrou inapetência nem para os comandos nem para as magistraturas.

VIDAS DE CÉSAR

[54] 1. Vt enim quidam monumentis suis testati sunt, in Hispania pro consule et a sociis pecunias accepit emendicatas in auxilium aeris alieni et Lusitanorum quaedam oppida, quanquam nec imperata detrectarent et aduenienti portas patefacerent, diripuit hostiliter. 2. In Gallia fana templaque deum donis referta expilauit, urbes diruit saepius ob praedam quam ob delictum; unde factum, ut auro abundaret ternisque milibus nummum in libras promercale per Italiam prouinciasque diuenderet. 3. In primo consulatu tria milia pondo auri furatus e Capitolio tantundem inaurati aeris reposuit. 4. Societates ac regna pretio dedit, ut qui uni Ptolemaeo prope sex milia talentorum suo Pompeique nomine abstulerit. 5. Postea uero euidentissimis rapinis ac sacrilegis et onera bellorum ciuilium et triumphorum ac munerum sustinuit impendia.

[55] 1. Eloquentia militarique re aut aequauit praestantissimorum gloriam aut excessit. 2. Post accusationem Dolabellae haud dubie principibus patronis adnumeratus est. Certe Cicero ad Brutum oratores enumerans negat se uidere, cui debeat Caesar cedere, aitque eum elegantem, splendidam quoque atque etiam magnificam et generosam quodam modo rationem dicendi tenere; et ad Cornelium Nepotem de eodem ita scripsit: "Quid? oratorem quem huic antepones eorum, qui nihil aliud egerunt? Quis sententiis aut acutior aut crebrior? Quis uerbis aut ornatior aut elegantior?" 3. Genus eloquentiae dumtaxat adulescens adhuc Strabonis Caesaris secutus uidetur, cuius etiam ex oratione, quae inscribitur "Pro Sardis," ad uerbum nonnulla transtulit in diuinationem suam.

---

128. Todo o capítulo 54 dá uma idéia dos expedientes de que valia um líder do fim da República para sustentar os enormes gastos de uma vitoriosa carreira política: empréstimos, tráfico de influência, espoliações, rapinagens, arrancados sobretudo durante administrações nas províncias. Evidentemente, as informações aqui prestadas por Suetônio são de difícil controle de veracidade, pois, quase sempre, provêm de inimigos de duvidosa isenção. É mais fácil entender o que diziam os soldados do próprio César em cru estilo castrense: "esborniaste [ou farreaste ou fornicaste ou f. = *effutuisti*] com o ouro da Gália e aqui o tomaste de empréstimo", sinalizando os dois momentos de um político romano, o da dívida e o da recuperação econômica.

129. Com a morte de Sila (78 a.C.), César, que se exilara voluntariamente para escapar da ira do ditador, retorna a Roma; fiel a seu ideário político e como todo jovem (23 anos) romano em busca de projeção, move processo contra o figurão Cneu Cornélio Dolabela (cônsul em 81 a.C.) por sua administração extorsionária na Macedônia. O aristocrata, com o apoio de sua classe e defendido por advogados de prestígio, como Hortênsio, foi absolvido, mas César, que não alimentava ilusões sobre o sucesso de sua ação, deixou as barras do tribunal consagrado por um discurso acusatório famoso, que Tácito (*Diálogo*

SUETÔNIO: O DIVINO JÚLIO

[54] 1. No proconsulado da Hispânia, de acordo com o que registraram certos autores, ele, de chapéu na mão, conseguiu dos aliados dinheiro para socorro de suas dívidas, e saqueou, como se fossem inimigas, algumas cidades da Lusitânia, que, no entanto, não se recusavam a obedecer a suas ordens e que, à sua chegada, lhe franqueavam as portas. 2. Na Gália, espoliou santuários e templos dos deuses, repletos de oferendas, arrasou cidades mais amiúde para colher despojos do que para puni-las; em conseqüência, abarrotou-se de ouro e passou a vendê-lo pela Itália e pelas províncias à razão de três mil sestércios a libra. 3. No primeiro consulado desviou do Capitólio três mil libras de ouro, repostas por outro tanto de bronze dourado. 4. Concedeu, à custa de dinheiro, alianças e tronos, tendo extorquido só de Ptolomeu perto de seis mil talentos em seu próprio nome e no de Pompeu. 5. Depois, à custa de rapinas e sacrilégios mais que evidentes, sustentou os encargos das guerras civis e as despesas dos desfiles triunfais e dos espetáculos[128].

[55] 1. Como orador ou militar igualou ou superou a glória dos mais eminentes. 2. Depois do processo contra Dolabela foi incontestavelmente incluído entre as maiores expressões dos tribunais[129]. O certo é que Cícero, elencando no *Bruto* os oradores, afirma que "não via quem pudesse bater César" e diz que "ele dispunha de um estilo de eloqüência refinada e brilhante e ao mesmo tempo solene e de certa forma nobre"[130]; e em carta a Cornélio Nepos[131] escreveu dele o seguinte: "O quê? A que orador, dentre os que não tiveram qualquer outra atividade, dás a tua preferência? quem teve mais riqueza e acuidade nas idéias? quem na expressão foi mais elaborado e elegante?" 3. Ao menos na mocidade parece ter adotado o tipo de eloqüência de César Estrabão, de cujo discurso intitulado *Em defesa dos sardos* reproduziu textualmente algumas passagens em sua adivinhação[132].

---

dos oradores 34, 7) dizia que em seu tempo ainda se lia *cum admiratione* e do qual Aulo Gélio (*N.A.*, IV, 16, 8) cita trecho.

130. As duas citações, com algumas variações, principalmente na segunda, estão no *Bruto* 261.

131. Sobre essa carta de Cícero a Cornélio Nepos só temos conhecimento através desse fragmento de Suetônio.

132. O termo *diuinatio* (adivinhação), do direito processual romano, consistia no debate preliminar no tribunal para estabelecer quem seria o acusador (*de constituendo accusatore quaeritur*) em determinado processo. Aulo Gélio (*N.A.*, II, 4) apresenta as tentativas feitas para explicar a passagem desse termo do campo da mântica para o do direito.

VIDAS DE CÉSAR

4. Pronuntiasse autem dicitur uoce acuta, ardenti motu gestuque, non sine uenustate. 5. Orationes aliquas reliquit, inter quas temere quaedam feruntur. 6. "Pro Quinto Metello" non immerito Augustus existimat ab actuariis exceptam male subsequentibus uerba dicentis, quam ab ipso editam; nam in quibusdam exemplaribus inuenio ne inscriptam quidem "Pro Metello," sed "quam scripsit Metello," cum ex persona Caesaris sermo sit Metellum seque aduersus communium obtrectatorum criminationes purgantis. 7. "Apud milites" quoque "in Hispania" idem Augustus uix ipsius putat, quae tamen duplex fertur: una quasi priore habita proelio, altera posteriore, quo Asinius Pollio ne tempus quidem contionandi habuisse eum dicit subita hostium incursione.

[56] 1. Reliquit et rerum suarum commentarios Gallici ciuilisque belli Pompeiani. Nam Alexandrini Africique et Hispaniensis incertus auctor est; alii Oppium putant, alii Hirtium, qui etiam Gallici belli nouissimum imperfectumque librum suppleuerit. 2. De commentariis Caesaris Cicero in eodem Bruto sic refert: "Commentarios scripsit ualde quidem probandos; nudi sunt, recti et uenusti, omni ornatu orationis tamquam ueste detracta; sed dum uoluit alios habere parata, unde sumerent qui uellent scribere historiam, ineptis gratum fortasse fecit, qui illa uolent calamistris inurere, sanos quidem homines a scribendo deterruit." 3. De isdem commentariis Hirtius ita praedicat:

---

133. Canfora (pp. 418-419) admite que César, a exemplo de políticos atenienses da época de Péricles e da época anterior a Demóstenes, não cuidava de conservar e divulgar em forma escrita seus próprios discursos; preferiu que sua lembrança estivesse restrita aos *commentarii* e aos documentos públicos de seu governo.

134. O emprego dessa técnica era já conhecida. Plutarco (*Catão menor* 25) informa que o famoso discurso do uticense pela condenação à morte dos cúmplices de Catilina só se conservou porque Cícero distribuiu por vários pontos do Senado taquígrafos, cuja técnica foi por ele introduzida em Roma. Tirão, escravo factótum do cônsul de 63 a.C., é tido como o inventor da estenografia romana, também conhecida por *notas tironianas*.

135. Há quem olhe com suspeita as reservas de Augusto e Asínio quanto à autenticidade do(s) discurso(s) *Apud milites in Hispania* (Canfora, p. 398). Que interesse e finalidade teria esse falsário em redigi-lo(s)? Não estariam o príncipe e o político/historiador de alguma forma insatisfeitos com o desenrolar dos acontecimentos que redundaram na batalha de Munda?

136. O tradutor optou pela palavra *apontamentos* para traduzir o termo *commentarii*, porque em latim esta palavra, diferente da correlata portuguesa que semanticamente pressupõe texto ou matéria sobre a qual se discorre, tem o sentido de caderno de apontamento, lembrete, diário, texto narrativo destituído de ornamento. Na historiografia latina passou a significar registro autobiográfico, sem preocupação estética, feito por políticos e generais para servir de matéria-prima historiográfica a ser reescrita e elaborada artisticamente.

SUETÔNIO: O DIVINO JÚLIO

4. Diz-se que discursava com voz penetrante, com movimentos e gestos incisivos e um certo fascínio. 5. Deixou-nos uns poucos discursos[133], dos quais alguns lhe são atribuídos levianamente. 6. Com razão Augusto pensa que o *Em defesa de Quinto Metelo* foi antes obra de taquígrafos[134] que não reproduziam com fidelidade as palavras do orador do que publicação dele próprio. Realmente em algumas cópias não encontro nem mesmo o título *Em defesa de Metelo*, mas "que escreveu para Metelo"; ora César falava em seu nome, defendendo Metelo e a si próprio das acusações de seus detratores. 7. O mesmo Augusto também acredita que o *Aos soldados na Hispânia* dificilmente seria da autoria dele; atribuem-lhe, no entanto, dois discursos, um, ocorrido no primeiro combate, e outro, depois do segundo, do qual Asínio Polião fala que César nem tempo teve para discursar em razão do ataque inesperado dos inimigos[135].

[56] 1. Deixou-nos também apontamentos[136] sobre suas atividades na guerra da Gália e na guerra civil contra Pompeu, pois não está estabelecido o autor das guerras de Alexandria, da África e da Hispânia: uns acham que foi Ópio; outros, Hírcio, que igualmente teria complementado o último livro da guerra da Gália, deixado por César inacabado. 2. Cícero, ainda no *Bruto*, assim se refere aos apontamentos de César: "Escreveu apontamentos dignos dos maiores elogios: são despojados, diretos e atraentes, destituídos de todo ornamento retórico, como quando se tira a roupa; mas, querendo fornecer material, ponto de partida para os que quisessem escrever história, talvez tenha agradado aos tolos que irão gostar de frisar tudo isso com o calamistro; às pessoas sensatas, ele as dissuadiu de escrever."[137] 3. Hírcio exalta esses mesmos apontamentos nestes termos:

---

137. Esse elogio rasgado e talvez sincero feito a César, merecido por ter este elevado à categoria de obra artística o gênero normalmente pedestre dos *commentarii*, não parece estar isento de sinuosidades. Ele aparece no *Bruto* 262, obra de 46 a.C. que tinha o propósito de tratar de oradores (*Bruto* 20: *quando esse coepissent, qui etiam et quales fuissent*) e não de historiadores. De mais a mais tinha o objetivo de falar de oradores mortos (op. cit., 231: *statui neminem eorum qui uiuerent nominare*). Nessa época, César andava pela Hispânia. A idéia que se aventa é que Cícero, temendo as críticas que se anunciavam com o *Anticato* de César e arrependido do elogio feito a Catão, morto em Útica, aplaudia com entusiasmo os *commentarii* "conferindo àqueles escritos controversos e, a juízo de Asínio Polião, profundamente mentirosos, um alto conteúdo de verdade" (Canfora, p. 419). Não seria, pois, uma tentativa de *captatio beneuolentiae?*

VIDAS DE CÉSAR

"Adeo probantur omnium iudicio, ut praerepta, non praebita facultas scripto-
ribus uideatur. Cuius tamen rei maior nostra quam reliquorum est admiratio;
ceteri enim, quam bene atque emendate, nos etiam, quam facile atque celeriter
eos perscripserit, scimus." 4. Pollio Asinius parum diligenter parumque integra
ueritate compositos putat, cum Caesar pleraque et quae per alios erant gesta
temere crediderit et quae per se, uel consulto uel etiam memoria lapsus perpe-
ram ediderit; existimatque rescripturum et correcturum fuisse. 5. Reliquit et
"de Analogia" duos libros et "Anticatones" totidem ac praeterea poema quod
inscribitur "Iter." 6. Quorum librorum primos in transitu Alpium, cum ex ci-
teriore Gallia conuentibus peractis ad exercitum rediret, sequentes sub tempus
Mundensis proelii fecit; nouissimum, dum ab urbe in Hispaniam ulteriorem
quarto et uicensimo die peruenit. 7. Epistulae quoque eius ad senatum ex-
tant, quas primum uidetur ad paginas et formam memorialis libellis conuertis-
se, cum antea consules et duces non nisi transuersa charta scriptas mitterent.
8. Exstant et ad Ciceronem, item ad familiares domesticis de rebus, in quibus,
si qua occultius perferenda erant, per notas scripsit, id est sic structo litterarum
ordine, ut nullum uerbum effici posset; quae si qui inuestigare et persequi uelit,
quartam elementorum litteram, id est D pro A et perinde reliquas commutet.

---

138. Asínio Polião (76 a.C.-5 d.C), de quem se conhecem três cartas enviadas a Cícero (*Familiares* X, 31-33), foi pessoa de multifária atividade (militar, político, literato, promotor
cultural com criação de biblioteca e a instituição das *recitationes*). Lutou ao lado de César
de cujas ações foi, em grande parte, testemunha ocular. Suas *Histórias*, compostas por
volta de 27-25 e lamentavelmente perdidas, partiam, segundo Horácio (*Odes* II, 1),
do consulado de Quinto Cecílio Metelo Céler (60 a.C.), ano do chamado "primeiro
triunvirato" (César, Pompeu, Crasso), episódio que para o historiador pôs em marcha o
processo da guerra civil. Sua obra historiográfica tornou-se fonte relevante para Plutarco
e Suetônio e se revestiu de particular interesse por ter contestado a veracidade de relatos
de César. Compare-se, por exemplo, o relato da passagem do Rubicão em Suetônio
(dependente de Asínio) com o de César na *Guerra civil*.

139. Com esse tratado, César entrou no terreno da linguagem onde analogistas e anomalistas tomavam posições antagônicas: os primeiros insistindo no caráter da regularidade
da língua, capaz de oferecer modelos de classificação, enquanto para os anomalistas a
importância das exceções era mais forte do que a regularidade. Segundo citação de Aulo
Gélio (*N.A.*, I, 10, 4), César aconselhava que se devia fugir da palavra estranha e rara,
como se foge de um recife.

SUETÔNIO: O DIVINO JÚLIO

"Os elogios são tão unânimes que se tem a impressão de que, em vez de fornecer subsídios aos escritores, tirou-lhes essa oportunidade. Nesse caso nosso espanto é maior que o dos outros; estes percebem o domínio perfeito e a limpidez da redação, nós conhecemos, a mais, a facilidade e a rapidez com que escrevia." 4. Asínio Polião é de parecer que os apontamentos foram redigidos com pouco rigor e pouco respeito à verdade total, uma vez que César não só deu crédito, sem averiguar, a atos praticados por outras pessoas, como distorceu seus próprios atos, de caso pensado ou mesmo traído pela memória; acha ele que César tinha a idéia de reescrever e corrigir a obra[138]. 5. Legou-nos também o *Da analogia*[139] em dois livros e outros tantos, de um *Anticatão*[140], além de um poema intitulado *A viagem*. 6. Redigiu a primeira dessas obras durante a travessia dos Alpes, quando retornava da Gália Cisalpina, onde administrara a justiça, para se juntar às suas legiões; a seguinte, por ocasião da batalha de Munda; e a última, durante os vinte e quatro dias de sua viagem de Roma à Hispânia Ulterior. 7. Existem também as cartas ao Senado, apresentadas, ao que parece, pela primeira vez em páginas, à maneira de cadernos de anotações, pois anteriormente os cônsules e generais enviavam seus relatórios sempre em toda a largura da folha. 8. Conservam-se também cartas a Cícero e a familiares sobre assuntos domésticos: nestas, se tivesse de comunicar algo mais secreto, ele se valia de escrita cifrada, isto é, a disposição das letras se associava de tal forma que não se formava nenhuma palavra: se alguém quisesse descobrir e decifrar, devia trocar a quarta letra do alfabeto, o *d* em *a,* assim em seguida as demais[141].

---

140. O *Anticatão* surgiu como resposta e reação ao *Laus Catonis* de Cícero e ao movimento de simpatia e admiração pela atitude do suicida de Útica, que preferiu a morte a se dobrar diante da ditadura de César. Mas um dos traços da personalidade desse autócrata que enfeixava em suas mãos um grande poder revolucionário, foi não só não aplicar censura às manifestações intelectuais dos adversários como enfrentá-los com as mesmas armas com que era atacado.

141. Cícero, que mais do que ninguém talvez na Antigüidade se serviu das cartas como meio de comunicação (delas restam mais de oitocentas), com freqüência manifesta a apreensão de que elas viessem a cair em mãos estranhas e a ter seu sigilo violado. Contra essa eventualidade, ele se acautelava com os mais diversos e imaginosos expedientes, como circunlocuções, metáforas, emprego da língua grega, alusões mitológicas. César, mais ligado às exigências da administração pública, mais pragmático e talvez moderno, cria um sistema ou código criptográfico próprio através do deslocamento dos sinais do alfabeto, com início no D, equivalente do A, o E, equivalente do B, e assim por diante.

VIDAS DE CÉSAR

9. Feruntur +aituero ab adulescentulo quaedam scripta, ut "Laudes Herculis," tragoedia "Oedipus," item "Dicta collectanea": quos omnis libellos uetuit Augustus publicari in epistula, quam breuem admodum ac simplicem ad Pompeium Macrum, cui ordinandas bibliothecas delegauerat, misit.

[57] 1. Armorum et equitandi peritissimus, laboris ultra fidem patiens erat. 2. In agmine nonnumquam equo, saepius pedibus anteibat, capite detecto, seu sol seu imber esset; longissimas uias incredibili celeritate confecit, expeditus, meritoria raeda, centena passuum milia in singulos dies; si flumina morarentur, nando traiciens uel innixus inflatis utribus, ut persaepe nuntios de se praeuenerit.

[58] 1. In obeundis expeditionibus dubium cautior an audentior, exercitum neque per insidiosa itinera duxit umquam nisi perspeculatus locorum situs, neque in Britanniam transuexit, nisi ante per se portus et nauigationem et accessum ad insulam explorasset. 2. At idem, obsessione castrorum in Germania nuntiata, per stationes hostium Gallico habitu penetrauit ad suos. 3. A Brundisio Dyrrachium inter oppositas classes hieme transmisit cessantibusque copiis, quas subsequi iusserat, cum ad accersendas frustra saepe misisset, nouissime ipse clam noctu paruulum nauigium solus obuoluto capite conscendit, neque aut quis esset ante detexit aut gubernatorem cedere aduersae tempestati passus est quam paene obrutus fluctibus.

---

142. Canfora (p. 423), comparando a liberdade cultural dos tempos de César com a obstinação metódica com que Augusto exercia a censura, insiste sobre a distância entre as duas políticas culturais.

143. Após essa sondagem de que fala Suetônio e da qual fora encarregado Caio Voluseno (César, *Guerra da Gália* IV, 21,1-2), César promove duas expedições à Britânia: uma (*G.G.* IV, 23-35) quase no fim do verão de 55 a.C., de curta duração, pouco produtiva, inclusive com perdas de navio; a segunda (*G.G.* V, 8-22), de grande fôlego e empenho militar, se deu nos primeiros dias de julho de 54. Esta, embora economicamente pouco rendosa, foi amplamente publicitada através de relatórios e cartas que, na Cidade, embeveceram as ambições imperialistas e criaram "em torno do procônsul das Gálias e de suas intermináveis campanhas um halo de grandeza e de realizações [...] igualáveis ao que permanentemente aureolava a figura de Pompeu" (Canfora, pp. 143-144). Daí ser de pouco crédito e camufladora a razão apresentada (*G.G.* IV, 20,1) para a invasão da ilha: neutralizar o apoio militar dos britanos aos gauleses.

144. O episódio está relacionado com a grande operação de desembarque na Grécia para dar combate a Pompeu e às forças do Senado lá agrupadas. Depois de proceder à travessia

SUETÔNIO: O DIVINO JÚLIO

9. Citam-se também, como suas, algumas obras da mocidade, como *O elogio de Hércules*, a tragédia *Édipo*, bem como *Coletânea de ditos espirituosos*. Mas Augusto proibiu que o público tivesse acesso a todos esses opúsculos, em carta bem curta e clara enviada a Pompeu Macro, a quem incumbira de administrar as bibliotecas[142].

[57] 1. Era cavaleiro e homem de armas de extrema competência, de resistência incrível. 2. Em marcha, estava sempre à frente, às vezes a cavalo, mais vezes a pé, com a cabeça descoberta, sob chuva ou sol; cumpriu etapas longuíssimas com inacreditável rapidez, sem bagagem, em carro de aluguel, percorrendo cada dia uma distância de cem mil passos; se os rios o detinham, ele os atravessava a nado ou em odres inflados, a ponto de, muitas vezes, se antecipar a seus próprios correios.

[58] 1. Não se sabe ao certo se, quando em campanha, predominava nele a cautela ou o arrojo; jamais conduziu seu exército por caminhos arriscados, senão após explorar meticulosamente a situação do lugar, e a travessia para Britânia só foi realizada após obter pessoalmente dados sobre os portos, a navegação e o acesso à ilha[143]. 2. No entanto, quando lhe anunciaram o bloqueio de seu acampamento na Germânia, passou pelos postos dos inimigos, vestido de gaulês, para chegar até os seus. 3. De Brundísio, em pleno inverno, passou a Dirráquio por entre navios dispostos para barrá-lo e, como se mostravam relutantes as tropas às quais dera ordem de vir-lhe ao encalço, apesar de ter, sem resultados, enviado muitos mensageiros convocando-as, acabou por tomar a iniciativa de, sozinho, com a cabeça encapuchada, embarcar secretamente e de noite num pequeno barco; e só revelou quem era e permitiu que o piloto se rendesse à tempestade depois que esteve prestes a ser engolido pelas ondas[144].

---

de parte de suas tropas (6-7 de janeiro de 48 a.C.), César fica à espera do segundo contingente sob o comando de Marco Antônio, que só foi lá chegar em 25 de março. Sua narrativa nos *commentarii*, quase sempre seca e despojada, neste caso (César, G.C. III, 25, 1-3), mal consegue sopitar a ansiedade e irritação diante do atraso. Talvez essa situação dramática tenha feito com que alguns historiadores tenham dado atenção ao caso, especialmente Plutarco (*César* 38), que dedica um capítulo inteiro à tentativa frustrada de César de, travestido de escravo, furar, num barquinho de aluguel, o bloqueio inimigo e voltar a Brundísio para buscar o resto de suas tropas.

VIDAS DE CÉSAR

[59] 1. Ne religione quidem ulla a quoquam incepto absterritus umquam uel retardatus est. Cum immolanti aufugisset hostia, profectionem aduersus Scipionem et Iubam non distulit. Prolapsus etiam in egressu nauis, uerso ad melius omine: "Teneo te," inquit, "Africa." 2. Ad eludendas autem uaticinationes, quibus felix et inuictum in ea prouincia fataliter Scipionum nomen ferebatur, despectissimum quendam ex Corneliorum genere, cui ad opprobrium uitae Saluitoni cognomen erat, in castris secum habuit.

[60] 1. Proelia non tantum destinato, sed ex occasione sumebat ac saepe ab itinere statim, interdum spurcissimis tempestatibus, cum minime quis moturum putaret; nec nisi tempore extremo ad dimicandum cunctatior factus est, quo saepius uicisset, hoc minus experiendos casus opinans nihilque se tantum adquisiturum uictoria, quantum auferre calamitas posset. 2. Nullum umquam hostem fudit, quin castris quoque exueret; ita nullum spatium perterritis dabat. 3. Ancipiti proelio equos dimittebat et in primis suum, quo maior permanendi necessitas imponeretur auxilio fugae erepto.

[61] Vtebatur autem equo insigni, pedibus prope humanis et in modum digitorum ungulis fissis, quem natum apud se, cum haruspices imperium orbis terrae significare domino pronuntiassent, magna cura aluit nec patientem sessoris alterius primus ascendit; cuius etiam instar pro aede Veneris Genetricis postea dedicauit.

---

145. Materialista por formação, epicurista e membro da classe elitizada para a qual a religião, como ópio do povo, era útil e indispensável para sofrear os excessos comportamentais das massas, César, nesse campo, era devoto assíduo da duplicidade: não respeitava as crendices religiosas quando elas lhe contrariavam os interesses políticos, mas as cultuava e até as manipulava, como se pode ver pelo texto, quando lhe podiam servir.

146. Esse episódio se refere à campanha da África, onde César desembarca em dezembro de 47 a.C. para enfrentar as tropas republicanas reagrupadas sob a liderança de Catão e o comando militar de Cornélio Cipião, ex-genro de Pompeu, destroçado na batalha de Farsália e assassinado em Alexandria. Uma profecia, fundamentada na destruição de Cartago (146 a.C.), promovida por um membro dos Cipiões, deitava credibilidade de que nenhum deles sofreria derrota na África. César, para neutralizar os possíveis escrúpulos da tropa crédula, mas num tom de galhofa para os que o conheciam bem, encontra um membro desacreditado da famosa família (e qual delas que não os tem?) e o encaixa em suas fileiras. Se a promessa devesse se realizar, na batalha de Tapso teria havido empate.

147. Essa amadurecida atitude de não pôr em risco uma carreira militar brilhante não era fruto apenas de uma bem balanceada prudência sobre o que lhe acrescentaria uma nova vitória, e o pesado fardo de uma única derrota. César, malgrado seu agnosticismo religioso,

SUETÔNIO: O DIVINO JÚLIO

[59] 1. Nenhum escrúpulo religioso jamais o fez abandonar ou atrasar qualquer um dos seus projetos. Certa vez, embora a vítima lhe escapasse no momento em que a imolava, não adiou sua marcha contra Cipião e Juba. Tendo levado um tombo ao sair do navio, reverteu o presságio em sentido favorável, dizendo: "Eu te seguro, África"[145]. 2. Para escarnecer as predições segundo as quais, nessa província, o êxito e a vitória estavam, pelo destino, ligados ao nome dos Cipiões, manteve consigo no acampamento um membro totalmente desprezível da linhagem dos Cornélios, o qual, pelo desdouro em que vivia, tinha o apelido de Salvitão[146].

[60] 1. Punha-se ao combate não só quando o programava, mas também ao sabor das circunstâncias: amiúde logo após o término de uma marcha, às vezes com tempo muito feio, quando ninguém tinha a menor idéia de que ia abalar-se; só nos últimos tempos passou a não se açodar em combater, convicto de que quanto mais vitórias tinha conquistado, menos riscos devia correr e de que nenhum ganho com uma vitória seria maior do que o que a derrota lhe podia tirar[147]. 2. Nunca pôs um inimigo em debandada que não lhe incendiasse o acampamento; dessa forma não lhe dava um momento sequer para se refazer do pânico. 3. Quando a sorte da batalha era ambígua, ele descartava os cavalos e, por primeiro, o seu, para que fosse maior a imposição de fincar pé, uma vez que se eliminava o recurso da fuga.

[61] Ele montava um cavalo notável, de pés que se assemelhavam aos dos homens, com cascos fendidos em forma de dedos; nascera em sua casa, e os harúspices anunciaram que pressagiava para seu dono o império do mundo; por isso César o alimentou com grande desvelo e foi o primeiro a montá-lo, pois refugava qualquer outro cavaleiro; tempos depois dedicou-lhe uma estátua diante do templo de Vênus Genitora.

---

cultuava duas entidades extra-humanas: a *Venus Genetrix*, por cálculo e conveniência política, e a *Fortuna*, porque para ele, em especial nas guerras, existe o imponderável (o fortuito) que um general não consegue prever e superar. *Sed fortuna, quae plurimum potest cum in reliquis rebus tum praecipue paruis momentis magnas rerum commutationes efficit.* (César, *G.C.* III, 68, 1). "Mas a Fortuna, que tanto pode em todos os setores, mas particularmente na guerra, provoca em poucos instantes grandes alterações nas coisas." Num discurso aos soldados (César, *G.C.* III, 73, 3), após um insucesso na Grécia, tenta consolá-los, dizendo que deviam agradecer a Fortuna porque tinham conquistado a Itália sem nenhuma baixa: *Habendam Fortunae gratiam, quod Italiam sine uulnere cepissent.*

VIDAS DE CÉSAR

[62] Inclinatam aciem solus saepe restituit obsistens fugientibus retinensque singulos et contortis faucibus conuertens in hostem et quidem adeo plerumque trepidos, ut aquilifer moranti se cuspide sit comminatus, alius in manu detinentis reliquerit signum.

[63] Non minor illa constantia eius, maiora etiam indicia fuerint. Post aciem Pharsalicam cum praemissis in Asiam copiis per angustias Hellesponti uectoria nauicula traiceret, L. Cassium partis aduersae cum decem rostratis nauibus obuium sibi neque refugit et comminus tendens, ultro ad deditionem hortatus, supplicem ad se recepit.

[64] Alexandriae circa oppugnationem pontis, eruptione hostium subita conpulsus in scapham pluribus eodem praecipitantibus, cum desilisset in mare, nando per ducentos passus euasit ad proximam nauem, elata laeua, ne libelli quos tenebat madefierent, paludamentum mordicus trahens, ne spolio poteretur hostis.

[65] 1. Militem neque a moribus neque a fortuna probabat, sed tantum a uiribus, tractabatque pari seueritate atque indulgentia. 2. Non enim ubique ac semper, sed cum hostis in proximo esset, coercebat: tum maxime exactor grauissimus disciplinae, ut neque itineris neque proelii tempus denun-

---

148. Esse depoimento de Suetônio sobre a presença física do comandante que se mistura aos combatentes e, correndo com eles os mesmos riscos, participa do corpo-a-corpo da refrega, restabelecendo a ordem em suas fileiras, é confirmado por duas passagens do próprio César: uma na difícil batalha contra os nérvios (*G.G.* II, 25); a outra quando sofreu sério revés num encontro com as tropas de Pompeu (*G.C.* III, 69, 4). Deste último, Plutarco apresenta um quadro narrativo vivo e acrescenta mais detalhes (*César* 39, 5-7).

149. O capítulo todo se refere à campanha do Egito quando César decide enfrentar em batalha naval o inimigo, para se apoderar de ilha de Faro e de seu dique de ligação com o continente (o heptastádio), pontos estratégicos para o controle do porto. Desse episódio cuidam tanto a *Guerra de Alexandria* (17-21), fonte primária e parte do chamado *corpus* cesariano, como Suetônio e Plutarco (*César* 49, 7-9). Uma manobra imprudente dos romanos no dique e o ataque dos alexandrinos provocam uma retirada atabalhoada dos comandados de César que, apinhando-se em um barco, correm risco de naufrágio. É aí que César se atira ao mar. Suetônio e Plutarco registram os dois detalhes pitorescos (legendários?): a preservação dos escritos (apontamentos para os *commentarii*?) na mão esquerda e a conservação do manto de comandante, puxado pelos dentes (ver Canfora, p. 241).

SUETÔNIO: O DIVINO JÚLIO

[62] Com freqüência, estando as fileiras tergiversando, ele sozinho as recompôs, pondo-se à frente dos que fugiam, retendo um por um, pegando-lhes pelo pescoço e voltando-os para o inimigo; na maioria das vezes o pânico era tal que um porta-estandarte, por ter sido parado, ameaçou-o com a lança em riste, e um outro, ao se livrar dele, deixou-lhe nas mãos sua insígnia[148].

[63] Já não era pouca coisa essa sua intrepidez e as demonstrações poderiam ser ainda mais notáveis. Depois da batalha de Farsália, tendo já despachado suas tropas para a Ásia, atravessava com um pequeno cargueiro o estreito do Helesponto [Dardanelos], quando Cássio, do partido contrário, veio ao seu encontro com dez navios armados de esporões; não fugiu, mas aproximando-se dele, tomou a iniciativa de convidá-lo a se render e o acolheu suplicante.

[64] Durante um assalto a uma ponte em Alexandria, ele, em razão de uma investida súbita dos inimigos, teve de pular em um barco para o qual se precipitava um grande número de pessoas; tendo-se atirado ao mar, nadou por duzentos passos até o navio mais próximo, segurando alguns escritos seus no alto da mão esquerda para não molhá-los e puxando pelos dentes o paludamento, para que o inimigo não se apoderasse desse despojo[149].

[65] 1. Apreciava o soldado[150], não pelos seus hábitos nem pela sua sorte, mas somente pelo seu valor; tratava-o num meio termo entre a severidade e a indulgência. 2. Com efeito não era exigente em toda parte nem sempre, mas quando o inimigo estava perto. Sobretudo aí impunha uma disciplina a toda prova, a ponto de não comunicar a hora da marcha

---

150. Os capítulos 63-70 se caracterizam particularmente pela maneira como César se relaciona com a tropa, uma longa convivência que, a partir de 58 a.C., com o proconsulado das Gálias, marca, como lucidamente viu Plutarco (*César* 15), um novo tipo de ação, um novo processo político na carreira de César. Canfora (p. 125) é de parecer que os nove anos de campanha provocaram uma cesura e uma paulatina substituição da restrita base tradicional urbana (que culminou com a eleição para o consulado de 59 a.C.) por uma imponente massa militar (e política), sem, contudo, comportar "uma ruptura no seu *background popularis* deixado em Roma."

VIDAS DE CÉSAR

tiaret, sed paratum et intentum momentis omnibus quo uellet subito educeret. 3. Quod etiam sine causa plerumque faciebat, praecipue pluuiis et festis diebus. Ac subinde obseruandum se admonens repente interdiu uel nocte subtrahebat, augebatque iter, ut serius subsequentis defetigaret.

[66] 1. Fama uero hostilium copiarum perterritos non negando minuendoue, sed insuper amplificando ementiendoque confirmabat. 2. Itaque cum expectatio aduentus Iubae terribilis esset, conuocatis ad contionem militibus: "Scitote," inquit, "paucissimis his diebus regem adfuturum cum decem legionibus, equitum triginta, leuis armaturae centum milibus, elephantis trecentis. Proinde desinant quidam quaerere ultra aut opinari mihique, qui compertum habeo, credant; aut quidem uetustissima naue impositos quocumque uento in quascumque terras iubebo auehi."

[67] 1. Delicta neque obseruabat omnia neque pro modo exsequebatur, sed desertorum ac seditiosorum et inquisitor et punitor acerrimus coniuebat in ceteris. 2. Ac nonnumquam post magnam pugnam atque uictoriam remisso officiorum munere licentiam omnem passim lasciuiendi permittebat, iactare solitus milites suos etiam unguentatos bene pugnare posse. 3. Nec milites eos pro contione, sed blandiore nomine commilitones appellabat habebatque tam cultos, ut argento et auro politis armis ornaret, simul et ad speciem et quo tenaciores eorum in proelio essent metu damni. 4. Diligebat quoque usque adeo, ut audita clade Tituriana barbam capillumque summiserit nec ante dempserit quam uindicasset.

---

151. O fato de chamar-lhes *commilitones* (companheiros de armas, camaradas), termo valorativo na caserna, e não *milites* (soldados), revela a existência de uma forte vinculação entre o chefe, representante legal do Estado, e seus subordinados, uma empatia e um *esprit de corps* que, exacerbando-se com a convivência longa no quartel, acaba por conferir ao estamento militar um valor e um poder em si, obscurecendo ou anulando suas amarras com a instituição civil da qual o militar recebia o *imperium* para comandar.

SUETÔNIO: O DIVINO JÚLIO

nem do combate, mantendo a tropa preparada e alerta em todos os momentos para poder rapidamente tirá-la do acampamento e levá-la para onde quisesse. 3. Era o que fazia com muita freqüência até sem motivo, particularmente em dia de chuva ou festa. Avisando que não deviam tirar o olho dele, desaparecia subitamente de noite ou de dia e intensificava a marcha para cansar os retardatários.

[66] 1. Se os soldados estivessem apavorados com boatos sobre as tropas inimigas, ele os encorajava sem negar ou atenuar, ao contrário, exagerando e inventando. 2. Em vista disso, quando a expectativa da chegada de Juba provocava arrepios, ele convocou a assembléia dos soldados e disse: "Sabei que dentro de pouquíssimos dias estará aqui o rei com dez legiões, trinta mil cavaleiros, cem mil soldados levemente armados e trezentos elefantes. Portanto, que alguns aqui deixem de querer saber mais ou dar palpites e acreditem em mim, que estou bem informado; do contrário mandarei que sejam embarcados num navio dos mais velhos, que os levará, ao sabor do vento, para onde der."

[67] 1. Os delitos, ele não estava atento a todos, nem os coibia com critério; no entanto, era investigador e justiceiro implacável dos desertores e sediciosos, e conivente com os demais. 2. Às vezes, após uma batalha e vitória importante, liberava os soldados de suas obrigações e lhes dava inteira liberdade de se entregar a toda sorte de excessos, pois era seu hábito alardear que "seus soldados, mesmo perfumados, podiam lutar bem." 3. Quando lhes arengava, não os chamava soldados, mas camaradas[151], palavra bem mais lisonjeira e os tratava com tal apuro a ponto de equipá-los com armas folheadas a ouro e prata, para dar na vista e para que eles a elas se apegassem, com medo de perdê-las em combate. 4. Tinha-lhes tanta afeição que, quando soube do desastre de Titúrio[152], deixou crescer barba e cabelo e não os cortou senão depois de vingá-lo.

---

152. Essa séria derrota é um dos episódios da insurreição dos eburões comandados por Ambiorige, ocorrida no outono de 54 a.C. e narrada por César na *Guerra da Gália* (V, 26-52). Dela trata também Plutarco (*César* 24, 1-7).

VIDAS DE CÉSAR

[68] 1. Quibus rebus et deuotissimos sibi et fortissimos reddidit. 2. Ingresso ciuile bellum centuriones cuiusque legionis singulos equites e uiatico suo optulerunt, uniuersi milites gratuitam et sine frumento stipendioque operam, cum tenuiorum tutelam locupletiores in se contulissent. 3. Neque in tam diuturno spatio quisquam omnino desciuit, plerique capti concessam sibi sub condicione uitam, si militare aduersus eum uellent, recusarunt. 4. Famem et ceteras necessitates, non cum obsiderentur modo sed et si ipsi alios obsiderent, tanto opere tolerabant, ut Dyrrachina munitione Pompeius, uiso genere panis ex herba, quo sustinebantur, cum feris sibi rem esse dixerit amouerique ocius nec cuiquam ostendi iusserit, ne patientia et pertinacia hostis animi suorum frangerentur. 5. Quanta fortitudine dimicarint, testimonio est quod aduerso semel apud Dyrrachium proelio poenam in se ultro depoposcerunt, ut consolandos eos magis imperator quam puniendos habuerit. Ceteris proeliis innumeras aduersariorum copias multis partibus ipsi pauciores facile superarunt. 6. Denique una sextae legionis cohors praeposita castello quattuor Pompei legiones per aliquot horas sustinuit paene omnis confixa multitudine hostilium sagittarum, quarum centum ac triginta milia intra uallum reperta sunt. 7. Nec mirum, si quis singulorum facta respiciat, uel Cassi Scaeuae centurionis uel Gai Acili militis, ne de pluribus referam. 8. Scaeua excusso oculo, transfixus femore et umero, centum et uiginti ictibus scuto perforato, custodiam portae commissi castelli retinuit. 9. Acilius nauali ad Massiliam proelio, iniecta in puppem hostium dextera et abscisa, memorabile illud apud Graecos Cynegiri exemplum imitatus transiluit in nauem umbone obuios agens.

---

153. Desse sucedâneo do trigo (um tubérculo, alguma coisa talvez parecida com mandioca ou cará) fala igualmente Plutarco (*César* 39, 2-3). Para um romano que tinha no trigo a fonte fundamental da alimentação, substituí-lo por uma gororoba, algo semelhante a um "pão de mandioca" de tempo de guerra, era motivo de intensa gozação dos adversários. Pompeu, porém, viu mais longe: o famigerado "Ersatz", de que se alimentavam os adversários, dava a medida exata da capacidade de resistência dos cesarianos a qualquer tipo de privação. Proibiu que aquele rango, pasto de feras (*cum feris sibi rem esse*), fosse exibido a seus soldados. Não teriam moral para enfrentá-los.

154. Da única derrota em Dirráquio de que fala Suetônio (*aduerso semel apud Dyrrachium proelio*), César faz na *Guerra civil* um alongado relato em que, além do que consta no texto de Suetônio, o comandante encontra espaço para enfatizar que se eximia de qualquer responsabilidade pelo desastre sofrido. Quem inúmeras vezes põe reparos na competência militar do grande Pompeu, não quer neste episódio que paire a menor suspeita sobre seu próprio valor e tirocínio (*G.C.* III, 73, 2-6; 74, 1-3).

SUETÔNIO: O DIVINO JÚLIO

[68] 1. Em vista disso, ele os tornou totalmente dedicados a si e extremamente corajosos. 2. Quando iniciou a guerra civil, os centuriões de cada legião, um a um, ofereceram-lhe equipar um cavaleiro, com seus próprios pecúlios, e a totalidade dos soldados concedeu-lhe mão-de-obra gratuita, sem quota de trigo ou salário, encarregando-se os mais ricos de assistir os de menores posses. 3. E em tão longo espaço de tempo, absolutamente nenhum o abandonou e a maioria deles, quando prisioneiros, recusou a vida se lhes fosse imposta a condição de lutar contra ele. 4. Quando eram assediados ou assediavam, suportavam a fome e as demais privações em tão alto grau que Pompeu, durante o trabalho de fortificação em Dirráquio, ao ver um tipo de pão feito de planta com que se alimentavam[153], afirmou que estava lidando com feras, tendo dado ordem que descartassem incontinente tal pão e que a ninguém fosse dado vê-lo, para que a resistência e a obstinação do inimigo não viessem a abater o ânimo dos seus. 5. E a prova de tão grande espírito de luta está no fato de que, quando tiveram uma única derrota em Dirráquio[154], tomaram a iniciativa de exigir que fossem castigados, e o general precisou antes consolá-los que puni-los. Em outros combates, eles, sob muitos aspectos inferiores, venceram com facilidade inumeráveis tropas adversárias. 6. Em suma, uma coorte da sexta legião à testa de um fortim resistiu por algumas horas às quatro legiões de Pompeu, tendo sido quase toda varada por uma infinidade de flechas, das quais se encontraram na trincheira cento e trinta mil. 7. O que não é de estranhar se considerarmos individualmente algumas façanhas, por exemplo, do centurião Cássio Ceva ou do soldado Caio Acílio[155], para não falar de outros tantos. 8. Ceva, apesar de ter um olho arrancado, a coxa e o ombro transfixados e o escudo perfurado por cento e vinte golpes, manteve a guarda da porta do fortim sob sua responsabilidade. 9. Acílio, tendo numa batalha naval em Marselha a mão direita decepada ao se lançar contra um navio inimigo, imitou o exemplo de Cinegiro[156], famoso entre os gregos; saltou no navio e repeliu com o escudo os que se apresentavam à sua frente.

---

155. O caso do escudo de Ceva, com cento e vinte perfurações, troféu exibido com orgulho ao generalíssimo pelas coortes que defendiam um dos fortins da enorme circunvalação montada para manter Pompeu confinado na região de Dirráquio, é também relatado por César (*G.C.* III, 53, 2-5). Plutarco trata dos atos de bravura desses dois soldados (*César* 16, 2-3).

156. Herói ateniense, irmão de Ésquiles, que lutou contra os persas em Maratona e morreu na tentativa heróica de se apoderar de um navio inimigo.

VIDAS DE CÉSAR

[69] 1. Seditionem per decem annos Gallicis bellis nullam omnino mouerunt, ciuilibus aliquas, sed ut celeriter ad officium redierint, nec tam indulgentia ducis quam auctoritate. 2. Non enim cessit umquam tumultuantibus atque etiam obuiam semper iit; et nonam quidem legionem apud Placentiam, quanquam in armis adhuc Pompeius esset, totam cum ignominia missam fecit aegreque post multas et supplicis preces, nec nisi exacta de sontibus poena, restituit.

[70] 1. Decimanos autem Romae cum ingentibus minis summoque etiam urbis periculo missionem et praemia flagitantes, ardente tunc in Africa bello, neque adire cunctatus est, quanquam deterrentibus amicis, neque dimittere; 2. sed una uoce, qua "Quirites" eos pro militibus appellarat, tam facile circumegit et flexit, 3. ut ei milites esse confestim responderint et quamuis recusantem ultro in Africam sint secuti; ac sic quoque seditiosissimum quemque et praedae et agri destinati tertia parte multauit.

[71] Studium et fides erga clientis ne iuueni quidem defuerunt. Masintham nobilem iuuenem, cum aduersus Hiempsalem regem tam enixe defendisset, ut Iubae regis filio in altercatione barbam inuaserit, stipendiarium quoque pronuntiatum et abstrahentibus statim eripuit occultauitque apud se diu et mox ex praetura proficiscens in Hispaniam inter officia prosequentium fascesque lictorum lectica sua auexit.

---

157. Todo o carisma do comandante e o congraçamento da tropa não foram bastantes para evitar tentativas de amotinamento que põem em xeque e ulceram os brios e a *dignitas* de qualquer general. De orgulho ferido, o constrangimento faz com que ele não registre em seus *commentarii* esse momento de contestação de sua autoridade, e de reação violenta. A rebeldia de Placência se deu no início de novembro de 49 a.C., quando César regressava a Roma após vencer os exércitos de Pompeu na Hispânia e submeter Marselha (cf. Apiano, *Guerras Civis* I, 2, 49; Dião Cássio, *História Romana* XLI, 26-35).

158. Desse outro motim ocorrido em setembro de 47 a.C., num momento possivelmente de exaustão com a longa guerra civil (meses antes de um novo embarque, agora para a África), as informações de que dispomos (além de Suetônio) estão em Plutarco (*César* 51, 2), Apiano (*G.C.* II, 92-94) e Dião Cássio (*H. R.* XL, 30, 1; 52-53). Desta vez, César conseguiu, com menos rigor, dobrar os insurretos, chamando-os *quirites* (cidadãos), palavra que para o corporativismo militar soaria quase como o pejorativo de *paisanos*.

159. Suetônio, em poucas palavras, dá a justa medida da importância que o político romano atribuía ao clientelismo ao citar o caso exemplar em que o patrão se empenha em defender com unhas e dentes até mesmo um ilustre desconhecido a respeito do qual, além de Suetônio, segundo Forcellini, os historiadores nada registram: *quis fuerit, tacent tam*

SUETÔNIO: O DIVINO JÚLIO

[69] 1. Eles, durante os dez anos de lutas na Gália, não provocaram absolutamente nenhuma rebelião; durante as guerras civis, sim, algumas vezes, mas mesmo aí rapidamente tornaram às suas funções e menos por complacência do que pela firmeza do comandante. 2. Com efeito jamais ele arredou pé diante dos amotinados, ao contrário, sempre arrostou-os; dispensou, por exemplo, em Placência, toda a nona legião, marcando-a com nota de infâmia, embora Pompeu ainda estivesse de armas em punho, e foi a custo que a reabilitou após reiterados e submissos rogos e não sem antes punir os culpados[157].

[70] 1. Em Roma, os soldados da décima legião com enormes ameaças e também com gravíssimos riscos para a cidade exigiam dispensa e prêmios; ele, embora ardesse a guerra na África, não hesitou em enfrentá-los e licenciá-los, apesar das tentativas dos amigos de dissuadi-lo. 2. Com uma única palavra, chamando-os *Quirites* [cidadãos] em vez de soldados, facilmente os envolveu e os dobrou; 3. e eles incontinente responderam que eram soldados e, embora César os recusasse, eles o seguiram espontaneamente até a África; nem por isso deixou de privar os mais rebeldes de um terço do botim e da terra que lhes seria destinada[158].

[71] Dedicação e lealdade[159] para com os clientes não lhe faltaram, nem mesmo na juventude. Tinha já defendido o jovem nobre Masinta contra o rei Hiempsal com tal empenho que durante discussão com Juba, filho do rei, agarrou-o pela barba; quando ele foi declarado tributário, César o afastou imediatamente dos que tentavam apanhá-lo, ocultou-o longamente em sua casa e, a seguir, estando de partida para a Hispânia como pretor, fazendo-o passar por entre os que o saudavam e os feixes dos litores, conduziu-o à sua liteira.

---

historici quam interpretes. Lily Ross-Taylor, ao falar dessa instituição (p. 98), assim a conceitua: "O nobre, enquanto *patronus* (palavra que tem a mesma etimologia de *pater*), tinha a responsabilidade de pai para com seus clientes. Por outro lado, eles, isto é, os homens que estavam sob a *fides* do patrono forneciam aos políticos romanos o núcleo de sua sustentação popular." Com as conquistas do império, os nobres romanos passaram a ter clientes na Itália, nas províncias próximas e longínquas e até mesmo em reinos, principalmente os grandes conquistadores, como Pompeu e César. Quando, porém, a *fides* do cliente é ferida pela deslealdade, a reação do patrono se transforma em ira, como se pode ver na *Guerra da Espanha* (cap. 42), diante da traição de Sevilha.

101

VIDAS DE CÉSAR

[72] 1. Amicos tanta semper facilitate indulgentiaque tractauit, ut Gaio Oppio comitanti se per siluestre iter correptoque subita ualitudine deuersoriolo [eo], quod unum erat, cesserit et ipse humi ac sub diuo cubuerit. 2. Iam autem rerum potens quosdam etiam infimi generis ad amplissimos honores prouexit, cum ob id culparetur, professus palam, si grassatorum et sicariorum ope in tuenda sua dignitate usus esset, talibus quoque se parem gratiam relaturum.

[73] 1. Simultates contra nullas tam graues excepit umquam, ut non occasione oblata libens deponeret. 2. Gai Memmi, cuius asperrimis orationibus non minore acerbitate rescripserat, etiam suffragator mox in petitione consulatus fuit. 3. Gaio Caluo post famosa epigrammata de reconciliatione per amicos agenti ultro ac prior scripsit. 4. Valerium Catullum, a quo sibi uersiculis de Mamurra perpetua stigmata imposita non dissimulauerat, satis facientem eadem die adhibuit cenae hospitioque patris eius, sicut consuerat, uti perseuerauit.

[74] 1. Sed et in ulciscendo natura lenissimus piratas, a quibus captus est, cum in dicionem redegisset, quoniam suffixurum se cruci ante iurauerat,

---

160. Esse Caio Ópio (como o poderoso gaditano Balbo) foi o infatigável agente de César a quem mantinha sempre informado dos assuntos da Cidade e por cujos interesses zelava.

161. Nessas palavras tão categóricas não se sabe o que mais destacar: a gratidão ilimitada do agraciado ou o irrestrito valor por ele próprio atribuído à sua *dignitas*, algo primordial e mais importante do que a própria vida, segundo suas próprias palavras: *Sibi semper primam fuisse dignitatem uitaque potiorem* (G.C. I, 9, 2) ("Se a dignidade é o valor supremo, pouco importam os meios ou os tipos de pessoas por quem é ela assegurada.")

162. Essa afirmação, emblemática e elogiosa para César e que se sustenta nos casos abaixo relatados no texto, segundo opinião de seus seguidores, era a marca de sua grandeza de alma (*magnitudo animi*); para os inimigos e os que o olhavam de esguelha, nada mais que calculada astúcia política (*insidiosa clementia*, no dizer de Cícero).

163. Caio Mêmio tem a seu favor a honrosa homenagem que lhe prestou Lucrécio ao lhe dedicar seu admirável poema. Após o exercício da pretura (58 a.C.), foi ele administrar a província da Bitínia, de cuja comitiva participava Catulo, duplamente ansioso por prestar seu comovente e derradeiro preito fúnebre ao irmão que por lá morrera e sem dúvida por fazer seu pé-de-meia; frustrado neste seu segundo intento, derrama o poeta sua bílis sobre o propretor (poemas 10 e 28). E Mêmio, de volta a Roma e já então apoiado por César, tentava o consulado em 53 a.C., mas, envolvido em grave processo de corrupção, optou pelo doce exílio de Atenas, onde, entregando-se à exploração imobiliária, tomou a desconcertante iniciativa de construir onde ficavam os restos (supostos) da casa de Epicuro (Canfora, p. 66). Para César, de tudo isso fica um dado positivo: numa quadra de tanta violência na República e ele já com tantos poderes, sua reação é tão contundente quanto a do adversário, mas a arma de sua defesa é a palavra.

SUETÔNIO: O DIVINO JÚLIO

[72] 1. Tratou sempre os amigos com tanta afabilidade e condescendência que, quando Caio Ópio[160], companheiro de viagem, foi vítima de súbita enfermidade em uma estrada de floresta, cedeu-lhe a única pequena tenda existente e ele próprio dormiu no chão e ao relento. 2. Já senhor do poder, promoveu aos mais altos cargos algumas pessoas da mais baixa condição, e, como o criticassem por isso, admitiu abertamente que, "caso tivesse contado com apoio de bandidos e assassinos para defender sua dignidade, até a esses não deixaria de ser igualmente grato."[161]

[73] 1. Por outro lado jamais contraiu inimizades tão sérias que lhe fosse desconfortável renunciar a elas, se lhe aparecesse ocasião favorável[162]. 2. Atacado por Caio Mêmio em discursos violentíssimos a que deu resposta em textos de não menor contundência, chegou até, pouco depois, a apoiar sua candidatura ao consulado[163]. 3. Quando Caio Calvo, depois de infamantes epigramas, buscava reconciliação com interferência de amigos, ele tomou a iniciativa de, por primeiro, escrever-lhe[164]. 4. No mesmo dia em que Valério Catulo, reconhecido por ele como causador de estragos indeléveis através do pequeno poema sobre Mamurra, lhe dá satisfações, ele o convidou para jantar e continuou, como era seu costume, a privar da hospitalidade do pai dele[165].

[74] 1. Até mesmo na vingança era por natureza de grande brandura; quando teve em suas mãos os piratas que o haviam feito prisioneiro,

---

164. Caio Licínio Calvo (82-47 a.C.) foi orador, por certo tempo rival de Cícero, mas sobretudo poeta neotérico, amigo de Catulo. Sobre seu consagrado discurso contra Vatínio, homem de César, há um divertido poemeto de Catulo (53 a.C.), laudatório do amigo, no qual um dos que assistiam ao bom desempenho do nanico advogado de acusação exclama: "Deus do céu, que porreta de baixinho!"

165. Catulo, no poema 29 dos seus *carmina,* investe contra a vida faustosa e peculatária de Mamurra, rico oficial de César na Gália. Além das graves denúncias contra o engenheiro (*praefectus fabrum*) corrupto, cujo dinheiro e poder abriam as portas dos salões galantes de Roma, dos quais não estaria ausente o próprio Catulo, se somam as críticas tanto à vida sexual de César, tido como *impudicus* (homossexual), *cinaedus* (efeminado), quanto à atividade política sua e de Pompeu, instauradores do caos (*omnia perdidistis*). O fato de César não ter escondido (*non dissimulauerat*) que o poema o estigmatizara indelevelmente revela mais uma vez sua aguda percepção da importância dos meios de comunicação (particularmente da escrita) para desmoralizar ou promover um político.

VIDAS DE CÉSAR

iugulari prius iussit, deinde suffigi; 2. Cornelio Phagitae, cuius quondam nocturnas insidias aeger ac latens, ne perduceretur ad Sullam, uix praemio dato euaserat, numquam nocere sustinuit; 3. Philemonem a manu seruum, qui necem suam per uenenum inimicis promiserat, non grauius quam simplici morte puniit; 4. in Publium Clodium Pompeiae uxoris suae adulterum atque eadem de causa pollutarum caerimoniarum reum testis citatus negauit se quicquam comperisse, quamuis et mater Aurelia et soror Iulia apud eosdem iudices omnia ex fide rettulissent; interrogatusque, cur igitur repudiasset uxorem: "Quoniam," inquit, "meos tam suspicione quam crimine iudico carere oportere."

[75] 1. Moderationem uero clementiamque cum in administratione tum in uictoria belli ciuilis admirabilem exhibuit. 2. Denuntiante Pompeio pro hostibus se habiturum qui rei publicae defuissent, ipse medios et neutrius partis suorum sibi numero futuros pronuntiauit. 3. Quibus autem ex commendatione Pompei ordines dederat, potestatem transeundi ad eum omnibus fecit.

---

166. O elogio de grande brandura por ter substituído o longo e cruel sofrimento da condenação à cruz (pena educativa para que outros não venham a delinqüir?) por alguns minutos de estrangulamento soa como uma espécie de humor negro para a sensibilidade de uma larga parcela do mundo moderno, ainda que barbarizado e banalizado pela violência. A frieza com que escritores antigos, de formação humanista requintada, narram os combates onde se despedaçam corpos às centenas, a atração e o delírio dos romanos que nos estádios freqüentam divertimentos radicais e cruentos e as repressões políticas sangrentas dão ao leitor moderno a impressão de que para eles é outra a visão da morte que tanto inquieta o mundo atual.

167. Sobre esses tempos de clandestinidade, ver Canfora, pp. 31-36.

168. Do rumoroso caso de sacrilégio e tentativa de adultério durante a cerimônia religiosa da *Bona Dea*, em que esteve envolvido Clódio durante a pretura de César (62 a.C.), Plutarco (*César* 10) faz um relato com princípio, meio e fim. Suetônio, ao contrário, desmembra: no capítulo 6, 2 trata do fato e de sua repercussão; aqui, do processo e da atitude (política) extremamente leniente de César. A prova testemunhal da mãe e da tia e o depoimento de Cícero que anulava o álibi alegado pelo réu não lograram superar a conivência do pretor e a fraqueza do tribunal, cujos jurados, na maioria, deram seus votos com letras ilegíveis para não se comprometerem nem com a plebe nem com a aristocracia, ambos grupos de pressão diferente. Do episódio sobraram para Cícero a ira implacável de Clódio, aliado incômodo de César (Canfora, pp. 115-120) e para a posteridade, a celebrada frase sobre a razão do repúdio de Pompéia. A frase exemplar, citada em discurso direto, tanto por Suetônio como por Plutarco, contém pequenas variações.

169. No início da guerra civil, após receber em Corfínio a rendição de importantes líderes adversários, como Domício Aenobarbo, Lêntulo Espínter, e os despachar sem fazer mal algum (*G.C.* I, 17-23), César envia a Ópio, seu agente em Roma, uma magnífica carta-

SUETÔNIO: O DIVINO JÚLIO

ordenou que primeiro fossem estrangulados e depois colocados na cruz, para cumprir seu juramento de que nela os haveria de pendurar[166]. 2. Nunca permitiu que se fizesse mal a Cornélio Fagita, de cuja emboscada noturna, no passado, ele, doente e clandestino, a custo se livrara, dando dinheiro, para não ser entregue a Sila[167]; 3. Filemão, seu secretário, que prometera aos inimigos dele matá-lo por envenenamento, não teve castigo mais grave que uma simples morte; 4. citado como testemunha contra Públio Clódio por adultério com sua mulher Pompéia e no mesmo processo por sacrilégio, declarou que não tinha nenhum indício, embora sua mãe Aurélia e sua irmã Júlia, perante os mesmos juízes, tivessem feito declarações cabais e fidedignas. Quando lhe perguntaram por que então tinha repudiado a esposa, ele retrucou: "porque julgo de toda conveniência que os meus devem estar isentos tanto da suspeita quanto do crime."[168]

[75] 1. Não apenas no transcorrer da guerra civil como também na vitória, deu mostras de admirável moderação e clemência[169]. 2. Enquanto Pompeu declarava que teria como inimigos os que não tomassem partido pela república, ele tornava público que contaria entre seus amigos os indiferentes e neutros[170]. 3. A todos os oficiais admitidos por recomendação de Pompeu foi proporcionada a possibilidade de passar para o lado dele[171].

---

aberta (Cícero, *Ático* IX, 7c), na qual consigna seu ideário e programa políticos: conseguir a reconciliação de todos (*omnium uoluntatem recuperare*), através da mais ampla clemência e moderação (*quam lenissimum me habere*).

170. Enquanto César acenava com o perdão a todos e até mesmo com a amizade aos que não tomassem nenhum partido, as palavras de ordem de Pompeu eram ameaças para os que não se engajassem em suas fileiras ou enveredassem pelo comodismo da neutralidade. Cícero, vivendo momentos de hipercrítica para disfarçar sua indecisão, discorda dos dois (*Ático* VIII, 16, 2): a clemência de César era traiçoeira e a exigência de Pompeu instaurava nas pessoas o terror (*huius [Caesaris] insidiosa clementia uidetur, illius [Pompei] iracundiam formidant*).

171. Que no início do conflito civil houvesse simpatizantes de Pompeu entre os oficiais de César é seguro indício o segredo e a cautela de que ele se cerca quando prepara a invasão da Itália (Suetônio, *César* 31, 1-2). Entre esses simpatizantes estava Labiênio, o mais dedicado dos legados da guerra da Gália, que logo no início da conflagração passou para o outro lado, daí originando, como se pode ver de várias passagens da *Guerra civil*, um ódio irremissível que só a morte do ex-legado em Munda pôs fim. Por ocasião do rompimento, César não deixou de cometer um ato de grandeza ao menos aparente: remeteu ao agora inimigo "o dinheiro e a bagagem dele" da Gália, que no desencadear dos acontecimentos tinham ficado para trás (Plutarco, *César* 34, 5).

VIDAS DE CÉSAR

4. Motis apud Ilerdam deditionis condicionibus, cum, assiduo inter utrasque partes usu atque commercio, Afranius et Petreius deprehensos intra castra Iulianos subita paenitentia interfecissent, admissam in se perfidiam non sustinuit imitari. 5. Acie Pharsalica proclamauit, ut ciuibus parceretur, deincepsque nemini non suorum quem uellet unum partis aduersae seruare concessit. 6. Nec ulli perisse nisi in proelio reperientur, exceptis dum taxat Afranio et Fausto et Lucio Caesare iuuene; ac ne hos quidem uoluntate ipsius interemptos putant, quorum tamen et priores post impetratam ueniam rebellauerant et Caesar, libertis seruisque eius ferro et igni crudelem in modum enectis, bestias quoque ad munus populi comparatas contrucidauerat. 7. Denique tempore extremo, etiam quibus nondum ignouerat, cunctis in Italiam redire permisit magistratusque et imperia capere; sed et statuas Luci Sullae atque Pompei a plebe disiectas reposuit; ac si qua posthac aut cogitarentur grauius aduersus se aut dicerentur, inhibere maluit quam uindicare. 8. Itaque et detectas coniurationes conuentusque nocturnos non ultra arguit, quam ut edicto ostenderet esse sibi notas, et acerbe loquentibus satis habuit pro contione denuntiare ne perseuerarent,

---

172. Esse episódio ocorreu durante a campanha, iniciada em junho de 49 a.C., contra os exércitos de Pompeu sediados na Hispânia. Dele trata César extensamente na *Guerra civil* (I, 74-76) e um ou outro detalhe do relato de Suetônio não bate com o depoimento de César.

173. Pode até ser verdade que César não estivesse diretamente envolvido na morte, por represália ou vingança, do longínquo parente seu, mas, seguramente, não tinha motivos para pranteá-la, pela decisiva razão de ter o Lúcio César dado cabo de duas coisas que ele muito prezava: os escravos, bem provavelmente gladiadores, tratados e treinados caprichosamente para as lutas sangrentas do circo e as feras compradas para os *ludi* que tanto apreciava.

174. Entre os anistiados de 46 a.c. estavam duas figuras que têm destaque na produção literária de Cícero: Ligário, figura de importância política secundária, defendido (*Pro Ligario*) com sucesso do crime de alta traição. O outro foi Marcos Cláudio Marcelo, cônsul em 51 a.C., que se empenhara para pôr fim ao comando de César na Gália e o desafiava mandando açoitar um habitante de *Nouum Comum* para demonstrar que não reconhecia a concessão de sua cidadania. Exilado após Farsália, jamais endereçou a Roma qualquer pedido de perdão. A anistia foi arrancada de César pelos colegas do Senado numa sessão de emocionadas manifestações de agradecimento ao ditador, das quais a mais célebre foi o discurso de Cícero, inadequadamente chamado de *Pro Marcello*, cujo título pode fazer pensar que foi pronunciado diante de um tribunal. Por alguns meses Marcelo retardou seu retorno; quando, a caminho de volta, fez escala no Pireu, foi inexplicavelmente assassinado por um dos companheiros de viagem, que, a seguir, se suicidou.

SUETÔNIO: O DIVINO JÚLIO

4. Em Lérida, estando em curso as negociações para rendição, no momento em que era freqüente a convivência e o trato entre os dois exércitos, Afrânio e Petreio, tomados de inesperado arrependimento, passaram a massacrar os soldados julianos apanhados em seu acampamento; ele, porém, não se prestou a imitar a perfídia de que fora vítima[172]. 5. Na batalha de Farsália, seu brado era de que se poupassem os cidadãos e depois dela não recusou a nenhum dos seus que, à sua escolha, salvasse um prisioneiro inimigo. 6. Não se verificaram mortes a não ser em combate, exceção apenas feita de Afrânio, Fausto e do jovem Lúcio César; e pensa-se que nem mesmo esses foram mortos por vontade de César; no entanto, os dois primeiros tinham retomado as armas depois de anistiados e Lúcio César[173], além de exterminar brutalmente com ferro e fogo libertos e escravos de César, ainda provocara a degola geral das feras compradas para um espetáculo. 7. Enfim, nos últimos tempos, permitiu que todos, mesmo aos que não havia ainda perdoado, retornassem à Itália e fossem detentores de magistraturas e comandos[174]. Reergueu até mesmo as estátuas de Lúcio Sila e de Pompeu, derrubadas pela plebe[175]; daí por diante preferiu conter a punir as idéias ou propósitos dos que faziam uma oposição mais dura. 8. Por isso, quando as conspirações e as reuniões noturnas vinham à luz, sua reprimenda se limitava a mostrar através de um edito que estava a par de tudo; e aos que o criticavam com aspereza, ele se contentava, na assembléia, em dar-lhes o recado de que deviam parar com aquilo; foi de simples cidadão sua reação

---

175. O restabelecimento de símbolos do regime passado (para os que sabiam ler) tinha sentido. Quando César repôs os troféus de Mário, expostos em pleno Capitólio, durante sua edilidade (Plutarco, *César* 6, 1); quando expôs, durante sua questura, as *imagines* dos Mários (pai e filho), que desde os tempos ominosos de Sila não eram vistos em público (Plutarco, *César* 5, 2); quando fez o auto-elogio no discurso fúnebre da tia Júlia, mulher do famoso arpinate, tudo isso sinalizava de que lado estava ele e para que rumo remava na disputa entre populares e optimates. E agora, ao reerguer as estátuas de Pompeu, que a plebe em seu apoio botara por terra, e as de Sila, que obsessivamente o tentara caçar, qual era a leitura disso? A língua ferina de Cícero não tardou a dar sua interpretação de mau agouro: César restaurava as estátuas de Pompeu para salvaguardar as próprias (Plutarco, *César* 57, 6). Há, no entanto, quem veja nisso a tentativa de reordenamento político: César, preocupado em dar um novo estatuto ao seu poder pessoal, passava, em busca de apoio, a dar maior atenção aos grupos mais elevados, sofrendo a arrogância popular. Hipótese aventada por Napoleão (Canfora, pp. 309-310).

107

VIDAS DE CÉSAR

Aulique Caecinae criminosissimo libro et Pitholai carminibus maledicentissimis laceratam existimationem suam ciuili animo tulit.

[76] 1. Praegrauant tamen cetera facta dictaque eius, ut et abusus dominatione et iure caesus existimetur. 2. Non enim honores modo nimios recepit: continuum consulatum, perpetuam dictaturam praefecturamque morum, insuper praenomen Imperatoris, cognomen Patris patriae, statuam inter reges, suggestum in orchestra; sed et ampliora etiam humano fastigio decerni sibi passus est: sedem auream in curia et pro tribunali, tensam et ferculum circensi pompa, templa, aras, simulacra iuxta deos, puluinar, flaminem, lupercos, appellationem mensis e suo nomine; ac nullos non honores ad libidinem cepit et dedit. 3. Tertium et quartum consulatum titulo tenus gessit contentus dictaturae potestate decretae cum consulatibus simul atque utroque anno binos consules substituit sibi in ternos nouissimos menses, ita ut medio tempore comitia nulla habuerit praeter tribunorum et aedilium plebis praefectosque pro praetoribus constituerit, qui apsente se res urbanas administrarent. 4. Pridie autem Kalendas Ianuarias repentina consulis morte cessantem honorem in paucas horas petenti dedit. 5. Eadem licentia spreto patrio more magistratus in pluris annos ordinauit, decem praetoriis uiris consularia ornamenta tribuit, ciuitate donatos et quosdam e semibarbaris Gallorum recepit in curiam. 6. Praeterea monetae publicisque uectigalibus peculiares seruos praeposuit. 7. Trium

---

176. Essa atitude de quase indiferença a conciliábulos, repastos noturnos, críticas contundentes contrastava com o passado quando o revide era claro e quase imediato, como no caso do Anticato, da restrição à liberdade de reunião, etc. Carcopino tem lá sua explicação: sentindo-se cada vez mais forte, César dava ares de paizão: "À mesure qu'il se sentait plus fort, il se montrait plus débonnaire."

177. Os capítulos 76, 77, 78, 79 registram uma série de atos e atitudes de César caracterizados como prática de despotismo, que, na narrativa de Suetônio, justificavam e legitimavam o tiranicídio (*iure caesus*). Interessante a discussão de Canfora (pp. 314-316) sobre quem responderia pela paternidade dessa expressão. Quem no texto acha justo o cesaricídio? Suetônio ou a fonte em que ele se baseia?

178. Das dignidades mencionadas como excessivas nem todas foram inauguradas por César. O exercício de seguidos consulados já vinha dos tempos de Mário (cônsul de 104 a 101 a.C.); por outro lado, Cícero, por ter desarticulado e massacrado a revolta de Catilina e, a seu ver, salvado o Estado, se achava credor e merecedor das mesmas honras tributadas a Rômulo, pai da pátria (*Catilina* III, 1, 1-2).

SUETÔNIO: O DIVINO JÚLIO

ao panfleto cheio de calúnias de Aulo Cecina e aos versos de extrema mordacidade de Pitola, que dilaceravam sua reputação[176].

[76] 1. No entanto algumas outras atitudes e manifestações suas pesam mais na balança, a ponto de se pensar que ele abusou do despotismo e mereceu ser morto[177]. 2. Não se investiu apenas de dignidades excessivas[178], como seguidos consulados, ditadura vitalícia e prefeitura dos costumes, sem contar o prenome de imperador, o cognome de pai da pátria, sua estátua em meio às de reis, um estrado na orquestra. Permitiu também que lhe fossem outorgados privilégios que estão acima da grandeza humana: uma poltrona de ouro na cúria e no seu tribunal, um carro e um andor na procissão do circo, templos, altares, imagens ao lado dos deuses, leito divino, um flâmine, os lupercos, a denominação de um mês derivada de seu próprio nome; apossou-se de toda sorte de dignidades e as concedeu a seu bel-prazer. 3. Do terceiro e quarto consulado não exerceu mais que o título, satisfeito com o poder da ditadura que lhe tinha sido atribuída juntamente com os consulados e durante esses dois anos designou dois cônsules substitutos para os três últimos meses; dessa forma não realizou, nesse intervalo, eleições senão para tribunos e edis da plebe e criou prefeitos propretores para cuidar, em sua ausência, da administração da cidade. 4. Na véspera das calendas de janeiro, com a súbita morte de um cônsul, ele atribuiu o cargo vacante por apenas algumas horas a alguém que lho pedia. 5. Com igual arbítrio, fazendo pouco das tradições pátrias, escalou magistrados por anos a fio, conferiu a dez ex-pretores as insígnias consulares, fez entrar no Senado cidadãos recentes e alguns gauleses semibárbaros[179]. 6. Colocou na direção da moeda e das rendas públicas seus próprios escravos. 7. Confiou

---

179. Os itens 3-5 do capítulo 77 parecem indicar que rumo poderia tomar a deriva institucional do regime político de César. Duas centenárias e poderosas instituições perdem conteúdo e consistência; o consulado, de extrema relevância no passado e prerrogativa restrita praticamente ao círculo dos *nobiles*, é no novo regime quase um adorno ou trampolim para os que dele são investidos; para o Senado, cujos membros até há bem pouco tempo eram recrutados entre os antigos magistrados, vai quem a autoridade máxima do ditador indicar, dentre os quais emerge a ascendente classe das novas fronteiras do império: peninsulares e provinciais que a arrogância e o despeito oligárquico vão ridicularizar como semibárbaros, ignorantes até mesmo do endereço da Cúria. O que estava na ordem do dia e fincava pé era a ditadura perpétua que, segundo Canfora (p. 317), poderia ser "a premissa (provisória) para, com calma, dar vida a um novo ordenamento constitucional", que César não conseguiu institucionalizar.

109

VIDAS DE CÉSAR

legionum, quas Alexandreae relinquebat, curam et imperium Rufioni, liberti sui filio, exoleto suo demandauit.

[77] 1. Nec minoris inpotentiae uoces propalam edebat, ut Titus Ampius scribit: nihil esse rem publicam, appellationem modo sine corpore ac specie. Sullam nescisse litteras, qui dictaturam deposuerit. Debere homines consideratius iam loqui secum ac pro legibus habere quae dicat. 2. Eoque arrogantiae progressus est, ut, haruspice tristia et sine corde exta quondam nuntiante, futura diceret laetiora, cum uellet; nec pro ostento ducendum, si pecudi cor defuisset.

[78] 1. Verum praecipuam et exitiabilem sibi inuidiam hinc maxime mouit. 2. Adeuntis se cum plurimis honorificentissimisque decretis uniuersos patres conscriptos sedens pro aede Veneris Genetricis excepit. 3. Quidam putant retentum a Cornelio Balbo, cum conaretur assurgere; alii, ne conatum quidem omnino, sed etiam admonentem Gaium Trebatium ut assurgeret minus familiari uultu respexisse. 4. Idque factum eius tanto intolerabilius est uisum, quod ipse triumphanti et subsellia tribunicia praeteruehenti sibi unum e collegio Pontium Aquilam non assurrexisse adeo indignatus sit, ut proclamauerit: "Repete ergo a me Aquila rem publicam tribunus!" Et nec destiterit per continuos

---

180. O autor da *Guerra de Alexandria*, ao tratar das tropas deixadas em Alexandria (33, 3) para assegurar proteção a Cleópatra, não menciona esse comandante, filho de liberto, cuja nomeação é apresentada por Suetônio como afrontosa.

181. Quem (a propósito de Sila) atribui essas palavras a César é Tito Âmpio Balbo, pompeiano das primeiras horas, tribuno em 63 a.C., que propôs generosas *supplicationes* em homenagem a Pompeu pelas vitórias no Oriente e que publicou depois da morte de César uma biografia devastadora do ditador defunto (Canfora, p. 173). Embora com freqüência os políticos peçam que se esqueça o que pregaram ou escreveram no passado, parece pouco provável que César, que correu risco de vida durante a ditadura cruel de Sila e que não pretendia imitá-lo (Cícero, *Ático* IX, 7c, 1), viesse a criticá-lo por ter renunciado a ela.

182. Como já foi dito, a classe dirigente romana acatava o ritual, a prática e as interpretações religiosas quando politicamente convenientes. O que se estranha nessas palavras atribuídas ao pontífice máximo, em cerimônia pública, é o tom insólito em um político acostumado a cortejar o povo, para quem a religião era um valor autêntico e respeitado.

183. Das medidas excepcionais votadas e da acolhida dada aos senadores, Plutarco trata em capítulos diferentes. Em *César* 57, 1-3, mais preciso do que Suetônio, ele fala da razão da concessão da ditadura perpétua, das honras propostas pelo próprio Cícero, às quais se acrescentaram outras totalmente insensatas, de iniciativa de bajuladores, e até mesmo de inimigos que queriam ter motivo mais tarde para processá-lo. Em *César* 60, 4-8, trata da maneira como o Senado em peso, precedido por cônsules

SUETÔNIO: O DIVINO JÚLIO

a administração e o comando das três legiões deixadas em Alexandria a Rufião[180], filho de um seu liberto e seu namorado.

[77] 1. De não menor destempero eram as palavras pronunciadas publicamente, de acordo com o que escreve Tito Âmpio: "A república não era nada, um mero nome sem conteúdo e visibilidade. Sila, renunciando à ditadura, demonstrou não saber o bê-a-bá. As pessoas já deviam se dirigir a ele com mais circunspecção e ter por lei o que dizia."[181] 2. A tal ponto andou sua arrogância que, ao anunciar-lhe o harúspice que os auspícios eram funestos e que as entranhas da vítima não tinham coração, ele retrucou que "eles seriam mais favoráveis quando assim ele os quisesse e que não se devia ajuizar como prodígio se um animal não tivesse coração."[182]

[78] 1. Mas sobretudo ele provocou contra si um ódio particular e mortal a partir do seguinte incidente. 2. Os senadores, em peso, se dirigiam a ele para lhe dar conta das inúmeras decisões tomadas, que o distinguiam sobremaneira; ele os recebeu sentado diante do templo de Vênus Genitora[183]. 3. Há os que pensam que, quando se dispôs a levantar-se, foi contido por Cornélio Balbo, outros acham que nem isso fez; ao contrário, mesmo quando Caio Trebácio o aconselhou a levantar-se, ele o encarou com fisionomia de poucos amigos. 4. Esse fato pareceu ainda menos aceitável porque, passando com seu carro de triunfo pelos bancos dos tribunos, enfureceu-se com Pôncio Áquila[184] por ser o único deles a não se erguer, e lhe disse aos gritos: "Então tribuno Áquila, vem exigir de mim a república!"

---

e pretores, é recebido, e da interpretação do fato. O que intriga nessa história toda é tentar entender como de um acontecimento público, presenciado por inúmeras pessoas, possam surgir versões (três em Suetônio) tão desencontradas, a não ser que se admita que as fontes consultadas obedeciam a passionais critérios políticos.

184. O entrevero com o tribuno da plebe, registrado por Suetônio, logo após a reunião com as altas autoridades da República recebidas com a quebra ressentida do protocolo num mínimo de respeito mútuo, encerra em si uma coincidência curiosa (fortuita ou premeditada?): o autócrata exige do representante maior da plebe (com suas prerrogativas suspensas, é verdade, em razão da vigência da ditadura) a homenagem que ele não havia prestado. E o Pôncio, até como simples cidadão, teria motivo para o protesto silencioso e sentado; é que naquele momento (início do outono de 45 a.C.), após a vitória na batalha de Munda (17 de março) sobre os filhos de Pompeu, cidadãos romanos, César celebrava o último dos seus triunfos sob protestos gerais, aos quais Pôncio Áquila juntou o seu (ver Plutarco, *César* 56, 7-9).

VIDAS DE CÉSAR

dies quicquam cuiquam nisi sub exceptione polliceri: "Si tamen per Pontium Aquilam licuerit."

[79] 1. Adiecit ad tam insignem despecti senatus contumeliam multo arrogantius factum. 2. Nam cum in sacrificio Latinarum, reuertente eo inter inmodicas ac nouas populi acclamationes, quidam e turba statuae eius coronam lauream candida fascia praeligata inposuisset et tribuni plebis Epidius Marullus Caesetiusque Flauus coronae fasciam detrahi hominemque duci in uincula iussissent, dolens seu parum prospere motam regni mentionem siue, ut ferebat, ereptam sibi gloriam recusandi, tribunos grauiter increpitos potestate priuauit. 3. Neque ex eo infamiam affectati etiam regii nominis discutere ualuit, quanquam et plebei regem se salutanti, Caesarem se, non regem esse responderit et Lupercalibus pro rostris a consule Antonio admotum saepius capiti suo diadema reppulerit atque in Capitolium Ioui Optimo Maximo miserit. 4. Quin etiam uaria fama percrebruit migraturum Alexandream uel Ilium, translatis simul opibus imperii exhaustaque Italia dilectibus et procuratione urbis amicis permissa, proximo autem senatu Lucium Cottam quindecimuirum sententiam dicturum, ut, quoniam fatalibus libris contineretur Parthos nisi a rege non posse uinci, Caesar rex appellaretur.

---

185. Parece relevante observar, para mérito de Suetônio, que, ao relatar episódios importantes como este, ele, sem deixar de tomar posições, se mantém amiúde num prudente distanciamento, registrando as versões das fontes que consulta, muitas vezes contraditórias, escritas freqüentemente, como já foi dito, sob influência do envolvimento político. Com um pouco mais de detalhes, trata também desse caso Nicolau Damasceno (*Vida de Augusto,* apud Canfora, p. 320), onde se lê uma versão diferente: César, revoltado, convoca o Senado e, tendo acusado os tribunos de serem os responsáveis pela colocação da coroa para desacreditá-lo, obtém da assembléia que sejam exilados.

186. Para alguns autores, a cena das Lupercais é o mais espetaculoso incidente do processo dramático que vai ter seu desfecho trágico com o assassinato de César. Nicolau Damasceno (apud Canfora, pp. 320-321) apresenta longo e vivo relato do caso. Além de conceituá-las, Plutarco (*César* 61, 1-7), ao contrário de Suetônio, trata do episódio como proêmio da destituição dos tribunos de que acima se falou. Desde a Antigüidade, a tentativa da coroação de César tem suscitado questões sobre cujas respostas antigos e modernos não têm chegado a acordo, principalmente sobre o envolvimento de Marco Antônio, acusado por Cícero de ter sido, com esse golpe teatral, o verdadeiro promotor da morte de César. Uma coisa, no entanto, é certa: a cartada serviu poderosamente para que se estreitassem as relações e o intento dos conjurados para dar cabo de César. Para mais informações, consultar Canfora, pp. 319-324; Mommsen, pp. 189-190; Carcopino, p. 1.044; Ross-Taylor, p. 304.

SUETÔNIO: O DIVINO JÚLIO

e por dias e dias, ao prometer qualquer coisa a quem quer que fosse, não deixava de incluir a ressalva "se, no entanto, Pôncio Áquila o permitir."

[79] 1. À enorme afronta de desprezo ao Senado ele acrescentou uma atitude de muito maior arrogância. 2. Retornava do sacrifício das Festas Latinas em meio a extraordinárias e inéditas aclamações populares, quando uma pessoa da multidão colocou sobre a estátua dele uma coroa de louro, presa na frente por uma faixa branca; tendo os tribunos da plebe Epídio Marulo e Cesécio Flavo determinado que se tirasse a faixa da coroa, e se prendesse seu autor, ele, magoado porque a alusão à realeza produzira pouco efeito ou porque, como dizia, lhe fora tirada a glória de recusá-la, criticou asperamente os tribunos e lhes cassou o cargo[185]. 3. A partir de então não conseguiu se livrar do labéu de pretender o título de rei, apesar de retrucar à plebe, que o apregoava rei, que "ele era César e não rei", e repelir, por ocasião das Lupercais[186], diante dos rostros, o diadema que o cônsul Marco Antônio repetidas vezes tentava aproximar-lhe da cabeça e que ele encaminhou ao Capitólio, ao Muito Bom e Grande Júpiter. 4. Mais ainda; ganharam terreno boatos de vários tipos: de que ele ia mudar-se para Alexandria ou Ílio, levando consigo os recursos do império, depois de exaurir a Itália com recrutamentos e confiar aos amigos a administração da cidade; que, por sua vez, Lúcio Cota, um dos quindecênviros, iria propor na primeira reunião do Senado que lhe dessem o nome de rei, uma vez que dos livros sibilinos[187] constava que os partos não poderiam ser vencidos senão por um rei.

---

187. As sibilas eram sacerdotisas tidas como dotadas do dom da profecia. Na Itália foi famosa a sibila de Cumas, antiga colônia grega da Campânia. Segundo a lenda, ela teria vindo a Roma oferecer a Tarquínio, o soberbo, nove coleções de oráculos, das quais o rei finalmente só se resignou a comprar três, em razão do seu alto custo. Quinze magistrados (*quindecimuiri*) estavam em Roma encarregados da guarda delas (no templo de Júpiter Capitolino) e da interpretação desses "livros sibilinos", de conteúdo suficientemente obscuro (como era de regra para um bom oráculo), mas que não deixavam de exercer influência na cultura romana. Lúcio Aurélio Cota, tio materno de César, era um dos membros dessa comissão ou colégio, cuja proposta pretendia conferir a César o título de rei, para vingar o desastre de Crasso em Carras (53 a.C.), em uma guerra que se anunciava para bem breve.

VIDAS DE CÉSAR

[80] 1. Quae causa coniuratis maturandi fuit destinata negotia, ne assentiri necesse esset. 2. Consilia igitur dispersim antea habita et quae saepe bini terniue ceperant, in unum omnes contulerunt, ne populo quidem iam praesenti statu laeto, sed clam palamque detrectante dominationem atque assertores flagitante. 3. Peregrinis in senatum allectis libellus propositus est: "Bonum factum! ne quis senatori nouo curiam monstrare uelit!" Et illa uulgo canebantur:

"Gallos Caesar in triumphum ducit, idem in curiam;
Galli bracas deposuerunt, latum clauum sumpserunt."

4. Quinto Maximo suffecto trimenstrique consule theatrum introeunte, cum lictor animaduerti ex more iussisset, ab uniuersis conclamatum est non esse eum consulem. 5. Post remotos Caesetium et Marullum tribunos reperta sunt proximis comitiis complura suffragia consules eos declarantium. 6. Subscripsere quidam Luci Bruti statuae: "Vtinam uiueres!" item ipsius Caesaris:

"Brutus, quia reges eiecit, consul primus factus est;
Hic, quia consules eiecit, rex postremo factus est."

---

188. Essas palavras dão uma idéia da dispersão das forças dos opositores para a preparação do tiranicídio e, mesmo após a execução de César, os conjurados sofreram críticas de Cícero sobre a má definição dos seus objetivos. Sobre as idas e vindas desse processo, consultar Canfora, pp. 345-362.

189. Ontem como hoje, uma das manobras de que o conservadorismo se vale para a manutenção de suas posições é se fingir e se dissimular perante os pouco atentos à realidade, de defensor da nacionalidade contra a leva dos adventícios, tentando desclassificá-los e excluí-los através de preconceitos culturais, como por exemplo, a questão da roupa e da cultura. Para a consecução desse objetivo, a forma de convencimento era o panfleto do verso desmoralizador, tão a gosto da acrimônia itálica. Com os amplos poderes que lhe concedia o instituto excepcional da ditadura, César multiplicara o número de magistrados, um dos caminhos naturais para o Senado, ampliado de seiscentos para novecentos membros. O fato de se acolher no Senado itálicos, ou provinciais oriundos da Gália Cisalpina ou Narbonense, que tanto podiam ser membros de antigas colônias republicanas, como gauleses, cidadãos recentes de uma ou mais gerações, revela (ao contrário da crítica) com lucidez que a representatividade política do grande império já não podia

SUETÔNIO: O DIVINO JÚLIO

[80] 1. Essa proposta foi motivo para os conjurados apressarem as ações programadas, para não serem forçados a aprová-la. 2. Os planos antes formulados isoladamente e as decisões tomadas por grupos de dois ou três passaram a ser unificados, uma vez que nem mesmo o povo estava contente com a situação atual e às ocultas e abertamente se opunha à tirania e reclamava libertadores[188]. 3. Tendo em vista os estrangeiros admitidos ao senado[189], afixou-se o seguinte cartaz: "Saudações! que ninguém indique a cúria a um senador novo." Por toda parte se cantavam os famosos versos:

"César leva gauleses em seu desfile triunfal, ele também os leva à cúria;
os gauleses renunciaram a suas bragas e assumiram o laticlavo."

4. Tendo um litor, de acordo com a praxe, mandado anunciar que chegava ao teatro Quinto Máximo, cônsul substituto por três meses, a platéia toda gritou uníssona que ele não era cônsul. 5. Após a cassação dos tribunos Cesécio e Marulo, registraram-se nas eleições seguintes muitos votos que os declararam cônsules. 6. Ao pé da estátua de Lúcio Bruto[190] alguém escreveu: "Oxalá estivesses vivo!" e também na de César:

"Bruto, por expulsar os reis, foi o primeiro a se eleger cônsul;
Este aqui, por expulsar os cônsules, acabou por se tornar rei."

---

se pautar pela reduzida e acomodada aristocracia da cidade de Roma. A chegada desses novos senadores (clientes evidentemente de César), em sua maioria ricos e poderosos chefes em suas regiões, afrontava a empáfia da velha casta, que alegava portarem eles, não a solene e complicada toga, mas calças ou calções (bragas) e desconhecerem o endereço da Cúria. (Consultar Syme, cap. 6, *Os novos senadores de César*, pp. 80-98).

190. Lúcio Júnio Bruto, de biografia legendária, foi em 509 a.C. o fundador do regime republicano e o primeiro a inaugurar a magistratura, constituída de dois cônsules com mandato de um ano, que substituiu em parte os amplos poderes do rei. De acordo com a lenda brilhantemente narrada por Tito Lívio (I, 58-60), o estupro de Lucrécia, praticado por Sexto, filho de Tarqüínio, o soberbo, e o suicídio lustral dela diante do pai e do marido provocaram levante popular que, liderado por Bruto, baniu o rei e pôs fim ao regime monárquico. Marco Júnio Bruto (85-42 a.C.), o tiranicida, era, através de panfletos, insistentemente instado a eliminar a nova monarquia. Só que com César se foram Bruto, bem como seus comandados e os anacrônicos ideais da velha e agonizante República que talvez pensassem ressuscitar.

VIDAS DE CÉSAR

7. Conspiratum est in eum a sexaginta amplius, Gaio Cassio Marcoque et Decimo Bruto principibus conspirationis. 8. Qui primum cunctati utrumne in Campo per comitia tribus ad suffragia uocantem partibus diuisis e ponte deicerent atque exceptum trucidarent, an in Sacra uia uel in aditu theatri adorirentur, postquam senatus Idibus Martiis in Pompei curiam edictus est, facile tempus et locum praetulerunt.

[81] 1. Sed Caesari futura caedes euidentibus prodigiis denuntiata est. 2. Paucos ante menses, cum in colonia Capua deducti lege Iulia coloni ad exstruendas uillas uetustissima sepulcra disicerent idque eo studiosius facerent, quod aliquantum uasculorum operis antiqui scrutantes reperiebant, tabula aenea in monimento, in quo dicebatur Capys conditor Capuae sepultus, inuenta est conscripta litteris uerbisque Graecis hac sententia: quandoque ossa Capyis detecta essent, fore ut Iulo prognatus manu consanguineorum necaretur magnisque mox Italiae cladibus uindicaretur. 3. Cuius rei, ne quis fabulosam aut commenticiam putet, auctor est Cornelius Balbus, familiarissimus Caesaris. 4. Proximis diebus equorum greges, quos in traiciendo Rubiconi flumini consecrarat ac uagos et sine custode dimiserat, comperit pertinacissime pabulo abstinere ubertimque flere. 5. Et immolantem haruspex Spurinna monuit, caueret periculum, quod non ultra Martias Idus proferretur. 6. Pridie autem easdem Idus auem regaliolum cum laureo ramulo Pompeianae curiae se inferentem uolucres uarii generis ex proximo nemore persecutae ibidem discerpserunt. 7. Ea uero nocte, cui inluxit

---

191. Plutarco (*Bruto* 8-17) fornece bastantes elementos sobre a conspiração. Marcos Bruto e Cássio, após a superação do conflito e o ressentimento por ter o segundo tentado barrar a designação do primeiro para pretor urbano do ano 44 a.C., tornam-se os verdadeiros líderes, cabendo a Marcos, em razão de suas condições especiais (Canfora, pp. 348-349), o papel fundamental de compatibilizar e aglutinar as duas facções da conjuração: a dos pompeianos ressentidos e a dos cesarianos descontentes. As várias hipóteses sobre o local ideal do atentado, formuladas alguns dias antes de sua execução, revelariam talvez que entre os conspiradores havia mais entusiasmo e improvisação do que planejamento.

SUETÔNIO: O DIVINO JÚLIO

7. Conspiraram contra ele mais de sessenta pessoas sob a liderança de Caio Cássio, Marcos e Décimo Bruto[191]. 8. Inicialmente eles estiveram em dúvida se, por ocasião das eleições para as quais César convocara as tribos no Campo de Marte, eles, divididos em dois grupos, um o atiraria da ponte e o outro o apanharia embaixo para trucidá-lo, ou se o atacariam na via Sacra, ou ainda na entrada do teatro de Pompeu; mas depois que foi marcada a sessão do Senado para os idos de março na cúria de Pompeu, eles, sem dificuldade, acharam melhor essa data e local.

[81] 1. Ora, prodígios evidentes anunciavam a César seu assassínio iminente[192]. 2. Poucos meses antes, os colonos assentados pela lei Júlia em Cápua, ao construir suas casas de fazenda, destruíram túmulos muito antigos, mas agindo com um pouco mais de cuidado porque, à medida que exploravam, descobriam uma quantidade de pequenos vasos de fabricação antiga, encontraram num sepulcro em que se dizia estar enterrado Cápis, fundador de Cápua, uma placa de bronze escrita em caracteres e com palavras gregas do seguinte teor: "Quando forem descobertos os ossos de Cápis, um descendente de Iulo será assassinado pelas mãos de seus familiares e logo sua morte será vingada por grandes desastres na Itália." 3. Para que não se venha a pensar que esse fato seja uma história inventada e fantasiosa, quem o garante é Cornélio Balbo, um dos mais íntimos amigos de César. 4. Nos últimos dias, César ficou sabendo que a tropa de cavalos que, ao atravessar o Rubicão, ele dedicara ao rio e os deixara soltos e sem guardadores, se recusava terminantemente a comer e chorava copiosamente. 5. Estando ele a fazer sacrifício, o harúspice Espurina o aconselhou a que "se previnisse contra um perigo que não iria além dos idos de março." 6. Na véspera desses mesmos idos uma corruíra, com um ramo de loureiro no bico, procurava entrar na cúria de Pompeu quando pássaros de várias espécies, vindos de bosque vizinho, perseguiram-na e lá mesmo a despedaçaram. 7. Na noite

---

192. A série de prodígios encampados pelo supersticioso Suetônio evidencia um fenômeno que Jean Bayet configura como uma das características dos tormentosos tempos das guerras civis do fim da República: "É certo que as terríveis comoções das guerras civis, primeiramente no início do século, depois a partir de 50, e mais ainda desde 44 antes da nossa era, com o recrudescer das crendices, das superstições e dos fanatismos, arruinaram, em grande parte, no conjunto da população romana, as bases de um pensamento racional e humanista." (*La religion romaine*, p. 162).

117

VIDAS DE CÉSAR

dies caedis, et ipse sibi uisus est per quietem interdum supra nubes uolitare, alias cum Ioue dextram iungere; et Calpurnia uxor imaginata est conlabi fastigium domus maritumque in gremio suo confodi; ac subito cubiculi fores sponte patuerunt. 8. Ob haec simul et ob infirmam ualitudinem diu cunctatus an se contineret et quae apud senatum proposuerat agere differret, tandem Decimo Bruto adhortante, ne frequentis ac iam dudum opperientis destitueret, quinta fere hora progressus est libellumque insidiarum indicem ab obuio quodam porrectum libellis ceteris, quos sinistra manu tenebat, quasi mox lecturus commiscuit. 9. Dein pluribus hostiis caesis, cum litare non posset, introiit curiam spreta religione Spurinnamque irridens et ut falsum arguens, quod sine ulla sua noxa Idus Martiae adessent; quanquam is uenisse quidem eas diceret, sed non praeterisse.

[82] 1. Assidentem conspirati specie officii circumsteterunt, ilicoque Cimber Tillius, qui primas partes susceperat, quasi aliquid rogaturus propius accessit renuentique et gestu in aliud tempus differenti ab utroque umero togam adprehendit; deinde clamantem: "Ista quidem uis est!" alter e Cascis auersum uulnerat paulum infra iugulum. 2. Caesar Cascae brachium arreptum graphio traiecit conatusque prosilire alio uulnere tardatus est; utque animaduertit undique se strictis pugionibus peti, toga caput obuoluit, simul sinistra manu sinum ad ima crura deduxit, quo honestius caderet etiam inferiore corporis parte uelata. 3. Atque ita tribus et uiginti plagis confossus est, uno modo ad primum

---

193. Suetônio (*César* 81, 8), ao registrar as seguintes expressões: *ob haec simul et ob infirmam ualetudinem* ("em vista disso [isto é, dos fatos extraordinários] e por não estar passando bem"), parece fazer crer que César, influenciado pelos prodígios narrados, balançou entre ficar em casa ou ir ao Senado. No entanto, logo a seguir (81, 9), o biógrafo afirma que César, fazendo pouco dos escrúpulos religiosos (*spreta religione*), adentrou o Senado. Para Canfora (p. 368), "César jamais levara a sério o ferramental supersticioso que regulava [...] a vida política romana. Sua *forma mentis* totalmente laica lhe permitia olhar com indiferença essa bagagem, aliás de importância primordial na prática quotidiana." Mas o mesmo autor, com base em Plutarco (*César* 63, 11), tem uma explicação para a tentativa de adiar o comparecimento ao Senado: "A insólita inquietação de Calpúrnia ao alvorecer do dia 15 de março o alarmou [...]. E pensou então em cancelar a reunião do Senado, enviando Antônio para dispensar os senadores."

194. Do que se passou com César após a noite agitada envolta em pesadelos, seus e de Calpúrnia, até a chegada à cúria, Suetônio quase nada registra. Plutarco, ao contrário, que aprecia criar em suas biografias cromos narrativos vivos, dá largas à arte e se detém dramaticamente: na faina fria e na dialética apurada de Décimo Bruto a convencer César a não desistir da sessão do Senado; na tentativa vã de Artemidoro, um professor de letras

118

SUETÔNIO: O DIVINO JÚLIO

que antecedeu seu assassínio, ele próprio, durante o sono, se viu ora voando por sobre as nuvens, ora apertando a mão de Júpiter; sua mulher Calpúrnia, por sua vez, sonhou que a cumeeira da casa despencava e que o marido era esfaqueado em seus próprios braços, e subitamente a porta do quarto se abriu sozinha. 8. Em vista disso e por não estar passando bem, ele esteve em dúvida se não devia se resguardar e adiar o que tencionava tratar no Senado[193], mas diante dos apelos de Décimo Bruto para não frustar os que em grande número o aguardavam há bastante tempo, pela quinta hora saiu de casa[194]. Tendo recebido de um transeunte um bilhete que denunciava a emboscada, juntou-o aos outros que trazia na mão esquerda, como a dizer que os leria depois. 9. A seguir, depois de imolar inúmeras vítimas sem obter presságios favoráveis, entrou na cúria, passando por cima dos escrúpulos religiosos e, zombando de Espurina e tachando-o de mentiroso, pois os idos de março lá estavam e nada de mal lhe acontecera; o harúspice lhe respondeu que realmente eles tinham chegado, mas não tinham acabado de passar.

[82] 1. Estando César sentado, os conspiradores, a pretexto de lhe render homenagem, cercaram-no; imediatamente Tílio Címber, encarregado da primeira ação, como que dando a entender que ia fazer-lhe um pedido, aproximou-se bastante; diante da recusa de César que, com gesto, o remetia para uma outra ocasião, ele agarrou-lhe a toga de um e outro lado do ombro; no momento em que ele lhe gritava: "Mas isso é uma violência!", um dos dois Cascas o golpeia pelas costas, um pouco abaixo da garganta. 2. César segura o braço de Casca e o atravessa com um ponteiro, mas quando tentou dar um salto para frente, foi neutralizado por segunda punhalada. E quando ele se dá conta de que é atacado de todos os lados com punhais em riste, cobre com a toga a cabeça e com a mão esquerda deixa cair até os pés a dobra superior dela, para que, tendo seu corpo coberto também na parte de baixo, sua queda ocorresse com bastante dignidade. 3. Assim foi ele ferido com vinte e três punhadas, tendo dado um único gemido na

gregas, ansioso por entregar ao ditador um bilhete que o alertava sobre o risco que corria; e na indicação de que naquela morte, no decor da estátua e do teatro de Pompeu, havia o dedo e a conivência de um deus (*César* 64; 65; 66, 1-4).

119

VIDAS DE CÉSAR

ictum gemitu sine uoce edito, etsi tradiderunt quidam Marco Bruto irruenti dixisse: "kai su te knon"; Exanimis diffugientibus cunctis aliquamdiu iacuit, donec lecticae impositum, dependente brachio, tres seruoli domum rettulerunt. 4. Nec in tot uulneribus, ut Antistius medicus existimabat, letale ullum repertum est, nisi quod secundo loco in pectore acceperat. 5. Fuerat animus coniuratis corpus occisi in Tiberim trahere, bona publicare, acta rescindere, sed metu Marci Antoni consulis et magistri equitum Lepidi destiterunt.

[83] 1. Postulante ergo Lucio Pisone socero testamentum eius aperitur recitaturque in Antoni domo, quod Idibus Septembribus proximis in Lauicano suo fecerat demandaueratque uirgini Vestali maximae. 2. Quintus Tubero tradit heredem ab eo scribi solitum ex consulatu ipsius primo usque ad initium ciuilis belli Cn. Pompeium, idque militibus pro contione recitatum. 3. Sed nouissimo testamento tres instituit heredes sororum nepotes, Gaium Octauium ex dodrante, et Lucium Pinarium et Quintum Pedium ex quadrante reliquo; in ima cera Gaium Octauium etiam in familiam nomenque adoptauit; plerosque percussorum in tutoribus fili, si qui

---

195. A versão adotada tanto por Suetônio como por Plutarco é de que a participação de Marcos Bruto na cena do assassinato não se distinguiu dos demais cúmplices por um detalhe especial. Plutarco (*César* 66, 11) chega mesmo a dizer que "todos deviam participar daquele sacrifício e provar daquele sangue", como que insistindo sobre a corresponsabilidade da *coniuratio*. Ambos os biógrafos, no entanto, falam de autores segundo os quais César deixou de opor qualquer resistência aos golpes no momento em que vê Bruto brandindo o punhal. Suetônio acrescenta ainda que havia os que propagavam que, ao ser atacado por Bruto, César teria pronunciado em grego a famosa frase, de teatralidade largamente explorada posteriormente. Mais de um historiador moderno entende que a palavra "filho" endereçada a Bruto podia estar na acepção plena do termo, de acordo com a opinião bastante difundida na Antiguidade de que Bruto era fruto da paixão tórrida e adúltera que viveram sua mãe Servília e o ditador.

196. Não é de se estranhar a pouca competência desses senhores no manejo do punhal; não eram do ofício, eram intelectuais, escritores, parlamentares, discutiam filosofia em alegres simpósios ou em troca divertida de cartas. Dos vinte e três golpes, apenas um foi mortal; a estocada de Bruto não passou da virilha do "pai" sem lhe atingir a veia femural e, na sanha atabalhoada de ferir, os conjurados feriram-se uns aos outros (Plutarco, *César* 66, 11; 66, 14).

197. Suetônio deixa entrever que haveria no comitê revolucionário a disposição (*animus*), após o assassinato, de quebrar a espinha dorsal do cesarismo, de anular-lhe os atos, mas o medo fez malograr o intento de que o Tibre levasse para bem longe o corpo insepulto (e a memória!) do morto.

198. Trata-se da leitura do último testamento (*nouissimum testamentum*), restrita ao círculo dos íntimos da família, através da qual Marco Antônio, com antecipação privilegiada,

SUETÔNIO: O DIVINO JÚLIO

primeira estocada, mas sem dizer palavra, embora haja os que propagam que, no momento em que Bruto o atacava, ele lhe teria dito: "Até você, meu filho!"[195] Com a debandada geral, ele, exânime, ali foi deixado por algum tempo, até que três jovens escravos o recolheram em uma liteira, com um braço para fora, e o levaram de volta para casa. 4. Em meio a tantos golpes, nenhum deles foi considerado mortal, segundo o médico Antístio, a não ser o que recebera no peito, em segundo lugar[196]. 5. A idéia dos conjurados era arrastar até o Tibre o corpo do morto, confiscar-lhe os bens e anular-lhe os atos, mas desistiram com medo do cônsul Marco Antônio e de Lépido, comandante da cavalaria[197].

[83] 1. A pedido de Lúcio Pisão, seu sogro, foi aberto e lido na casa de Antônio o testamento[198], que ele redigira nos últimos idos de setembro em sua propriedade de Lavico e confiara à grande Vestal. 2. Quinto Tuberão[199] conta que, desde o primeiro consulado até o início da guerra civil, foi norma dele designar Pompeu como seu herdeiro e fez leitura disso diante da assembléia dos soldados. 3. Mas no último testamento instituiu herdeiros três netos de suas irmãs[200], Caio Otávio, em três quartos, Lúcio Pinário e Quinto Pédio, na quarta parte restante; na parte final do testamento adotou Caio Otávio e lhe deu seu nome, tendo nomeado tutores dos filhos que lhe viessem a nascer a maior parte dos que o apunhalaram; entre

---

pôde ficar a par das disposições testamentares do ditador, recolher elementos preciosos para atacar os inimigos e preparar-se para auferir dividendos políticos com a sua apresentação ao povo. Segundo Jal (p. 229), a natureza própria desse tipo de texto oferece ao orador que o "lê" ocasiões particularmente numerosas para influenciar a assistência.

199. Tuberão, historiador contemporâneo de César, é tido como fonte de primeira qualidade (Canfora, p. 278). A informação de que, desde 59 a.C., César indicara Pompeu seu herdeiro e de que, até as vésperas da guerra civil (49 a.C.), não denunciara o testamento, revela que os laços da aliança (por parte de César ao menos) não estavam rompidos, apesar da morte de Júlia (54 a.C.), filha de César e esposa de Pompeu, e do posterior casamento deste com a filha do aristocrata Cipião.

200. O fato de Suetônio afirmar que foi no mais recente testamento que César instituiu herdeiros a três sobrinhos netos, fez brotar a hipótese de que poderia ter havido um testamento intermediário entre os dois historicamente comprovados. Dado que nestes dois casos os contemplados foram parentes (genro e sobrinhos), há quem sustente a existência de indícios de que no intermediário constaria o nome de Sexto Júlio César, o mais próximo varão adulto da família, parente do único cônsul que em data recente lustrara a linhagem dos Júlios, e a quem o próprio César confiara funções relevantes. O assassinato de Sexto teria frustrado os desígnios do ditador (Canfora, p. 278).

VIDAS DE CÉSAR

sibi nasceretur, nominauit, Decimum Brutum etiam in secundis heredibus. 4. Populo hortos circa Tiberim publice et uiritim trecenos sestertios legauit.

[84] 1. Funere indicto rogus extructus est in Martio campo iuxta Iuliae tumulum et pro rostris aurata aedes ad simulacrum templi Veneris Genetricis collocata; intraque lectus eburneus auro ac purpura stratus et ad caput tropaeum cum ueste, in qua fuerat occisus. 2. Praeferentibus munera, quia suffecturus dies non uidebatur, praeceptum, ut omisso ordine, quibus quisque uellet itineribus urbis, portaret in Campum. 3. Inter ludos cantata sunt quaedam ad miserationem et inuidiam caedis eius accommodata, ex Pacuui Armorum iudicio:

"Men seruasse, ut essent qui me perderent?"

et ex Electra Atili ad similem sententiam. 4. Laudationis loco consul Antonius per praeconem pronuntiauit senatus consultum, quo omnia simul ei diuina atque humana decreuerat, item ius iurandum, quo se cuncti pro salute unius astrinxerant; quibus perpauca a se uerba addidit. 5. Lectum pro rostris in Forum magistratus et honoribus functi detulerunt. 6. Quem cum pars in Capitolini Iouis cella cremare pars in curia Pompei destinaret, repente duo quidam gladiis succincti ac bina iacula gestantes ardentibus cereis succenderunt confestimque circumstantium turba uirgulta arida et cum subselliis tribunalia, quicquid praeterea ad donum aderat, congessit. 7. Deinde tibicines et scaenici artifices

---

201. Segundo Jal (p. 229), a publicidade dada a essa generosidade do ditador foi uma das causas principais, ao olhos dos antigos, da impopularidade que veio a sofrer Bruto entre muitos romanos, contra a qual se opunha Cícero (*Filípicas* 10, 7, 15). Mais que impopular, talvez se possa dizer que a pessoa de Bruto aparece na retórica dos tempos como uma figura execrada, para a qual contribuiu também a larga difusão da frase maldita.

202. Essa dotação tão vasta despertou na população uma grande afeição por César (Plutarco, *Bruto* 20).

203. Do panteão tradicional da religião romana subsistia apenas uma divindade viva e cultuada entre políticos e intelectuais: Vênus (Carcopino, p. 640). Os potentados do último século da República devotavam-lhe especial predileção, pespegando-lhe os adjetivos que mais os lisonjeavam e serviam a seus interesses de propaganda. A de Sila era *Felix*, a de Pompeu, *Vitrix* e a de César, *Genitrix*, para que se tivesse bem presente a origem divina da *Gens Iulia*.

204. Na narração de Suetônio, a participação de Marco Antônio na cerimônia fúnebre não é tão intensa e decisiva como aparece em Plutarco (*Bruto* 20, 5-7), onde a intervenção do cônsul com seu discurso e a exibição dramática da túnica perfurada e empapada de sangue teve importância fundamental na reação popular que se seguiu.

SUETÔNIO: O DIVINO JÚLIO

os herdeiros de segundo lugar estava até mesmo Décimo Bruto[201]. 4. Legou ao povo, coletivamente, os jardins junto ao Tibre, e trezentos sestércios por pessoa[202].

[84] 1. Anunciada a data do funeral, ergueu-se a pira no Campo de Marte, junto ao túmulo de Júlia, e diante dos rostros se construiu uma capela dourada à semelhança do templo de Vênus Genitora[203]; dentro dela foi depositado um leito de marfim coberto de púrpura e ouro e à cabeceira um troféu com a roupa que ele vestia quando fora morto. 2. Como um dia não era tido o bastante para as pessoas portadoras de oferendas, ficou estabelecido que, sem se observar ordem alguma, qualquer um poderia levá-las ao Campo de Marte, pelo itinerário de sua escolha. 3. Durante os jogos entoaram-se cantos próprios para despertar compaixão e revolta pela morte dele, como este verso tirado do *Julgamento das Armas* de Pacúvio:

"Eu tê-los poupados, para que dessem cabo de mim?"

e outros do mesmo teor, tirados da *Eletra* de Atílio. 4. Em lugar do elogio fúnebre, o cônsul Antônio fez divulgar, através de arauto, tanto o decreto do Senado que conferia a César todas as honras divinas e humanas, como também o juramento pelo qual todos os senadores se comprometiam a defender a vida dele; a isso o cônsul acrescentou bem poucas palavras[204]. 5. O esquife foi trazido ao foro, em frente dos rostros, por magistrados e antigas autoridades[205]. 6. Uma parte deles estava decidida a cremá-lo no santuário de Júpiter Capitolino, a outra, na cúria de Pompeu, mas eis que de repente duas pessoas, com espadas à cintura e empunhando cada uma dois dardos, ateou fogo com tochas em chama; imediatamente a multidão em volta amontoou em cima gravetos secos, banquetas e estrados dos magistrados, enfim, todo tipo de presente a seu alcance. 7. Então os tocadores

---

205. Esse cortejo de exéquias solenes, comandado por magistrados e antigas autoridades, foi, juntamente com a leitura pública do testamento de César, a exigência que, apesar da oposição de Cássio (mas com a aquiescência de Bruto), Marco Antônio arrancou do Senado, batendo-se que o enterro se realizasse às claras e com pompa. Os companheiros lamentaram esse mau passo político de Bruto, cuja condescendência já anteriormente fizera abortar na raiz o plano de dar sumiço também em Marco Antônio (Plutarco, *Bruto* 20, 1).

VIDAS DE CÉSAR

uestem, quam ex triumphorum instrumento ad praesentem usum induerant, detractam sibi atque discissam iniecere flammae et ueteranorum militum legionarii arma sua, quibus exculti funus celebrabant; matronae etiam pleraeque ornamenta sua, quae gerebant, et liberorum bullas atque praetextas. 8. In summo publico luctu exterarum gentium multitudo circulatim suo quaeque more lamentata est praecipueque Iudaei, qui etiam noctibus continuis bustum frequentarunt.

[85] 1. Plebs statim a funere ad domum Bruti et Cassi cum facibus tetendit atque aegre repulsa obuium sibi Heluium Cinnam per errorem nominis, quasi Cornelius is esset, quem grauiter pridie contionatum de Caesare requirebat, occidit caputque eius praefixum hastae circumtulit. 2. Postea solidam columnam prope uiginti pedum lapidis Numidici in Foro statuit inscripsitque: PARENTI PATRIAE. Apud eam longo tempore sacrificare, uota suscipere, controuersias quasdam interposito per Caesarem iure iurando distrahere perseuerauit.

[86] 1. Suspicionem Caesar quibusdam suorum reliquit neque uoluisse se diutius uiuere neque curasse quod ualitudine minus prospera uteretur, ideoque et quae religiones monerent et quae renuntiarent amici neglexisse. 2. Sunt qui putent, confisum eum nouissimo illo senatus consulto ac iure iurando etiam custodias Hispanorum cum gladiis adisnspectantium se remouisse. 3. Alii e diuerso opinantur insidias undique imminentis subire semel quam cauere (...) solitum ferunt: non tam sua quam rei (...) publicae interesse, uti saluus esset; se iam pridem potentiae gloriaeque abunde adeptum; rem publicam, si

---

206. Lembra Canfora (p. 383) que em 84, 8 Suetônio opera uma "evidente inversão narrativa", ao dar destaque à homenagem prestada pelos estrangeiros às cinzas do morto. A atitude dos estrangeiros deve ter impressionado o biógrafo, particularmente o fervor diuturno de membros da colônia judaica, povo vítima do anti-semitismo romano (visível até em Horácio), com quem César se revela isento de preconceitos, prestando-lhe favores, respeitando-lhe as tradições (ao contrário de Pompeu), tendo recebido, em contrapartida, não apenas gratidão, mas também ajuda valiosíssima na guerra de Alexandria.

207. Caio Hélvio Cina, amigo de César, poeta e confrade neótero de Catulo, foi confundido com o pretor Lúcio Cornélio Cina, quando, em meio à multidão, ia assistir à cerimônia fúnebre (Plutarco, *Bruto* 20, 7-11).

208. César, de convicções laicas, não se deixaria (como dera prova em inúmeras ocasiões) influenciar por qualquer manifestação preternatural, inclusive premonições.

209. Considerada como um grave erro essa dispensa de escolta da guarda espanhola, uma vez que eram conhecidas as informações sobre ameaças trazidas pelos amigos; discute-se

SUETÔNIO: O DIVINO JÚLIO

de flauta, os atores, desfazendo-se da indumentária tomada do aparato dos triunfos para servir à atual circunstância e rasgando-a, atiravam-na ao fogo; veteranos de legiões atiravam as armas de que se tinham adornado para celebrar o funeral; o mesmo faziam as matronas com os adereços que portavam, e as bulas e as pretextas dos filhos. 8. Em meio à maior tristeza do povo, uma multidão de estrangeiros, em grupos, pranteou, cada um a sua maneira, principalmente os judeus, que chegaram a visitar o local da pira durante seguidas noites[206].

[85] 1. Logo após o funeral, a plebe se dirigiu com tochas às casas de Bruto e Cássio; repelida a custo, encontrou pelo caminho Hélvio Cina confundido por equívoco de nome com Cornélio, procurado porque na véspera havia feito violento discurso contra César; matou-o, fazendo desfilar sua cabeça na ponta de uma lança[207]. 2. Tempos depois ergueu ela a César no foro uma coluna maciça de mármore numídico com a inscrição: "Ao pai da pátria." Aos pés dela, por longo tempo, continuou-se a oferecer sacrifício, fazer promessas, solucionar litígios, jurando pelo nome de César.

[86] 1. César deixou em alguns dos seus a impressão de que não tinha mais vontade de viver e não se preocupava com o estado pouco favorável de sua saúde; por isso não levara em conta as premonições religiosas[208] e as informações trazidas pelos amigos. 2. Há os que pensam que ele, fiando no mais recente decreto do Senado e no juramento dos senadores, dispensara até os guardas espanhóis que o escoltavam com espadas[209]. 3. Outros, pelo contrário, são de opinião que ele preferia sofrer uma vez os atentados que o ameaçavam, a viver se precavendo; alguns relatam que ele costumava dizer que sua sobrevivência interessava mais ao Estado do que a ele próprio, pois há tempos já havia logrado poder e glória em profusão;

---

desde a Antiguidade a razão dessa atitude. São várias as hipóteses registradas por Suetônio: César, com a saúde abalada, tinha querido morrer; diante do juramento prestado pelos senadores que lhe asseguravam proteção, ele se sentia suficientemente seguro; preferiu enfrentar a constante ameaça que o intranqüilizava a ter que viver em permanente precaução. Há ainda uma outra razão, de profunda reflexão política: a certeza de ser poupado porque sua eliminação física levaria a República ao bárato de guerras civis ainda mais cruentas que as anteriores. Para Canfora (p. 363), "cada uma dessas sugestões encerra uma parte de verdade". Nessa série de considerações não estaria configurado no ditador um estado de ânimo próximo de uma ataraxia política?

125

VIDAS DE CÉSAR

quid sibi eueniret, neque quietamfore et aliquanto deteriore condicione ciuilia bella subituram.

[87] 1. Illud plane inter omnes fere constitit, talem ei mortem paene ex sententia obtigisse. 2. Nam et quondam, cum apud Xenophontem legisset Cyrum ultima ualitudine mandasse quaedam de funere suo, aspernatus tam lentum mortis genus subitam sibi celeremque optauerat; et pridie quam occideretur, in sermone nato super cenam apud Marcum Lepidum, quisnam esset finis uitae commodissimus, repentinum inopinatumque praetulerat.

[88] 1. Periit sexto et quinquagensimo aetatis anno atque in deorum numerum relatus est, non ore modo decernentium sed et persuasione uolgi. 2. Siquidem ludis, quos primos consecrato ei heres Augustus edebat, stella crinita per septem continuos dies fulsit exoriens circa undecimam horam, creditumque est animam esse Caesaris in caelum recepti; et hac de causa simulacro eius in uertice additur stella. 3. Curiam, in qua occisus est, obstrui placuit Idusque Martias Parricidium nominari, ac ne umquam eo die senatus ageretur.

[89] Percussorum autem fere neque triennio quisquam amplius superuixit neque sua morte defunctus est. Damnati omnes alius alio casu periit, pars naufragio, pars proelio; nonnulli semet eodem illo pugione, quo Caesarem uiolauerant, interemerunt.

---

210. Que fim de vida desejar quando a "indesejada das gentes" tiver de chegar? Com a mesa posta e tudo posto em seu lugar? Como um alegre conviva que deixa satisfeito um lauto banquete, como pregavam os epicuristas? Inesperada e repentina? Este foi o tema proposto no jantar da casa de Marcos Lépido, companheiro de César no consulado de 46. A pergunta não escapa de uma certa banalidade. Quem já não a ouviu ou não a fez? Não era normal nos simpósios gregos e nos convívios romanos, em meio a vinho e iguarias, discutir também assuntos graves como esse? Ora, há historiador moderno que, mesmo advertindo que se trata de sugestão indemonstrável, admite que, com a proposição do tema, os amigos e correligionários de César, "através de advertências mais ou menos crípticas", teriam a intenção de alertar o monarca do perigo que corria (Canfora, pp. 366-367). Mas, nessa situação específica, seria o caso de, numa roda de amigos, propor ao acaso tal assunto ao convidado maior, que sabidamente tinha a cabeça a prêmio?

211. Com Augusto se inaugurou a liturgia da *consecratio* (apoteose), isto é, a cerimônia da divinização do imperador; montava-se a pira fúnebre; tão logo a fogueira cheia de lenha e aromas era acesa, soltava-se uma águia que se dizia ser a alma do morto em vôo para o empíreo. No caso de César, sua divinização é incisivamente notada pelo biógrafo e tem a justificá-la não um decreto da autoridade (o Senado), mas a legitimação da voz do povo

SUETÔNIO: O DIVINO JÚLIO

que se lhe viesse a acontecer alguma coisa, o Estado não teria mais tranqüilidade e sofreria guerras civis em condições bem piores.

[87] 1. É quase unanimidade entre as pessoas que a morte que ele teve foi mais ou menos de acordo com seu ponto de vista. 2. Com efeito, certa vez, ao ler em Xenofonte que Ciro, durante sua última doença, deixara algumas instruções sobre seu funeral, César manifestara desprezo por um tipo de morte tão demorado e optara por uma súbita e rápida. Na véspera de seu assassinato, por ocasião de um jantar na casa de Marcos Lépido, a conversa veio a calhar sobre qual o tipo de morte mais conveniente; ele preferiu o repentino e o inesperado[210].

[88] 1. Morreu aos cinqüenta e seis anos e foi incluído na relação dos deuses, não apenas pela boca dos que o decretaram, mas por convicção popular[211]. 2. Durante os primeiros jogos que Augusto, seu herdeiro, proporcionou a ele, por ocasião de sua apoteose, um cometa, que aparecia pela undécima hora, brilhou por sete dias consecutivos e a crença foi de que era a alma de César acolhida no céu; esse foi o motivo de acrescentar uma estrela no alto da cabeça de sua estátua. 3. Foi decidido que se murasse a cúria onde foi morto, que os idos de março se chamassem "dia assassino" e que nesse dia jamais o Senado se reunisse.

[89] Dos seus assassinos todos ou quase todos não sobreviveram mais que três anos e não tiveram morte natural. Todos, depois de condenados, tiveram fim trágico diferenciado, uns em naufrágio, outros em combate; outros se mataram com o mesmo punhal com que atentaram contra César[212].

---

e a visibilidade espetacular de um cometa, que nada mais seria senão sua alma. Augusto, por razões políticas, pouco ou nada se interessou em cultuar a figura *monárquica* do pai, resguardando-se num republicanismo de fachada; outra coisa, porém, era alimentar a crédula opinião pública de que ele era o herdeiro e o filho do *Diuus Iulius*.

212. Não deixa de despertar certa estranheza o fato de Suetônio aceitar como justo o assassinato de César (*iure caesus*), e terminar a biografia registrando, como uma espécie de reparação histórica, o desaparecimento trágico de quase todos os conjurados, e até o detalhe de que alguns deles deram cabo da própria vida com o mesmo punhal que abatera César. Teria ele se servido de fontes diferentes? Ou, *post factum*, quis salientar o caráter inglório do tiranicídio.

PLUTARCO

César

Introdução a Plutarco

Pedro Paulo A. Funari*

Plutarco nasceu, provavelmente, pouco antes de 50 d.C., na cidade de Queronéia, na Beócia, em família antiga e ilustre. Seu avô, Lâmpria, se havia destacado pelo interesse variado, da botânica à filologia e à história. Seu pai, Autóbulo, era um amante da filosofia. Essas heranças familiares foram importantes para a formação inicial de Plutarco, que se viu atraído pelos estudos, em geral, e pela reflexão filosófica e moralizante, em particular. Na juventude, foi a Atenas para seguir os ensinamentos do filósofo acadêmico Amônio, o que lhe renderia uma ligação duradoura com esta cidade, coroada pela concessão honorária da cidadania ateniense. Lá, ele entrou em contato com as escolas filosóficas e, contrário à doutrina de Epicuro, interessou-se pela peripatética, em particular pela ética. Ainda que tenha estudado a matemática, física, ciências naturais e medicina, dedicou-se com afinco à filosofia de matriz platônica.

Viajou pela Grécia e Egito e, entre 75 e 90, esteve em Roma várias vezes, onde conseguiu a cidadania romana, patrocinado por Lúcio Méstrio Floro, de quem ganhou o nome de família: Méstrio. Tornou-se amigo de diversos intelectuais e políticos, em grande parte por meio do patrocínio de Méstrio, amigo do imperador Vespasiano. Seu maior promotor foi o conselheiro do imperador Trajano, Q. Sósio Senecião, a quem dedicou obras como as *Vidas paralelas*, na qual se inclui a biografia de Caio Júlio César, aqui traduzida pela professora Ísis Borges Belchior da Fonseca**. O patrono ocupou importantes

---

*   Professor Titular de História Antiga da Universidade Estadual de Campinas.

** Professora doutora aposentada do Departamento de Letras Clássicas e Vernáculas da USP. Traduziu, entre outras obras, *Como tirar proveito de seus inimigos*, de Plutarco; *Retórica das paixões*, de Aristóteles; e *Poemas*, de Constantinos Kaváfis. Em 2005, recebeu o título honorífico de "Embaixadora do Helenismo".

VIDAS DE CÉSAR

cargos políticos e militares sob Domiciano e Trajano, além de ter sido amigo e mesmo protetor do futuro imperador Adriano. Plutarco, contudo, preferiu voltar à sua cidade natal, uma cidadezinha, e à Beócia, que valorizava por ter sido o berço de poetas estimados, como Hesíodo (c. 700 a.C.) e Píndaro (518-438 a.C.), assim como de Epaminondas (morto em 362 a.C.), tido por ele como modelo de virtude aos olhos de Plutarco. Casado com Timossena, tiveram cinco filhos, ao menos, três deles mortos cedo. A partir de 90, dividiu-se entre Queronéia e Delfos, o grande santuário grego, umbigo do mundo, onde foi sacerdote laico do templo de Apolo por mais de vinte anos, desde 95. Foi encarregado de organizar os Jogos Píticos e presidir as assembléias da liga dos povos da Grécia central. Temos notícias de mais de 250 títulos de livros escritos por Plutarco, dos quais 101 nos chegaram completos e trinta em fragmentos. Morreu por volta de 120 d.C.

Dentre as obras de Plutarco, *Vidas paralelas*, composição tardia, constitui uma inovação em ambiente grego. Como gênero literário, distingue-se da história e parece responder a um interesse antes romano do que grego. Os antecedentes latinos, como *Hebdômades* de Varrão (116-27 a. C.) e *Homens ilustres* de Nepos (99-24 a.C.), ambos do final da República Romana, parecem ter inspirado Plutarco no sentido de proceder a uma *comparação sistemática*. Os estudiosos, em particular a erudição de língua alemã, procuraram remontar o gênero biográfico a Isócrates (436-338 a.C.) e a Xenofonte (428-354 a.C.), como parte de um exercício de encômio. Mencionam-se, ainda, as influências de Aristóteles e de seus seguidores, em busca de ensaios eruditos sobre a vida dos filósofos. Embora Plutarco afirme ter aprendido tardiamente a língua latina, não parece descabido aventar a hipótese que tenha se inspirado em Varrão e Cornélio Nepos, como maneira de mostrar que, para cada romano ilustre, se podia comparar um heleno notável. A comparação sistemática (*sýnkrisis*), de toda forma, representa um novo conceito na literatura grega.

Como gênero literário e por sua ambição, seria mais apropriado associar as *Vidas* à filosofia do que à história. Em primeiro lugar, o próprio Plutarco adverte que:

"Se os meus leitores notarem que não reproduzo, por completo e detalhadamente, os grandes feitos célebres, mas que, em geral, apresento apenas um resumo breve, que esses leitores não me recriminem. Na verdade,

132

INTRODUÇÃO A PLUTARCO

não escrevo uma obra de história, mas biografias. Não são sempre os grandes feitos mais marcantes que revelam melhor as qualidades e defeitos dos homens. Uma atitude ou palavra banal, um gracejo, tudo isso permite-nos melhor conhecer o caráter, do que um combate com muitos mortos" (Plutarco, *Vida de Alexandre*, 1).

Plutarco refere-se, nesta passagem, à tradição historiográfica que remonta a Tucídides (460-400 a.C.), com sua ênfase na descrição acurada dos acontecimentos, e deixa claro que se preocupa com uma questão de ordem filosófica, antes que histórica: o caráter, matéria da ética. Obra filosófica, portanto, a biografia ainda que relacionada ao encômio vai além. Busca ser quase o exato inverso da historiografia, já que as vidas aparecem na história como elemento para a compreensão dos acontecimentos históricos, enquanto na biografia são os eventos a ilustrar o caráter, ou *éthos*, de um personagem. Inserido na tradição peripatética e nos escritos aristotélicos sobre a ética, Plutarco considera que a virtude moral não é um dom natural nem apenas algo aprendido, mas uma mescla. Por isso, o biógrafo procura sempre descrever a infância e a tenra educação do biografado. A parte central da vida não é tratada com rigor cronológico, já que a ênfase está na descrição do desenvolvimento do seu caráter. O final da vida e a morte, por outro lado, merecem particular atenção, por permitir uma avaliação moral do conjunto da vida.

Tudo isto é bem perceptível na biografia de Júlio César, a começar pela provável perda dos parágrafos iniciais, pois os manuscritos que chegaram até nós começam abruptamente com a chegada ao poder de Sila, quando César já estava com vinte anos de idade. Em seguida, no decorrer do relato da sua vida, há diversas divergências de datas com outras fontes, como no famoso caso da referência ao choro de César ao se comparar a Alexandre (Plutarco, *César*, 11), já que a informação de Suetônio (*Diu.Iul.* 7) e Dião Cássio (*História de Roma*, 37,52,2) faz mais sentido, pois a questura de César na Hispânia em 67 a.C. coincidiu com os 33 anos do personagem que se comparou a Alexandre, que morreu com essa idade. Por fim, a vida conclui-se com a seqüência do assassinato e com o julgamento moral de que o assassínio de César não havia agradado aos deuses.

Uma questão preocupou, de maneira obstinada, a historiografia alemã: a *Quellenforschung*, ou busca das fontes de Plutarco em *Vidas*. Como Plutarco não pretendeu escrever história, essa preocupação moderna torna-se

VIDAS DE CÉSAR

ainda mais difícil, já que as imprecisões no decorrer da biografia de um personagem como Júlio César não se devem tanto à falta de consulta às fontes, como à preocupação moralizante do autor. Como Plutarco mesmo afirma conhecer mal o latim, muitos estudiosos enfatizaram sua falta de atenção para com as obras latinas. Contudo, na vida de Júlio César há diversas referências a fontes latinas, como, logo no primeiro parágrafo, quando se refere aos "muitos Mários", ao ecoar Suetônio: *nam Caesari multos Marios inesse*. A leitura da *Guerra das Gálias* de Júlio César parece evidente em diversos passos, como no capítulo 20, 8, calcado no latino *scuto ab nouissimis uni militi detracto* (*G.G* 2, 25,2) e vertido aqui como "César, apoderando-se de um escudo e passando entre aqueles que combatiam à sua frente". O caso mais célebre é o da expressão "vim, vi e venci", mencionada por Suetônio (*Diu.Iul.* 37) e apresentada por Plutarco com um breve comentário (*César* 50). Muitos comentadores, contudo, pensam que Plutarco sempre consultou versões gregas e que a elas se reporta.

Os méritos filosóficos e literários das biografias de Plutarco não podem ser subestimados, nem sua influência, consubstanciada na expressão vernacular "varões de Plutarco". Rejeitado, em grande parte, pela historiografia positivista como fonte histórica pouco confiável, Plutarco encontrou, nas últimas décadas, um renovado interesse também por parte da moderna ciência histórica, interessada nas identidades e nas particularidades, temas de eleição de Plutarco. Sua posição ambígua, entre a Grécia e Roma, entre a cidadezinha natal e os grandes centros, parece, em nossos dias, fascinante. As reflexões da teoria social, nas últimas décadas, têm ressaltado como as identidades sociais são fluidas e múltiplas, e o mundo romano, em particular, tem sido revisto. A globalização que vivemos, com a interação das identidades sociais, tem servido para entender um mundo romano também às voltas com a diversidade. Neste contexto, Plutarco encarna muito bem essa fluidez de identidades, cidadão de muitas cidades, grego, mas romano, filósofo, mas sacerdote e líder local, amigo da elite romana, mas também orgulhoso herdeiro da Hélade.

O personagem retratado, Júlio César, também tem sido revisto pela historiografia de nossa época, igualmente à luz das identidades múltiplas e fluidas. Patrício e aristocrata, mas popular, general, mas "rainha da Bitínia", conquistador de terras e mulheres, mas emotivo e lacrimoso, romano até a medula, mas falante do grego em seu íntimo, preocupado com a *res publica*,

INTRODUÇÃO A PLUTARCO

mas *dictator*. César, pintado por Plutarco, aparece associado a Alexandre, os dois grandes luminares da Grécia e de Roma, ambos ligados à ordem do divino (*ta theîa*), como se explicita nos parágrafos finais de ambas biografias. Para o leitor moderno, imerso nas contradições das identidades múltiplas, a vida do Júlio César de Plutarco constitui uma jóia particular.

Campinas, março de 2007.

ൠ   ൠ

Para aprofundamento dos argumentos suscitados por esta introdução, as seguintes obras podem ser consultadas com proveito:

DENCH, Emma. *Romulus' Asylum. Roman Identities from the Age of Alexander to the Age of Hadrian.* Oxford: Oxford University Press, 2005.

ERBSE, Harmut. Die Bedeutung der Synkrisis in den Parallelbiographien Plutarchs. *Hermes* 84: 398-424, 1956.

FUNARI, Pedro Paulo A. *A vida quotidiana na Roma Antiga.* São Paulo: Annablume, 2003.

HINGLEY, Richard. *Globalizing Roman Culture. Unity, Diversity and Empire.* Londres: Routledge, 2005.

LEO, Friedrich. *Die griechisch-römische Biographie nach ihrer litterarischen Form.* Leipzig: Teubner, 1901.

MOSSMAN, Judith (ed.). *Plutarch and his Intellectual World.* London and Swansea: Classical Press of Wales and Duckworth, 1997.

PELLING, Christopher. "Plutarch on Caesar's fall" in Mossman, Judith (ed.). *Plutarch and his Intellectual World.* London and Swansea: Classical Press of Wales and Duckworth, 1997, pp. 215-234.

SCARDIGLI, Barbara. *Die Römerbiographien Plutarchs: ein Forschungsbericht.* Munique: Beck, 1979.

ൠ   ൠ

Agradeço a Richard Hingley, assim como menciono o apoio institucional do Núcleo de Estudos Estratégicos da UNICAMP, o CNPq e a FAPESP. A responsabilidade pelas idéias restringe-se ao autor.

ΚΑΙΣΑΡ

César

[1] 1. Τὴν Κίννα τοῦ μοναρχήσαντος θυγατέρα Κορνηλίαν ὡς ἐπεκράτησε Σύλλας οὔτ' ἐλπίσιν οὔτε φόβῳ δυνηθεὶς ἀποσπάσαι Καίσαρος, ἐδήμευσε τὴν φερνὴν αὐτῆς. 2. Αἰτία δὲ Καίσαρι τῆς πρὸς Σύλλαν ἀπεχθείας ἡ πρὸς Μάριον οἰκειότης ἦν· Ἰουλίᾳ γὰρ πατρὸς ἀδελφῇ Καίσαρος ὁ πρεσβύτερος συνῴκει Μάριος, ἐξ ἧς ἐγεγόνει Μάριος ὁ νεώτερος, ἀνεψιὸς ὢν Καίσαρος. 3. Ὡς δ' ὑπὸ πλήθους φόνων ἐν ἀρχῇ καὶ δι' ἀσχολίας ὑπὸ Σύλλα παρορώμενος οὐκ ἠγάπησεν, ἀλλὰ μετιὼν ἱερωσύνην εἰς τὸν δῆμον προῆλθεν οὔπω πάνυ μειράκιον ὤν, ταύτης μὲν ἐκπεσεῖν αὐτὸν ὑπεναντιωθεὶς Σύλλας παρεσκεύασε, 4. περὶ δ' ἀναιρέσεως βουλευόμενος, ἐνίων λεγόντων ὡς οὐκ ἔχοι λόγον ἀποκτιννύναι παῖδα τηλικοῦτον, οὐκ ἔφη νοῦν ἔχειν αὐτούς, εἰ μὴ πολλοὺς ἐν τῷ παιδὶ τούτῳ Μαρίους ἐνορῶσι. 5. Ταύτης τῆς φωνῆς ἀνενεχθείσης πρὸς Καίσαρα, συχνὸν μέν τινα χρόνον πλανώμενος ἐν Σαβίνοις ἔκλεπτεν ἑαυτόν· 6. ἔπειτα δι' ἀρρωστίαν εἰς οἰκίαν ἑτέραν μετακομιζόμενος κατὰ νύκτα, περιπίπτει στρατιώταις τοῦ Σύλλα διερευνωμένοις ἐκεῖνα τὰ χωρία καὶ τοὺς κεκρυμμένους συλλαμβάνουσιν. 7. Ὧν τὸν ἡγεμόνα Κορνήλιον πείσας δυσὶ ταλάντοις, ἀφείθη, καὶ καταβὰς εὐθὺς ἐπὶ θάλατταν ἐξέπλευσεν εἰς Βιθυνίαν πρὸς Νικομήδην τὸν βασιλέα. 8. Παρ῾ῷ διατρίψας χρόνον οὐ πολύν, εἶτ' ἀποπλέων ἁλίσκεται περὶ τὴν Φαρμακοῦσσαν νῆσον ὑπὸ πειρατῶν ἤδη τότε στόλοις μεγάλοις καὶ σκάφεσιν ἀπλέτοις κατεχόντων τὴν θάλατταν.

---

1. Sila foi ditador de 82 a 79 a.C.

2. Parece que Cornélia morreu em 69 a.C., após quinze anos de casamento com César, que a desposou quando ele tinha dezessete anos.

3. O talento equivalia a sessenta minas, ou seis mil dracmas.

[1] 1. Quando Sila chegou ao poder[1], como não pôde, nem por esperanças ilusórias, nem por medo, separar de César Cornélia[2], filha de Cina, o qual exercera de maneira absoluta o poder, confiscou-lhe o dote. 2. A causa da hostilidade de César contra Sila era seu parentesco com Mário. Com efeito, Mário, o Antigo, tinha desposado Júlia, irmã do pai de César da qual nascera Mário, o Jovem, que era assim primo-irmão de César. 3. Como este ficou descontente de ser desprezado por Sila, que estava ocupado em grande número de assassinatos no início, e sem tempo, apresentou-se diante do povo, na tentativa de alcançar pelo menos o sacerdócio, embora ainda não fosse precisamente um jovem. Sila, tendo-se oposto secretamente, fez que ele não o conseguisse, 4. mas, enquanto decidia acerca de seu desaparecimento, e alguns diziam que não havia razão para matar um rapaz tão jovem, replicou que eles eram insensatos, se não percebiam nesse rapaz muitos Mários. 5. Tendo sido relatadas essas palavras a César, por longo tempo ele se escondeu, vagueando pela terra dos sabinos; 6. mas depois, enquanto era transportado de noite para uma outra casa, por motivo de doença, deparou com os soldados de Sila que revistavam aquelas regiões e detinham os que estavam escondidos. 7. Subornou Cornélio, chefe deles, e foi libertado por dois talentos[3]. Desceu então sem demora ao mar e seguiu viagem para a Bitínia[4], para junto do rei Nicomedes. 8. Com ele passou não muito tempo; e, então, em sua viagem de volta[5], foi capturado por piratas, perto da ilha Farmacussa[6], que nessa época já invadiam o mar com grandes frotas e incontáveis embarcações.

---

4.   César serviu sob Marcos Termo, pretor da Ásia, em 81-80 a.C., quando tinha dezenove anos, e foi por ele enviado a Bitínia para preparar uma frota que auxiliasse no cerco de Mitilene.

5.   De acordo com Suetônio (*César* 4), foi numa viagem de Roma para Rodes (depois de 77 a.C.) que César foi capturado por piratas.

6.   Farmacussa é uma pequena ilha do Mar Egeu, perto de Mileto, hoje Farmakonisi.

VIDAS DE CÉSAR

[2] 1. Πρῶτον μὲν οὖν αἰτηθεὶς ὑπ᾽ αὐτῶν λύτρα εἴκοσι τάλαντα, κατεγέλασεν ὡς οὐκ εἰδότων ὃν ἡρήκοιεν, αὐτὸς δ᾽ ὡμολόγησε πεντήκοντα δώσειν· 2. ἔπειτα τῶν περὶ αὐτὸν ἄλλον εἰς ἄλλην διαπέμψας πόλιν ἐπὶ τὸν τῶν χρημάτων πορισμόν, ἐν ἀνθρώποις φονικωτάτοις Κίλιξι μεθ᾽ ἑνὸς φίλου καὶ δυοῖν ἀκολούθοιν ἀπολελειμμένος, οὕτω καταφρονητικῶς εἶχεν, ὥστε πέμπων ὁσάκις ἀναπαύοιτο προσέταττεν αὐτοῖς σιωπᾶν. 3. Ἡμέραις δὲ τεσσαράκοντα δυεῖν δεούσαις, ὥσπερ οὐ φρουρούμενος ἀλλὰ δορυφορούμενος ὑπ᾽ αὐτῶν, ἐπὶ πολλῆς ἀδείας συνέπαιζε καὶ συνεγυμνάζετο. 4. Καὶ ποιήματα γράφων καὶ λόγους τινὰς ἀκροαταῖς ἐκείνοις ἐχρῆτο, καὶ τοὺς μὴ θαυμάζοντας ἄντικρυς ἀπαιδεύτους καὶ βαρβάρους ἀπεκάλει, καὶ σὺν γέλωτι πολλάκις ἠπείλησε κρεμᾶν αὐτούς· οἱ δ᾽ ἔχαιρον, ἀφελείᾳ τινὶ καὶ παιδιᾷ τὴν παρρησίαν ταύτην νέμοντες. 5. Ὡς δ᾽ ἧκον ἐκ Μιλήτου τὰ λύτρα καὶ δοὺς ἀφείθη, πλοῖα πληρώσας εὐθὺς ἐκ τοῦ Μιλησίων λιμένος ἐπὶ τοὺς λῃστὰς ἀνήγετο, καὶ καταλαβὼν ἔτι πρὸς τῇ νήσῳ ναυλοχοῦντας, ἐκράτησε τῶν πλείστων. 6. Καὶ τὰ μὲν χρήματα λείαν ἐποιήσατο, τοὺς δ᾽ ἄνδρας ἐν Περγάμῳ καταθέμενος εἰς τὸ δεσμωτήριον, αὐτὸς ἐπορεύθη πρὸς τὸν διέποντα τὴν Ἀσίαν Ἰουγκον, ὡς ἐκείνῳ προσῆκον ὄντι στρατηγῷ κολάσαι τοὺς ἑαλωκότας. 7. Ἐκείνου δὲ καὶ τοῖς χρήμασιν ἐποφθαλμιῶντος (ἦν γὰρ οὐκ ὀλίγα), καὶ περὶ τῶν αἰχμαλώτων σκέψεσθαι φάσκοντος ἐπὶ σχολῆς, χαίρειν ἐάσας αὐτὸν ὁ Καῖσαρ εἰς Πέργαμον ᾤχετο, καὶ προαγαγὼν τοὺς λῃστὰς ἅπαντας ἀνεσταύρωσεν, ὥσπερ αὐτοῖς δοκῶν παίζειν ἐν τῇ νήσῳ προειρήκει πολλάκις.

[3] 1. Ἐκ δὲ τούτου τῆς Σύλλα δυνάμεως ἤδη μαραινομένης καὶ τῶν οἴκοι καλούντων αὐτόν, ἔπλευσεν εἰς Ῥόδον ἐπὶ σχολὴν

---

7. Este amigo era um médico, segundo Suetônio (*César* 4, 2).

8. De Pérgamo César foi a Bitínia, onde se encontrava Junco.

9. Marcos Junco, proprietor da Ásia em 75-74 a.C., encontrava-se em Bitínia para a execução do testamento de Nicomedes III, morto em 74, deixando o reino aos romanos. Junco provavelmente teve autoridade de procônsul, depois que teve o encargo de organizar a Bitínia.

PLUTARCO: CÉSAR

[2] 1. Primeiramente, como eles lhe pediram vinte talentos como resgate, ridicularizou-os por não saberem quem tinham capturado, e ele próprio prometeu dar-lhes cinqüenta. 2. Depois, tendo enviado seus companheiros para diferentes cidades no intuito de obterem esses recursos, foi deixado com um único amigo[7] e dois servidores entre os cilícios, homens de disposições sanguinárias em alto grau; tão desdenhoso foi com eles que lhes mandava a ordem de se calarem toda vez que ia dormir. 3. Durante trinta e oito dias, como se não estivesse sob vigilância, mas como se fosse protegido por eles, partilhava em completa segurança de seus jogos e exercícios. 4. Compondo poemas e alguns discursos, fazia daqueles guardas seus ouvintes e chamava abertamente de iletrados e de bárbaros aqueles que não manifestavam admiração, e, muitas vezes rindo, ameaçou enforcá-los. Eles divertiam-se, atribuindo essa franqueza à simplicidade e à brincadeira. 5. Quando seu resgate chegou de Mileto e ele foi libertado após pagá-lo, imediatamente equipou navios e, partindo de Mileto, alcançou o alto mar em direção aos corsários. Encontrou-os ainda ancorados na ilha e apoderou-se da maioria deles. 6. Roubou o dinheiro e, após ter lançado os homens na prisão, em Pérgamo, foi em pessoa procurar o governador da Ásia[8], Junco, porquanto lhe cabia como pretor punir os prisioneiros. 7. Quando Junco[9] lançou um olhar de ambição sobre o dinheiro (pois não era pouco) e afirmou que sem pressa examinaria atentamente os presos, César deixou-o e voltou a Pérgamo. Fez sair da prisão os corsários e enforcou todos eles, como lhes tinha dito muitas vezes, na ilha, quando parecia divertir-se[10].

[3] 1. Depois disso, como o poder de Sila já declinava e os correligionários de César o chamavam, ele dirigiu-se a Rodes[11] para estudar

---

10. Segundo Suetônio (*César* 74, 1), César mostrou "a extrema doçura de sua natureza", ordenando que se estrangulassem os piratas antes de crucificá-los.

11. A viagem a Rodes é datada de 75-74 a.C. (Nipperdey, in *Philologus* VI, 1851, p. 378). [Cf. nota 5.]

VIDAS DE CÉSAR

πρὸς Ἀπολλώνιον τὸν τοῦ Μόλωνος, οὗ καὶ Κικέρων ἠκρόατο, σοφιστεύοντος ἐπιφανῶς καὶ τὸν τρόπον ἐπιεικοῦς εἶναι δοκοῦντος. 2. Λέγεται δὲ καὶ φῦναι πρὸς λόγους πολιτικοὺς ὁ Καῖσαρ ἄριστα καὶ διαπονῆσαι φιλοτιμότατα τὴν φύσιν, ὡς τὰ δευτερεῖα μὲν ἀδηρίτως ἔχειν, 3. τὸ δὲ πρωτεῖον, ὅπως τῇ δυνάμει καὶ τοῖς ὅπλοις πρῶτος εἴη μᾶλλον [ἀλλ'] ἀσχοληθείς, ἀφεῖναι, πρὸς ὅπερ ἡ φύσις ὑφηγεῖτο τῆς ἐν τῷ λέγειν δεινότητος ὑπὸ στρατειῶν καὶ πολιτείας, ᾗ κατεκτήσατο τὴν ἡγεμονίαν, οὐκ ἐξικόμενος. 4. Αὐτὸς δ' οὖν ὕστερον ἐν τῇ πρὸς Κικέρωνα περὶ Κάτωνος ἀντιγραφῇ παραιτεῖται μὴ στρατιωτικοῦ λόγον ἀνδρὸς ἀντεξετάζειν πρὸς δεινότητα ῥήτορος εὐφυοῦς καὶ σχολὴν ἐπὶ τοῦτο πολλὴν ἄγοντος.

[4] 1. Ἐπανελθὼν δ' ἀπὸ τῆς Ἑλλάδος εἰς Ῥώμην, Δολοβέλλαν ἔκρινε κακώσεως ἐπαρχίας, καὶ πολλαὶ τῶν ἀπό τῆς Ἑλλπόλεων πόλεων μαρτυρίας αὐτῷ παρέσχον. 2. Ὁ μὲν οὖν Δολοβέλλας ἀπέφυγε τὴν δίκην, ὁ δὲ Καῖσαρ, ἀμειβόμενος τὴν Ἑλλάδα τῆς προθυμίας, συνηγόρευσεν αὐτῇ Πόπλιον Ἀντώνιον διωκούσῃ δωροδοκίας ἐπὶ Λευκούλλου Μάρκου τοῦ Μακεδονίας στρατηγοῦ. 3. Καὶ τοσοῦτον ἴσχυσεν, ὥστε τὸν Ἀντώνιον ἐπικαλέσασθαι τοὺς δημάρχους, σκηψάμενον οὐκ ἔχειν τὸ ἴσον ἐν τῇ Ἑλλάδι πρὸς Ἕλληνας. 4. Ἐν δὲ Ῥώμῃ πολλὴ μὲν ἐπὶ τῷ λόγῳ περὶ τὰς συνηγορίας αὐτοῦ χάρις ἐξέλαμπε, πολλὴ δὲ τῆς περὶ τὰς δεξιώσεις καὶ ὁμιλίας φιλοφροσύνης εὔνοια παρὰ τῶν δημοτῶν ἀπήντα, θεραπευτικοῦ παρ' ἡλικίαν ὄντος. 5. Ἦν δέ τις καὶ ἀπὸ δείπνων καὶ τραπέζης καὶ ὅλως τῆς περὶ τὴν δίαιταν λαμπρότητος αὐξανομένη κατὰ μικρὸν αὐτῷ δύναμις εἰς τὴν πολιτείαν. 6. Ἦν τὸ πρῶτον οἱ φθονοῦντες οἰόμενοι ταχὺ τῶν ἀναλωμάτων ἐπιλιπόντων ἐξίτηλον ἔσεσθαι, περιεώρων ἀνθοῦσαν ἐν τοῖς πολλοῖς·

---

12. Em 78 a.C., certamente após a notícia da morte de Sila, que ocorreu em março desse mesmo ano.

13. Cneu Cornélio Dolabela tinha sido cônsul em 81 a.C., depois procônsul da Macedônia, e tinha obtido o triunfo sobre os trácios.

PLUTARCO: CÉSAR

sob a direção de Apolônio, filho de Mólon, de quem também Cícero tinha sido discípulo, uma vez que Apolônio era um brilhante professor de retórica e parecia ser de bom caráter. 2. Diz-se também que César tinha uma disposição natural excelente para a oratória política, e cultivara essa disposição com muito ardor, a tal ponto que ocupava incontestavelmente o segundo lugar, 3. mas que tinha desistido do primeiro, porque se ocupara sobretudo em ser o primeiro pelo poder e pelas armas. Não alcançou a habilidade extrema na oratória para a qual sua natureza o dirigia, por causa das expedições e da política pela qual adquiriu o poder absoluto. 4. Mais tarde, pois, na réplica a Cícero a respeito de Catão, ele próprio pede que não comparem o discurso de um soldado com a habilidade de um orador, que é naturalmente bem dotado e dispõe de muito tempo para esse ofício.

[4] 1. De volta a Roma[12], acusou Dolabela[13] de malversação em sua província, e muitas cidades da Grécia ofereceram-lhe testemunhos. 2. Dolabela foi absolvido, mas César, procurando recompensar os gregos por sua boa vontade, defendeu-os, quando eles acusavam Públio Antônio[14] de venalidade diante de Marco Luculo, pretor da Macedônia[15]. 3. E foi tão incisivo que Antônio apelou para os tribunos da plebe, alegando que não obteria na Grécia julgamento imparcial contra gregos. 4. Em Roma, irradiava-se de César uma grande sedução por causa de sua eloqüência nas defesas, e considerável estima vinha-lhe de seus concidadãos pela amabilidade de seu acolhimento e de sua conversação, visto que era mais obsequioso que os de sua idade. 5. Ele tinha também certo poder político que gradualmente crescia, graças aos festins, às refeições e, em geral, ao brilho de sua maneira de viver. 6. Primeiramente, os que lhe tinham inveja, crendo que esse poder seria rapidamente aniquilado, quando seus gastos tivessem cessado, viam com indiferença que tal poder aumentava no meio do povo;

---

14. Plutarco errou nesta referência, pois se trata aqui de Caio Antônio Híbrida, futuro cônsul com Cícero, em 63 a.C.. O processo aconteceu em 76 a.C., mas não na Grécia.

15. Outro erro de Plutarco. Trata-se de Marco Luculo, pretor peregrino em Roma. A confusão surgiu por ter Plutarco acabado de citar o episódio de Dolabela, que tinha sido precisamente procônsul da Macedônia.

VIDAS DE CÉSAR

7. ὀψὲ δ' ᾔσθοντο, μεγάλης καὶ δυσανατρέπτου γενομένης καὶ βαδιζούσης ἄντικρυς ἐπὶ τὴν τῶν ὅλων μεταβολήν, ὡς οὐδεμίαν ἀρχὴν πράγματος <οὕτως> ἡγητέον μικράν, ἣν οὐ ταχὺ ποιεῖ μεγάλην τὸ ἐνδελεχές, ἐκ τοῦ καταφρονηθῆναι τὸ μὴ κωλυθῆναι λαβοῦσαν. 8. Ὁ γοῦν πρῶτος ὑπιδέσθαι δοκῶν αὐτοῦ καὶ φοβηθῆναι τῆς πολιτείας ὥσπερ θαλάττης τὰ διαγελῶντα καὶ τὴν ἐν τῷ φιλανθρώπῳ καὶ ἱλαρῷ κεκρυμμένην δεινότητα τοῦ ἤθους καταμαθὼν Κικέρων ἔλεγε τοῖς ἄλλοις ἅπασιν ἐπιβουλεύμασιν αὐτοῦ καὶ πολιτεύμασι τυραννικὴν ἐνορᾶν διάνοιαν. 9. «Ἀλλ' ὅταν» ἔφη «τὴν κόμην οὕτω διακειμένην περιττῶς ἴδω, κἀκεῖνον ἑνὶ δακτύλῳ κνώμενον, οὔ μοι δοκεῖ πάλιν οὗτος ἄνθρωπος εἰς νοῦν ἂν ἐμβαλέσθαι τηλικοῦτον κακόν, ἀναίρεσιν τῆς Ῥωμαίων πολιτείας.» Ταῦτα μὲν οὖν ὕστερον.

[5] 1. Τοῦ δὲ δήμου πρώτην μὲν ἀπόδειξιν τῆς πρὸς αὐτὸν εὐνοίας ἔλαβεν, ὅτε πρὸς Γάϊον Ποπίλιον ἐρίσας ὑπὲρ χιλιαρχίας πρότερος ἀνηγορεύθη· 2. δευτέραν δὲ καὶ καταφανεστέραν, ὅτε τῆς Μαρίου γυναικὸς Ἰουλίας ἀποθανούσης, ἀδελφιδοῦς ὢν αὐτῆς, ἐγκώμιόν τε λαμπρὸν ἐν ἀγορᾷ διῆλθε, καὶ περὶ τὴν ἐκφορὰν ἐτόλμησεν εἰκόνας Μαρίων προθέσθαι, τότε πρῶτον ὀφθείσας μετὰ τὴν ἐπὶ Σύλλα πολιτείαν, πολεμίων τῶν ἀνδρῶν κριθέντων. 3. Ἐπὶ τούτῳ γὰρ ἐνίων καταβοησάντων τοῦ Καίσαρος, ὁ δῆμος ἀντήχησε λαμπρῶς, δεξάμενος κρότῳ καὶ θαυμάσας ὥσπερ ἐξ Ἅιδου διὰ χρόνων πολλῶν ἀνάγοντα τὰς Μαρίου τιμὰς εἰς τὴν πόλιν. 4. Τὸ μὲν οὖν ἐπὶ γυναιξὶ πρεσβυτέραις λόγους ἐπιταφίους διεξιέναι πάτριον ἦν Ῥωμαίοις, <ἐπὶ> νέαις δ' οὐκ ὂν ἐν ἔθει, πρῶτος εἶπε Καῖσαρ ἐπὶ τῆς ἑαυτοῦ γυναικὸς ἀποθανούσης· 5. καὶ τοῦτ' ἤνεγκεν αὐτῷ χάριν τινα καὶ συνεδημαγώγησε τῷ πάθει τοὺς πολλοὺς

---

16. Cf. Suetônio (*César* 45, 3-4), coçar a cabeça com um só dedo, certamente para manter os cabelos arrumados, era, no entanto, um gesto considerado próprio de um efeminado. Sabe-se que César tinha pouco cabelo, chegando a ser quase calvo.

17. Cf. Suetônio (*César* 5), César foi nomeado tribuno militar em 72-71 a.C., quando retornou da Ásia.

PLUTARCO: CÉSAR

7. mas, no momento em que esse poder cresceu e se tornou difícil de destruir, encaminhando-se diretamente para a subversão total, perceberam tarde demais que nenhum empreendimento, em seu início, deve ser considerado tão sem importância que a continuidade não possa torná-lo rapidamente considerável, quando, por ter sido desprezado, consegue não encontrar um obstáculo. 8. Em todo o caso, o primeiro que pareceu suspeitar e temer o aspecto agradável da política de César, semelhante ao do mar, e que percebeu o terrível caráter oculto sob seus sentimentos de humanidade e de jovialidade foi Cícero: ele dizia que em todas as suas maquinações e em todos os seus atos políticos via um propósito tirânico. 9. Mas, asseverava ele, quando vejo que sua cabeleira está magnificamente arrumada e que ele a coça com um só dedo[16], já não me parece que tal homem possa pôr em seu espírito um tão grande mal, como a anulação da constituição romana. Isso, seguramente, aconteceu mais tarde.

[5] 1. César recebeu a primeira prova da benevolência do povo para com ele quando, competindo com Caio Popílio pela função de tribuno militar[17], foi proclamado publicamente o primeiro. 2. A segunda prova e mais evidente que a primeira, ele a recebeu quando, tendo falecido a esposa de Mário, Júlia, de quem era sobrinho, pronunciou um brilhante encômio[18] no *forum*, e, no préstito fúnebre, ousou exibir imagens de Mário[19], que foram então vistas pela primeira vez depois do governo de Sila, porque Mário e seus amigos tinham sido reconhecidos como inimigos públicos. 3. Neste ínterim, como alguns clamaram contra César, o povo respondeu em altos brados, acolhendo-o com aplausos e olhando-o com admiração, como se estivesse fazendo subir do Hades para a cidade, após muito tempo, as honrarias de Mário. 4. Pronunciar orações fúnebres para mulheres idosas era de fato costume ancestral dos romanos, e, embora não fosse usual para as jovens, César pela primeira vez proferiu tal discurso diante de sua própria esposa falecida[20]. 5. Isso trouxe-lhe certo benefício, e, com seu infortúnio, levou o povo

---

18. Sobre esse encômio, pode-se ler um trecho em Suetônio, *César* 6.

19. Se se aceita a correção de Reiske: εἰκόνας Μαρίων, trata-se dos dois Mários, o grande e o filho, proscritos por Sila.

20. Em 69 a.C., quando César era questor. Assim como no funeral de Júlia, ele quis exaltar em Cornélia, filha de Cina, o lado mariano e aumentar com isso a benevolência que lhe vinha do povo.

145

VIDAS DE CÉSAR

ὡς ἥμερον ἄνδρα καὶ περίμεστον ἤθους ἀγαπᾶν. 6. θάψας δὲ τὴν γυναῖκα, ταμίας εἰς Ἰβηρίαν ἑνὶ τῶν στρατηγῶν Βέτερι συνεξῆλθεν, ὃν αὐτόν τε τιμῶν ἀεὶ διετέλεσε, καὶ τὸν υἱὸν αὐτοῦ πάλιν αὐτὸς ἄρχων ταμίαν ἐποίησε. 7. Γενόμενος δ᾽ ἀπὸ τῆς ἀρχῆς ἐκείνης, τρίτην ἠγάγετο γυναῖκα Πομπηΐαν, ἔχων ἐκ Κορνηλίας θυγατέρα τὴν ὕστερον Πομπηΐῳ Μάγνῳ γαμηθεῖσαν. 8. Χρώμενος δὲ ταῖς δαπάναις ἀφειδῶς, καὶ δοκῶν μὲν ἐφήμερον καὶ βραχεῖαν ἀντικαταλλάττεσθαι μεγάλων ἀναλωμάτων δόξαν, ὠνούμενος δὲ ταῖς ἀληθείαις τὰ μέγιστα μικρῶν, λέγεται πρὶν εἰς ἀρχήν τινα καθίστασθαι χιλίων καὶ τριακοσίων γενέσθαι χρεωφειλέτης ταλάντων. 9. Ἐπεὶ δὲ τοῦτο μὲν ὁδοῦ τῆς Ἀππίας ἀποδειχθεὶς ἐπιμελητὴς πάμπολλα χρήματα προσανάλωσε τῶν ἑαυτοῦ, τοῦτο δ᾽ ἀγορανομῶν ζεύγη μονομάχων τριακόσια καὶ εἴκοσι παρέσχε, καὶ ταῖς ἄλλαις περί τε θέατρα καὶ πομπὰς καὶ δεῖπνα χορηγίαις καὶ πολυτελείαις τὰς πρὸ αὐτοῦ κατέκλυσε φιλοτιμίας, οὕτω διέθηκε τὸν δῆμον, ὡς καινὰς μὲν ἀρχάς, καινὰς δὲ τιμὰς ζητεῖν ἕκαστον αἷς αὐτὸν ἀμείψαιντο.

[6] 1. Δυεῖν δ᾽ οὐσῶν ἐν τῇ πόλει στάσεων, τῆς μὲν ἀπὸ Σύλλα μέγα δυναμένης, τῆς δὲ Μαριανῆς, ἣ τότε κατ-επτήχει καὶ διέσπαστο κομιδῇ ταπεινὰ πράττουσα, ταύτην ἀναρρῶσαι καὶ προσαγαγέσθαι βουλόμενος, ἐν ταῖς ἀγορανομικαῖς φιλοτιμίαις ἀκμὴν ἐχούσαις εἰκόνας ἐποιήσατο Μαρίου κρύφα καὶ Νίκας τροπαιοφόρους, ἃς φέρων νυκτὸς εἰς τὸ Καπιτώλιον ἀνέστησεν. 2. Ἅμα δ᾽ ἡμέρᾳ τοὺς θεασαμένους μαρμαίροντα πάντα χρυσῷ καὶ τέχνῃ κατεσκευασμένα περιττῶς (διεδήλου δὲ γράμμασι τὰ Κιμβρικὰ κατορθώματα) θάμβος ἔσχε τῆς τόλμης τοῦ ἀναθέντος

---

21. Caio Antístio Vétere foi propretor da Hispânia Ulterior em 69-8 a.C. Teve descendentes ilustres até o tempo de Plutarco. Seu filho, C. Antístio Vétere, foi questor de César, pretor da Hispânia Ulterior em 61 a.C., e será cônsul em 30 a.C.

22. Pompéia foi a terceira mulher, após Cossútia e Cornélia. Cossútia, a primeira esposa (ou talvez apenas noiva) de César, era filha de um rico cavaleiro romano. Pompéia, filha de Quinto Pompeio Rufo, cônsul em 88 a.C., e de Cornélia, filha de Sila, foi esposa de César de 67 a.C. a 61 a.C.. Júlia, filha de César e de Cornélia, desposou Pompeu em 59 a.C..

PLUTARCO: CÉSAR

a amá-lo como a um homem afável e de muitas qualidades. 6. Após ter sepultada sua esposa, ele partiu como questor para a Hispânia em companhia de Vétere[21], um dos pretores, a quem jamais deixou de estimar; fez do filho dele por sua vez seu questor, no tempo em que ele próprio era pretor. 7. Depois de ter deixado aquele cargo, desposou uma terceira mulher, Pompéia[22], quando já tinha de Cornélia uma filha, que se casou mais tarde com Pompeu Magno. 8. Como gastava à larga e parecia comprar uma glória efêmera e curta por alto preço, enquanto na realidade estava comprando as maiores vantagens por baixo preço, diz-se que, antes de ocupar certo cargo público, veio a ser devedor de 1.300 talentos. 9. Uma ocasião, depois que foi designado para curador da Via Ápia[23], ele contribuiu para a despesa com quantias muito grandes de seu próprio capital. Uma outra vez, quando era edil, forneceu trezentos e vinte pares de gladiadores, e, com os outros recursos e grandes gastos para os teatros, as procissões e os festins, ofuscou os projetos ambiciosos de seus predecessores. Ele dispôs o povo de tal maneira que cada um procurava novas magistraturas e novas honras com as quais o recompensasse.

[6] 1. Havia dois partidos políticos na cidade, o de Sila, que era muito poderoso, e o de Mário que então, achando-se em situação realmente miserável, estava aviltado e disperso. César[24], querendo reanimar e atrair para si este último, no momento em que manobras ambiciosas de sua edilidade estavam no auge, mandou fazer secretamente estatuetas de Mário, e Vitórias portadoras de troféus, que se apressou em mandar erguer de noite no Capitólio. 2. Ao amanhecer, aqueles que viram todas as estátuas resplendentes de ouro e preparadas com arte magnífica[25] (elas simbolizavam nas inscrições os felizes sucessos sobre os címbrios) sentiram admiração pela ousadia do homem que as erguera (pois não era um desconhecido),

---

23. Em 65 a.C., César foi curador da Via Ápia e edil curul. Os edis costumavam oferecer espetáculos ao povo.

24. Trata-se na realidade do início do ataque decisivo de César à constituição, pois o partido de Sila já estava debilitado há tempo. Nota-se que Plutarco procura aqui simplificar e esquematizar os fatos.

25. Não se refere ao valor artístico, mas aos artifícios usados para obter maior efeito, o que se pode ver pela explicação entre parênteses.

VIDAS DE CÉSAR

(οὐ γὰρ ἦν ἄδηλος), ταχὺ δὲ περιϊὼν ὁ λόγος ἤθροιζε πάντας ἀνθρώπους πρὸς τὴν ὄψιν. 3. Ἀλλ' οἱ μὲν ἐβόων τυραννίδα πολιτεύεσθαι Καίσαρα, νόμοις καὶ δόγμασι κατορωρυγμένας ἐπανιστάντα τιμάς, καὶ τοῦτο πεῖραν ἐπὶ τὸν δῆμον εἶναι, προμαλαττόμενον εἰ τετιθάσσευται ταῖς φιλοτιμίαις ὑπ' αὐτοῦ καὶ δίδωσι παίζειν τοιαῦτα καὶ καινοτομεῖν· 4. οἱ δὲ Μαριανοὶ παραθαρρύναντες ἀλλήλους πλήθει τε θαυμαστὸν ὅσοι διεφάνησαν ἐξαίφνης, καὶ κρότῳ κατεῖχον τὸ Καπιτώλιον· 5. πολλοῖς δὲ καὶ δάκρυα τὴν Μαρίου θεωμένοις ὄψιν ὑφ' ἡδονῆς ἐχώρει, καὶ μέγας ἦν ὁ Καῖσαρ ἐγκωμίοις αἰρόμενος, ὡς ἀντὶ πάντων ἄξιος εἷς ὁ ἀνὴρ τῆς Μαρίου συγγενείας. 6. Συναχθείσης δὲ περὶ τούτων τῆς βουλῆς, Κάτλος Λουτάτιος, ἀνὴρ εὐδοκιμῶν τότε μάλιστα Ῥωμαίων, ἀναστὰς καὶ κατηγορήσας Καίσαρος ἐπεφθέγξατο τὸ μνημονευόμενον· "οὐκέτι γὰρ ὑπονόμοις," ἔφη "Καῖσαρ, ἀλλ' ἤδη μηχαναῖς αἱρεῖ τὴν πολιτείαν." 7. Ἐπεὶ δ' ἀπολογησά μενος πρὸς ταῦτα Καῖσαρ ἔπεισε τὴν σύγκλητον, ἔτι μᾶλλον οἱ θαυμάζοντες αὐτὸν ἐπήρθησαν, καὶ παρεκελεύοντο μηδενὶ τοῦ φρονήματος ὑφίεσθαι· πάντων γὰρ ἑκόντι τῷ δήμῳ περιέσεσθαι καὶ πρωτεύσειν.

[7] 1. Ἐν δὲ τούτῳ καὶ Μετέλλου τοῦ ἀρχιερέως τελευτήσαντος, καὶ τὴν ἱερωσύνην περιμάχητον οὖσαν Ἰσαυρικοῦ καὶ Κάτλου μετιόντων, ἐπιφανεστάτων ἀνδρῶν καὶ μέγιστον ἐν <τῇ> βουλῇ δυναμένων, οὐχ ὑπεῖξεν αὐτοῖς ὁ Καῖσαρ, ἀλλὰ καταβὰς εἰς τὸν δῆμον ἀντιπαρήγγελλεν. 2. Ἀγχωμάλου δὲ τῆς σπουδῆς φαινομένης, ὁ Κάτλος, ἀπὸ μείζονος ἀξίας μᾶλλον ὀρρωδῶν τὴν ἀδηλότητα, προσέπεμψε πείθων ἀποστῆναι τὸν Καίσαρα τῆς φιλοτιμίας ἐπὶ πολλοῖς χρήμασιν· ὁ δὲ καὶ πλείω προσδανεισάμενος ἔφη διαγωνιεῖσθαι. 3. Τῆς δ' ἡμέρας ἐνστάσης καὶ τῆς μητρὸς ἐπὶ τὰς θύρας αὐτὸν οὐκ ἀδακρυτὶ προπεμπούσης,

---

26. A hostilidade que datava da batalha dos *Campi Raudii* contra os âmbrios, entre o pai Quinto Cátulo Lutácio e Mário (que o tinha forçado a matar-se em 87 a.C.) continuou entre os filhos e César.

PLUTARCO: CÉSAR

e a notícia, propalando-se rapidamente, reuniu em massa a população para vê-las. 3. Mas uns gritavam que César exercia como homem de Estado a tirania, restabelecendo honras enterradas por leis e decretos, e que isso era uma experiência feita sobre o povo, já sujeito à sua influência, para ver se, apaziguado com suas manobras ambiciosas, ele lhe permitia divertir-se dessa maneira e introduzir inovações; 4. Mas os partidários de Mário, dando coragem uns aos outros, apareceram de repente em número surpreendente e encheram o Capitólio com seus aplausos. 5. Muitos derramavam lágrimas de alegria, vendo as feições de Mário, e César era exaltado com elogios, como o único homem digno acima de todos do parentesco com Mário. 6. Tendo-se reunido o Senado para tratar dessas ocorrências, Cátulo Lutácio[26], que era então o mais considerado dos romanos, ergueu-se e, acusando César, pronunciou a memorável frase: "De fato, não é mais por vias subterrâneas, César, mas já com máquinas de guerra que procuras tomar o governo". 7. Como César se defendeu dessa acusação e persuadiu o Senado, seus admiradores exaltaram-se ainda mais e incitaram-no a não refrear seu orgulho diante de ninguém, pois levaria vantagem sobre todos pela vontade do povo e ocuparia o primeiro lugar.

[7] 1. Neste ínterim, como tinha falecido Metelo[27], o *Pontifex maximus*, e como aspiravam ao sacerdócio — que era então muito disputado — Isáurico e Cátulo, varões ilustríssimos e de muito grande prestígio no Senado, César não lhes fez concessão, mas, dirigindo-se ao povo, apresentou-se para competir com eles no cargo[28]. 2. Visto que o interesse pelos candidatos se mostrava quase igual, Cátulo, sentindo maior temor diante da incerteza do resultado, em virtude de sua posição mais elevada, enviou um emissário a César, na tentativa de persuadi-lo a renunciar a seu projeto ambicioso, mediante muito dinheiro. Mas este declarou que levaria a cabo a luta, mesmo após ter pedido emprestado ainda mais. 3. Quando chegou o dia da eleição, e sua mãe lacrimosa o acompanhava à porta,

---

27. Em 63 a.C.

28. César era ainda jovem (37 anos) e ainda não pretor, pois revestirá a pretura no ano seguinte, mas desde 73 a.C. fazia parte do colégio de pontífices.

VIDAS DE CÉSAR

ἀσπασάμενος αὐτήν, "ὦ μῆτερ," εἶπε, "τήμερον ἢ ἀρχιερέα τὸν υἱὸν ἢ φυγάδα ὄψει." 4. Διενεχθείσης δὲ τῆς ψήφου καὶ γενομένης ἁμίλλης, ἐκράτησε καὶ παρέσχε τῇ βουλῇ καὶ τοῖς ἀρίστοις φόβον ὡς ἐπὶ πᾶν θρασύτητος προάξων τὸν δῆμον. 5. Ὅθεν οἱ περὶ Πίσωνα καὶ Κάτλον ᾐτιῶντο Κικέρωνα, φεισάμενον Καίσαρος ἐν τοῖς περὶ Κατιλίναν λαβὴν παρασχόντος. 6. Ὁ γὰρ δὴ Κατιλίνας οὐ μόνον τὴν πολιτείαν μεταβαλεῖν, ἀλλ' ὅλην ἀνελεῖν τὴν ἡγεμονίαν καὶ πάντα τὰ πράγματα συγχέαι διανοηθείς, αὐτὸς μὲν ἐξέπεσε, περιπταίσας ἐλάττοσιν ἐλέγχοις πρὸ τοῦ τὰς ἐσχάτας αὐτοῦ βουλὰς ἀποκαλυφθῆναι, Λέντλον δὲ καὶ Κέθηγον ἐν τῇ πόλει διαδόχους ἀπέλιπε τῆς συνωμοσίας· 7. οἷς εἰ μὲν κρύφα παρεῖχέ τι θάρσους καὶ δυνάμεως ὁ Καῖσαρ, ἄδηλόν ἐστιν, ἐν δὲ τῇ βουλῇ κατὰ κράτος ἐξελεγχθέντων, καὶ Κικέρωνος τοῦ ὑπάτου γνώμας ἐρωτῶντος περὶ κολάσεως ἕκαστον, οἱ μὲν ἄλλοι μέχρι Καίσαρος θανατοῦν ἐκέλευον, 8. ὁ δὲ Καῖσαρ ἀναστὰς λόγον διῆλθε πεφροντισμένον, ὡς ἀποκτεῖναι μὲν ἀκρίτους ἄνδρας ἀξιώματι καὶ γένει λαμπροὺς οὐ δοκεῖ πάτριον οὐδὲ δίκαιον εἶναι μὴ μετὰ τῆς ἐσχάτης ἀνάγκης· 9. εἰ δὲ φρουροῖντο δεθέντες ἐν πόλεσι τῆς Ἰταλίας, ἃς ἂν αὐτὸς ἕληται Κικέρων, μέχρι <ἂν> οὗ καταπολεμηθῇ Κατιλίνας, ὕστερον ἐν εἰρήνῃ καὶ καθ' ἡσυχίαν περὶ ἑκάστου τῇ βουλῇ γνῶναι παρέξειν.

[8] 1. Οὕτω δὲ τῆς γνώμης φιλανθρώπου φανείσης καὶ τοῦ λόγου δυνατῶς ἐπ' αὐτῇ ῥηθέντος, οὐ μόνον οἱ μετὰ τοῦτον ἀνιστάμενοι προσετίθεντο, πολλοὶ δὲ καὶ τῶν πρὸ αὐτοῦ τὰς εἰρημένας γνώμας ἀπειπάμενοι πρὸς τὴν ἐκείνου μετέστησαν, ἕως ἐπὶ Κάτωνα τὸ πρᾶγμα καὶ Κάτλον περιῆλθε. 2. Τούτων δὲ νεανικῶς ἐναντιωθέντων, Κάτωνος δὲ

---

29. Nos primeiros meses de 63 a.C., não obstante antes da conjuração de Catilina (cf. Suetônio, *César* 13; 14, 1), contra o que parece entender Plutarco.

30. Cneu Calpúrnio Pisão tinha sido cônsul em 67 a.C.

31. Sobre as ligações presumíveis de César com Catilina e sobre seu comportamento no Senado, ver Suetônio, *César* 14.

32. Púbio Cornélio Lêntulo, o mais ilustre dos conjurados, marido de Júlia, filha de Lucius Júlio César e parente distante de César. Lêntulo tinha sido cônsul em 71 a.C.; Caio Cornélio Cetego, provavelmente questor, pois fazia parte do Senado.

PLUTARCO: CÉSAR

César abraçou-a e disse: "Mãe, hoje verás teu filho ou pontífice máximo, ou um exilado." 4. Terminada a votação sem acordo, surgiu uma disputa e César venceu[29], causando ao Senado e aos nobres o temor de que levasse o povo a tudo ousar. 5. Por isso, os partidários de Pisão[30] e de Cátulo censuravam a Cícero ter poupado César, quando este lhe deu meios de detê-lo, na questão de Catilina[31]. 6. De fato, Catilina, tendo planejado não só mudar a constituição, mas destruir todo o governo e subverter tudo, foi expulso da cidade, embora tivesse provas de culpabilidade de pouca importância, antes de terem sido descobertos seus últimos projetos; deixou, porém, na cidade Lêntulo e Cetego[32] como seus sucessores na conspiração. 7. Se César lhes deu secretamente algum encorajamento e auxílio é incerto, mas depois que eles foram firmemente reconhecidos culpados no Senado, e como o cônsul Cícero pedia a cada um a opinião acerca da punição, todos os outros[33], menos César, reclamavam que os condenassem à morte, 8. enquanto César, tendo-se levantado, pronunciou um discurso preparado com cuidado, alegando que não parecia ser tradicional nem justo levar à morte, sem julgamento, homens ilustres por sua alta classe e por seu nascimento, a não ser em extrema necessidade; 9. mas que, se fossem aprisionados e mantidos sob vigilância em cidades da Itália[34] que o próprio Cícero tivesse escolhido, até Catilina ser vencido na guerra, o Senado poderia decidir acerca de cada um, mais tarde, em paz e com tranqüilidade.

[8] 1. Como essa opinião pareceu tão humana e o discurso em seu apoio foi pronunciado com muito vigor, não só os que se levantaram depois dele[35] tomaram seu partido, mas muitos também daqueles que o precederam renunciaram às opiniões que proferiram e aderiram à dele[36], até que a questão chegou a Catão e a Cátulo. 2. Como esses se opuseram energicamente, e Catão

---

33. A começar por Décimo Júnio Silano, cônsul designado, que foi o primeiro a dar sua opinião.

34. Como habitualmente se fazia, em se tratando de reféns de povos estrangeiros. Esse foi o caso de Políbio, residente na Itália como refém aqueu.

35. Entre esses estava o irmão de Cícero, Quinto (cf. Suetônio, *César* 14, 2).

36. Entre esses estava o cônsul designado Décimo Júnio Silano (cf. Suetônio, *César* 14, 1).

VIDAS DE CÉSAR

καὶ τὴν ὑπόνοιαν ἅμα τῷ λόγῳ συνεπερείσαντος αὐτῷ καὶ συγκατεξαναστάντος ἐρρωμένως, οἱ μὲν ἄνδρες ἀποθανούμενοι παρεδόθησαν, Καίσαρι δὲ τῆς βουλῆς ἐξιόντι πολλοὶ τῶν Κικέρωνα φρουρούντων τότε νέων γυμνὰ τὰ ξίφη συνδραμόντες ἐπέσχον. 3. Ἀλλὰ Κουρίων τε λέγεται τῇ τηβέννῳ περιβαλὼν ὑπεξαγαγεῖν, αὐτός θ' ὁ Κικέρων ὡς οἱ νεανίσκοι προσέβλεψαν ἀνανεῦσαι, φοβηθεὶς τὸν δῆμον, ἢ τὸν φόνον ὅλως ἄδικον καὶ παράνομον ἡγούμενος. 4. Τοῦτο μὲν οὖν οὐκ οἶδ' ὅπως ὁ Κικέρων, εἴπερ ἦν ἀληθές, ἐν τῷ Περὶ τῆς ὑπατείας οὐκ ἔγραψεν· αἰτίαν δ' εἶχεν ὕστερον ὡς ἄριστα τῷ καιρῷ τότε παρασχόντι κατὰ τοῦ Καίσαρος μὴ χρησάμενος, ἀλλ' ἀποδειλιάσας <πρὸς> τὸν δῆμον, ὑπερφυῶς περιεχόμενον τοῦ Καίσαρος· 5. ὅς γε καὶ μετ' ὀλίγας ἡμέρας, εἰς τὴν βουλὴν εἰσελθόντος αὐτοῦ καὶ περὶ ὧν ἐν ὑποψίαις ἦν ἀπολογουμένου καὶ περιπίπτοντος θορύβοις πονηροῖς, ἐπειδὴ πλείων τοῦ συνήθους ἐγίγνετο τῇ βουλῇ καθεζομένη χρόνος, ἐπῆλθε μετὰ κραυγῆς καὶ περιέστη τὴν σύγκλητον, ἀπαιτῶν τὸν ἄνδρα καὶ κελεύων ἀφεῖναι. 6. Διὸ καὶ Κάτων φοβηθεὶς μάλιστα τὸν ἐκ τῶν ἀπόρων νεωτερισμόν, οἳ τοῦ παντὸς ὑπέκκαυμα πλήθους ἦσαν ἐν τῷ Καίσαρι τὰς ἐλπίδας ἔχοντες, ἔπεισε τὴν σύγκλητον ἀπονεῖμαι σιτηρέσιον αὐτοῖς ἔμμηνον, 7. ἐξ οὗ δαπάνης μὲν ἑπτακόσιαι πεντήκοντα μυριάδες ἐνιαύσιοι προσεγένοντο τοῖς ἄλλοις ἀναλώμασι, τὸν μέντοι μέγαν ἐν τῷ παρόντι φόβον ἔσβεσε περιφανῶς τὸ πολίτευμα τοῦτο καὶ [τὸ] πλεῖστον ἀπέρρηξε τῆς Καίσαρος δυνάμεως καὶ διεσκέδασεν ἐν καιρῷ, στρατηγεῖν μέλλοντος καὶ φοβερωτέρου διὰ τὴν ἀρχὴν ὄντος.

[9] 1 Οὐ μὴν ἀπέβη τι ταραχῶδες ἀπ' αὐτῆς, ἀλλὰ καὶ τύχη τις ἄχαρις τῷ Καίσαρι συνηνέχθη περὶ τὸν οἶκον. 2. Πόπλιος

---

37. Caio Escribônio Curião é certamente o cônsul de 76 a.C. Aristocrata convicto, ele tinha votado com outros pela sentença de morte contra os partidários de Catilina, e, por isso, duvidou-se da veracidade do episódio. Mas Cícero também, na mesma ocasião, protegeu César. Não pode tratar-se aqui do rapaz que então tinha 21 anos, Caio Escribônio Curião, filho do cônsul de 76 a.C., amigo de César e de Antônio.

152

PLUTARCO: CÉSAR

também com seu discurso ajudou a suscitar suspeita contra César e ainda levantou vigorosos protestos contra ele, os conspiradores foram entregues ao executor para serem mortos; e quando César saía do Senado, muitos dos jovens que então formavam a guarda de Cícero acorreram e mantiveram sobre ele as espadas desembainhadas. 3. Mas diz-se que Curião o cobriu com sua toga e fê-lo sair[37]; e o próprio Cícero, quando os jovens olharam para ele, fez-lhes um sinal de proibição, seja por temer o povo, seja por julgar o assassinato totalmente injusto e ilegal. 4. Se isso foi um fato real não sei, por que Cícero não o relatou em sua obra *Sobre meu consulado*[38]. Ele foi acusado mais tarde de não ter tirado todo o proveito possível da ocasião que então se lhe ofereceu contra César, e de ter tido medo do povo, que era extraordinariamente dedicado a César. 5. De fato, poucos dias depois[39], quando este entrou no Senado e tentava defender-se das questões que estavam sob suspeita, e foi de encontro a gritos de desaprovação, o povo, como a sessão do Senado durava além do habitual, acorreu gritando e cercou a cúria, reclamando César e pedindo que o deixassem sair. 6. Por isso também, Catão, temendo sobretudo a revolução dos indigentes, que constituíam a matéria que inflamava toda a multidão com suas esperanças em César, persuadiu a cúria a conceder-lhes gratificação mensal de trigo. 7. Em conseqüência disso eram acrescentadas 7.500.000 dracmas por ano às outras despesas do Estado, mas essa medida política evidentemente extinguiu o grande medo da época, quebrou a maior parte do poder de César, dissipando-o em momento oportuno, uma vez que ele estava prestes a assumir a pretura[40], e era mais temível, graças ao cargo.

[9] 1. Contudo, não veio dessa pretura nenhum distúrbio político, mas um incidente desagradável para César aconteceu em sua casa. 2. Públio

---

38. Mais provavelmente as *Memórias* escritas por Cícero em grego, em 60 a.C., que Plutarco usou na *Vida de Cícero* (10-23), e não o poema em três livros consagrado a seu consulado, composto mais tarde em latim.

39. O episódio citado por Plutarco refere-se a outro tempo. Além disso, poucos dias faltavam para o fim de 63 a.C., depois da famosa sessão de 5 de dezembro.

40. Pretor em 62 a.C. com Marcos Bíbulo, ex-colega na edilidade, e futuro colega no consulado de 59 a.C.

VIDAS DE CÉSAR

Κλώδιος ἦν ἀνὴρ γένει μὲν εὐπατρίδης καὶ πλούτῳ καὶ λόγῳ λαμπρός, ὕβρει δὲ καὶ θρασύτητι τῶν ἐπὶ βδελυρίᾳ περιβοήτων οὐδενὸς δεύτερος. 3. Οὗτος ἤρα Πομπηΐας τῆς Καίσαρος γυναικός, οὐδ' αὐτῆς ἀκούσης, ἀλλὰ φυλακαί τε τῆς γυναικωνίτιδος ἀκριβεῖς ἦσαν, ἥ τε μήτηρ τοῦ Καίσαρος Αὐρηλία γυνὴ σώφρων περιέπουσα τὴν νύμφην ἀεὶ χαλεπὴν καὶ παρακεκινδυνευμένην αὐτοῖς ἐποίει τὴν ἔντευξιν. 4. Ἔστι δὲ Ῥωμαίοις θεὸς ἣν Ἀγαθὴν ὀνομάζουσιν, ὥσπερ Ἕλληνες Γυναικείαν, καὶ Φρύγες μὲν οἰκειούμενοι Μίδα μητέρα τοῦ βασιλέως γενέσθαι φασί, Ῥωμαῖοι δὲ νύμφην δρυάδα Φαύνῳ συνοικήσασαν, Ἕλληνες δὲ τῶν Διονύσου μητέρων τὴν ἄρρητον. 5. Ὅθεν ἀμπελίνοις τε τὰς σκηνὰς κλήμασιν ἑορτάζουσαι κατερέφουσι, καὶ δράκων ἱερὸς παρακαθίδρυται τῇ θεῷ κατὰ τὸν μῦθον. 6. Ἄνδρα δὲ προσελθεῖν οὐ θέμις οὐδ' ἐπὶ τῆς οἰκίας γενέσθαι τῶν ἱερῶν ὀργιαζομένων, αὐταὶ δὲ καθ' ἑαυτὰς αἱ γυναῖκες πολλὰ τοῖς Ὀρφικοῖς ὁμολογοῦντα δρᾶν λέγονται περὶ τὴν ἱερουργίαν. 7. Ὅταν οὖν ὁ τῆς ἑορτῆς καθήκῃ χρόνος, ὑπατεύοντος ἢ στρατηγοῦντος ἀνδρός, αὐτὸς μὲν ἐξίσταται καὶ πᾶν τὸ ἄρρεν, ἡ δὲ γυνὴ τὴν οἰκίαν παραλαβοῦσα διακοσμεῖ. 8. Καὶ τὰ μέγιστα νύκτωρ τελεῖται, παιδιᾶς ἀναμεμειγμένης ταῖς παννυχίσι, καὶ μουσικῆς ἅμα πολλῆς παρούσης.

[10] 1. Ταύτην τότε τὴν ἑορτὴν τῆς Πομπηΐας ἐπιτελούσης, ὁ Κλώδιος οὔπω γενειῶν, καὶ διὰ τοῦτο λήσεινοἰόμενος, ἐσθῆτα καὶ σκευὴν ψαλτρίας ἀναλαβὼν ἐχώρει, νέᾳ γυναικὶ τὴν ὄψιν ἐοικώς· 2. Καὶ ταῖς θύραις ἐπιτυχὼν ἀνεῳγμέναις, εἰσήχθη μὲν ἀδεῶς ὑπὸ τῆς συνειδυίας θεραπαινίδος, ἐκείνης δὲ προδραμούσης, ὡς τῇ Πομπηΐᾳ φράσειε, καὶ γενομένης διατριβῆς, περιμένειν μὲν ὅπου κατελείφθη τῷ Κλωδίῳ μὴ καρτεροῦντι, πλανωμένῳ δ' ἐν οἰκίᾳ μεγάλῃ καὶ περιφεύγοντι τὰ φῶτα προσπεσοῦσα τῆς Αὐρηλίας ἀκόλουθος,

---

41. Sobre Pompéia, ver nota 22.

42. Aurélia, provavelmente da família dos Aurélios Cotas, filha de Lúcio Aurélio Cota, talvez irmão de Caio, Marco e Lúcio Cota, cônsules respectivamente em 75, 74 e 65 a.C.. Tácito comparou-a a Cornélia, mãe dos Gracos, por sua inteligência e pela pureza de seus costumes.

PLUTARCO: CÉSAR

Clódio era um homem patrício de nascimento, notável por sua fortuna e por sua eloqüência, mas pela audácia e pela insolência não ficava abaixo de nenhum dos famosos por sua impudência. 3. Ele amava Pompéia[41], esposa de César, e ela própria não o rejeitava. Mas havia vigilância rigorosa sobre o gineceu, e a mãe de César, Aurélia[42], mulher sensata, usava de atenção excessiva com a jovem e tornava o encontro difícil e arriscadíssimo para eles. 4. Os romanos têm uma divindade que denominam a Boa Deusa, assim como os gregos a chamam de Ginecéia. Os frígios, apropriando-se dela, dizem que ela foi a mãe do rei Midas, enquanto os romanos afirmam que é uma ninfa dríade, esposa de Fauno, e os gregos, que ela era a inominável entre as mães de Dioniso. 5. É por isso que as mulheres, quando celebram sua festa, cobrem suas tendas com sarmentos de videira, e uma serpente sagrada é colocada perto da deusa, segundo o mito. 6. Não é permitido que um homem se aproxime, nem mesmo que se encontre na casa, quando são celebrados os sagrados mistérios; dizem que as mulheres a sós cumprem, durante o serviço religioso, muitos ritos semelhantes aos órficos. 7. Quando chega, pois, o tempo da festa, sendo o esposo cônsul ou pretor, afasta-se do domicílio, ele e todos os homens, enquanto a esposa se encarrega da casa e a organiza. 8. Os mais importantes ritos são celebrados durante a noite, quando o divertimento se junta aos festejos noturnos e, ao mesmo tempo, há muita música.

[10] 1. Como Pompéia celebrava então[43] essa festa, Clódio, que ainda era imberbe, e por isso pensava permanecer ignorado, pegou a vestimenta e apetrechos de uma tocadora de lira e dirigiu-se para lá, semelhante na aparência a uma jovem mulher. 2. Encontrou as portas abertas e foi introduzido com toda segurança pela serva que era sua cúmplice; ela correu para contar a Pompéia e, passado algum tempo, uma criada de Aurélia, tendo-se encontrado com Clódio (que não teve paciência de esperar no lugar onde foi deixado e vagava na casa, que era grande[44], tentando evitar as luzes),

---

43. Em dezembro de 62 a.C.

44. Era a *domus publica*, residência do *pontifex maximus*, habitada por César desde que revestira essa dignidade, no ano precedente. Trata-se provavelmente da residência apenas oficial.

155

VIDAS DE CÉSAR

ὡς δὴ γυνὴ γυναῖκα παίζειν προύκαλεῖτο, καὶ μὴ βουλόμενον εἰς τὸ μέσον εἷλκε, καὶ τίς ἐστι καὶ πόθεν ἐπυνθάνετο. 3. Τοῦ δὲ Κλωδίου φήσαντος ἄβραν περιμένειν Πομπηίας, αὐτὸ τοῦτο καλουμένην, καὶ τῇ φωνῇ γενομένου καταφανοῦς, ἡ μὲν ἀκόλουθος εὐθὺς ἀπεπήδησε κραυγῇ πρὸς τὰ φῶτα καὶ τὸν ὄχλον, ἄνδρα πεφωρακέναι βοῶσα, τῶν δὲ γυναικῶν διαπτοηθεισῶν, ἡ Αὐρηλία τὰ μὲν ὄργια τῆς θεοῦ κατέπαυσε καὶ συνεκάλυψεν, αὐτὴ δὲ τὰς θύρας ἀποκλεῖσαι κελεύσασα περιήει τὴν οἰκίαν ὑπὸ λαμπάδων, ζητοῦσα τὸν Κλώδιον. 4. Εὑρίσκεται δ᾽ εἰς οἴκημα παιδίσκης ᾗ συνεισῆλθε καταπεφευγώς, καὶ γενόμενος φανερὸς ὑπὸ τῶν γυναικῶν ἐξελαύνεται διὰ τῶν θυρῶν. 5. Τὸ δὲ πρᾶγμα καὶ νυκτὸς εὐθὺς αἱ γυναῖκες ἀπιοῦσαι τοῖς αὐτῶν ἔφραζον ἀνδράσι, καὶ μεθ᾽ ἡμέραν ἐχώρει διὰ τῆς πόλεως λόγος, ὡς ἀθέσμοις ἐπικεχειρηκότος τοῦ Κλωδίου καὶ δίκην οὐ τοῖς ὑβρισμένοις μόνον, ἀλλὰ καὶ τῇ πόλει καὶ τοῖς θεοῖς ὀφείλοντος. 6. Ἐγράψατο μὲν οὖν τὸν Κλώδιον εἷς τῶν δημάρχων ἀσεβείας, καὶ συνέστησαν ἐπ᾽ αὐτὸν οἱ δυνατώτατοι τῶν ἀπὸ τῆς βουλῆς, ἄλλας τε δεινὰς ἀσελγείας καταμαρτυροῦντες, καὶ μοιχείαν ἀδελφῆς ἢ Λευκούλλῳ συνῳκήκει. 7. Πρὸς δὲ τὰς τούτων σπουδὰς ὁ δῆμος ἀντιτάξας ἑαυτὸν ἤμυνε τῷ Κλωδίῳ καὶ μέγα πρὸς τοὺς δικαστὰς ὄφελος ἦν, ἐκπεπληγμένους καὶ δεδοικότας τὸ πλῆθος. 8. Ὁ δὲ Καῖσαρ ἀπεπέμψατο μὲν εὐθὺς τὴν Πομπηίαν, μάρτυς δὲ πρὸς τὴν δίκην κληθείς, οὐδὲν ἔφη τῶν λεγομένων κατὰ τοῦ Κλωδίου γιγνώσκειν. 9. Ὡς δὲ τοῦ λόγου παραδόξου φανέντος ὁ κατήγορος ἠρώτησε "Πῶς οὖν ἀπεπέμψω τὴν γυναῖκα;" "Ὅτι" ἔφη "τὴν ἐμὴν ἠξίουν μηδ᾽ ὑπονοηθῆναι." 10. Ταῦθ᾽ οἱ μὲν οὕτω φρονοῦντα τὸν Καίσαρα λέγουσιν εἰπεῖν,

---

45. Deve haver aqui um trocadilho pois ἄβρα (habra), que designa uma serva favorita, era considerada por alguns gramáticos antigos uma palavra estrangeira e escreviam-na ἄβρα (abra). Cf. *Dicionário grego*, de Liddell & Scott. Note-se então que Abra é também a transcrição do latim Aura, nome da escrava de Pompéia.

46. Parece que só Aurélia, a mãe, e Júlia, a irmã de César, depuseram contra Clódio.

47. Não foi um tribuno, mas o pretor Quinto Cornifício, personagem de segundo plano, que introduziu a acusação. Lúcio Cornélio Lêntulo, que não era tribuno, foi, entretanto, o principal acusador.

PLUTARCO: CÉSAR

convidou-o, como mulher a mulher, a tocar com ela. Como ele não queria, ela o puxou diante de todos e perguntou-lhe quem era e de onde vinha. 3. Respondendo Clódio que estava esperando a serva favorita (habra) de Pompéia (Abra era justamente seu nome)[45], e, sendo reconhecido pela voz, a criada logo saltou com um berro, correndo em direção às luzes e à reunião, gritando que apanhara em flagrante um homem. As mulheres foram tomadas de pânico; Aurélia pôs fim aos ritos místicos da divindade e cobriu os objetos sagrados. Ordenou então que se fechassem as portas e percorreu a casa com tochas, procurando Clódio. 4. Ele é encontrado escondido no quarto da jovem criada que o tinha introduzido na casa e, sendo reconhecido pelas mulheres, é expulso portas a fora[46]. 5. Então imediatamente, e ainda de noite, as mulheres saíram e foram contar o caso a seus esposos. Durante o dia, espalhou-se pela cidade o rumor de que Clódio cometera um sacrilégio e devia uma satisfação não apenas aos que foram injuriados, mas também à cidade e aos deuses. 6. Um dos tribunos da plebe[47], por conseguinte, intentou uma ação contra Clódio por impiedade[48], e contra este coligaram-se os mais poderosos dos senadores[49], testemunhando, além de outras terríveis licenciosidades, o crime de adultério com a irmã, que era esposa de Luculo[50]. 7. Mas o povo, opondo-se aos esforços desses senadores, defendia Clódio e isso foi para ele um grande auxílio na presença dos juízes, que estavam assustados e atemorizados com o povo. 8. César repudiou imediatamente Pompéia, mas chamado como testemunha para o processo, disse que nada sabia das acusações contra Clódio. 9. Como pareceu estranha a declaração, o acusador perguntou-lhe: "Por que então repudiaste tua esposa? "Porque", respondeu, "julguei conveniente não estar minha esposa nem mesmo sob suspeita". 10. Uns dizem que César assim se exprimiu porque assim

---

48. O caso é logo levado ao Senado, mas o processo foi instaurado somente em maio de 61, antes que Clódio fosse como questor para a Sicília. Plutarco trata essa questão de maneira muito resumida.

49. O cônsul Messala, Catão e, nos primeiros tempos, também Cícero, que depois se desinteressou, mas voltou a ser, no último momento, a principal testemunha contra Clódio, depois de destruir seu álibi e provar assim seu ódio mortal.

50. Clódia, a irmã mais jovem, esposa de Lúcio Licínio Luculo, o vencedor de Mitridates e de Tigranes, foi por ele repudiada depois de seu regresso do Oriente por ter sido infiel. Foi o próprio Luculo que a acusou do incesto com o irmão.

VIDAS DE CÉSAR

οἱ δὲ τῷ δήμῳ χαριζόμενον, ὡρμημένῳ σῴζειν τὸν Κλώδιον. 11. Ἀποφεύγει δ' οὖν τὸ ἔγκλημα, τῶν πλείστων δικαστῶν συγκεχυμένοις τοῖς γράμμασι τὰς γνώμας ἀποδόντων, ὅπως μήτε παρακινδυνεύσωσιν ἐν τοῖς πολλοῖς καταψηφισάμενοι, μήτ' ἀπολύσαντες ἀδοξήσωσι παρὰ τοῖς ἀρίστοις.

[11] 1. Ὁ δὲ Καῖσαρ εὐθὺς ἀπὸ τῆς στρατηγίας τῶν ἐπαρχιῶν τὴν Ἰβηρίαν λαβών, ὡς ἦν δυσδιάθετον αὐτῷ τὸ περὶ τοὺς δανειστάς, ἐνοχλοῦντας ἐξιόντι καὶ καταβοῶντας, ἐπὶ Κράσσον κατέφυγε, πλουσιώτατον ὄντα Ῥωμαίων, δεόμενον δὲ τῆς Καίσαρος ἀκμῆς καὶ θερμότητος ἐπὶ τὴν πρὸς Πομπήϊον ἀντιπολιτείαν. 2. Ἀναδεξαμένου δὲ τοῦ Κράσσου τοὺς μάλιστα χαλεποὺς καὶ ἀπαραιτήτους τῶν δανειστῶν, καὶ διεγγυήσαντος ὀκτακοσίων καὶ τριάκοντα ταλάντων οὕτως ἐξῆλθεν ἐπὶ τὴν ἐπαρχίαν.

3. Λέγεται δὲ τὰς Ἄλπεις ὑπερβάλλοντος αὐτοῦ καὶ πολίχνιόν τι βαρβαρικόν, οἰκούμενον ὑπ' ἀνθρώπων παντάπασιν ὀλίγων καὶ λυπρόν, παρερχομένου, τοὺς ἑταίρους ἅμα γέλωτι καὶ μετὰ παιδιᾶς "Ἦ που" φάναι "κἀνταῦθά τινές εἰσιν ὑπὲρ ἀρχῶν φιλοτιμίαι καὶ περὶ πρωτείων ἅμιλλαι καὶ φθόνοι τῶν δυνατῶν πρὸς ἀλλήλους;" 4. τὸν δὲ Καίσαρα σπουδάσαντα πρὸς αὐτοὺς εἰπεῖν "'Εγὼ μὲν <μᾶλλον ἂν> ἐβουλόμην παρὰ τούτοις εἶναι [μᾶλλον] πρῶτος ἢ παρὰ Ῥωμαίοις δεύτερος." 5. Ὁμοίως δὲ πάλιν ἐν Ἰβηρίᾳ σχολῆς οὔσης ἀναγινώσκοντά τι τῶν περὶ Ἀλεξάνδρου γεγραμμένων σφόδρα γενέσθαι πρὸς ἑαυτῷ πολὺν χρόνον, εἶτα καὶ δακρῦσαι· 6. τῶν δὲ φίλων θαυμασάντων τὴν αἰτίαν εἰπεῖν· οὐ δοκεῖ ὑμῖν ἄξιον εἶναι λύπης, εἰ τηλικοῦτος μὲν ὢν Ἀλέξανδρος ἤδη τοσούτων ἐβασίλευεν, ἐμοὶ δὲ λαμπρὸν οὐδὲν οὔπω πέπρακται;"

[12] 1. Τῆς γοῦν Ἰβηρίας ἐπιβὰς εὐθὺς ἦν ἐνεργός, ὥσθ' ἡμέραις ὀλίγαις δέκα σπείρας συναγαγεῖν πρὸς ταῖς πρότερον οὔσαις εἴκοσι, καὶ στρατεύσας ἐπὶ Καλαϊκοὺς καὶ Λυσιτανοὺς

---

51. A Hispânia Ulterior: τὴν Ἰβηρίαν no texto, onde César tinha estado como questor em 69-68 a.C.

PLUTARCO: CÉSAR

pensava; outros, porque procurava agradar ao povo instigado a salvar Clódio.
11. Este é, pois, absolvido da acusação, por parte da maioria dos juízes, que
deram suas sentenças em escrita ilegível para não correrem riscos diante da
população por condená-lo, e para não terem má reputação entre os nobres,
por absolvê-lo.

[11] 1. Imediatamente após sua pretura, César recebeu a província
cia da Hispânia[51], e, como era difícil para ele chegar a um entendimen-
to com seus credores, que o importunavam e aturdiam com seus gritos,
quando procurava partir, recorreu a Crasso, o mais rico dos romanos,
que tinha necessidade da força e do ardor de César, na oposição política
a Pompeu. 2. Depois que Crasso se encarregou dos mais difíceis e infle-
xíveis credores e se responsabilizou por 830 talentos, César partiu para a
província. 3. Conta-se que, quando atravessava os Alpes e passava por um
povoado bárbaro que era habitado por pouquíssimos moradores e tinha
triste aspecto, seus companheiros perguntaram, rindo e brincando: "Será
que também aqui realmente há planos ambiciosos por cargos, rivalidades
pela prioridade e invejas mútuas dos poderes?" 4. E César, falando seriamente, respondeu-lhes: "Eu, por mim, preferiria ser o primeiro entre
eles a ser o segundo entre os romanos". 5. Da mesma maneira, conta-se
que uma outra vez, na Hispânia, quando num momento de descanso lia
uma das obras escritas sobre Alexandre, ficou por longo tempo muito
pensativo e, então, começou a chorar. 6. Como seus amigos, admirados,
perguntaram a causa, ele respondeu: "Não vos parece ser digno de aflição
que, na minha idade, Alexandre já reinava sobre tantos povos, enquanto
eu nada ainda de brilhante realizei?"[52]

[12] 1. Em todo o caso, logo que chegou à Hispânia procurou
agir de sorte que em poucos dias reuniu dez coortes às vinte que aí estavam antes; fazendo uma expedição contra os calaicos e lusitanos[53],

---

52. Suetônio (*César 7*) relaciona este caso com o período em que César era questor, pois
    tinha então 33 anos, idade com que Alexandre morreu.

53. Os calaicos são um povo do norte da Hispânia (Galícia) e os lusitanos habitavam o atual
    Portugal.

VIDAS DE CÉSAR

κρατῆσαι καὶ προελθεῖν ἄχρι τῆς ἔξω θαλάσσης, τὰ μὴ πρότερον ὑπακούοντα Ῥωμαίοις ἔθνη καταστρεφόμενος. 2. Θέμενος δὲ τὰ τοῦ πολέμου καλῶς, οὐ χεῖρον ἐβράβευε τὰ τῆς εἰρήνης, ὁμόνοιάν τε ταῖς πόλεσι καθιστὰς καὶ μάλιστα τὰς τῶν χρεωφειλετῶν καὶ δανειστῶν ἰώμενος διαφοράς. 3. Ἔταξε γὰρ τῶν προσιόντων τοῖς ὀφείλουσι καθ' ἕκαστον ἐνιαυτὸν δύο μὲν μέρη τὸν δανειστὴν ἀναιρεῖσθαι, τῷ δὲ λοιπῷ χρῆσθαι τὸν δεσπότην, ἄχρι ἂν οὕτως ἐκλυθῇ τὸ δάνειον. 4. Ἐπὶ τούτοις εὐδοκιμῶν, ἀπηλλάγη τῆς ἐπαρχίας, αὐτός τε πλούσιος γεγονὼς καὶ τοὺς στρατιώτας ὠφεληκὼς ἀπὸ τῶν στρατειῶν, καὶ προσηγορευμένος αὐτοκράτωρ ὑπ' αὐτῶν.

[13] 1. Ἐπεὶ δὲ τοὺς μὲν μνωμένους θρίαμβον ἔξω διατρίβειν ἔδει, τοὺς δὲ μετιόντας ὑπατείαν παρόντας ἐν τῇ πόλει τοῦτο πράττειν, ἐν τοιαύτῃ γεγονὼς ἀντινομίᾳ, καὶ πρὸς αὐτὰς τὰς ὑπατικὰς ἀφιγμένος ἀρχαιρεσίας, ἔπεμψε πρὸς τὴν σύγκλητον αἰτούμενος αὐτῷ δοθῆναι παραγγέλλειν εἰς ὑπατείαν ἀπόντι διὰ τῶν φίλων. 2. Κάτωνος δὲ πρῶτον μὲν ἰσχυριζομένου τῷ νόμῳ πρὸς τὴν ἀξίωσιν, εἶθ' ὡς ἑώρα πολλοὺς τεθεραπευμένους ὑπὸ τοῦ Καίσαρος ἐκκρούσαντος τῷ χρόνῳ τὸ πρᾶγμα καὶ τὴν ἡμέραν ἐν τῷ λέγειν κατατρίψαντος, ἔγνω τὸν θρίαμβον ἀφεὶς ὁ Καῖσαρ ἔχεσθαι τῆς ὑπατείας· 3. καὶ παρελθὼν εὐθὺς ὑποδύεται πολίτευμά τι πάντας ἀνθρώπους ἐξαπατῆσαν πλὴν Κάτωνος· ἦν δὲ τοῦτο διαλλαγὴ Πομπηΐου καὶ Κράσσου, τῶν μέγιστον ἐν τῇ πόλει δυναμένων· 4. οὓς συναγαγὼν ὁ Καῖσαρ εἰς φιλίαν ἐκ διαφορᾶς καὶ τὴν ἀπ' ἀμφοῖν συνενεγκάμενος ἰσχὺν εἰς ἑαυτόν, ἔργῳ φιλάνθρωπον ἔχοντι προσηγορίαν ἔλαθε μεταστήσας τὴν πολιτείαν. 5. Οὐ γάρ, ὡς οἱ πλεῖστοι νομίζουσιν, ἡ Καίσαρος καὶ Πομπηΐου διαφορὰ τοὺς ἐμφυλίους ἀπειργάσατο πολέμους, ἀλλὰ μᾶλλον ἡ φιλία, συστάντων ἐπὶ καταλύσει τῆς ἀριστοκρατίας τὸ πρῶτον, εἶθ' οὕτως καὶ πρὸς ἀλλήλους διαστάντων. 6. Κάτωνι δὲ πολλάκις τὰ μέλλοντα προθεσπίζοντι περιῆν δυσκόλου μὲν ἀνθρώπου τότε καὶ πολυπράγμονος, ὕστερον δὲ φρονίμου μέν, οὐκ εὐτυχοῦς δὲ συμβούλου λαβεῖν δόξαν.

PLUTARCO: CÉSAR

dominou-os e avançou até o mar exterior submetendo os povos que antes não obedeciam aos romanos. 2. Tendo dirigido bem a guerra, igualmente conduziu a paz, estabelecendo a concórdia entre as cidades e sanando sobretudo as desavenças entre devedores e credores. 3. Ordenou que o credor tomasse anualmente dois terços das rendas aos devedores, e que o responsável da dívida se servisse do restante, até ser quitado o débito. 4. Estimado por causa dessas medidas, partiu de suas províncias[54]; tornou-se rico e ajudou seus soldados, graças a suas expedições, e foi chamado imperador por eles.

[13] 1. Como era preciso que os pretendentes ao triunfo permanecessem fora da cidade, enquanto os que procuravam alcançar o consulado deviam fazer campanha estando presentes na cidade, César encontrando-se em tal dilema, e tendo chegado para esses comícios consulares, mandou pedir ao Senado que lhe fosse permitido, mesmo ausente, ser candidato ao cargo de cônsul por intermédio de seus amigos. 2. Como Catão primeiramente se apoiava na lei contra tal solicitação, depois, quando viu que muitos senadores tinham sido conquistados por César, protelou o assunto e passou o dia a discursar. César então renunciou ao triunfo e decidiu dedicar-se ao consulado. 3. Entrou na cidade e imediatamente assumiu uma política que enganou a todos, exceto Catão. Essa política causou a reconciliação de Pompeu e Crasso, os mais poderosos na cidade. 4. César, levando esses homens da malquerença para a amizade e concentrando em si a força de ambos, mudou disfarçadamente o regime político com um ato que pretendia ter o nome de humano. 5. De fato, não foi, como a maioria crê, a desavença de César e Pompeu que causou as guerras civis, mas sobretudo sua amizade, visto que se uniram primeiro para a queda da aristocracia e só depois disso se indispuseram reciprocamente. 6. Catão, que muitas vezes predisse o futuro, ganhou então a reputação de pessoa mal-humorada e intrigante, mas mais tarde a de um conselheiro sensato e desventurado.

---

54. César partiu antes de chegar o sucessor, pois se apressava em apresentar-se nos comícios consulares.

VIDAS DE CÉSAR

[14] 1. Οὐ μὴν ἀλλ᾽ ὁ Καῖσαρ ἐν μέσῳ τῆς Κράσσου καὶ Πομπηΐου φιλίας <ὥσπερ> δορυφορούμενος ἐπὶ τὴν ὑπατείαν προήχθη· 2. καὶ λαμπρῶς ἀναγορευθεὶς μετὰ Καλπουρνίου Βύβλου καὶ καταστὰς εἰς τὴν ἀρχήν, εὐθὺς εἰσέφερε νόμους οὐχ ὑπάτῳ προσήκοντας, ἀλλὰ δημάρχῳ τινὶ θρασυτάτῳ, πρὸς ἡδονὴν τῶν πολλῶν κληρουχίας τινὰς καὶ διανομὰς χώρας εἰσηγούμενος. 3. Ἐν δὲ τῇ βουλῇ τῶν καλῶν τε καὶ ἀγαθῶν ἀντικρουσάντων, πάλαι δεόμενος προφάσεως ἀνακραγὼν καὶ μαρτυράμενος, ὡς εἰς τὸν δῆμον ἄκων ἐξελαύνοιτο, θεραπεύσων ἐκεῖνον ἐξ ἀνάγκης ὕβρει καὶ χαλεπότητι τῆς βουλῆς, πρὸς αὐτὸν ἐξεπήδησε · 4. καὶ περιστησάμενος ἔνθεν μὲν Κράσσον, ἔνθεν δὲ Πομπήϊον, ἠρώτησεν εἰ τοὺς νόμους ἐπαινοῖεν· ἐπαινεῖν δὲ φασκόντων, παρεκάλει βοηθεῖν ἐπὶ τοὺς ἐνίστασθαι μετὰ ξιφῶν ἀπειλοῦντας. 5. Ἐκεῖνοι δ᾽ ὑπισχνοῦντο· Πομπήϊος δὲ καὶ προσεπεῖπεν, ὡς ἀφίξοιτο πρὸς τὰ ξίφη μετὰ τοῦ ξίφους καὶ θυρεὸν κομίζων. 6. Ἐπὶ τούτῳ τοὺς μὲν ἀριστοκρατικοὺς ἠνίασεν, οὐκ ἀξίαν τῆς περὶ αὐτὸν αἰδοῦς οὐδὲ τῇ πρὸς τὴν σύγκλητον εὐλαβείᾳ πρέπουσαν, ἀλλὰ μανικὴν καὶ μειρακιώδη φωνὴν ἀκούσαντας, ὁ δὲ δῆμος ἥσθη. 7. Καῖσαρ δὲ μειζόνως ἔτι τῆς Πομπηΐου δυνάμεως ἐπιδραττόμενος, ἦν γὰρ αὐτῷ Ἰουλία θυγάτηρ ἐγγεγυημένη Σερουϊλίῳ Καιπίωνι, ταύτην ἐνεγγύησε Πομπηΐῳ, τὴν δὲ Πομπηΐου τῷ Σερουϊλίῳ δώσειν ἔφησεν, οὐδ᾽ αὐτὴν ἀνέγγυον οὖσαν, ἀλλὰ Φαύστῳ τῷ Σύλλα παιδὶ καθωμολογημένην. 8. Ὀλίγῳ δ᾽ ὕστερον Καῖσαρ ἠγάγετο Καλπουρνίαν θυγάτερα Πείσωνος, τὸν δὲ Πείσωνα κατέστησεν ὕπατον εἰς τὸ μέλλον, ἐνταῦθα δὴ καὶ σφόδρα μαρτυρομένου Κάτωνος καὶ βοῶντος οὐκ ἀνεκτὸν εἶναι γάμοις διαμαστροπευομένης τῆς ἡγεμονίας, καὶ διὰ γυναίων εἰς ἐπαρχίας καὶ στρατεύματα καὶ δυνάμεις ἀλλήλους ἀντεισαγόντων. 9. Ὁ μὲν οὖν συνάρχων τοῦ Καίσαρος Βύβλος, ἐπεὶ κωλύων τοὺς νόμους οὐδὲν ἐπέραινεν,

---

55. κληρουχίας τινὰς χώρας καὶ διανομὰς, cf. Casteglioni, Gnomon, XIII, 1937, p. 141: καὶ χώρας διανομὰς. Trata-se da primeira *lex Julia agraria*, votada em março de 59 a.C.

PLUTARCO: CÉSAR

[14] 1. Entretanto, César, estando sob a proteção da amizade de Crasso e Pompeu, entrou na disputa pelo consulado. 2. Foi triunfalmente proclamado com Calpúrnio Bíbulo e, tendo assumido seu cargo, logo propôs leis que não competiam a um cônsul, mas a um tribuno muito arrojado. Para agradar ao povo, apresentou proposta de estabelecimento de algumas colônias e de distribuições de terras[55]. 3. Como no Senado os nobres se opuseram, ele, que há muito tempo precisava de um pretexto, começou a gritar e a protestar que estava sendo impelido contra sua vontade para a assembléia do povo, a fim de por força cercá-la de atenções devido à insolência e à dureza do Senado; depois saiu em direção à assembléia popular. 4. E pondo-se entre Crasso, de um lado, e Pompeu, do outro, perguntou aos homens do povo se aprovavam suas leis. Declarando eles que as aprovavam, pediu-lhes que o ajudassem contra os que ameaçavam resistir com espadas. 5. Eles prometeram. Pompeu acrescentou ainda que viria contra as espadas, trazendo consigo a espada e o escudo. 6. Por essa atitude, ele aborreceu os aristocratas; mas, enquanto eles ouviram a linguagem insensata e pueril, indigna do sentimento de respeito que o envolvia e não conveniente à reverência devida ao Senado, o povo encheu-se de regozijo. 7. César procurava apoderar-se ainda mais da influência de Pompeu: ele tinha uma filha, Júlia, que era noiva de Servílio Cépio; comprometeu-se a casá-la com Pompeu e declarou que daria a Servílio a filha de Pompeu, que também não era livre, mas tinha sido prometida a Fausto, filho de Sila. 8. Pouco tempo depois César desposou Calpúrnia[56], filha de Pisão, ao qual instituiu cônsul no ano seguinte, embora, neste momento também, Catão protestasse veementemente e bradasse que era intolerável que o poder absoluto fosse prostituído por casamentos e que, por meio de mulherzinhas, os homens se sucedessem uns aos outros nas províncias, nos exércitos e nos cargos públicos. 9. Bíbulo, colega de César, como não conseguia nada, tentando impedir essas leis,

---

56. Calpúrnia, quarta esposa de César, era filha de Lúcio Calpúrnio Pisão Cesonino, que foi cônsul em 58 a.C. com A. Gabínio.

163

VIDAS DE CÉSAR

ἀλλὰ πολλάκις ἐκινδύνευε μετὰ Κάτωνος ἐπὶ τῆς ἀγορᾶς
ἀποθανεῖν, ἐγκλεισάμενος οἴκοι τὸν τῆς ἀρχῆς χρόνον
διετέλεσε. 10. Πομπήϊος δὲ γήμας εὐθὺς ἐνέπλησε τὴν ἀγορὰν
ὅπλων καὶ συνεπεκύρου τῷ δήμῳ τοὺς νόμους, Καίσαρι δὲ
τὴν ἐντὸς Ἄλπεων καὶ τὴν ἐκτὸς ἅπασαν Κελτικήν, προσθεὶς
τὸ Ἰλλυρικόν, μετὰ ταγμάτων τεσσάρων εἰς πενταετίαν.
11. Κάτωνα μὲν οὖν ἐπιχειρήσαντα τούτοις ἀντιλέγειν ἀπῆγεν
εἰς φυλακὴν ὁ Καῖσαρ, οἰόμενος αὐτὸν ἐπικαλέσεσθαι τοὺς
δημάρχους· 12. ἐκείνου δ' ἀφώνου βαδίζοντος, ὁρῶν ὁ Καῖσαρ οὐ
μόνον τοὺς κρατίστους δυσφοροῦντας, ἀλλὰ καὶ τὸ δημοτικὸν
αἰδοῖ τῆς Κάτωνος ἀρετῆς σιωπῇ καὶ μετὰ κατηφείας ἑπόμενον,
αὐτὸς ἐδεήθη κρύφα τῶν δημάρχων ἑνὸς ἀφελέσθαι τὸν
Κάτωνα. 13. Τῶν δ' ἄλλων συγκλητικῶν ὀλίγοι παντάπασιν
αὐτῷ συνήεσαν εἰς βουλήν, οἱ δὲ λοιποὶ δυσχεραίνοντες
ἐκποδὼν ἦσαν. 14. Εἰπόντος δὲ Κωνσιδίου τινὸς τῶν σφόδρα
γερόντων, ὡς φοβούμενοι τὰ ὅπλα καὶ τοὺς στρατιώτας οὐ
συνέρχοιντο, "Τί οὖν" ἔφη [ὁ] Καῖσαρ "οὐ καὶ σὺ ταῦτα δεδιὼς
οἰκουρεῖς;" 15. καὶ ὁ Κωνσίδιος εἶπεν· "Ὅτι με ποιεῖ μὴ φοβεῖσθαι
τὸ γῆρας· ὁ γὰρ ἔτι λειπόμενος βίος οὐ πολλῆς ὀλίγος ὢν δεῖται
προνοίας." 16. Αἴσχιστον δὲ τῶν τότε πολιτευμάτων ἔδοξεν ἐν
τῇ Καίσαρος ὑπατείᾳ δήμαρχον αἱρεθῆναι Κλώδιον ἐκεῖνον,
ὑφ' οὗ τὰ περὶ τὸν γάμον καὶ τὰς ἀπορρήτους παρενομήθη
παννυχίδας. 17. Ἡιρέθη δ' ἐπὶ τῇ Κικέρωνος καταλύσει, καὶ
Καῖσαρ οὐ πρότερον ἐξῆλθεν ἐπὶ τὴν στρατιάν, ἢ καταστασιάσαι
Κικέρωνα μετὰ Κλωδίου καὶ συνεκβαλεῖν ἐκ τῆς Ἰταλίας.

[15] 1. Τοιαῦτα μὲν οὖν λέγεται γενέσθαι τὰ πρὸ τῶν
Γαλατικῶν. 2. Ὁ δὲ τῶν πολέμων οὓς ἐπολέμησε μετὰ ταῦτα
καὶ τῶν στρατειῶν αἷς ἡμερώσατο τὴν Κελτικὴν χρόνος, ὥσπερ
ἄλλην ἀρχὴν λαβόντος αὐτοῦ καὶ καταστάντος εἰς ἑτέραν τινὰ
βίου καὶ πραγμάτων καινῶν ὁδόν, οὐκ ἔστιν ὅτου τῶν μάλιστα
τεθαυμασμένων ἐφ' ἡγεμονίᾳ καὶ μεγίστων γεγονότων
ἀπολείποντα πολεμιστὴν καὶ στρατηλάτην ἀπέδειξεν αὐτόν·

mas muitas vezes corria o risco de morrer com Catão no *forum*, fechou-se em casa e aí permaneceu até o fim de sua magistratura. 10. Pompeu, logo depois de seu casamento[57], encheu o *forum* de homens armados e uniu-se ao povo para ratificar as leis; atribuiu a César a Gália Cisalpina e toda a Gália Transalpina, juntamente com a Ilíria, e quatro legiões, por cinco anos[58]. 11. Catão tentou falar contra essas medidas; César fez conduzi-lo à prisão, julgando que ele apelaria para os tribunos do povo. 12. Como, porém, ele caminhava sem falar, César, vendo que não só os homens mais influentes estavam descontentes, mas também que o povo, em conseqüência do respeito pela virtude de Catão, o seguia em silêncio e de cabeça baixa, pediu ele próprio em segredo a um dos tribunos que libertasse Catão. 13. Dos outros senadores um número muito pequeno o acompanhava ao Senado; os restantes, estando descontentes, mantinham-se afastados. 14. Tendo dito Consídio, um dos senadores bastante idosos, que seus colegas não se reuniam por temerem as armas e os soldados, César perguntou-lhe: "Por que então não ficas em casa, se também tu tens temores"? 15. E Consídio respondeu: "Porque a velhice me faz não sentir temor; a vida que ainda me resta, por ser curta, não exige muita precaução". 16. O mais vergonhoso dos atos políticos de então, no consulado de César, pareceu ser o fato de ter sido eleito como tribuno o famoso Clódio, que violara a lei do casamento e as secretas festas noturnas. 17. Ele foi eleito para derrubar Cícero. César não partiu para unir-se ao seu exército, antes de ter formado com auxílio de Clódio uma facção contra Cícero e de tê-lo expulsado da Itália.

[15] 1. Diz-se que tal foi, portanto, sua atividade, antes da guerra da Gália. 2. O período das guerras que fez em seguida e das expedições com as quais subjugou a terra dos celtas mostrou que ele, como se tivesse tomado outro ponto de partida e entrado numa trilha de vida diferente e de novas realizações, não era como guerreiro e comandante inferior a nenhum outro dos mais admirados pelo comando e tornados os mais importantes;

---

57. Este quarto casamento de Pompeu com Júlia causou grande assombro, porquanto ele tinha repudiado sua terceira esposa, Múcia, em razão de ela ter sido amante de César (cf. Suetônio, *César* 50, 9).

58. César recebeu, primeiro, apenas a Gália Cisalpina e a Ilíria, com três legiões, em virtude de *lex Vatinia*. Logo depois, o Senado acrescentou àquelas a Gália Transalpina e uma outra legião (cf. Suetônio, *César* 19, 2 e 22, 1).

VIDAS DE CÉSAR

3. ἀλλ' εἴτε Φαβίους καὶ Σκιπίωνας καὶ Μετέλλους καὶ τοὺς κατ' αὐτὸν ἢ μικρὸν ἔμπροσθεν αὐτοῦ, Σύλλαν καὶ Μάριον ἀμφοτέρους τε Λευκούλλους, ἢ καὶ Πομπήϊον αὐτόν, οὗ κλέος ὑπουράνιον ἦνθει τότε παντοίας περὶ πόλεμον ἀρετῆς, παραβάλοι τις, 4. αἱ Καίσαρος ὑπερβάλλουσι πράξεις, τὸν μὲν χαλεπότητι τόπων ἐν οἷς ἐπολέμησε, τὸν δὲ μεγέθει χώρας ἣν προσεκτήσατο, τὸν δὲ πλήθει καὶ βίᾳ πολεμίων οὓς ἐνίκησε, τὸν δ' ἀτοπίαις καὶ ἀπιστίαις ἠθῶν ἃ καθωμίλησε, τὸν δ' ἐπιεικείᾳ καὶ πραότητι πρὸς τοὺς ἁλισκομένους, τὸν δὲ δώροις καὶ χάρισι πρὸς τοὺς συστρατευομένους· 5. πάντας δὲ τῷ πλείστας μεμαχῆσθαι μάχας καὶ πλείστους ἀνῃρηκέναι τῶν ἀντιταχθέντων. Ἔτη γὰρ οὐδὲ δέκα πολεμήσας περὶ Γαλατίαν, πόλεις μὲν ὑπὲρ ὀκτακοσίας κατὰ κράτος εἷλεν, ἔθνη δ' ἐχειρώσατο τριακόσια, μυριάσι δὲ παραταξάμενος κατὰ μέρος τριακοσίαις, ἑκατὸν μὲν ἐν χερσὶ διέφθειρεν, ἄλλας δὲ τοσαύτας ἐζώγρησεν.

[16] 1. Εὐνοίᾳ δὲ καὶ προθυμίᾳ στρατιωτῶν ἐχρήσατο τοσαύτῃ περὶ αὐτόν, ὥστε τοὺς ἑτέρων μηδὲν ἐν ταῖς ἄλλαις στρατείαις διαφέροντας ἀμάχους καὶ ἀνυποστάτους φέρεσθαι πρὸς πᾶν δεινὸν ὑπὲρ τῆς Καίσαρος δόξης. 2. Οἷος ἦν τοῦτο μὲν Ἀκίλιος, ὃς ἐν τῇ περὶ Μασσαλίαν ναυμαχίᾳ νεὼς πολεμίας ἐπιβεβηκώς, τὴν μὲν δεξιὰν ἀπεκόπη χεῖρα μαχαίρᾳ, τῇ δ' ἀριστερᾷ τὸν θυρεὸν οὐκ ἀφῆκεν, ἀλλὰ τύπτων εἰς τὰ πρόσωπα τοὺς πολεμίους ἀπέστρεψε πάντας καὶ τοῦ σκάφους ἐπεκράτησε· 3. τοῦτο δὲ Κάσσιος Σκεύας, ὃς ἐν τῇ περὶ Δυρράχιον μάχῃ τὸν ὀφθαλμὸν ἐκκοπεὶς τοξεύματι, τὸν δ' ὦμον ὑσσῷ καὶ τὸν μηρὸν ἑτέρῳ διεληλαμένος, τῷ δὲ θυρεῷ βελῶν ἑκατὸν καὶ τριάκοντα πληγὰς ἀναδεδεγμένος, ἐκάλει τοὺς πολεμίους ὡς παραδώσων ἑαυτόν· 4. δυεῖν δὲ προσιόντων τοῦ μὲν ἀπέκοψε τὸν ὦμον τῇ μαχαίρᾳ, τὸν δὲ κατὰ τοῦ προσώπου πατάξας ἀπέστρεψεν, αὐτὸς δὲ διεσώθη, τῶν οἰκείων περισχόντων.

---

59. Houve duas batalhas navais em Marselha em 49 a.C., no começo da guerra civil, uma em 27 de junho e outra em 31 de julho, ambas na ausência de César. A façanha de Acílio, soldado da Décima Legião é narrada também por Suetônio, *César* 68, 7-9.

PLUTARCO: CÉSAR

3. mas se o comparamos a homens como os Fábios, os Cipiões e os Metelos, e àqueles de seu tempo ou àqueles pouco anteriores a ele, como Sila, Mário, os dois Luculos, ou ainda o próprio Pompeu, cuja glória então florescia, elevando-se até o céu, em razão das superiores qualidades de toda espécie em guerra, 4. os empreendimentos de César são superiores: ele supera um pela dificuldade dos lugares onde combateu; outro, pela extensão do país conquistado; óutro, pelo grande número e pela força do inimigo vencido; este, pelos despropósitos e pela perfídia dos povos que ele conciliou; aquele, pela moderação e brandura para com os prisioneiros; este, por presentes e favores concedidos a seus companheiros de armas; 5. e a todos, por fazer o maior número de combates e por aniquilar a maior parte dos inimigos. De fato, tendo combatido menos de dez anos na Gália, tomou à viva força mais de oitocentas cidades, submeteu trezentos povos e, dispondo suas tropas em diferentes ocasiões contra três milhões de homens, matou um milhão lutando corpo a corpo e fez outros tantos prisioneiros.

[16] 1. Desfrutou tão grande benevolência e zelo da parte dos soldados que mesmo aqueles que absolutamente não se distinguiram dos outros nas campanhas precedentes se lançavam a qualquer perigo, invencíveis e irresistíveis, pela glória de César. 2. Tal foi Acílio que, no combate naval de Marselha[59], abordando um navio inimigo, teve sua mão cortada com uma espada, e, com a direita, não abandonou seu escudo, mas, golpeando os inimigos no rosto, pôs todos em fuga e apoderou-se do navio. 3. Tal foi também Cássio Ceva que na batalha de Dirráquio, tendo tido o olho vazado por uma flecha, o ombro traspassado por um dardo e a coxa por outro, e tendo recebido cento e trinta golpes de projéteis, chamava os inimigos como se quisesse entregar-se; 4. e, aproximando-se dois deles, cortou o ombro de um com a espada; feriu o outro no rosto e fê-lo fugir, enquanto ele próprio se salvou, pois que seus companheiros o protegeram[60].

---

60. Ver *César, A guerra civil* III, 51-53, onde é tratado o caso do centurião Ceva, em 53, 4-5 (cf. Suetônio, *César* 68, 7-8).

VIDAS DE CÉSAR

5. Ἐν δὲ Βρεττανίᾳ τῶν πολεμίων εἰς τόπον ἑλώδη καὶ μεστὸν ὑδάτων ἐμπεσοῦσι τοῖς πρώτοις ταξιάρχοις ἐπιθεμένων, στρατιώτης, Καίσαρος αὐτοῦ τὴν μάχην ἐφορῶντος, ὠσάμενος εἰς μέσους καὶ πολλὰ καὶ περίοπτα τόλμης ἀποδειξάμενος ἔργα, τοὺς μὲν ταξιάρχους ἔσωσε τῶν βαρβάρων φυγόντων, 6. αὐτὸς δὲ χαλεπῶς ἐπὶ πᾶσι διαβαίνων ἔρριψεν ἑαυτὸν εἰς ῥεύματα τελματώδη, καὶ μόλις ἄνευ τοῦ θυρεοῦ, τὰ μὲν νηχόμενος τὰ δὲ βαδίζων, διεπέρασε. 7. Θαυμαζόντων δὲ τῶν περὶ τὸν Καίσαρα καὶ μετὰ χαρᾶς καὶ κραυγῆς ἀπαντώντων, αὐτὸς εὖ μάλα κατηφὴς καὶ δεδακρυμένος προσέπεσε τῷ Καίσαρι, συγγνώμην αἰτούμενος ἐπὶ τῷ προέσθαι τὸν θυρεόν. 8. Ἐν δὲ Λιβύῃ ναῦν ἑλόντες οἱ περὶ Σκιπίωνα Καίσαρος, ἐν ᾗ Γράνιος Πέτρων ἐπέπλει ταμίας ἀποδεδειγμένος, τοὺς μὲν ἄλλους ἐποιοῦντο λείαν, τῷ δὲ ταμίᾳ διδόναι τὴν σωτηρίαν ἔφασαν. 9. Ὁ δ᾽ εἰπών, ὅτι τοῖς Καίσαρος στρατιώταις οὐ λαμβάνειν, ἀλλὰ διδόναι σωτηρίαν ἔθος ἐστίν, ἑαυτὸν τῷ ξίφει πατάξας ἀνεῖλε.

[17] 1. Τὰ δὲ τοιαῦτα λήματα καὶ τὰς φιλοτιμίας αὐτὸς ἀνέθρεψε καὶ κατεσκεύασε Καῖσαρ, πρῶτον μὲν τῷ χαρίζεσθαι καὶ τιμᾶν ἀφειδῶς, ἐνδεικνύμενος ὅτι τὸν πλοῦτον οὐκ εἰς τρυφὴν ἰδίαν οὐδ᾽ ἰδίας ἡδυπαθείας ἐκ τῶν πολέμων ἀθροίζει, κοινὰ δ᾽ ἆθλα τῆς ἀνδραγαθίας παρ᾽ αὐτῷ φυλασσόμενα ἀπόκειται καὶ μέτεστιν ἐκείνῳ τοῦ πλουτεῖν ὅσα τοῖς ἀξίοις τῶν στρατιωτῶν δίδωσιν· ἔπειτα τῷ πάντα μὲν κίνδυνον ἑκὼν ὑφίστασθαι, πρὸς μηδένα δὲ τῶν πόνων ἀπαγορεύειν. 2. Τὸ μὲν οὖν φιλοκίνδυνον οὐκ ἐθαύμαζον αὐτοῦ διὰ τὴν φιλοτιμίαν· ἡ δὲ τῶν πόνων ὑπομονὴ παρὰ τὴν τοῦ σώματος δύναμιν ἐγκαρτερεῖν δοκοῦντος ἐξέπληττεν, ὅτι καὶ τὴν ἕξιν ὢν ἰσχνός, καὶ τὴν σάρκα λευκὸς καὶ ἁπαλός, καὶ τὴν κεφαλὴν νοσώδης, καὶ τοῖς ἐπιληπτικοῖς ἔνοχος (ἐν Κορδύβῃ πρῶτον αὐτῷ τοῦ πάθους ὡς λέγεται τούτου προσπεσόντος), 3. οὐ μαλακίας ἐποιήσατο τὴν ἀρρωστίαν πρόφασιν, ἀλλὰ

---

61. Este episódio deve ser datado de 47 a.C. O nome do questor Grânio Petro não aparece no *A guerra na África*, em que os capítulos 44-46 narram, entretanto, um incidente um pouco semelhante.

PLUTARCO: CÉSAR

5. Na Britânia, quando os inimigos atacavam os centuriões de vanguarda, que caíram em lugar pantanoso e cheio de água, um soldado, enquanto César em pessoa observava o combate, lançou-se no meio dos adversários, exibiu muitos e notáveis atos de coragem e salvou os centuriões, pois os bárbaros se puseram em fuga. 6. Depois, fazendo ele próprio a travessia com dificuldade após todos os outros, lançou-se nas correntes lamacentas, e penosamente, sem seu escudo, ora nadando, ora andando, passou para o outro lado. 7. Enquanto César e seus companheiros se admiravam e iam ao seu encontro com gritos de alegria, ele, completamente desalentado e banhado em lágrimas, atirou-se aos pés de César, pedindo perdão por ter perdido seu escudo. 8. Na África, os soldados de Cipião, depois de terem capturado um navio de César, no qual navegava Grânio Petro, que tinha sido designado questor, reduziram os demais passageiros à servidão, mas ao questor disseram que concediam a libertação. 9. Este, porém, alegando que os soldados de César não tinham o costume de obter como favor a libertação, mas de concedê-la, matou-se com um golpe de espada[61].

[17] 1. Tais sentimentos de coragem e de ambição, o próprio César alimentou-os e cultivou-os em seus soldados, em primeiro lugar com a pródiga concessão de favores e de honrarias, mostrando que acumulava riquezas das guerras não para seu próprio luxo nem para certos prazeres, mas elas eram postas de reserva e conservadas junto dele, como prêmios comuns para ações de bravura, e sua parte nas riquezas não superava a que concedia aos soldados de mérito; em segundo lugar, com o expor-se voluntariamente a todo risco, e com o não recuar diante de nenhuma fadiga. 2. Não admiravam seu amor ao perigo, em virtude de sua ambição, mas o que surpreendia era sua resistência às fadigas, pois que parecia ser forte além de sua capacidade física; com efeito, mesmo sendo franzino de constituição, de pele branca e delicada, achacado de dores de cabeça e sujeito a ataques epiléticos (em Córdova pela primeira vez, como se diz, esse mal o atacou), 3. não fez de sua debilidade pretexto para a indolência, mas, ao contrário,

VIDAS DE CÉSAR

θεραπείαν τῆς ἀρρωστίας τὴν στρατείαν, ταῖς ἀτρύτοις ὁδοιπορίαις καὶ ταῖς εὐτελέσι διαίταις καὶ τῷ θυραυλεῖν ἐνδελεχῶς καὶ ταλαιπωρεῖν ἀπομαχόμενος τῷ πάθει καὶ τὸ σῶμα τηρῶν δυσάλωτον. 4. Ἐκοιμᾶτο μὲν γὰρ τοὺς πλείστους ὕπνους ἐν ὀχήμασιν ἢ φορείοις, εἰς πρᾶξιν τὴν ἀνάπαυσιν κατατιθέμενος, ὠχεῖτο δὲ μεθ' ἡμέραν ἐπὶ τὰ φρούρια καὶ τὰς πόλεις καὶ τοὺς χάρακας, ἑνὸς αὐτῷ συγκαθημένου παιδὸς τῶν ὑπογράφειν ἅμα διώκοντος εἰθισμένων, ἑνὸς δ' ἐξόπισθεν ἐφεστηκότος στρατιώτου ξίφος ἔχοντος. 5. Συντόνως δ' ἤλαυνεν οὕτως, ὥστε τὴν πρώτην ἔξοδον ἀπὸ Ῥώμης ποιησάμενος ὀγδοαῖος ἐπὶ τὸν Ῥοδανὸν ἐλθεῖν. 6. Τὸ μὲν οὖν ἱππεύειν ἐκ παιδὸς ἦν αὐτῷ ῥάδιον· εἴθιστο γὰρ εἰς τοὐπίσω τὰς χεῖρας ἀπάγων καὶ τῷ νώτῳ περιπλέκων ἀνὰ κράτος ἐλαύνειν τὸν ἵππον. 7. Ἐν ἐκείνῃ δὲ τῇ στρατείᾳ προσεξήσκησεν ἱππαζόμενος τὰς ἐπιστολὰς ὑπαγορεύειν καὶ δυσὶν ὁμοῦ γράφουσιν ἐξαρκεῖν, ὡς δ' Ὄππιός φησι, καὶ πλείοσι. 8. Λέγεται δὲ καὶ τὸ διὰ γραμμάτων τοῖς φίλοις ὁμιλεῖν Καίσαρα πρῶτον μηχανήσασθαι, τὴν κατὰ πρόσωπον ἔντευξιν ὑπὲρ τῶν ἐπειγόντων τοῦ καιροῦ διά τε πλῆθος ἀσχολιῶν καὶ τῆς πόλεως τὸ μέγεθος μὴ περιμένοντος. 9. Τῆς δὲ περὶ τὴν δίαιταν εὐκολίας κἀκεῖνο ποιοῦνται σημεῖον, ὅτι τοῦ δειπνίζοντος αὐτὸν ἐν Μεδιολάνῳ ξένου Οὐαλερίου Λέοντος παραθέντος ἀσπάραγον καὶ μύρον ἀντ' ἐλαίου καταχέαντος, αὐτὸς μὲν ἀφελῶς ἔφαγε, τοῖς δὲ φίλοις δυσχεραίνουσιν ἐπέπληξεν. 10. "Ἤρκει γὰρ ἔφη "τὸ μὴ χρῆσθαι τοῖς ἀπαρέσκουσιν· ὁ δὲ τὴν τοιαύτην ἀγροικίαν ἐξελέγχων αὐτός ἐστιν ἄγροικος." 11. Ἐν ὁδῷ δέ ποτε συνελασθεὶς ὑπὸ χειμῶνος εἰς ἔπαυλιν ἀνθρώπου πένητος, ὡς οὐδὲν εὗρε πλέον οἰκήματος ἑνὸς γλίσχρως ἕνα δέξασθαι δυναμένου, πρὸς τοὺς φίλους εἰπών, ὡς τῶν μὲν ἐντίμων παραχωρητέον εἴη τοῖς κρατίστοις, τῶν δ' ἀναγκαίων τοῖς ἀσθενεστάτοις, Ὄππιον ἐκέλευσεν ἀναπαύσασθαι· αὐτὸς δὲ μετὰ τῶν ἄλλων ὑπὸ τῷ προστεγίῳ τῆς θύρας ἐκάθευδεν.

---

62. Algumas dessas cartas deviam ser cifradas, quando se tratava de comunicação secreta (cf. Suetônio, *César* 56, 7-8).

PLUTARCO: CÉSAR

de seu serviço militar fez a cura de sua debilidade, visto que, por intermináveis marchas, por vida sóbria, por dormir continuamente ao ar livre e por suportar a fadiga, combatia a doença e mantinha seu corpo dificilmente sujeito a seus ataques. 4. Descansava, na maior parte pelo menos de seus sonos, em carros ou em liteiras, utilizando seu repouso para a ação; e era levado de dia às fortalezas, às cidades e às trincheiras, sentando-se com ele apenas um escravo daqueles que estão habituados a escrever por ditado, enquanto ele prosseguia seu caminho, e atrás dele ficava um único soldado com uma espada. 5. Tão rapidamente avançava que, quando partiu de Roma a primeira vez, chegou no oitavo dia ao Ródano. 6. Cavalgar era fácil para ele desde a infância, pois estava habituado a fazer correr o cavalo à viva força, levando seus braços para trás e cruzando-os nas costas. 7. Naquela expedição exercitou-se ainda mais a ditar suas cartas cavalgando, e a ocupar ao mesmo tempo dois escreventes, e mesmo mais, como diz Ópio. 8. Diz-se também que César foi o primeiro a pensar em tratar com amigos por cartas quando, por causa do grande número de ocupações e da extensão da cidade, o momento não permitia a entrevista pessoal sobre as questões urgentes[62]. 9. Da simplicidade de seu gênero de vida, dá-se como prova também o seguinte: quando o hospedeiro Valério Leão que o recebia para jantar, em Milão, serviu aspargo e verteu sobre ele óleo aromático[63] em vez de óleo de oliva, César comeu naturalmente, e censurou seus amigos que estavam contrariados. 10. "Bastava", disse, "que não vos servísseis do que vos desagradava; mas quem critica semelhante rusticidade é ele próprio um rústico". 11. Uma vez, estando em viagem, foi obrigado pelo mau tempo a entrar na cabana de um homem pobre e, como encontrou apenas um único cômodo que podia dificilmente acomodar uma só pessoa, disse aos amigos que era preciso ceder aos mais fortes as honras e aos mais fracos o necessário, e ordenou que Ópio[64] aí repousasse, enquanto ele próprio ia dormir com os outros sob o toldo da porta.

---

63.   O óleo, dito aromático por Plutarco, na realidade devia ser óleo rançoso, oferecido em lugar de óleo novo (cf. Suetônio, *César* 53, 2).

64.   César, vendo seu companheiro Caio Ópio cair subitamente doente em plena floresta, cedeu-lhe a única cabana que eles encontraram, enquanto ele próprio dormia ao relento (cf. Suetônio, *César* 72, 1).

VIDAS DE CÉSAR

[18] 1. Ἀλλὰ γὰρ ὁ μὲν πρῶτος αὐτῷ τῶν Κελτικῶν πολέμων πρὸς Ἐλβηττίους συνέστη καὶ Τιγυρίνους, οἳ τὰς αὐτῶν δώδεκα πόλεις καὶ κώμας τετρακοσίας ἐμπρήσαντες, ἐχώρουν πρόσω διὰ τῆς ὑπὸ Ῥωμαίους Γαλατίας, ὥσπερ πάλαι Κίμβροι καὶ Τεύτονες, οὔτε τόλμαν ἐκείνων ὑποδεέστεροι δοκοῦντες εἶναι, καὶ πλῆθος ὁμαλεῖς, τριάκοντα μὲν αἱ πᾶσαι μυριάδες ὄντες, εἴκοσι δ' αἱ μαχόμεναι μιᾶς δέουσαι. 2. Τούτων Τιγυρίνους μὲν οὐκ αὐτός, ἀλλὰ Λαβιηνὸς πεμφθεὶς ὑπ' αὐτοῦ περὶ τὸν Ἄραρα ποταμὸν συνέτριψεν, Ἐλβηττίων δ' αὐτῷ πρός τινα πόλιν φίλην ἄγοντι τὴν στρατιὰν καθ' ὁδὸν ἀπροσδοκήτως ἐπιθεμένων, φθάσας ἐπὶ χωρίον καρτερὸν κατέφυγε. 3. Κἀκεῖ συναγαγὼν καὶ παρατάξας τὴν δύναμιν, ὡς ἵππος αὐτῷ προσήχθη, "Τούτῳ μὲν" ἔφη "νικήσας χρήσομαι πρὸς τὴν δίωξιν, νῦν δ' ἴωμεν ἐπὶ τοὺς πολεμίους·" καὶ πεζὸς ὁρμήσας ἐνέβαλε. 4. Χρόνῳ δὲ καὶ χαλεπῶς ὠσάμενος τὸ μάχιμον, περὶ ταῖς ἁμάξαις καὶ τῷ χάρακι τὸν πλεῖστον ἔσχε πόνον, οὐκ αὐτῶν μόνων ὑφισταμένων ἐκεῖ καὶ μαχομένων, ἀλλὰ καὶ παῖδες αὐτῶν καὶ γυναῖκες ἀμυνόμενοι μέχρι θανάτου συγκατεκόπησαν, ὥστε τὴν μάχην μόλις εἰς μέσας νύκτας τελευτῆσαι. 5. Καλῷ δὲ τῷ τῆς νίκης ἔργῳ κρεῖττον ἐπέθηκε τὸ συνοικίσαι τοὺς διαφυγόντας ἐκ τῆς μάχης τῶν [παρόντων] βαρβάρων καὶ καταναγκάσαι τὴν χώραν ἀναλαβεῖν ἣν ἀπέλιπον καὶ τὰς πόλεις ἃς διέφθειραν, ὄντας ὑπὲρ δέκα μυριάδας. 6. Ἔπραξε δὲ τοῦτο δεδιὼς μὴ τὴν χώραν ἔρημον γενομένην οἱ Γερμανοὶ διαβάντες κατάσχωσι.

[19] 1. Δεύτερον δὲ πρὸς Γερμανοὺς ἄντικρυς ὑπὲρ Κελτῶν ἐπολέμησε, καίτοι τὸν βασιλέα πρότερον αὐτῶν Ἀριόβιστον ἐν Ῥώμῃ σύμμαχον πεποιημένος· 2. ἀλλ' ἦσαν ἀφόρητοι τοῖς ὑπηκόοις αὐτοῦ γείτονες, καὶ καιροῦ παραδόντος οὐκ ἂν ἐδόκουν ἐπὶ τοῖς παροῦσιν ἀτρεμήσειν, ἀλλ' ἐπινεμήσεσθαι καὶ καθέξειν τὴν Γαλατίαν. 3. Ὁρῶν δὲ τοὺς ἡγεμόνας ἀποδειλιῶντας, καὶ μάλισθ' ὅσοι τῶν ἐπιφανῶν καὶ νέων

---

65. Os tigurinos de que Plutarco fala formam um dos quatro cantões do país dos helvécios.

66. Trata-se da Narbonesa, província da Gália, cuja capital era a colônia narbo Martius, fundada em 118 a.C.

PLUTARCO: CÉSAR

[18] 1. Mas, realmente, a primeira das guerras gálicas foi por ele travada contra os helvécios e os tigurinos[65], os quais, depois de incendiarem suas doze cidades e quatrocentas aldeias, avançavam através da Gália sujeita aos romanos[66], como outrora fizeram os címbrios e os teutões; eles não pareciam ser inferiores a estes últimos na ousadia e, quanto ao número, eram iguais, perfazendo um total de trezentos mil, dos quais cento e noventa mil eram combatentes. 2. Desses dois povos, os tigurinos foram aniquilados perto do rio Árar, não por ele próprio, mas por Labieno, seu enviado; e como os helvécios o atacaram inesperadamente a caminho, quando ele conduzia o exército para uma cidade amiga, César, tomando a dianteira, refugiou-se num lugar fortificado. 3. Aí, reuniu e dispôs em ordem de batalha suas forças e, quando lhe foi trazido seu cavalo, disse: "Vou servir-me dele para a perseguição, após minha vitória, mas agora marchemos contra os inimigos", e lançou-se a pé a combatê-los. 4. Por um longo tempo e penosamente levou avante o combate e teve a maior luta em volta dos carros e da trincheira, porque aí não resistiam e combatiam somente os homens, mas também seus filhos e esposas que, defendendo-se até a morte, foram massacrados, de maneira que o combate terminou apenas à meia-noite. 5. À bela obra da vitória ele acrescentou uma melhor: reuniu os bárbaros sobreviventes que escaparam da batalha e forçou-os a retomar a terra que tinham abandonado, e suas cidades que tinham destruído, pois eles eram mais de cem mil. 6. Isso fez, temendo que os germanos, após atravessarem o Reno, ocupassem a região, se ficasse deserta.

[19] 1. A segunda guerra, abertamente em defesa da Gália, ele a fez contra os germanos[67], embora precedentemente, em Roma, tivesse feito de seu rei Ariovisto um aliado; 2. mas eles eram vizinhos intoleráveis aos súditos de César e, apresentando-se a oportunidade, não tomariam a decisão de ficar tranqüilos em suas terras, mas a de invadir e ocupar a Gália. 3. Vendo que os oficiais tinham medo, e sobretudo todos os de alta classe e jovens

---

67. Esta campanha contra os germanos realizou-se ainda no verão de 58 (cf. César, *Guerra da Gália* I, 30-53).

173

VIDAS DE CÉSAR

αὐτῷ συνεξῆλθον, ὡς δὴ τρυφῇ χρησόμενοι καὶ χρηματισμῷ τῇ μετὰ Καίσαρος στρατείᾳ, συναγαγὼν εἰς ἐκκλησίαν ἐκέλευσεν ἀπιέναι καὶ μὴ κινδυνεύειν παρὰ γνώμην, οὕτως ἀνάνδρως καὶ μαλακῶς ἔχοντας· 4. αὐτὸς δ' ἔφη τὸ δέκατον τάγμα μόνον παραλαβὼν ἐπὶ τοὺς βαρβάρους πορεύσεσθαι, μήτε κρείττοσι μέλλων Κίμβρων μάχεσθαι πολεμίοις, μήτ' αὐτὸς ὢν Μαρίου χείρων στρατηγός. 5. Ἐκ τούτου τὸ μὲν δέκατον τάγμα πρεσβευτὰς ἔπεμψε πρὸς αὐτόν, χάριν ἔχειν ὁμολογοῦντες, τὰ δ' ἄλλα τοὺς ἑαυτῶν ἐκάκιζον ἡγεμόνας, ὁρμῆς δὲ καὶ προθυμίας γενόμενοι πλήρεις ἅπαντες ἠκολούθουν ὁδὸν ἡμερῶν πολλῶν, ἕως ἐν διακοσίοις τῶν πολεμίων σταδίοις κατεστρατοπέδευσαν. 6. Ἦν μὲν οὖν ὅ τι καὶ πρὸς τὴν ἔφοδον αὐτὴν ἐτέθραυστο τῆς τόλμης τοῦ Ἀριοβίστου. 7. Γερμανοῖς γὰρ ἐπιθήσεσθαι Ῥωμαίους, ὧν ἐπερχομένων οὐκ ἂν ἐδόκουν ὑποστῆναι, [ὃ] μὴ προσδοκήσας, ἐθαύμαζε τὴν Καίσαρος τόλμαν, καὶ τὸν στρατὸν ἑώρα τεταραγμένον. 8. Ἔτι δὲ μᾶλλον αὐτοὺς ἤμβλυνε τὰ μαντεύματα τῶν ἱερῶν γυναικῶν, αἳ ποταμῶν δίναις προσβλέπουσαι καὶ ῥευμάτων ἑλιγμοῖς καὶ ψόφοις τεκμαιρόμεναι προεθέσπιζον, οὐκ ἐῶσαι μάχην θέσθαι πρὶν ἐπιλάμψαι νέαν σελήνην. 9. Ταῦτα τῷ Καίσαρι πυνθανομένῳ καὶ τοὺς Γερμανοὺς ἡσυχάζοντας ὁρῶντι καλῶς ἔχειν ἔδοξεν ἀπροθύμοις οὖσιν αὐτοῖς συμβαλεῖν μᾶλλον, ἢ τὸν ἐκείνων ἀναμένοντα καιρὸν καθῆσθαι. 10. Καὶ προσβολὰς ποιούμενος τοῖς ἐρύμασι καὶ λόφοις ἐφ' ὧν ἐστρατοπέδευον, ἐξηγρίαινε καὶ παρώξυνε καταβάντας πρὸς ὀργὴν διαγωνίσασθαι. 11. Γενομένης δὲ λαμπρᾶς τροπῆς αὐτῶν, ἐπὶ σταδίους τετρακοσίους ἄχρι τοῦ Ῥήνου διώξας, κατέπλησε τοῦτο πᾶν νεκρῶν τὸ πεδίον καὶ λαφύρων. 12. Ἀριόβιστος δὲ φθάσας μετ' ὀλίγων διεπέρασε τὸν Ῥῆνον· ἀριθμὸν δὲ νεκρῶν μυριάδας ὀκτὼ γενέσθαι λέγουσι.

[20] 1. Ταῦτα διαπραξάμενος, τὴν μὲν δύναμιν ἐν Σηκουανοῖς ἀπέλιπε διαχειμάσουσαν, αὐτὸς δὲ τοῖς ἐν Ῥώμῃ προσέχειν βουλόμενος εἰς τὴν περὶ Πάδον Γαλατίαν κατέβη, τῆς αὐτῷ δεδομένης ἐπαρχίας οὔσαν·

---

68. Trata-se da lua nova de 18 de setembro de 58 a.C.

PLUTARCO: CÉSAR

que o tinham acompanhado com a intenção de aproveitar de sua expedição pelo bem-estar e pelo dinheiro, reuniu-os em assembléia e ordenou-lhes partir e não arriscar-se contra a vontade, já que eram tão covardes e desprovidos de energia; 4. disse que ele próprio marcharia contra os bárbaros com a décima legião apenas, pois ia combater inimigos não superiores aos címbrios, e ele não era, como comandante, inferior a Mário. 5. Depois disso, a décima legião enviou-lhe uma delegação testemunhando seu reconhecimento, enquanto as outras dirigiam censuras a seus comandantes; mas, cheios de entusiasmo e ardor, todos o acompanhavam numa caminhada de muitos dias, até que acamparam a duzentos estádios do inimigo. 6. Aconteceu também que parte da audácia de Ariovisto fora anulada diante da própria aproximação de César. 7. De fato, não esperando que os romanos investissem contra os germanos, a cujo ataque parecia que aqueles não resistiriam, ele admirava a audácia de César; e via que seu exército estava agitado. 8. Traziam-lhes ainda maior desânimo as profecias de suas sacerdotisas que anunciavam o futuro observando os turbilhões dos rios e fazendo conjecturas sobre os redemoinhos e os rumores das correntes, pois elas não lhes permitiam travar batalha antes que brilhasse a lua nova[68]. 9. César, informado dessa proibição e vendo que os germanos permaneciam tranqüilos, pensou ser melhor atacá-los, enquanto estavam desalentados, do que ficar parado, esperando o momento que lhes fosse conveniente. 10. E, investindo sobre suas trincheiras e colinas nas quais acampavam, ele os irritava e assim os incitou a descer, coléricos, e a travar o combate decisivo. 11. Houve uma notável fuga dos germanos. César perseguiu-os até o Reno, numa distância de quatrocentos estádios, e encheu toda essa planície de cadáveres e de despojos. 12. Ariovisto com poucos homens atravessou primeiro o Reno. O número de cadáveres, dizem, foi de oitenta mil.

[20] 1. Depois de levar a cabo essa operação, César deixou seu exército passar o inverno entre os sequanos, enquanto ele próprio, querendo ficar atento aos acontecimentos de Roma, desceu à Gália da região do Pó, a qual fazia parte da província a ele atribuída[69].

---

69. A Gália Cisalpina tinha sido atribuída a César, assim como a Transalpina.

175

VIDAS DE CÉSAR

ὁ γὰρ καλούμενος Ῥουβίκων ποταμὸς ἀπὸ τῆς ὑπὸ ταῖς Ἄλπεσι Κελτικῆς ὁρίζει τὴν ἄλλην Ἰταλίαν. 2. Ἐνταῦθα καθήμενος ἐδημαγώγει, πολλῶν πρὸς αὐτὸν ἀφικνουμένων, διδοὺς ὧν ἕκαστος δεηθείη καὶ πάντας ἀποπέμπων, τὰ μὲν ἔχοντας ἤδη παρ' αὐτοῦ, τὰ δ' ἐλπίζοντας. 3. Καὶ παρὰ τὸν ἄλλον δὲ πάντα τῆς στρατείας χρόνον ἐλάνθανε τὸν Πομπήϊον ἐν μέρει νῦν μὲν τοὺς πολεμίους τοῖς τῶν πολιτῶν ὅπλοις καταστρεφόμενος, νῦν δὲ τοῖς ἀπὸ τῶν πολεμίων χρήμασιν αἱρῶν τοὺς πολίτας καὶ χειρούμενος. 4. Ἐπεὶ δὲ Βέλγας ἤκουσε, δυνατωτάτους Κελτῶν καὶ τὴν τρίτην ἁπάσης τῆς Κελτικῆς νεμομένους, ἀφεστάναι, πολλὰς δή τινας μυριάδας ἐνόπλων ἀνδρῶν ἠθροικότας, ἐπιστρέψας εὐθὺς ἐχώρει τάχει πολλῷ, 5. καὶ πορθοῦσι τοὺς συμμάχους Γαλάτας ἐπιπεσὼν τοῖς πολεμίοις, τοὺς μὲν ἀθρουστάτους καὶ πλείστους αἰσχρῶς ἀγωνισαμένους τρεψάμενος διέφθειρεν, ὥστε καὶ λίμνας καὶ ποταμοὺς βαθεῖς τοῖς Ῥωμαίοις νεκρῶν πλήθει περατοὺς γενέσθαι· 6. τῶν δ' ἀποστάντων οἱ μὲν παρωκεάνιοι πάντες ἀμαχεὶ προσεχώρησαν, ἐπὶ δὲ τοὺς ἀγριωτάτους καὶ μαχιμωτάτους τῶν τῇδε, Νερβίους, ἐστράτευσεν· 7. οἵπερ εἰς συμμιγεῖς δρυμοὺς κατῳκημένοι, γενεὰς δὲ καὶ κτήσεις ἔν τινι βυθῷ τῆς ὕλης ἀπωτάτω θέμενοι τῶν πολεμίων, αὐτοὶ τῷ Καίσαρι, ποιουμένῳ χάρακα καὶ μὴ προσδεχομένῳ τηνικαῦτα τὴν μάχην, ἑξακισμύριοι τὸ πλῆθος ὄντες αἰφνιδίως προσέπεσον, καὶ τοὺς μὲν ἱππεῖς ἐτρέψαντο, τῶν δὲ ταγμάτων τὸ δωδέκατον καὶ τὸ ἕβδομον περισχόντες, ἅπαντας ἀπέκτειναν τοὺς ταξιάρχους. 8. Εἰ δὲ μὴ Καῖσαρ ἁρπάσας τὸν θυρεὸν καὶ διασχὼν τοὺς πρὸ αὐτοῦ μαχομένους, ἐνέβαλε τοῖς βαρβάροις, καὶ ἀπὸ τῶν ἄκρων τὸ δέκατον κινδυνεύοντος αὐτοῦ κατέδραμε καὶ διέκοψε τὰς τάξεις τῶν πολεμίων, οὐδεὶς ἂν δοκεῖ περιγενέσθαι· 9. νῦν δὲ τῇ Καίσαρος τόλμῃ τὴν λεγομένην ὑπὲρ δύναμιν μάχην ἀγωνισάμενοι, τρέπονται μὲν οὐδ' ὡς τοὺς Νερβίους, κατακόπτουσι δ' ἀμυνομένους· 10. πεντακόσιοι γὰρ ἀπὸ μυριάδων ἓξ σωθῆναι λέγονται, βουλευταὶ δὲ τρεῖς ἀπὸ τετρακοσίων.

PLUTARCO: CÉSAR

De fato, o rio denominado Rubicão separa da Gália Cisalpina o resto da Itália. 2. Estabelecendo-se aí, César procurava tornar-se popular, e, como muitos vinham a ele, concedia o que cada um lhe pedia, e a todos despedia, ou já beneficiados por ele, ou esperando sê-lo. 3. E, durante todo o resto do tempo, sem que Pompeu soubesse, César, alternativamente, ora aniquilava os inimigos com as armas dos cidadãos, ora seduzia e subjugava os cidadãos com o dinheiro dos inimigos. 4. Mas, quando ouviu dizer que os belgas, que eram os mais poderosos dos celtas e ocupavam o terço de toda a Gália, tinham-se revoltado e reunido muitas dezenas de milhares de homens armados, voltou imediatamente, marchando em grande velocidade[70]; 5. e, precipitando-se sobre os inimigos que pilhavam os gauleses aliados de Roma, fez fugir e aniquilou os menos dispersos e mais numerosos, depois de eles terem travado uma luta vergonhosa, de sorte que lagos e rios profundos se tornaram transponíveis pelos romanos em virtude do grande número de cadáveres. 6. Todos os rebeldes que habitavam as costas do Oceano passaram para seu lado sem combate. Ele fez então uma expedição contra os nérvios, os mais selvagens e belicosos entre os habitantes daquela região. 7. Como se instalavam em densas florestas, e tinham colocado suas famílias e seus bens num recesso do bosque o mais longe possível dos inimigos, repentinamente se precipitaram sobre César, em número de sessenta mil, quando ele estava construindo uma trincheira e não esperava naquele momento o combate. Fizeram fugir a cavalaria e cercaram a duodécima e a sétima legião, matando todos os centuriões. 8. Se César, apoderando-se de um escudo e passando entre aqueles que combatiam à sua frente, não se tivesse lançado sobre os bárbaros, e se a décima legião não tivesse descido das alturas enquanto ele corria risco, e não tivesse rompido as fileiras dos inimigos, ninguém, parece, teria sobrevivido; 9. Mas na realidade, devido à audácia de César, eles travaram o combate além de suas forças, como se diz, e assim mesmo não fizeram fugir os nérvios, mas aniquilaram-nos, quando se defendiam; 10. Dos sessenta mil diz-se que se salvaram quinhentos, e três senadores, dos quatrocentos.

---

70. O conjunto da Gália compreende três partes: Bélgica, Aquitânia, Céltica. Os belgas ficam separados do resto da Gália pelo Marna e pelo Sena. Ocupavam, pois, um território muito mais vasto que a atual Bélgica.

VIDAS DE CÉSAR

21. 1. Ταῦθ' ἡ σύγκλητος πυθομένη πεντεκαίδεχ' ἡμέρας ἐψηφίσατο θύειν τοῖς θεοῖς καὶ σχολάζειν ἑορτάζοντας, ὅσας ἐπ' οὐδεμιᾷ νίκῃ πρότερον. 2. Καὶ γὰρ ὁ κίνδυνος ἐφάνη μέγας ἐθνῶν ἅμα τοσούτων ἀναρραγέντων, καὶ τὸ νίκημα λαμπρότερον, ὅτι Καῖσαρ ἦν ὁ νικῶν, ἡ πρὸς ἐκεῖνον εὔνοια τῶν πολλῶν ἐποίει. 3. Καὶ γὰρ αὐτὸς εὖ θέμενος τὰ κατὰ τὴν Γαλατίαν, πάλιν ἐν τοῖς περὶ Πάδον χωρίοις διεχείμαζε, συσκευαζόμενος τὴν πόλιν. 4. Οὐ γὰρ μόνον οἱ τὰς ἀρχὰς παραγγέλλοντες, ἐκείνῳ χρώμενοι χορηγῷ καὶ τοῖς παρ' ἐκείνου χρήμασι διαφθείροντες τὸν δῆμον, ἀνηγορεύοντο καὶ πᾶν ἔπραττον ὃ τὴν ἐκείνου δύναμιν αὔξειν ἔμελλεν, 5. ἀλλὰ καὶ τῶν ἐπιφανεστάτων ἀνδρῶν καὶ μεγίστων οἱ πλεῖστοι συνῆλθον πρὸς αὐτὸν εἰς Λοῦκαν, Πομπήϊός τε καὶ Κράσσος, καὶ Ἄππιος ὁ τῆς Σαρδόνος ἡγεμών, καὶ Νέπως ὁ τῆς Ἰβηρίας ἀνθύπατος, ὥστε ῥαβδούχους μὲν ἑκατὸν εἴκοσι γενέσθαι, συγκλητικοὺς δὲ πλείονας ἢ διακοσίους. 6. Βουλὴν δὲ θέμενοι διεκρίθησαν ἐπὶ τούτοις· ἔδει Πομπήϊον μὲν καὶ Κράσσον ὑπάτους ἀποδειχθῆναι, Καίσαρι δὲ χρήματα καὶ πενταετίαν ἄλλην ἐπιμετρηθῆναι τῆς στρατηγίας, 7. ὃ καὶ παραλογώτατον ἐφαίνετο τοῖς νοῦν ἔχουσιν· οἱ γὰρ τοσαῦτα χρήματα παρὰ Καίσαρος λαμβάνοντες ὡς οὐκ ἔχοντι διδόναι τὴν βουλὴν ἔπειθον, μᾶλλον δ' ἠνάγκαζον, ἐπιστένουσαν οἷς ἐψηφίζοντο, 8. Κάτωνος μὲν οὐ παρόντος, ἐπίτηδες γὰρ αὐτὸν εἰς Κύπρον ἀπεδιοπομπήσαντο, Φαωνίου δ', ὃς ἦν ζηλωτὴς Κάτωνος, ὡς οὐδὲν ἐπέραινεν ἀντιλέγων, ἐξαλλομένου διὰ θυρῶν καὶ βοῶντος εἰς τὸ πλῆθος. 9. Ἀλλὰ προσεῖχεν οὐδείς, τῶν μὲν Πομπήϊον αἰδουμένων καὶ Κράσσον, οἱ δὲ πλεῖστοι, Καίσαρι χαριζόμενοι καὶ πρὸς τὰς ἀπ' ἐκείνου ζῶντες ἐλπίδας, ἡσύχαζον.

---

71. Decretavam-se normalmente para cônsules ou consulados cinco dias; para Pompeu, depois da vitória de Mitridates foram decretados dez dias.

72. Em abril de 56, Luca foi o verdadeiro centro do mundo, cujo destino era determinado pelos triúnviros. Ápio Cláudio Pulcro, pretor em 57 a.C., era então propretor da Sardenha. Quinto Cecílio Metelo Nepos, cônsul em 57 ,era procônsul da Hispânia Citerior.

PLUTARCO: CÉSAR

[21] 1. O Senado, sabendo desses acontecimentos, decretou que se fizessem sacrifícios aos deuses e que se suspendesse o trabalho, festejando-se por quinze dias[71], número tão grande como nenhuma outra vitória precedentemente motivara. 2. E, de fato, grande se mostrou o perigo, quando tantas nações ao mesmo tempo se revoltaram; e, porque o vencedor era César, a benquerença do povo para com ele tornava mais brilhante sua vitória. 3. Depois de ter posto ele próprio em boa ordem as questões da Gália, passou de novo o inverno na região do Pó, cuidando dos interesses pessoais em Roma. 4. Não só os candidatos às magistraturas, tirando proveito de sua assistência e corrompendo o povo com o dinheiro fornecido por ele, eram eleitos e, então, faziam tudo o que ia aumentar seu poder, 5. mas também a maioria dos homens mais ilustres e de maior influência veio para junto dele em Luca[72]: Pompeu e Crasso, Ápio, governador da Sardenha, Nepos, procônsul da Hispânia, de sorte que aí houve cento e vinte litores e mais de duzentos senadores. 6. Eles realizaram um conselho e foram tomadas decisões nas seguintes bases: Pompeu e Crasso deviam ser proclamados cônsules, e a César devia ser concedido dinheiro e também outros cinco anos de comando; 7. isso parecia muito estranho às pessoas sensatas, pois aqueles que recebiam de César tanto dinheiro persuadiam o Senado a conceder-lho, como se ele não o tivesse, e sobretudo forçavam-no a isso, embora se lamentasse por seus próprios decretos. 8. Catão estava ausente, porque de propósito fora enviado em missão a Chipre; Favônio[73], que era um partidário dedicado de Catão, como não chegava a nenhum resultado com sua oposição, lançou-se portas a fora e pôs-se a gritar para o povo. 9. Mas ninguém lhe dava atenção, alguns por respeito a Pompeu e Crasso, outros, os mais numerosos, mantinham-se quietos, pois esperavam agradar a César e viviam das esperanças de seus favores.

---

73. Favônio, amigo de Catão, tribuno da plebe em 60 a.C., será pretor em 49 a.C.

VIDAS DE CÉSAR

[22] 1. Τραπόμενος δ' αὖθις ὁ Καῖσαρ ἐπὶ τὰς ἐν τῇ Κελτικῇ δυνάμεις, πολὺν καταλαμβάνει πόλεμον ἐν τῇ χώρᾳ, δύο Γερμανικῶν ἐθνῶν μεγάλων ἐπὶ κατακτήσει γῆς ἄρτι τὸν Ῥῆνον διαβεβηκότων· Οὐσίπας καλοῦσι τοὺς ἑτέρους, τοὺς δὲ Τεντερίτας. 2. Περὶ δὲ τῆς πρὸς τούτους γενομένης μάχης ὁ μὲν Καῖσαρ ἐν ταῖς Ἐφημερίσι γέγραφεν, ὡς οἱ βάρβαροι διαπρεσβευόμενοι πρὸς αὐτὸν ἐν σπονδαῖς ἐπιθοῖντο καθ' ὁδόν, καὶ διὰ τοῦτο τρέψαιντο τοὺς αὐτοῦ πεντακισχιλίους ὄντας ἱππεῖς ὀκτακοσίοις τοῖς ἐκείνων, μὴ προσδοκῶντας· 3. εἶτα πέμψειαν ἑτέρους πρὸς αὐτὸν αὖθις ἐξαπατῶντας, οὓς κατασχὼν ἐπαγάγοι τοῖς βαρβάροις τὸ στράτευμα, τὴν πρὸς οὕτως ἀπίστους καὶ παρασπόνδους πίστιν εὐήθειαν ἡγούμενος. 4. Τανύσιος δὲ λέγει Κάτωνα, τῆς βουλῆς ἐπὶ τῇ νίκῃ ψηφιζομένης ἑορτὰς καὶ θυσίας, ἀποφήνασθαι γνώμην, ὡς ἐκδοτέον ἐστὶ τὸν Καίσαρα τοῖς βαρβάροις, ἀφοσιουμένους τὸ παρασπόνδημα ὑπὲρ τῆς πόλεως καὶ τὴν ἀρὰν εἰς τὸν αἴτιον τρέποντας. 5. Τῶν δὲ διαβάντων αἱ μὲν κατακοπεῖσαι τεσσαράκοντα μυριάδες ἦσαν, ὀλίγους δὲ τοὺς ἀποπεράσαντας αὖθις ὑπεδέξαντο Σούγαμβροι, Γερμανικὸν ἔθνος. 6. Καὶ ταύτην λαβὼν αἰτίαν ἐπ' αὐτοὺς ὁ Καῖσαρ, ἄλλως δὲ <καὶ> δόξης ἐφιέμενος [καὶ] τοῦ πρῶτος ἀνθρώπων στρατῷ διαβῆναι, τὸν Ῥῆνον ἐγεφύρου, πλάτος τε πολὺν ὄντα καὶ κατ' ἐκεῖνο τοῦ χρόνου μάλιστα πλημμυροῦντα καὶ τραχὺν καὶ ῥοώδη, καὶ τοῖς καταφερομένοις στελέχεσι καὶ ξύλοις πληγὰς καὶ σπαραγμοὺς ἐνδιδόντα κατὰ τῶν ἐρειδόντων τὴν γέφυραν. 7. Ἀλλὰ ταῦτα προβόλοις ξύλων μεγάλων διὰ τοῦ πόρου καταπεπηγότων ἀναδεχόμενος, καὶ χαλινώσας τὸ προσπῖπτον ῥεῦμα τῷ ζεύγματι, πίστεως πάσης θέαμα κρεῖττον ἐπεδείξατο τὴν γέφυραν ἡμέραις δέκα συντελεσθεῖσαν.

---

74. Plutarco omite todos os acontecimentos de 56 a.C., mencionados no livro III do *Guerra da Gália*: campanha de Galba nos Alpes, a guerra conduzida pessoalmente por César contra os vênetos e a Aquitânia, depois a luta contra os menápios e os morinos; em seguida, César tinha passado novamente uma parte do inverno em Cisalpina.

PLUTARCO: CÉSAR

[22] 1. Retornando para junto de seu exército na Gália[74], César encontra uma grande guerra no país, porquanto dois importantes povos germanos tinham há pouco atravessado o Reno para conquistar terras, um chamado usípetes, e o outro, têncteros. 2. Sobre a batalha travada contra eles, César escreveu em seus *Comentários* que os bárbaros, enquanto lhe enviavam emissários durante a trégua, tinham-no atacado pelo caminho, e por isso, tinham derrotado com seus oitocentos cavaleiros seus cinco mil, uma vez que não esperavam; 3. depois, escreveu que lhe tinham enviado outros emissários que tentavam de novo enganá-lo, mas, após detê-los, ele conduziu seu exército contra os bárbaros, considerando tolice a boa fé para com homens tão infiéis e violadores de tratados. 4. Tanúsio[75] diz que Catão, quando o Senado decretou festas e sacrifícios pela vitória, manifestou a opinião de que eles deviam entregar César aos bárbaros, purificando a cidade da violação da trégua, e fazendo recair a maldição sobre o responsável. 5. Daqueles que atravessaram o Reno, quatrocentos mil foram massacrados, enquanto os que em pequeno número fizeram seu caminho de volta foram acolhidos pelos sugambros, povo germânico. 6. César considerou esse ato um motivo de queixa contra eles. Além disso, aspirando à glória de ser o primeiro homem a atravessar o Reno com um exército, construiu uma ponte sobre o rio, que era muito largo, e, naquele ponto em que o atravessou, estava sobretudo demasiado cheio, agitado e com fortes correntes; ademais, viam-se golpes e ferimentos nos suportes da ponte causados pelos troncos de árvores e pedaços de pau[76], que eram levados rio abaixo. 7. Mas César deteve esses troncos com amuradas de grandes estacas enfiadas ao longo da passagem e, retendo a corrente violenta com a barragem, ostentou, como espetáculo além de todo crédito, a ponte que fora construída em dez dias.

---

75. O historiador Tanúsio, que Plutarco cita uma única vez, em toda a sua obra, afirma que a trégua concluída entre César e os bárbaros não teria sido rompida primeiro por aqueles, mas pelo próprio César.

76. Esses troncos de árvores e pedaços de pau eram lançados na corrente pelos bárbaros para obstruírem a construção da ponte (cf. César, *G.G.* IV, 17, 10).

VIDAS DE CÉSAR

[23] 1. Περαιώσας δὲ τὴν δύναμιν, οὐδενὸς ὑπαντῆσαι τολμήσαντος, ἀλλὰ καὶ τῶν ἡγεμονικωτάτων τοῦ Γερμανικοῦ Σουήβων εἰς βαθεῖς καὶ ὑλώδεις αὐλῶνας ἀνασκευασαμένων, πυρπολήσας μὲν τὴν τῶν πολεμίων, θαρρύνας δὲ τοὺς ἀεὶ τὰ Ῥωμαίων ἀσπαζομένους, ἀνεχώρησεν αὖθις εἰς τὴν Γαλατίαν, εἴκοσι δυεῖν δεούσας ἡμέρας ἐν τῇ Γερμανικῇ διατετριφώς. 2. Ἡ δ' ἐπὶ τοὺς Βρεττανοὺς στρατεία τὴν μὲν τόλμαν εἶχεν ὀνομαστήν· πρῶτος γὰρ εἰς τὸν ἑσπέριον Ὠκεανὸν ἐπέβη στόλῳ, καὶ διὰ τῆς Ἀτλαντικῆς θαλάττης στρατὸν ἐπὶ πόλεμον κομίζων ἔπλευσε· 3. καὶ νῆσον ἀπιστουμένην ὑπὸ μεγέθους, καὶ πολλὴν ἔριν παμπόλλοις συγγραφεῦσι παρασχοῦσαν, ὡς ὄνομα καὶ λόγος οὐ γενομένης οὐδ' οὔσης πέπλασται, κατασχεῖν ἐπιθέμενος, προήγαγεν ἔξω τῆς οἰκουμένης τὴν Ῥωμαίων ἡγεμονίαν. 4. Δὶς δὲ διαπλεύσας εἰς τὴν νῆσον ἐκ τῆς ἀντιπέρας Γαλατίας, καὶ μάχαις πολλαῖς κακώσας τοὺς πολεμίους μᾶλλον ἢ τοὺς ἰδίους ὠφελήσας (οὐδὲν γὰρ ὅ τι καὶ λαβεῖν ἦν ἄξιον ἀπ' ἀνθρώπων κακοβίων καὶ πενήτων), οὐχ οἷον ἐβούλετο τῷ πολέμῳ τέλος ἐπέθηκεν, ἀλλ' ὁμήρους λαβὼν παρὰ τοῦ βασιλέως καὶ ταξάμενος φόρους, ἀπῆρεν ἐκ τῆς νήσου.

5. Καὶ καταλαμβάνει γράμματα μέλλοντα διαπλεῖν [πρὸς] αὐτὸν ἀπὸ τῶν ἐν Ῥώμῃ φίλων, δηλοῦντα τὴν τῆς θυγατρὸς αὐτοῦ τελευτήν· τελευτᾷ δὲ τίκτουσα παρὰ Πομπηΐῳ. 6. Καὶ μέγα μὲν αὐτὸν ἔσχε Πομπήϊον, μέγα δὲ Καίσαρα πένθος, οἱ δὲ φίλοι συνεταράχθησαν, ὡς τῆς ἐν εἰρήνῃ καὶ ὁμονοίᾳ τἆλλα νοσοῦσαν τὴν πολιτείαν φυλαττούσης οἰκειότητος λελυμένης· καὶ γὰρ <καὶ> τὸ βρέφος εὐθὺς οὐ πολλὰς ἡμέρας μετὰ τὴν μητέρα διαζῆσαν ἐτελεύτησε. 7. Τὴν μὲν οὖν Ἰουλίαν βίᾳ τῶν δημάρχων ἀράμενον τὸ πλῆθος εἰς τὸ Ἄρειον ἤνεγκε πεδίον, κἀκεῖ κηδευθεῖσα κεῖται.

---

77. Os suevos realmente não se teriam retirado por medo, mas teriam reunido nos bosques tudo o que é necessário às armas para um confronto com os romanos.

78. O povo amigo dos romanos nesta região era o dos ubianos. O próprio César diz que passou apenas poucos dias do outro lado do Reno.

PLUTARCO: CÉSAR

[23] 1. Fez aí passar seu exército. Ninguém ousou enfrentá-lo, mas até os suevos, os mais poderosos dos povos da Germânia, partiram com seus pertences para desfiladeiros profundos e arborizados[77]. César incendiou a terra inimiga, encorajou os que sempre se afeiçoaram às questões de Roma e retornou à Gália, depois de ter passado dezoito dias na Germânia[78]. 2. Sua expedição contra os britanos foi célebre pela audácia, pois foi o primeiro a penetrar com uma frota no Oceano ocidental e a navegar através do Atlântico para uma guerra 3. Ele empreendeu ocupar uma ilha de incrível grandeza que tinha ocasionado grande discórdia entre numerosos escritores; alegava-se que nome e forma tinham sido forjados, porquanto a ilha não existira nem existia atualmente[79]. César fez assim avançar a supremacia romana além dos limites do mundo habitado. 4. Depois de fazer a travessia, por duas vezes[80], das costas da Gália em face para esta ilha, fazendo com muitas batalhas mais mal aos inimigos do que bem aos seus (pois nada havia que valesse a pena tomar de homens pobres e de vida miserável), não pôs fim à guerra assim como desejava, mas partiu da ilha após tomar reféns do rei e impor-lhe tributos.

5. Quando estava prestes a fazer a travessia, chegaram a ele cartas dos amigos de Roma, noticiando o falecimento de sua filha; morrera de parto na casa de Pompeu. 6. Grande dor dominou o próprio Pompeu, e grande dor também a César, enquanto os amigos ficaram transtornados, porque o parentesco, que mantinha em paz e concórdia o estado, já debilitado por outras razões, estava dissolvido; e, de fato, a criança logo morreu, poucos dias tendo sobrevivido à mãe. 7. Quanto à Júlia, contra a vontade dos tribunos, o povo ergueu seu corpo e levou-o para o campo de Marte, e aí jaz depois de ter recebido as honras fúnebres.

---

79. Dião Cássio (*História romana*, XXXIX, 50, 3-4) fez alusão a esta polêmica entre geógrafos e pretende que foi somente sob o imperador Sétimo Severo, isto é, em seu tempo, em fins do século II de nossa era, que foi demonstrado o caráter insular da Britânia. César (*G.G.* IV, 20, 2) e Plutarco, contudo, sabiam que a Britânia é uma ilha.

80. Estas duas expedições realizaram-se em outubro de 55, depois em julho de 54 a.C. (cf. *G.G.* IV, 20-36).

VIDAS DE CÉSAR

[24] 1. Τοῦ δὲ Καίσαρος μεγάλην ἤδη τὴν δύναμιν οὖσαν εἰς πολλὰ κατ' ἀνάγκην χειμάδια διελόντος, αὐτοῦ δὲ πρὸς τὴν Ἰταλίαν ὥσπερ εἰώθει τραπομένου, πάντα μὲν αὖθις ἀνερρήγνυτο τὰ τῶν Γαλατῶν, καὶ στρατοὶ μεγάλοι περιϊόντες ἐξέκοπτον τὰ χειμάδια καὶ προσεμάχοντο τοῖς χαρακώμασι τῶν Ῥωμαίων· 2. οἱ δὲ πλεῖστοι καὶ κράτιστοι τῶν ἀποστάντων μετ' Ἀμβιόριγος Κότταν μὲν αὐτῷ στρατοπέδῳ καὶ Τιτύριον διέφθειραν, 3. τὸ δ' ὑπὸ Κικέρωνι τάγμα μυριάσιν ἓξ περισχόντες ἐπολιόρκουν, καὶ μικρὸν ἀπέλιπον ᾑρηκέναι κατὰ κράτος, συντετρωμένων ἁπάντων καὶ παρὰ δύναμιν ὑπὸ προθυμίας ἀμυνομένων. 4. Ὡς δ' ἠγγέλθη ταῦτα τῷ Καίσαρι μακρὰν ὄντι, ταχέως ἐπιστρέψας καὶ συναγαγὼν ἑπτακισχιλίους τοὺς σύμπαντας, ἠπείγετο τὸν Κικέρωνα τῆς πολιορκίας ἐξαιρησόμενος. 5. Τοὺς δὲ πολιορκοῦντας οὐκ ἔλαθεν, ἀλλ' ἀπήντων ὡς ἀναρπασόμενοι, τῆς ὀλιγότητος καταφρονήσαντες. 6. Κἀκεῖνος ἐξαπατῶν ὑπέφευγεν ἀεί, καὶ χωρία λαβὼν ἐπιτηδείως ἔχοντα πρὸς πολλοὺς μαχομένῳ μετ' ὀλίγων, φράγνυται στρατόπεδον, καὶ μάχης ἔσχε τοὺς ἑαυτοῦ πάσης, ἀναγαγεῖν δὲ τὸν χάρακα καὶ τὰς πύλας ἀποικοδομεῖν ὡς δεδοικότας ἠνάγκαζε, καταφρονηθῆναι στρατηγῶν, 7. μέχρι οὗ σποράδην ὑπὸ θράσους προσβάλλοντας ἐπεξελθὼν ἐτρέψατο, καὶ πολλοὺς αὐτῶν διέφθειρε.

[25] 1. Τοῦτο τὰς πολλὰς ἀποστάσεις τῶν ἐνταῦθα Γαλατῶν κατεστόρεσε, καὶ τοῦ χειμῶνος αὐτὸς ἐπιφοιτῶν τε πανταχόσε καὶ προσέχων ὀξέως τοῖς νεωτερισμοῖς. 2. Καὶ γὰρ ἧκεν ἐξ Ἰταλίας ἀντὶ τῶν ἀπολωλότων αὐτῷ τρία τάγματα, Πομπηΐου μὲν ἐκ τῶν ὑφ' αὐτὸν δύο χρήσαντος, ἓν δὲ νεοσύλλεκτον ἐκ τῆς περὶ Πάδον Γαλατίας.

---

81. Esses quartéis de inverno são indicados por César (*G.G.* V, 24, 1-6). A dispersão foi causada pela penúria de trigo, que resultou da seca do inverno de 54-53 a.C.

82. Ambiorige era um chefe dos eburões (entre o Mosa e o Reno, na altura de Colônia).

83. Quinto Túlio Cícero, irmão do orador, passava o inverno com sua legião entre os nérvios, a oeste dos eburões. Ele foi atacado em fins do ano 54 a.C.

84 César diz que, estando muitos de seus soldados esgotados por seus ferimentos, estavam reduzidos a um punhado de defensores (cf. *G.G.* V, 45, 1).

85. César já tinha deixado Samarobriva para chegar à Itália.

PLUTARCO: CÉSAR

[24] 1. Como César por necessidade dividiu seu exército, que já era considerável, em quartéis de inverno[81], enquanto ele mesmo se dirigiu, segundo seu costume, para a Itália, toda a Gália se rebelou; grandes exércitos assediavam e tentavam destruir os quartéis de inverno e atacavam as trincheiras dos romanos. 2. Os mais numerosos e mais fortes dos rebeldes, sob Ambiorige[82], aniquilaram Cota e Titúrio juntamente com o exército deles, 3. enquanto cercavam e sitiavam, com sessenta mil homens, a legião de Cícero[83]. Pouco faltou para que a capturassem à força, estando já feridos e defendendo-se com um ardor além do possível[84]. 4. Quando isso foi anunciado a César, que estava longe[85], rapidamente ele voltou, reuniu na totalidade sete mil homens[86] e apressou-se a tirar Cícero do bloqueio. 5. Mas ele não passou despercebido aos sitiadores que foram ao seu encontro com a intenção de apoderar-se dele, testemunhando desprezo pelo seu fraco contingente. 6. César, porém, enganando-os, esquivava-se sempre e, quando encontrou posições que eram convenientes para quem combatia com poucos homens contra muitos, construiu um acampamento fortificado; afastava os seus de todo combate e obrigava-os a aumentar a altura do entrincheiramento e ainda a fechar com um muro as portas, como se eles tivessem medo; usava desse estratagema para ser desprezado, 7. até que investiu contra aqueles que, encorajados, atacavam de maneira desordenada; derrotou-os e matou muitos deles.

[25] 1. As numerosas rebeliões dos gauleses dessas regiões[87] foram abrandadas por esse evento, e ainda pelo fato de que o próprio César ia, durante o inverno, por toda a parte e dirigia viva atenção para as subversões[88]. 2. De fato, vieram-lhe da Itália três legiões para substituição das perdidas, duas emprestadas por Pompeu daquelas que estavam sob seu comando; e uma, recentemente reunida, procedente da Gália Cisalpina[89].

---

86. Duas legiões, a de Tribônio, que já estava com ele em Samarobriva, e a de Fábio, com quem tinha marcado encontro no caminho (cf. *G.G.* V, 47, 3). Juntaram-se quatrocentos cavaleiros (*G.G.* V, 46, 4).

87. Trata-se da Gália Setentrional, essencialmente da Bélgica. O inverno que se menciona em seguida é o de 54-53 a.C.

88. As revoltas na Gália fizeram César permanecer com o exército o inverno todo. Plutarco, contudo, não menciona a revolta dos tréviros, a segunda travessia do Reno e a guerra de represália contra Ambiorige e os eburões, isto é, os acontecimentos do ano 53 a.C., a que se seguiu o retorno de César à Itália.

89. Essas três legiões eram a décima quarta (substituindo a que tinham perdido Titúrio e Cota), a décima quinta e a primeira. Pompeu, na realidade, tinha emprestado a César apenas uma legião (cf. César, *G.G.* VI, 1, 4; XXXII, 5; VIII, 54, 2).

VIDAS DE CÉSAR

3. Πόρρω δὲ τούτων αἱ πάλαι καταβεβλημέναι κρύφα καὶ νεμόμεναι διὰ τῶν δυνατωτάτων ἀνδρῶν ἐν τοῖς μαχιμωτάτοις γένεσιν ἀρχαὶ τοῦ μεγίστου καὶ κινδυνωδεστάτου τῶν ἐκεῖ πολέμων ἀνεφαίνοντο, ῥωσθεῖσαι πολλῇ μὲν ἡλικίᾳ καὶ πανταχόθεν <ἐν> ὅπλοις ἀθροισθείσῃ, μεγάλοις δὲ πλούτοις εἰς ταὐτὸ συνενεχθεῖσιν, ἰσχυραῖς δὲ πόλεσι, δυσεμβόλοις δὲ χώραις. 4. Τότε δὲ καὶ χειμῶνος ὥρᾳ πάγοι ποταμῶν, καὶ νιφετοῖς ἀποκεκρυμμένοι δρυμοί, καὶ πεδία χειμάρροις ἐπιλελιμνασμένα, καὶ πῇ μὲν ἀτέκμαρτοι βάθει χιόνος ἀτραποί, πῇ δὲ δι' ἑλῶν καὶ ῥευμάτων παρατρεπομένων ἀσάφεια πολλὴ τῆς πορείας, παντάπασιν ἐδόκουν ἀνεπιχείρητα Καίσαρι τὰ τῶν ἀφισταμένων ποιεῖν. 5. Ἀφειστήκει μὲν οὖν πολλὰ φῦλα, πρόσχημα δ' ἦσαν Ἀρβέρνοι καὶ Καρνουτῖνοι, τὸ δὲ σύμπαν αἱρεθεὶς κράτος εἶχε τοῦ πολέμου Οὐεργεντόριξ, οὗ τὸν πατέρα Γαλάται τυραννίδα δοκοῦντα πράττειν ἀπέκτειναν.

[26] 1. Οὗτος οὖν εἰς πολλὰ διελὼν τὴν δύναμιν μέρη, καὶ πολλοὺς ἐπιστήσας ἡγεμόνας, ᾠκειοῦτο τὴν πέριξ ἅπασαν ἄχρι τῶν πρὸς τὸν Ἄραρα κεκλιμένων, διανοούμενος, ἤδη τῶν ἐν Ῥώμῃ συνισταμένων ἐπὶ Καίσαρα, σύμπασαν ἐγείρειν τῷ πολέμῳ Γαλατίαν. 2. Ὅπερ εἰ μικρὸν ὕστερον ἔπραξε, Καίσαρος εἰς τὸν ἐμφύλιον ἐμπεσόντος πόλεμον, οὐκ ἂν ἐλαφρότεροι τῶν Κιμβρικῶν ἐκείνων φόβοι τὴν Ἰταλίαν κατέσχον. 3. Νυνὶ δ' ὁ πᾶσι μὲν ἄριστα χρῆσθαι [δοκῶν] τοῖς πρὸς πόλεμον, μάλιστα δὲ καιρῷ πεφυκὼς Καῖσαρ ἅμα τῷ πυθέσθαι τὴν ἀπόστασιν ἄρας ἐχώρει, αὐταῖς ταῖς ὁδοῖς ἃς διῆλθε καὶ βίᾳ καὶ τάχει τῆς πορείας διὰ τοσούτου χειμῶνος ἐπιδειξάμενος τοῖς βαρβάροις, ὡς ἄμαχος αὐτοῖς καὶ ἀήττητος ἔπεισι στρατός. 4. Ὅπου γὰρ ἄγγελον ἢ γραμματοφόρον διαδῦναι τῶν παρ' αὐτοῦ χρόνῳ πολλῷ ἦν ἄπιστον, ἐνταῦθα μετὰ πάσης ἑωρᾶτο τῆς στρατιᾶς ἅμα χώρας λυμαινόμενος αὐτῶν καὶ ἐκκόπτων τὰ χωρία, καταστρεφόμενος πόλεις, ἀναλαμβάνων τοὺς μετατιθεμένους, 5. μέχρι καὶ τὸ τῶν Ἐδούων ἔθνος ἐξεπολεμώθη πρὸς αὐτόν, οἳ τὸν ἄλλον χρόνον ἀδελφοὺς ἀναγορεύοντες αὐτοὺς Ῥωμαίων

186

PLUTARCO: CÉSAR

3. Mas, longe dessas regiões[90] apareciam as sementes da maior e da mais perigosa das guerras travadas na Gália, sementes que, há muito tempo, tinham sido secretamente lançadas e espalhadas pelos mais poderosos homens entre os mais belicosos povos. Elas fortaleceram-se com os numerosos jovens reunidos em armas de todas as partes, com as grandes riquezas acumuladas no mesmo lugar pelas fortes cidades e com as regiões de difícil acesso. 4. Era então inverno; rios gelados, florestas cobertas de neve, planícies transformadas em pântanos pelas torrentes, em alguns pontos sendas mal definidas pela abundância de neve, e em outros, a grande incerteza da caminhada através de pântanos e correntes de rio desviadas, tudo parecia tornar completamente impossível a César tratar da questão dos rebeldes. 5. Revoltaram-se então muitas tribos; no comando estavam os arvernos e os carnutos. Vercingetorige, cujo pai foi morto pelos gauleses porque parecia aspirar à tirania, foi escolhido para ter a inteira autoridade da guerra.

[26] 1. Esse chefe então, depois de dividir seu exército em muitas partes e de encarregar de sua chefia muitos comandantes, tentava unir a si todo o país nos arredores, até à região que está situada na vizinhança do Árar, pensando levantar toda a Gália para a guerra, enquanto os de Roma já se organizavam contra César. 2. Se ele tivesse feito isso um pouco mais tarde, quando César tinha entrado na guerra civil, terrores não mais leves que aqueles provocados pelos címbrios teriam dominado a Itália. 3. Mas César, nascido para fazer excelente uso de tudo o que se refere à guerra, e sobretudo do momento oportuno, logo que soube da revolta[91], levantou o acampamento e partiu pelos mesmos caminhos que percorrera, e mostrou aos bárbaros pelo vigor, pela rapidez da marcha através de tão duro inverno, que um exército irresistível e invencível avançava contra eles. 4. De fato, lá onde era incrível que um de seus mensageiros ou carteiros atravessasse em longo tempo, ele era visto com o exército todo ao mesmo tempo devastando suas terras, destruindo as fortalezas, subjugando cidades e acolhendo os que passavam para seu lado, 5. até que o povo dos éduos entrou em guerra contra ele. Esses precedentemente se proclamavam irmãos dos romanos e

---

90. Longe da Bélgica: a agitação geral do início do ano 52 a.C. era particularmente grande entre os carnutos e os arvernos, população da Gália Central.

91. César encontrava-se na Itália e não lhe era fácil reunir suas tropas estacionadas na Gália (cf. *G.G.* VII, 6, 1).

VIDAS DE CÉSAR

καὶ τιμώμενοι διαπρεπῶς, τότε δὲ τοῖς ἀποστάταις προσγενόμενοι, πολλὴν τῇ Καίσαρος στρατιᾷ παρέστησαν ἀθυμίαν. 6. Διόπερ καὶ κινήσας ἐκεῖθεν ὑπερέβαλε τὰ Λιγγονικά, βουλόμενος ἅψασθαι τῆς Σηκουανῶν, φίλων ὄντων καὶ προκειμένων τῆς Ἰταλίας πρὸς τὴν ἄλλην Γαλατίαν. 7. Ἐνταῦθα δ' αὐτῷ τῶν πολεμίων ἐπιπεσόντων καὶ περισχόντων μυριάσι πολλαῖς, ὁρμήσας διαγωνίσασθαι τοῖς μὲν ὅλοις καταπολεμῶν ἐκράτησε, χρόνῳ πολλῷ καὶ φόνῳ καταβιασάμενος τοὺς βαρβάρους· 8. ἔδοξε δὲ κατ' ἀρχάς τι καὶ σφαλῆναι, καὶ δεικνύουσιν Ἀρβέρνοι ξιφίδιον πρὸς ἱερῷ κρεμάμενον, ὡς δὴ Καίσαρος λάφυρον· ὃ θεασάμενος αὐτὸς ὕστερον ἐμειδίασε, καὶ τῶν φίλων καθελεῖν κελευόντων οὐκ εἴασεν, ἱερὸν ἡγούμενος.

[27] 1. Οὐ μὴν ἀλλὰ τότε τῶν διαφυγόντων οἱ πλεῖστοι μετὰ τοῦ βασιλέως εἰς πόλιν Ἀλησίαν συνέφυγον. 2. Καὶ πολιορκοῦντι ταύτην Καίσαρι, δοκοῦσαν ἀνάλωτον εἶναι μεγέθει τε τειχῶν καὶ πλήθει τῶν ἀπομαχομένων ἐπιπίπτει παντὸς λόγου μείζων κίνδυνος ἔξωθεν. 3. Ὃ γὰρ ἦν ἐν Γαλατίᾳ κράτιστον, ἀπὸ τῶν ἐθνῶν ἀθροισθὲν ἐν ὅπλοις ἧκον ἐπὶ τὴν Ἀλησίαν, τριάκοντα μυριάδες· 4. αἱ δ' ἐν αὐτῇ τῶν μαχομένων οὐκ ἐλάττονες ἦσαν ἑπτακαίδεκα μυριάδων, ὥστ' ἐν μέσῳ πολέμου τοσούτου τὸν Καίσαρα κατειλημμένον καὶ πολιορκούμενον ἀναγκασθῆναι διττὰ τείχη προβαλέσθαι, τὸ μὲν πρὸς τὴν πόλιν, τὸ δ' ἀπὸ τῶν ἐπεληλυθότων, ὡς εἰ συνέλθοιεν αἱ δυνάμεις, κομιδῇ διαπεπραγμένων τῶν καθ' αὑτόν. 5. Διὰ πολλὰ μὲν οὖν εἰκότως ὁ πρὸς Ἀλησίᾳ κίνδυνος ἔσχε δόξαν, ὡς ἔργα τόλμης καὶ δεινότητος οἷα τῶν ἄλλων ἀγώνων οὐδεὶς παρασχόμενος· μάλιστα δ' ἄν τις θαυμάσειε τὸ λαθεῖν τοὺς ἐν τῇ πόλει Καίσαρα τοσαύταις μυριάσι ταῖς ἔξω συμβαλόντα καὶ περιγενόμενον, μᾶλλον δὲ καὶ τῶν Ῥωμαίων τοὺς τὸ πρὸς τῇ πόλει τεῖχος φυλάττοντας.

---

92. César estava então diante da Gergóvia, cujo cerco ele abandonou (cf. G.G. VII, 36-53).

93. Não há referência a esse episódio na *Guerra da Gália*. Plutarco segue então uma outra fonte.

94. Plutarco arredondou o número, pois o próprio César fala de 240 mil (ou 250 mil, segundo os manuscritos) infantes e oito mil cavaleiros (cf. G.G. VII, 76, 3).

188

PLUTARCO: CÉSAR

eram notavelmente honrados, mas depois, unindo-se aos rebelados, incutiram grande desânimo no exército de César. 6. Por isso mesmo, ele levantou acampamento daquele local[92] e transpôs o território lingônico, querendo alcançar o dos séquanos, que eram seus amigos e serviram de defesa da Itália em relação ao resto da Gália. 7. Naquele lugar, os inimigos atacaram-no e com muitas dezenas de milhares o cercaram. Tentando travar uma batalha decisiva, ele alcançou completa vitória no combate, tendo repelido os bárbaros depois de muito tempo e após chacina. 8. Mas pareceu que no começo ele tinha sofrido um revés, pois os arvernos mostravam um punhal suspenso num templo, justamente como uma presa tirada a César. Ele mesmo, tendo-o visto mais tarde, sorriu. Apesar de seus amigos lhe pedirem insistentemente que o tirasse de lá, não permitiu, considerando-o sagrado[93].

[27] 1. Contudo, a maior parte dos que escaparam refugiou-se então com seu rei na cidade de Alésia. 2. E, enquanto César cercava essa cidade, que parecia ser inexpugnável pela grande altura de suas muralhas e pelo grande número de seus ousados combatentes, desabou sobre ele, vindo de fora, um perigo maior do que se pode presumir. 3. De fato, tudo o que havia de mais vigoroso na Gália entre seus povos se reuniu e chegou em armas à Alésia, em número de trezentos mil homens[94]. 4. E o efetivo de combatentes dentro da cidade não era menos que cento e setenta mil[95], de sorte que César, surpreendido e cercado no meio de tão grande guerra, foi forçado a erguer para defesa duas muralhas, uma voltada para a cidade, e a outra do lado dos que estavam chegando, porque se as forças se unissem, sua causa estava completamente perdida. 5. Por muitos motivos então e com razão o perigo diante de Alésia ganhou fama, uma vez que apresentou atos de coragem e de habilidade tais como os de nenhum outro combate; mas poder-se-ia sobretudo admirar o fato de que César tivesse lutado contra tantas dezenas de milhares de combatentes que estavam fora da cidade e tivesse vencido, sem conhecimento dos que estavam dentro, e ainda sem que o percebessem os romanos que guardavam a muralha diante da cidade[96].

---

95. Para César (cf. *G.G.* VII, 71, 3), havia 80 mil homens fechados em Alésia com Vercingetorige.

96. Isso só pode ser aplicado à última parte do combate, pois os sitiados tinham visto muito bem aproximar-se o exército de socorro (cf. *G.G.* VII, 79, 3-4).

VIDAS DE CÉSAR

6. Οὐ γὰρ πρότερον ἤσθοντο τὴν νίκην, ἢ κλαυθμὸν ἐκ τῆς Ἀλησίας ἀνδρῶν καὶ κοπετὸν γυναικῶν ἀκουσθῆναι, θεασαμένων ἄρα κατὰ θάτερα μέρη πολλοὺς μὲν ἀργύρῳ καὶ χρυσῷ κεκοσμημένους θυρεούς, πολλοὺς δ' αἵματι πεφυρμένους θώρακας, ἔτι δ' ἐκπώματα καὶ σκηνὰς Γαλατικὰς ὑπὸ τῶν Ῥωμαίων εἰς τὸ στρατόπεδον κομιζομένας. 7. Οὕτως ὀξέως ἡ τοσαύτη δύναμις ὥσπερ εἴδωλον ἢ ὄνειρον ἠφάνιστο καὶ διεπεφόρητο, τῶν πλείστων ἐν τῇ μάχῃ πεσόντων. 8. Οἱ δὲ τὴν Ἀλησίαν ἔχοντες, οὐκ ὀλίγα πράγματα παρασχόντες ἑαυτοῖς καὶ Καίσαρι, τέλος παρέδοσαν ἑαυτούς. 9. Ὁ δὲ τοῦ σύμπαντος ἡγεμὼν πολέμου Οὐεργεντόριξ ἀναλαβὼν τῶν ὅπλων τὰ κάλλιστα καὶ κοσμήσας τὸν ἵππον, ἐξιππάσατο διὰ τῶν πυλῶν· 10. καὶ κύκλῳ περὶ τὸν Καίσαρα καθεζόμενον ἐλάσας, εἶτ' ἀφαλόμενος τοῦ ἵππου, τὴν μὲν πανοπλίαν ἀπέρριψεν, αὐτὸς δὲ καθίσας ὑπὸ πόδας τοῦ Καίσαρος ἡσυχίαν ἦγεν, ἄχρι οὗ παρεδόθη φρουρησόμενος ἐπὶ τὸν θρίαμβον.

[28] 1. Καίσαρι δὲ πάλαι μὲν ἐδέδοκτο καταλύειν Πομπήϊον, ὥσπερ ἀμέλει κἀκείνῳ τοῦτον· Κράσσου γὰρ ἐν Πάρθοις ἀπολωλότος, ὃς ἦν ἔφεδρος ἀμφοῖν, ἀπελείπετο τῷ μὲν ὑπὲρ τοῦ γενέσθαι μεγίστῳ τὸν ὄντα καταλύειν, τῷ δ' ἵνα μὴ πάθῃ τοῦτο, προαναιρεῖν ὃν ἐδεδοίκει. 2. Τοῦτο δὲ Πομπήϊῳ μὲν ἐξ ὀλίγου φοβεῖσθαι παρέστη, τέως ὑπερορῶντι Καίσαρος, ὡς οὐ χαλεπὸν ἔργον, ὃν αὐτὸς ηὔξησε, καταλυθῆναι πάλιν ὑπ' αὐτοῦ· 3. Καῖσαρ δ' ἀπ' ἀρχῆς ὑπόθεσιν ταύτην πεποιημένος, [ἐπὶ] τῶν ἀνταγωνιστῶν ὥσπερ ἀθλητὴς ἑαυτὸν ἀποστήσας μακρὰν καὶ τοῖς Κελτικοῖς ἐγγυμνασάμενος πολέμοις, ἐπήσκησε μὲν τὴν δύναμιν, ηὔξησε δὲ τὴν δόξαν, ἀπὸ τῶν ἔργων εἰς ἀντίπαλον ἀρθεῖσ<αν> τοῖς Πομπηΐου κατορθώμασι, 4. λαμβάνων προφάσεις, τὰς μὲν αὐτοῦ Πομπηΐου, τὰς δὲ τῶν καιρῶν ἐνδιδόντων καὶ τῆς ἐν Ῥώμῃ κακοπολιτείας, δι' ἣν οἱ μὲν ἀρχὰς μετιόντες ἐν μέσῳ θέμενοι τραπέζας ἐδέκαζον ἀναισχύντως τὰ πλήθη, κατῄει δ' ὁ δῆμος ἔμμισθος, οὐ ψήφοις ὑπὲρ τοῦ δεδωκότος, ἀλλὰ τόξοις

---

97.   A cena da rendição parece ter recebido de Plutarco um adorno retórico.

190

PLUTARCO: CÉSAR

6. De fato, estes não souberam da vitória antes de serem ouvidos os gemidos dos homens de Alésia, os gemidos dos homens e os lamentos das mulheres, que tinham visto então cá e lá, em várias partes, muitos escudos ornados de prata e ouro e muitas couraças sujas de sangue, e ainda taças e tendas gaulesas levadas pelos romanos para o acampamento. 7. Tão rapidamente como um fantasma ou um sonho, o exército tão poderoso desapareceu e se dispersou, tendo a maior parte dos homens tombado na batalha. 8. Os que ocupavam Alésia, depois de terem criado muitos transtornos a eles próprios e a César, finalmente se entregaram. 9. O chefe supremo da guerra, Vercingetorige, tomou as mais belas de suas armas, enfeitou o cavalo e saiu pelas portas da cidade. 10. Deu volta em torno de César que estava sentado, e então saltou do cavalo e lançou longe a armadura. Sentando-se aos pés de César, permaneceu imóvel, até que foi entregue por ele para ser posto sob vigilância em vista de seu triunfo[97].

[28] 1. César, há muito tempo, tinha decidido abater Pompeu, como sem dúvida este também decidira abater César. De fato, como Crasso, que era o sucessor de um ou do outro, morrera[98] entre os partos, restava a um, para tornar-se o maior, arruinar aquele que já o era, e ao outro, para não sofrer essa perda, aniquilar com antecedência o homem ao qual temia. 2. Esse temor veio ao espírito de Pompeu recentemente; até então ele desprezava César, considerando que não era tarefa difícil abater de novo aquele que ele próprio tinha enaltecido. 3. Mas César, por ter tomado isso, desde o início, como objetivo, tinha-se mantido como um atleta longe de seus adversários[99] e, por ter-se exercitado nas guerras da Gália, preparou o exército e aumentou sua própria fama, elevando-se por suas realizações ao ponto de competir com os sucessos de Pompeu. 4. Aproveitava-se de pretextos, uns dados pelo próprio Pompeu, outros fornecidos pelas circunstâncias e pela má administração de Roma, em razão da qual os candidatos às magistraturas punham em público balcões e vergonhosamente procuravam corromper as multidões, enquanto o povo subornado descia ao *forum*, lutando a favor de quem lhe tinha pago não com com votos, mas com arcos, espadas

---

98   Em 12 de junho de 53 a.C.

99.   Os adversários "do atleta" e não de César, que não tinha nenhum.

VIDAS DE CÉSAR

καὶ ξίφεσι καὶ σφενδόναις ἀμιλλώμενος. 5. Αἵματι δὲ καὶ νεκροῖς πολλάκις αἰσχύναντες τὸ βῆμα διεκρίθησαν, ἐν ἀναρχίᾳ τὴν πόλιν ὥσπερ <ναῦν> ἀκυβέρνητον ὑποφερομένην ἀπολιπόντες, ὥστε τοὺς νοῦν ἔχοντας ἀγαπᾶν, εἰ πρὸς μηδὲν αὐτοῖς χεῖρον, ἀλλ᾽ <ἢ> μοναρχίαν ἐκ τοσαύτης παραφροσύνης καὶ τοσούτου κλύδωνος ἐκπεσεῖται τὰ πράγματα. 6. Πολλοὶ δ᾽ ἦσαν οἱ καὶ λέγειν ἐν μέσῳ τολμῶντες ἤδη, πλὴν ὑπὸ μοναρχίας ἀνήκεστον εἶναι τὴν πολιτείαν, καὶ τὸ φάρμακον τοῦτο χρῆναι τοῦ πραοτάτου τῶν ἰατρῶν ἀνασχέσθαι προσφέροντος, ὑποδηλοῦντες <δὴ> τὸν Πομπήϊον. 7. Ἐπεὶ δὲ κἀκεῖνος λόγῳ παραιτεῖσθαι καλλωπιζόμενος, ἔργῳ παντὸς μᾶλλον ἐπέραινεν ἐξ ὧν ἀναδειχθήσοιτο δικτάτωρ, συμφρονήσαντες οἱ περὶ Κάτωνα πείθουσι τὴν γερουσίαν ὕπατον αὐτὸν ἀποδεῖξαι μόνον, ὡς μὴ βιάσαιτο δικτάτωρ γενέσθαι, νομιμωτέρᾳ μοναρχίᾳ παρηγορηθείς. 8. Οἱ δὲ καὶ χρόνον ἐπεψηφίσαντο τῶν ἐπαρχιῶν· δύο δ᾽ εἶχεν, Ἰβηρίαν καὶ Λιβύην σύμπασαν, ἃς διώκει πρεσβευτὰς ἀποστέλλων καὶ στρατεύματα τρέφων, οἷς ἐλάμβανεν ἐκ τοῦ δημοσίου ταμιείου χίλια τάλαντα καθ᾽ ἕκαστον ἐνιαυτόν.

[29] 1. Ἐκ τούτου Καῖσαρ ὑπατείαν ἐμνᾶτο πέμπων καὶ χρόνον ὁμοίως τῶν ἰδίων ἐπαρχιῶν. τὸ μὲν οὖν πρῶτον Πομπηΐου σιωπῶντος, οἱ περὶ Μάρκελλον καὶ Λέντλον ἠναντιοῦντο, μισοῦντες ἄλλως Καίσαρα καὶ τοῖς ἀναγκαίοις οὐκ ἀναγκαῖα προστιθέντες εἰς ἀτιμίαν αὐτοῦ καὶ προπηλακισμόν. 2. Νεοκωμίτας γὰρ ἔναγχος ὑπὸ Καίσαρος ἐν Γαλατίᾳ κατῳκισμένους ἀφῃροῦντο τῆς πολιτείας, καὶ Μάρκελλος ὑπατεύων ἕνα τῶν ἐκεῖ βουλευτῶν εἰς Ῥώμην ἀφικόμενον ᾐκίσατο ῥάβδοις, ἐπιλέγων ὡς ταῦτα τοῦ μὴ Ῥωμαῖον εἶναι παράσημα προστίθησιν αὐτῷ, καὶ δεικνύειν ἀπιόντα Καίσαρι κελεύει. 3. Μετὰ δὲ Μάρκελλον,

---

100. Certamente logo depois da eleição ao consulado, e em virtude de um plebiscito, ou de uma deliberação do Senado, em oposição à lei que o próprio Pompeu fez aprovar, proibindo o acesso a um comando de província antes de cinco anos após o cargo urbano. Pompeu tinha mantido as províncias (Hispânia e África) até 1º de janeiro de 45 a.C.

PLUTARCO: CÉSAR

e fundas. 5. Muitas vezes se chegou a uma decisão, após ter aviltado o tribunal com sangue e cadáveres, deixando em anarquia a cidade que entrava em decadência e se deixava levar como um navio sem piloto, a ponto de as pessoas de bom senso ficarem satisfeitas, se de tanta loucura e tão grande agitação as coisas não chegarem a nada pior para elas que a monarquia. 6. Muitos eram os que já ousavam dizer mesmo em público que o estado não podia ser curado a não ser pela monarquia, e que era preciso aceitar esse remédio, quando lhe oferecia o mais doce dos médicos, referindo-se a Pompeu. 7. Quando mesmo este, embora em palavras fingisse não querer, na realidade acima de tudo levava a efeito o que resultaria em sua nomeação como ditador, Catão e seus partidários, tendo a mesma opinião, persuadem o Senado a nomeá-lo cônsul único, para que, após ser consolado com uma monarquia mais legal, não quisesse vir a ser por força ditador. 8. Eles também votaram uma prorrogação de seu tempo nas províncias[100]; e ele tinha duas, a Hispânia e a Líbia inteira, que administrava enviando emissários e mantendo exércitos, pelos quais recebia do erário público mil talentos anualmente.

[29] 1. Em conseqüência disso, César mandou pedir um consulado e uma igual prorrogação do governo de suas próprias províncias[101]. A princípio, enquanto Pompeu se calava, Marcelo e Lêntulo[102] opunham-se, odiando a César por outro motivo, e acrescentando ao necessário o não necessário para desonrá-lo e ultrajá-lo. 2. Com efeito, privaram da cidadania os habitantes de *Novum Comum*[103], recentemente instalados como colonos por César, na Gália; e Marcelo, enquanto era cônsul, fez espancar com varas um dos senadores dessa cidade que tinha vindo a Roma, acrescentando que ele lhe infligia essas marcas como sinal de que não era romano, e ordenou que as mostrasse a César, em seu retorno. 3. Depois do consulado de Marcelo,

---

101. César, cujos poderes na Gália expiravam em 1º de março de 50 a.C., pedia que eles fossem prorrogados até 31 de dezembro de 49 a.C., a fim de uni-los ao consulado que ele esperava obter no ano 50 a.C.

102. Parece que Plutarco confundiu Marcos Cláudio Marcelo, cônsul em 51 a.C. e iniciador de campanha contra César, com Caio Cláudio Marcelo, cônsul em 49 a.C., que teve Lêntulo como colega (cf. Suetônio, *César* 28, 2), que nomeia Marcos Cláudio Marcelo.

103. Foi repovoada por César com cinco mil homens entre os quais havia quinhentos dos gregos mais ilustres. Situa-se na Gália Transalpina ou Cisalpina.

VIDAS DE CÉSAR

ἤδη Καίσαρος τὸν Γαλατικὸν πλοῦτον ἀρύεσθαι ῥύδην ἀφεικότος πᾶσι τοῖς πολιτευομένοις, καὶ Κουρίωνα μὲν δημαρχοῦντα πολλῶν ἐλευθερώσαντος δανείων, Παύλῳ δ' ὑπατεύοντι χίλια καὶ πεντακόσια τάλαντα δόντος, ἀφ' ὧν καὶ τὴν βασιλικὴν ἐκεῖνος, ὀνομαστὸν ἀνάθημα, τῇ ἀγορᾷ προσεκόσμησεν, ἀντὶ τῆς Φουλβίας οἰκοδομηθεῖσαν, 4. οὕτω δὴ φοβηθεὶς τὴν σύστασιν ὁ Πομπήϊος ἀναφανδὸν ἤδη δι' ἑαυτοῦ καὶ τῶν φίλων ἔπραττεν ἀποδειχθῆναι διάδοχον Καίσαρι τῆς ἀρχῆς, καὶ πέμπων ἀπῄτει τοὺς στρατιώτας οὓς ἔχρησεν αὐτῷ πρὸς τοὺς Κελτικοὺς ἀγῶνας. Ὁ δ' ἀποπέμπει, δωρησάμενος ἕκαστον ἄνδρα πεντήκοντα καὶ διακοσίαις δραχμαῖς. 5. Οἱ δὲ τούτους Πομπηΐῳ κομίσαντες εἰς μὲν τὸ πλῆθος οὐκ ἐπιεικεῖς οὐδὲ χρηστοὺς κατέσπειραν λόγους ὑπὲρ τοῦ Καίσαρος, αὐτὸν δὲ Πομπήϊον ἐλπίσι κεναῖς διέφθειραν, ὡς ποθούμενον ὑπὸ τῆς Καίσαρος στρατιᾶς, καὶ τὰ μὲν ἐνταῦθα διὰ φθόνον πολιτείας ὑπούλου μόλις ἔχοντα, τῆς δ' ἐκεῖ δυνάμεως ἑτοίμης ὑπαρχούσης αὐτῷ, κἂν μόνον ὑπερβάλωσιν εἰς Ἰταλίαν, εὐθὺς ἐσομένης πρὸς ἐκεῖνον· οὕτως γεγονέναι τὸν Καίσαρα πλήθει στρατειῶν λυπηρὸν αὐτοῖς καὶ φόβῳ μοναρχίας ὕποπτον. 6. Ἐπὶ τούτοις Πομπήϊος ἐχαυνοῦτο, καὶ παρασκευῆς μὲν ἠμέλει στρατιωτῶν, ὡς μὴ δεδοικώς, λόγοις δὲ καὶ γνώμαις κατεπολιτεύετο τῷ δοκεῖν Καίσαρα καταψηφιζόμενος· 7. ὧν ἐκεῖνος οὐδὲν ἐφρόντιζεν, ἀλλὰ καὶ λέγεταί τινα τῶν ἀφιγμένων παρ' αὐτοῦ ταξιάρχων, ἑστῶτα πρὸ τοῦ βουλευτηρίου καὶ πυθόμενον ὡς οὐ δίδωσιν ἡ γερουσία Καίσαρι χρόνον τῆς ἀρχῆς. "Ἀλλ' αὕτη" φάναι "δώσει", κρούσαντα τῇ χειρὶ τὴν λαβὴν τῆς μαχαίρας.

[30] 1. Οὐ μὴν ἀλλ' ἥ γε παρὰ Καίσαρος ἀξίωσις τὸ πρόσχημα τῆς δικαιολογίας λαμπρὸν εἶχεν· ἠξίου γὰρ αὐτός τε καταθέσθαι τὰ ὅπλα, καὶ Πομπηΐου ταὐτὸ πράξαντος ἀμφοτέρους ἰδιώτας γενομένους εὑρίσκεσθαί τι παρὰ τῶν πολιτῶν ἀγαθόν, ὡς τοὺς αὐτὸν μὲν ἀφαιρουμένους, ἐκείνῳ δ' ἦν εἶχε βεβαιοῦντας δύναμιν, ἕτερον διαβάλλοντας

---

104. Caio Estribônio Curião, filho do cônsul de 76 a.C., foi eleito tribuno da plebe em 51 a.C.

194

PLUTARCO: CÉSAR

quando César permitiu a todos os políticos consumir amplamente as riquezas da Gália, quando livrou de muitas dívidas o tribuno Curião[104], e deu ao cônsul Paulo 1.500 talentos, com os quais ele ornou o *forum* com um famoso monumento, a Basílica, que foi construída no lugar da basílica Fúlvia[105], 4. Pompeu, nessas circunstâncias, temeu a coligação e desde então abertamente agiu, por seus esforços e através de seus amigos, para que fosse designado um sucessor de César em seu comando[106]. Mandou pedir-lhe os soldados que lhe tinha emprestado para as guerras. César os enviou, após ter presenteado cada um com 250 dracmas. 5. Aqueles que os reconduziram a Pompeu espalharam entre o povo palavras não razoáveis nem vantajosas sobre César e arruinaram o próprio Pompeu com vãs esperanças, fazendo crer que desejavam tê-lo como chefe do exército de César, e que, no caso de ele estar em dificuldades nas questões daquela cidade, em razão da inveja, própria de um regime político enganoso, as forças da Gália se achavam prontas para servi-lo, e ainda que, se pelo menos elas voltassem à Itália, imediatamente estariam a seu lado: tão detestável para eles se tornara César, em virtude do grande número de suas expedições militares, e tão suspeito pelo medo de uma monarquia. 6. Diante disso, Pompeu enchia-se de orgulho; descuidava da preparação de soldados, como se não tivesse medo, e procurava, em seu parecer, vencer politicamente César com discursos e deliberações do Senado, 7. tentando a condenação de pretensões com que aquele absolutamente não se importava. Conta-se que um dos centuriões, vindo por parte dele a Roma, estando diante da cúria e sabendo que o Senado não concedia a César a prorrogação do tempo de comando, disse: "Mas esta concederá", batendo com a mão no cabo de sua espada.

[30] 1. No entanto a pretensão de César tinha certamente uma esplêndida aparência de justiça; com efeito, pretendia ele próprio depor suas armas, se também Pompeu tivesse feito o mesmo, e propunha que ambos, tornados cidadãos comuns, obtivessem alguma vantagem da parte dos cidadãos, pois aqueles que procuravam tirar dele o exército, mas tentavam confirmar Pompeu na posse do seu, enquanto acusavam um como

---

105. Emílio Paulo era cônsul em 50 a.C. A basílica *Emília e Fúlvia*, fundada em 179 a.C. no Fórum, foi restaurada por Paulo.

106. Em abril de 50 a.C., o cônsul Caio Cláudio Marcelo levou ao Senado a questão, propondo chamar César em 13 de novembro do mesmo ano. Curião impediu então, e em seguida (pelo menos até 10 de dezembro, em que ele teria saído do cargo), que a proposta fosse aprovada.

VIDAS DE CÉSAR

ἕτερον κατασκευάζειν τύραννον. 2. Ταῦτα προκαλούμενος ἐν τῷ δήμῳ Κουρίων ὑπὲρ Καίσαρος ἐκροτεῖτο λαμπρῶς, οἱ δὲ καὶ στεφάνους ἐπ' αὐτὸν ὥσπερ ἀθλητὴν ἀνθοβολοῦντες ἠφίεσαν. 3. Ἀντώνιος δὲ δημαρχῶν Καίσαρος ὑπὲρ τούτων ἐπιστολὴν κομισθεῖσαν εἰς τὸ πλῆθος ἐξήνεγκε καὶ ἀνέγνω βίᾳ τῶν ὑπάτων. 4. Ἐν δὲ τῇ βουλῇ Σκιπίων μὲν ὁ Πομπηΐου πενθερὸς εἰσηγήσατο γνώμην, ἂν ἐν ἡμέρᾳ ῥητῇ μὴ κατάθηται τὰ ὅπλα Καῖσαρ, ἀποδειχθῆναι πολέμιον αὐτόν. 5. Ἐρωτώντων δὲ τῶν ὑπάτων εἰ δοκεῖ Πομπήϊον ἀφεῖναι τοὺς στρατιώτας, καὶ πάλιν εἰ δοκεῖ Καίσαρα, τῇ μὲν ὀλίγοι παντάπασι, τῇ δὲ πάντες παρ' ὀλίγους προσέθεντο· τῶν δὲ περὶ Ἀντώνιον πάλιν ἀξιούντων ἀμφοτέρους τὴν ἀρχὴν ἀφεῖναι, πάντες ὁμαλῶς προσεχώρησαν. 6. Ἀλλ' ἐκβιαζομένου Σκιπίωνος, καὶ Λέντλου τοῦ ὑπάτου βοῶντος ὅπλων δεῖν πρὸς ἄνδρα λῃστήν, οὐ ψήφων, τότε μὲν διελύθησαν καὶ μετεβάλοντο τὰς ἐσθῆτας ἐπὶ πένθει διὰ τὴν στάσιν.

[31] 1. Ἐπεὶ δὲ παρὰ Καίσαρος ἧκον ἐπιστολαὶ μετριάζειν δοκοῦντος (ἠξίου γὰρ ἀφεὶς τὰ ἄλλα πάντα τὴν ἐντὸς Ἄλπεων καὶ τὸ Ἰλλυρικὸν μετὰ δυεῖν ταγμάτων αὐτῷ δοθῆναι, μέχρι οὗ τὴν δευτέραν ὑπατείαν μέτεισι), καὶ Κικέρων ὁ ῥήτωρ, ἄρτι παρὼν ἐκ Κιλικίας καὶ διαλλαγὰς πράττων, ἐμάλαττε τὸν Πομπήϊον, ὁ δὲ τἆλλα συγχωρῶν τοὺς στρατιώτας ἀφῄρει, 2. καὶ Κικέρων μὲν ἔπειθε τοὺς Καίσαρος φίλους συνενδόντας ἐπὶ ταῖς εἰρημέναις ἐπαρχίαις καὶ στρατιώταις μόνοις ἑξακισχιλίοις ποιεῖσθαι τὰς διαλύσεις, Πομπηΐου δὲ καμπτομένου καὶ διδόντος, οἱ περὶ Λέντλον οὐκ εἴων ὑπατεύοντες, ἀλλὰ καὶ τῆς βουλῆς Ἀντώνιον καὶ Κουρίωνα προπηλακίσαντες ἐξήλασαν ἀτίμως, 3. τὴν εὐπρεπεστάτην Καίσαρι τῶν προφάσεων αὐτοὶ μηχανησάμενοι

---

107. Na realidade, isso se deu no Senado, e não diante do povo.

108. Não foi Antônio, mas Curião que leu a carta, e não ao povo, mas no Senado, em 1º de janeiro de 49 a.C.

109. Quinto Cornélio Cipião Nasica, quando foi adotado por Quinto Cecílio Metelo Pio, passa a se chamar Quinto Cecílio Metelo Pio Cipião. Ele era o pai de Cornélia, quinta e última esposa de Pompeu.

PLUTARCO: CÉSAR

tirano, preparavam o outro como tal. 2. Quando Curião apresentou diante do povo[107] essas propostas a favor de César, foi aplaudido ruidosamente; alguns até lhe lançaram coroas como se cobrissem de flores um atleta. 3. Antônio[108], tribuno da plebe, levou ao povo uma carta a respeito do caso de César e leu-a contra a vontade dos cônsules. 4. Mas no Senado, Cipião[109], sogro de Pompeu, introduziu uma moção, a de ser César declarado inimigo, caso não tivesse deposto as armas num dia fixado. 5. Perguntando os cônsules se se aprovava que Pompeu licenciasse os soldados, e depois se se aprovava que César fizesse o mesmo, pouquíssimos senadores aderiram à primeira proposta, e à segunda todos, com exceção de poucos. Mas quando de novo Antônio[110] e seus amigos pediram que ambos deixassem o comando, todos igualmente concordaram. 6. Cipião opunha-se violentamente e o cônsul Lêntulo gritava que contra um malfeitor havia necessidade de armas, não de votos. E então se dispersaram os senadores, e mudaram as vestes, em sinal de luto pela dissensão.

[31] 1. Como chegaram cartas de César em que ele parecia proceder com moderação (de fato, pedia que depois de ter abandonado todo o resto lhe fossem concedidas a Gália Cisalpina e a Ilíria juntamente com duas legiões[111], até que ele conseguisse seu segundo consulado), Cícero, o orador, recentemente chegado da Cilícia[112], buscando uma reconciliação, tentava apaziguar Pompeu, que, embora cedesse em todo o resto, procurava tirar a César seus soldados. 2. Cícero procurava persuadir os amigos de César a fazer concessões e chegar à reconciliação, na base das duas províncias citadas e apenas seis soldados[113]. Como Pompeu estava cedendo e se entregando, Lêntulo, o cônsul, não permitiu, mas até cobriu de injúrias Antônio e Curião e expulsou-os vergonhosamente do Senado, 3. tendo assim preparado ele próprio para César o mais especioso dos pretextos, por meio do qual este

---

110. Não foi por iniciativa de Antônio, mas de Curião, na sessão de 1º de dezembro de 50.

111. Até, portanto, 1º de janeiro de 48.

112. Cícero chegou em 4 de janeiro de 49 da Cilícia, onde estava como procônsul, depois de uma ausência de Roma de mais de um ano e meio (desde 1º de maio de 51).

113. Haveria assim uma única legião, no lugar de duas.

VIDAS DE CÉSAR

καὶ δι' ἧς μάλιστα τοὺς στρατιώτας παρώξυνεν, ἐπιδεικνύμενος ἄνδρας ἐλλογίμους καὶ ἄρχοντας ἐπὶ μισθίων ζευγῶν πεφευγότας ἐν ἐσθῆσιν οἰκετικαῖς· οὕτω γὰρ ἀπὸ Ῥώμης σκευάσαντες ἑαυτοὺς διὰ φόβον ὑπεξῄεσαν.

[32] 1. Ἦσαν μὲν οὖν περὶ αὐτὸν οὐ πλείους ἱππέων τριακοσίων καὶ πεντακισχιλίων ὁπλιτῶν· τὸ γὰρ ἄλλο στράτευμα πέραν Ἄλπεων ἀπολελειμμένον ἔμελλον ἄξειν οἱ πεμφθέντες. 2. Ὁρῶν δὲ τὴν ἀρχὴν ὧν ἐνίστατο πραγμάτων καὶ τὴν ἔφοδον οὐ πολυχειρίας δεομένην ἐν τῷ παρόντι μᾶλλον ἢ θάμβει τε τόλμης καὶ τάχει καιροῦ καταληπτέαν οὖσαν (ἐκπλήξειν γὰρ ἀπιστούμενος ῥᾷον ἢ βιάσεσθαι μετὰ παρασκευῆς ἐπελθών), 3. τοὺς μὲν ἡγεμόνας καὶ ταξιάρχους ἐκέλευσε μαχαίρας ἔχοντας ἄνευ τῶν ἄλλων ὅπλων κατασχεῖν Ἀρίμινον, τῆς Κελτικῆς μεγάλην πόλιν, ὡς ἐνδέχεται μάλιστα φεισαμένους φόνου καὶ ταραχῆς, Ὁρτησίῳ δὲ τὴν δύναμιν παρέδωκεν. 4. Αὐτὸς δὲ τὴν μὲν ἡμέραν διῆγεν ἐν φανερῷ, μονομάχοις ἐφεστὼς γυμναζομένοις καὶ θεώμενος· μικρὸν δὲ πρὸ ἑσπέρας θεραπεύσας τὸ σῶμα, καὶ παρελθὼν εἰς τὸν ἀνδρῶνα, καὶ συγγενόμενος βραχέα τοῖς παρακεκλημένοις ἐπὶ τὸ δεῖπνον, ἤδη συσκοτάζοντος ἐξανέστη, [καὶ] τοὺς μὲν ἄλλους φιλοφρονηθεὶς καὶ κελεύσας περιμένειν αὐτὸν ὡς ἐπανελευσόμενον, ὀλίγοις δὲ τῶν φίλων προείρητο μὴ κατὰ τὸ αὐτὸ πάντας, ἄλλον δ' ἄλλῃ διώκειν. 5. Αὐτὸς δὲ τῶν μισθίων ζευγῶν ἐπιβὰς ἑνός, ἤλαυνεν ἑτέραν τινὰ πρῶτον ὁδόν· εἶτα πρὸς τὸ Ἀρίμινον ἐπιστρέψας, ὡς ἦλθεν ἐπὶ τὸν διορίζοντα τὴν ἐντὸς Ἄλπεων Γαλατίαν ἀπὸ τῆς ἄλλης Ἰταλίας ποταμὸν (Ῥουβίκων καλεῖται), καὶ λογισμὸς αὐτὸν εἰσῄει, μᾶλλον ἐγγίζοντα τῷ δεινῷ καὶ περιφερόμενον τῷ μεγέθει τῶν τολμωμένων, ἔσχετο δρόμου, 6. καὶ τὴν πορείαν

---

114. Vestido como escravo, Antônio alugou um carro a meias com Quinto Cássio, para ir ter com César. Apenas à vista dos soldados, puseram-se a gritar que já não havia ordem pública em Roma, desde o momento em que até os tribunos não tinham o direito de falar, e que se corria o risco do exílio e da morte, pronunciando-se pela justiça (cf. Plutarco, *Antônio* V, 9-10).

PLUTARCO: CÉSAR

ainda mais incitou seus soldados, mostrando-lhes que homens importantes e magistrados tinham fugido com carros de aluguel em hábitos servis. De fato, assim se tendo vestido por medo, eles saíram furtivamente de Roma[114].

[32] 1. Estavam então com César não mais de trezentos cavaleiros e cinco mil soldados de infantaria, pois o resto do exército que ele tinha deixado além dos Alpes devia ser-lhe conduzido por aqueles que foram enviados para isso[115]. 2. Mas vendo que o início das operações que empreendia e a arremetida não precisavam, neste momento, de muitos braços, e que de preferência deviam ser efetuadas no momento conveniente, com a surpresa da audácia e com a rapidez (pois será mais fácil causar pânico enquanto os adversários não esperam do que querer submetê-los pela violência, atacando depois de grandes preparativos), 3. ordenou a seus tribunos e centuriões que tomassem apenas as espadas e, sem as outras armas, ocupassem Arímino[116], grande cidade da Gália, evitando o mais possível matar e causar tumulto; e confiou o exército a Hortênsio[117]. 4. Ele próprio passou o dia em público[118], assistindo aos gladiadores e apreciando-os enquanto se exercitavam. Pouco antes da tardinha, depois de cuidar do corpo, passar à sala de banquete e ficar brevemente com os convidados para o jantar, levantou-se, quando já caía a noite, e após ter acolhido amavelmente os demais e ter-lhes pedido que o esperassem, porque, dizia ele, ia voltar. Antes ele tinha dito a alguns de seus amigos que o seguissem, não todos pela mesma estrada, mas uns por uma estrada e outros por uma outra. 5. Ele próprio subiu em um dos carros alugados e avançou primeiro numa outra estrada, depois desviou para Arímino; quando chegou ao rio, que separa a Gália Cisalpina do resto da Itália (ele é chamado Rubicão), e começou a refletir, à medida que ele mais se aproximava do perigo e se perturbava em razão da magnitude de seus atos ousados, fez então cessar a corrida. 6. Interrompendo sua marcha, levou sua

---

115. César tinha com ele apenas a décima terceira legião (cf. César, *G.G.* I, 7, 8). Ele tinha deixado quatro legiões no território dos belgas, sob Tribônio, e quatro no território dos éduos, sob Fábio.

116. Arímino, primeira cidade da Itália ao sul do Rubicão, que se encontra na Úmbria e não na Gália Cisalpina.

117. Quinto Hortênsio, filho do grande orador Quinto Hortênsio Hórtalo.

118. Foi em 10 de janeiro de 49 a.C., em Ravena, que dista cerca de 40 km de Arímino.

VIDAS DE CÉSAR

ἐπιστήσας, πολλὰ μὲν αὐτὸς ἐν ἑαυτῷ διήνεγκε σιγῇ τὴν γνώμην ἐπ' ἀμφότερα μεταλαμβάνων, καὶ τροπὰς ἔσχεν αὐτῷ τότε <τὸ> βούλευμα πλείστας· 7. πολλὰ δὲ καὶ τῶν φίλων τοῖς παροῦσιν, ὧν ἦν καὶ Πολλίων Ἀσίνιος, συνδιηπόρησεν, ἀναλογιζόμενος ἡλίκων κακῶν ἄρξει πᾶσιν ἀνθρώποις ἡ διάβασις, ὅσον τε λόγον αὐτῆς τοῖς αὖθις ἀπολείψουσι. 8. Τέλος δὲ μετὰ θυμοῦ τινος ὥσπερ ἀφεὶς ἑαυτὸν ἐκ τοῦ λογισμοῦ πρὸς τὸ μέλλον, καὶ τοῦτο δὴ τὸ κοινὸν τοῖς εἰς τύχας ἐμβαίνουσιν ἀπόρους καὶ τόλμας προοίμιον ὑπειπών· '"Ἀνερρίφθω κύβος", ὥρμησε πρὸς τὴν διάβασιν, καὶ δρόμῳ τὸ λοιπὸν ἤδη χρώμενος, εἰσέπεσε πρὸ ἡμέρας εἰς τὸ Ἀρίμινον, καὶ κατέσχε. 9. Λέγεται δὲ τῇ προτέρᾳ νυκτὶ τῆς διαβάσεως ὄναρ ἰδεῖν ἔκθεσμον· ἐδόκει γὰρ αὐτὸς τῇ ἑαυτοῦ μητρὶ μείγνυσθαι τὴν ἄρρητον μεῖξιν.

[33] 1. Ἐπεὶ δὲ κατελήφθη τὸ Ἀρίμινον, ὥσπερ ἀνεῳγμένου τοῦ πολέμου πλατείαις πύλαις ἐπὶ πᾶσαν ὁμοῦ τὴν γῆν καὶ θάλασσαν, καὶ συγκεχυμένων ἅμα τοῖς ὅροις τῆς ἐπαρχίας τῶν νόμων τῆς πόλεως, οὐκ ἄνδρας ἄν τις ᾠήθη καὶ γυναῖκας ὥσπερ ἄλλοτε σὺν ἐκπλήξει διαφοιτᾶν τῆς Ἰταλίας, ἀλλὰ τὰς πόλεις αὐτὰς ἀνισταμένας φυγῇ διαφέρεσθαι δι' ἀλλήλων, 2. τὴν δὲ Ῥώμην ὥσπερ ὑπὸ ῥευμάτων πιμπλαμένην φυγαῖς τῶν πέριξ δήμων καὶ μεταστάσεσιν, οὔτ' ἄρχοντι πεῖσαι ῥᾳδίαν οὖσαν οὔτε λόγῳ καθεκτήν, ἐν πολλῷ κλύδωνι καὶ σάλῳ μικρὸν ἀπολιπεῖν αὐτὴν ὑφ' αὑτῆς ἀνατετράφθαι. 3. Πάθη γὰρ ἀντίπαλα καὶ βίαια κατεῖχε κινήματα πάντα τόπον· οὔτε γὰρ τὸ χαῖρον ἡσυχίαν ἦγεν, ἀλλὰ τῷ δεδοικότι καὶ λυπουμένῳ κατὰ πολλὰ συμπῖπτον ἐν μεγάλῃ πόλει καὶ θρασυνόμενον ὑπὲρ τοῦ μέλλοντος δι' ἐρίδων ἦν, 4. αὐτόν τε Πομπήϊον ἐκπεπληγμένον ἄλλος ἀλλαχόθεν ἐτάραττε, τοῖς μὲν ὡς ηὔξησε Καίσαρα καθ' ἑαυτοῦ καὶ τῆς ἡγεμονίας εὐθύνας ὑπέχοντα, τῶν δ' ὅτι παρείκοντα καὶ προτεινόμενον εὐγνώμονας διαλύσεις ἐφῆκε τοῖς περὶ Λέντλον ὑβρίσαι καὶ κατηγορούντων. 5. Φαώνιος δ' αὐτὸν ἐκέλευε τῷ ποδὶ κτυπεῖν τὴν γῆν, ἐπεὶ μεγαληγορῶν ποτε πρὸς τὴν σύγκλητον οὐδὲν εἴα πολυπραγμονεῖν οὐδὲ φροντίζειν ἐκείνους

200

PLUTARCO: CÉSAR

decisão em si mesmo, silenciosamente, em muitas direções, passando de um parecer ao que lhe era oposto, e sua resolução então teve grande número de mudanças. 7. Muitas vezes, discutia suas dúvidas com os amigos presentes, entre os quais estava também Asínio Polião, considerando os grandes males que desencadearia a passagem do rio, e a grande fama disso que eles deixariam à posteridade. 8. Enfim, com um impulso do coração, como se abandonasse a reflexão para se lançar no futuro, pronunciou a frase que é o prelúdio comum para aqueles que mergulham em contingências difíceis e ousadas: "Que o dado seja lançado", e apressou-se para a travessia do rio; correndo daí em diante, chegou repentinamente a Arímino e antes do amanhecer ocupou-a. 9. Conta-se que, na véspera da noite da travessia, ele teve um sonho pavoroso: parecia-lhe unir-se à sua própria mãe numa relação inconfessável.

[33] 1. Depois que Arímino foi tomada, como se a guerra se tivesse estendido, através de largas portas, ao mesmo tempo sobre toda a terra e sobre o mar, e como se as leis da cidade fossem violadas juntamente com as fronteiras da província, não se teria pensado que homens e mulheres, como em outras vezes, percorressem a Itália aterrorizados, mas que as próprias cidades se levantavam e se dispersavam fugindo umas através das outras. 2. Roma, como se fosse inundada por correntes das populações das cidades vizinhas com suas fugas e emigrações, não estava disposta a obedecer ao magistrado nem se continha pela razão, e pouco faltou para que, no meio de um grande movimento tumultuoso e na agitação, ela se destruísse por si mesma. 3. De fato, paixões opostas e movimentos violentos invadiam cada lugar, pois nem a pessoa que se regozijava ficava tranqüila, mas, encontrando-se em muitos locais na grande cidade com aquele que sentia temor e se afligia, e tornando-se ousada com respeito ao futuro, chegava a altercar com ele. 4. O próprio Pompeu, já consternado, era assaltado de todos os lados, quando tentava prestar contas a alguns por ter engrandecido César, em seu próprio prejuízo e no do Estado; e ainda quando outros o acusavam de ter permitido a Lêntulo insultar César, no momento em que este cedia e propunha reconciliações sensatas. 5. Favônio pediu-lhe que batesse com o pé na terra, porque uma vez, falando com arrogância ao Senado, Pompeu advertia que absolutamente não se inquietassem nem se preocupassem com

VIDAS DE CÉSAR

τῆς ἐπὶ τὸν πόλεμον παρασκευῆς· αὐτὸς γὰρ ὅταν ἐπίῃ κρούσας τὸ ἔδαφος τῷ ποδὶ στρατευμάτων ἐμπλήσειν τὴν Ἰταλίαν. 6. Οὐ μὴν ἀλλὰ καὶ τότε πλήθει δυνάμεως ὑπερέβαλλεν ὁ Πομπήϊος τὴν Καίσαρος· εἴασε δ' οὐδεὶς τὸν ἄνδρα χρήσασθαι τοῖς ἑαυτοῦ λογισμοῖς, ἀλλ' ὑπ' ἀγγελμάτων πολλῶν καὶ ψευδῶν καὶ φόβων, ὡς ἐφεστῶτος ἤδη τοῦ πολέμου καὶ πάντα κατέχοντος, εἴξας καὶ συνεκκρουσθεὶς τῇ πάντων φορᾷ ψηφίζεται ταραχὴν ὁρᾶν καὶ τὴν πόλιν ἐξέλιπε, κελεύσας ἕπεσθαι τὴν γερουσίαν καὶ μηδένα μένειν τῶν πρὸ τῆς τυραννίδος ἡρημένων τὴν πατρίδα καὶ τὴν ἐλευθερίαν.

[34] 1. Οἱ μὲν οὖν ὕπατοι μηδ' ἃ νόμος ἐστὶ πρὸ ἐξόδου θύσαντες ἔφυγον, ἔφευγον δὲ καὶ τῶν βουλευτῶν οἱ πλεῖστοι, τρόπον τινὰ δι' ἁρπαγῆς ἀπὸ τῶν ἰδίων ὅ τι τύχοιεν ὥσπερ ἀλλοτρίων λαμβάνοντες. 2. Εἰσὶ δ' οἳ καὶ σφόδρα τὰ Καίσαρος ἡρημένοι πρότερον ἐξέπεσον ὑπὸ θάμβους τότε τῶν λογισμῶν, καὶ συμπαρηνέχθησαν οὐδὲν δεόμενοι τῷ ῥεύματι τῆς φορᾶς ἐκείνης. 3. Οἰκτρότατον δὲ τὸ θέαμα τῆς πόλεως ἦν, ἐπιφερομένου τοσούτου χειμῶνος ὥσπερ νεὼς ὑπὸ κυβερνητῶν ἀπαγορευόντων πρὸς τὸ συντυχὸν ἐκπεσεῖν κομιζομένης. 4. Ἀλλὰ καίπερ οὕτως τῆς μεταστάσεως οἰκτρᾶς οὔσης, τὴν μὲν φυγὴν οἱ ἄνθρωποι πατρίδα διὰ Πομπήϊον ἡγοῦντο, τὴν δὲ Ῥώμην ὡς Καίσαρος στρατόπεδον ἐξέλιπον· 5. ὅπου καὶ Λαβιηνός, ἀνὴρ ἐν τοῖς μάλιστα φίλος Καίσαρος καὶ πρεσβευτὴς γεγονὼς καὶ συνηγωνισμένος ἐν πᾶσι προθυμότατα τοῖς Κελτικοῖς πολέμοις, τότ' ἐκεῖνον ἀποδρὰς ἀφίκετο πρὸς Πομπήϊον· ἀλλὰ τούτῳ μὲν καὶ τὰ χρήματα καὶ τὰς ἀποσκευὰς ἀπέπεμψεν ὁ Καῖσαρ. 6. Δομιτίῳ δ' ἡγουμένῳ σπειρῶν τριάκοντα καὶ κατέχοντι Κορφίνιον ἐπελθὼν παρεστρατοπέδευσεν· ὁ δ' ἀπογνοὺς τὰ καθ' ἑαυτόν, ᾔτησε τὸν ἰατρὸν οἰκέτην ὄντα φάρμακον, καὶ λαβὼν τὸ δοθὲν ἔπιεν ὡς τεθνηξόμενος.

---

119. Explica-se esta estranha forma de expressão pelo conhecimento não perfeito do latim, ou de Plutarco ou de sua fonte grega.

120. Os senadores deixaram Roma no dia seguinte, isto é, em 19 de janeiro de 49 a.C.

PLUTARCO: CÉSAR

os preparativos da guerra, pois, quando ela viesse, ele encheria a Itália de exércitos, desde que batesse com o pé no solo. 6. Todavia, mesmo neste momento, Pompeu superava César na quantidade de suas forças, mas ninguém permitiu que ele se servisse de suas próprias reflexões. Sob a influência, porém, de notícias numerosas e falsas, e de sentimentos de medo, como se a guerra já estivesse iminente e invadisse tudo, ele cedeu e foi levado pela impetuosidade de todos. Decretou que se considerasse o estado de tumulto[119] e deixou a cidade, ordenando que o Senado o seguisse, e que não permanecesse nenhum dos que preferiam à tirania a pátria e a liberdade.

[34] 1. Os cônsules então fugiram, sem mesmo ter feito os sacrifícios que constituem lei antes de sua partida; os senadores na maioria também fugiam[120], tomando dos próprios bens aquilo que por acaso encontravam, de certa maneira como se tomassem de bens alheios através de pilhagem. 2. Houve aqueles que, embora fortemente ligados precedentemente ao partido de César, por medo perderam então a razão, e foram levados, sem necessidade alguma, pela corrente daquela impetuosidade[121]. 3. Mas o espetáculo da cidade era bastante lastimável, quando tão grande tempestade se lançava sobre ela, assim como se um navio fosse levado por pilotos que recuassem diante da eventualidade de fracassar. 4. Mas, embora tão lamentável fosse o afastamento de sua cidade, os homens, por causa de Pompeu, consideravam o exílio como a pátria, e deixaram Roma como se fosse o campo de César. 5. Até Labieno, um dos maiores amigos de César, que tinha sido seu legado e com ele tinha combatido com a maior solicitude em todas as guerras da Gália, abandonou-o então e passou para Pompeu. Mas César mandou a Labieno seu dinheiro e sua bagagem; 6. e este, depois de aproximar-se de Domício, que comandava trinta coortes e ocupava Corfínio[122], acampou perto dele; mas Domício, tendo perdido a esperança de sua situação, pediu um veneno ao médico, que era um escravo, e após receber o que lhe foi dado, bebeu com a intenção de morrer.

---

121. Entre estes, até o sogro de César, Calpúrnio Pisão (cf. Cícero, *Cartas familiares* XIV, 14, 2).

122. Domício Enobarbo tinha sido cônsul em 54 a.C. César chegou, em 15 de fevereiro de 49, a Corfínio, na Itália Central, território dos pelignos. Domício tinha apenas vinte coortes, mas recolheu em Corfínio as coortes de Vibúlio Rufo e de Lucílio Hirro, o que elevou o efetivo de suas tropas a mais de trinta coortes.

VIDAS DE CÉSAR

7. Μετ' ὀλίγον δ' ἀκούσας τὸν Καίσαρα θαυμαστῇ τινι φιλανθρωπίᾳ χρῆσθαι πρὸς τοὺς ἑαλωκότας, αὐτὸς αὑτὸν ἀπεθρήνει καὶ τὴν ὀξύτητα τοῦ βουλεύματος ᾐτιᾶτο. 8. Τοῦ δ' ἰατροῦ θαρρύναντος αὐτόν, ὡς ὑπνωτικόν, οὐ θανάσιμον πεπωκότα, περιχαρὴς ἀναστὰς ἀπῄει πρὸς Καίσαρα, καὶ λαβὼν δεξιάν, αὖθις διεξέπεσε πρὸς Πομπήϊον. 9. Ταῦτ' εἰς τὴν Ῥώμην ἀπαγγελλόμενα τοὺς ἀνθρώπους ἡδίους ἐποίει, καί τινες φυγόντες ἀνέστρεψαν.

[35] 1. Ὁ δὲ Καῖσαρ τήν τε τοῦ Δομιτίου στρατιὰν παρέλαβε, καὶ τοὺς ἄλλους, ὅσους ἐν ταῖς πόλεσι Πομπηΐῳ στρατολογουμένους ἔφθασε καταλαβών. πολὺς δὲ γεγονὼς ἤδη καὶ φοβερός, ἐπ' αὐτὸν ἤλαυνε Πομπήϊον. 2. Ὁ δ' οὐκ ἐδέξατο τὴν ἔφοδον, ἀλλ' εἰς Βρεντέσιον φυγών, τοὺς μὲν ὑπάτους πρότερον ἔστειλε μετὰ δυνάμεως εἰς Δυρράχιον, αὐτὸς δ' ὀλίγον ὕστερον ἐπελθόντος Καίσαρος ἐξέπλευσεν, ὡς ἐν τοῖς περὶ ἐκείνου γραφησομένοις τὰ καθ' ἕκαστον δηλωθήσεται. 3. Καίσαρι δὲ βουλομένῳ μὲν εὐθὺς διώκειν ἀπορία νεῶν ἦν, εἰς δὲ τὴν Ῥώμην ἀνέστρεψε, γεγονὼς ἐν ἡμέραις ἑξήκοντα πάσης ἀναιμωτὶ τῆς Ἰταλίας κύριος.

4. Ἐπεὶ δὲ καὶ τὴν πόλιν εὗρε μᾶλλον ἢ προσεδόκα καθεστῶσαν καὶ τῶν ἀπὸ βουλῆς ἐν αὐτῇ συχνούς, τούτοις μὲν ἐπιεικῆ καὶ δημοτικὰ διελέχθη, παρακαλῶν αὐτοὺς [καὶ] πρὸς Πομπήϊον ἀποστέλλειν ἄνδρας ἐπὶ συμβάσεσι πρεπούσαις· 5. ὑπήκουσε δ' οὐδείς, εἴτε φοβούμενοι Πομπήϊον ἐγκαταλελειμμένον, εἴτε μὴ νομίζοντες οὕτω Καίσαρα φρονεῖν, ἀλλ' εὐπρεπείᾳ λόγων χρῆσθαι. 6. Τοῦ δὲ δημάρχου Μετέλλου κωλύοντος αὐτὸν ἐκ τῶν ἀποθέτων χρήματα λαμβάνειν καὶ νόμους τινὰς προφέροντος, οὐκ ἔφη τὸν αὐτὸν ὅπλων καὶ νόμων καιρὸν εἶναι· 7. "Σὺ δ' εἰ τοῖς πραττομένοις δυσκολαίνεις, νῦν μὲν ἐκποδὼν ἄπιθι· παρρησίας γὰρ οὐ δεῖται πόλεμος· ὅταν δὲ κατάθωμαι τὰ ὅπλα συμβάσεων γενομένων, τότε παριὼν δημαγωγήσεις." 8. "Καὶ ταῦτ'" ἔφη "λέγω τῶν ἐμαυτοῦ δικαίων ὑφιέμενος· ἐμὸς γὰρ εἶ καὶ σὺ καὶ

---

123. No mesmo dia da rendição de Corfínio (21 de fevereiro).

124. César chegou a Brindes com seis legiões, em 9 de março, e Pompeu zarpou para Dirráquio em 17 de março.

PLUTARCO: CÉSAR

7. Pouco depois, ouvindo dizer que César tinha uma admirável clemência para com os prisioneiros, lamentava-se e censurava a rapidez de sua decisão. 8. Como o médico o encorajou, dizendo que ele tinha bebido uma poção narcotizante e não mortífera, Domício levantou-se cheio de alegria, dirigiu-se a César e, após ter tomado sua mão direita, retornou a Pompeu. 9. Essas notícias, sendo levadas a Roma, tornavam os homens mais calmos e alguns que tinham fugido retornaram.

[35] 1. César tomou consigo os soldados de Domício e apropriou-se com antecedência também de todos os outros arrolados por Pompeu nas cidades. Tendo-se tornado já forte e temível, marchou contra o próprio Pompeu[123]. 2. Este não esperou o ataque, mas fugiu para Brindes. Enviou primeiro os cônsules com um exército a Dirráquio e, pouco depois, quando César chegou, ele próprio zarpou[124], como se tornará evidente de maneira pormenorizada no que será escrito por mim sobre ele[125]. 3. César, que desejava persegui-lo imediatamente, estava desprovido de navios. Voltou então a Roma, tendo-se tornado em sessenta dias, sem derramar sangue, senhor de toda a Itália. 4. Como encontrou a cidade mais calma do que ele esperava e nela numerosos senadores, conversou com eles de maneira afável e cordial, convidando-os mesmo a enviar homens a Pompeu para acordos convenientes. 5. Mas ninguém lhe deu ouvidos, seja por temerem Pompeu, que tinham abandonado, seja por crerem que César não pensava assim, mas que se servia do caráter especioso das palavras. 6. Quando o tribuno da plebe Metelo tentava impedir César de tirar dinheiro do erário e citava algumas leis[126], ele disse que o tempo das armas e o das leis não é o mesmo: 7. "Mas se tu estás descontente com o que se faz, retira-te agora, pois a guerra não necessita de liberdade da palavra; quando eu tiver deposto as armas, após a efetuação dos acordos, então tu te apresentarás e atrairás a benevolência do povo". 8. "E digo isso", acrescentou, "renunciando aos meus direitos, pois me pertences, não só tu, mas também

---

125. Plutarco escreveu, pois, a *Vida de Pompeu* após a *Vida de César*.

126. Segundo essas leis, não era lícito tocar no ouro que tinha sido depositado no erário durante a invasão gaulesa de 387 a.C.

205

VIDAS DE CÉSAR

πάντες ὅσους εἴληφα τῶν πρὸς ἐμὲ στασιασάντων." 9. Ταῦτα πρὸς τὸν Μέτελλον εἰπών, ἐβάδιζε πρὸς τὰς θύρας τοῦ ταμιείου. Μὴ φαινομένων δὲ τῶν κλειδῶν, χαλκεῖς μεταπεμψάμενος ἐκκόπτειν ἐκέλευεν. 10. Αὖθις δ' ἐνισταμένου τοῦ Μετέλλου καί τινων ἐπαινούντων, διατεινάμενος ἠπείλησεν ἀποκτενεῖν αὐτόν, εἰ μὴ παύσαιτο παρενοχλῶν. "Καὶ τοῦτ'," ἔφη "μειράκιον οὐκ ἀγνοεῖς ὅτι μοι δυσκολώτερον ἦν εἰπεῖν ἢ πρᾶξαι." 11. Οὗτος ὁ λόγος τότε καὶ Μέτελλον ἀπελθεῖν ἐποίησε καταδείσαντα, καὶ τὰ ἄλλα ῥᾳδίως αὐτῷ καὶ ταχέως ὑπηρετεῖσθαι πρὸς τὸν πόλεμον.

[36] 1. Ἐστράτευσε δ' εἰς Ἰβηρίαν, πρότερον ἐγνωκὼς τοὺς περὶ Ἀφράνιον καὶ Βάρρωνα Πομπηΐου πρεσβευτὰς ἐκβαλεῖν, καὶ τὰς ἐκεῖ δυνάμεις καὶ τὰς ἐπαρχίας ὑφ' αὑτῷ ποιησάμενος, οὕτως ἐπὶ Πομπήϊον ἐλαύνειν, μηδένα κατὰ νώτου τῶν πολεμίων ὑπολιπόμενος. 2. Κινδυνεύσας δὲ καὶ τῷ σώματι πολλάκις κατ' ἐνέδρας καὶ τῷ στρατῷ μάλιστα διὰ λιμόν, οὐκ ἀνῆκε πρότερον διώκων καὶ προκαλούμενος καὶ περιταφρεύων τοὺς ἄνδρας ἢ κύριος βίᾳ γενέσθαι τῶν στρατοπέδων καὶ τῶν δυνάμεων. οἱ δ' ἡγεμόνες ᾤχοντο πρὸς Πομπήϊον φεύγοντες.

[37] 1. Ἐπανελθόντα δ' εἰς Ῥώμην Καίσαρα Πείσων μὲν ὁ πενθερὸς παρεκάλει πρὸς Πομπήϊον ἀποστέλλειν ἄνδρας ὑπὲρ διαλύσεως, Ἰσαυρικὸς δὲ Καίσαρι χαριζόμενος ἀντεῖπεν. 2. Αἱρεθεὶς δὲ δικτάτωρ ὑπὸ τῆς βουλῆς, φυγάδας τε κατήγαγε καὶ τῶν ἐπὶ Σύλλα δυστυχησάντων τοὺς παῖδας ἐπιτίμους ἐποίησε, καὶ σεισαχθείᾳ τινὶ τόκων ἐκούφιζε τοὺς χρεωφειλέτας, ἄλλων τε τοιούτων ἥψατο πολιτευμάτων οὐ πολλῶν, ἀλλ' ἐν ἡμέραις ἕνδεκα τὴν μὲν μοναρχίαν ἀπειπάμενος, ὕπατον δ' ἀναδείξας ἑαυτὸν καὶ Σερουΐλιον Ἰσαυρικόν, εἴχετο τῆς στρατείας. 3. Καὶ τὰς μὲν ἄλλας δυνάμεις καθ' ὁδὸν ἐπειγόμενος παρῆλθεν,

---

127. As chaves estavam nas mãos dos cônsules.

128. Lúcio Afrânio tinha sido cônsul em 60 a.C. Marcos Terêncio Varrão é o grande erudito. Pompeu tinha ainda na Hispânia um terceiro legado: Marcos Petreio.

129. Afrânio e Petreio, libertados por César com a promessa de que não retomariam as armas contra ele, logo se dirigiram a Pompeu.

PLUTARCO: CÉSAR

todos quantos capturei daqueles que se levantaram contra mim." 9. Depois de assim ter falado a Metelo, encaminhou-se para a porta do tesouro e, como não se encontravam as chaves[127], fez chamar serralheiros e ordenou-lhes arrombá-la. 10. Opondo-se de novo Metelo, e aprovando-o alguns, César elevou a voz e ameaçou matá-lo, se não parasse de importuná-lo. "E não ignores, jovem", acrescentou ele, "que para mim isso é mais difícil dizer que fazer". 11. Essas palavras naquele momento fizeram que Metelo se afastasse atemorizado, e que fácil e rapidamente fossem fornecidos a César os outros meios para a guerra.

[36] 1. Ele fez uma expedição à Hispânia, tendo decidido primeiro expulsar daí Afrânio e Varrão, legados de Pompeu[128], e, depois de apoderar-se das forças que aí estavam e das províncias, marchar contra Pompeu, não deixando nenhum inimigo pelas costas. 2. Mesmo depois de freqüentemente correr risco por sua vida nas emboscadas, e também arriscar-se por seu exército, sobretudo em virtude da fome, não desistiu de perseguir, provocar e assediar o inimigo até que se apoderasse à força de seus acampamentos e de suas tropas. Os chefes, porém, fugiram para junto de Pompeu[129].

[37] 1. Quando César voltou a Roma, seu sogro Pisão exortava-o a enviar emissários a Pompeu, tendo em vista uma reconciliação, mas Isáurico[130], procurando agradar a César, contestou. 2. Eleito pelo Senado[131], ele fez voltar os exilados, restituiu os direitos cívicos aos filhos dos que caíram em desgraça no tempo de Sila, aliviou os devedores com certa redução de juros e empreendeu outras medidas públicas desse gênero não numerosas, mas, em onze dias, rejeitando o poder único e nomeando a si mesmo cônsul com Servílio Isáurico, dedicou-se à campanha militar. 3. Atirando-se na estrada, ultrapassou o resto de seu exército,

---

130. Públio Servílio Isáurico, filho do competidor de César pela obtenção da dignidade de sumo pontífice.

131. Na realidade, César tinha sido eleito ditador anteriormente pelo pretor Lépido, em virtude de uma *lex de dictatore* (cf. César, *G.G.* II, 21, 5).

VIDAS DE CÉSAR

ἱππεῖς δ' ἔχων λογάδας ἑξακοσίους καὶ πέντε τάγματα, χειμῶνος ἐν τροπαῖς ὄντος, ἱσταμένου Ἰαννουαρίου μηνὸς (οὗτος δ' ἂν εἴη Ποσειδεὼν Ἀθηναίοις) ἀφῆκεν εἰς τὸ πέλαγος· 4. καὶ διαβαλὼν τὸν Ἰόνιον Ὤρικον καὶ Ἀπολλωνίαν αἱρεῖ, τὰ δὲ πλοῖα πάλιν ἀπέπεμψεν εἰς Βρεντέσιον ἐπὶ τοὺς ὑστερήσαντας τῇ πορείᾳ στρατιώτας. 5. Οἱ δ' ἄχρι μὲν καθ' ὁδὸν ἦσαν, ἅτε δὴ καὶ παρηκμακότες ἤδη τοῖς σώμασι καὶ πρὸς τὰ πλήθη τῶν πόνων ἀπειρηκότες, ἐν αἰτίαις εἶχον τὸν Καίσαρα· 6. "Ποῖ δὴ καὶ πρὸς τί πέρας ἡμᾶς οὗτος ὁ ἀνὴρ καταθήσεται περιφέρων καὶ χρώμενος ὥσπερ ἀτρύτοις καὶ ἀψύχοις ἡμῖν; καὶ σίδηρος ἐξέκαμε πληγαῖς, καὶ θυρεοῦ φειδώ τίς ἐστιν ἐν χρόνῳ τοσούτῳ καὶ θώρακος. 7. Οὐδ' ἀπὸ τῶν τραυμάτων ἄρα λογίζεται Καῖσαρ, ὅτι θνητῶν μὲν ἄρχει, θνητὰ δὲ πεφύκαμεν πάσχειν καὶ ἀλγεῖν; ὥραν δὲ χειμῶνος καὶ πνεύματος ἐν θαλάττῃ καιρὸν οὐδὲ θεῷ βιάζεσθαι δυνατόν· ἀλλ' οὗτος παρα-βάλλεται, καθάπερ οὐ διώκων πολεμίους, ἀλλὰ φεύγων." 8. Τοιαῦτα λέγοντες ἐπορεύοντο σχολαίως εἰς τὸ Βρεντέσιον· ὡς δ' ἐλθόντες εὗρον ἀνηγμένον τὸν Καίσαρα, ταχὺ πάλιν αὖ μεταβαλόντες ἐκάκιζον ἑαυτούς, προδότας ἀποκαλοῦντες τοῦ αὐτοκράτορος, ἐκάκιζον δὲ καὶ τοὺς ἡγεμόνας, οὐκ ἐπιταχύναντας τὴν πορείαν. 9. Καθήμενοι δ' ἐπὶ τῶν ἄκρων, πρὸς τὸ πέλαγος καὶ τὴν Ἤπειρον ἀπεσκόπουν τὰς ναῦς, ἐφ' ὧν ἔμελλον περαιοῦσθαι πρὸς ἐκεῖνον.

[38] 1. Ἐν δ' Ἀπολλωνίᾳ Καῖσαρ οὐκ ἔχων ἀξιόμαχον τὴν μεθ' ἑαυτοῦ δύναμιν, βραδυνούσης δὲ τῆς ἐκεῖθεν ἀπορούμενος καὶ περιπαθῶν, δεινὸν ἐβούλευσε βούλευμα, κρύφα πάντων εἰς πλοῖον ἐμβὰς τὸ μέγεθος δωδεκάσκαλμον ἀναχθῆναι πρὸς τὸ Βρεντέσιον, τηλικούτοις στόλοις περιεχομένου τοῦ πελάγους ὑπὸ τῶν πολεμίων. 2. Νυκτὸς οὖν ἐσθῆτι θεράποντος ἐπικρυψάμενος ἐνέβη, καὶ καταβαλὼν ἑαυτὸν ὥς τινα τῶν παρημελημένων ἡσύχαζε. 3. Τοῦ δ' Ἀώου ποταμοῦ

---

132. Sete legiões (cf. *G.G.* III, 6, 2).

133. Posídeon é o sexto mês ateniense, corresponde aproximadamente à parte final de dezembro e parte de janeiro do calendário gregoriano.

134. Órico acha-se ao sul da Ilíria, nos limites do Epíro.

PLUTARCO: CÉSAR

e com seiscentos cavaleiros de escol e cinco legiões[132], embora fosse o solstício de inverno e começasse o mês de janeiro (este seria o Posídeon para os atenienses)[133], lançou-se ao mar; 4. depois de atravessar o Jônio, tomou Órico[134] e Apolônia, e enviou de novo os navios a Brindes para os soldados que se atrasaram na viagem. 5. Esses, enquanto estavam na estrada, porque já estavam fisicamente debilitados e esgotados pelo grande número de guerras, censuravam César: 6. "Aonde então e a que extremo este homem quer nos levar, fazendo-nos andar de todos os lados e servindo-se de nós como se fôssemos infatigáveis e desprovidos de vida? Até o ferro se gasta com os golpes, e poupa-se um pouco o escudo e também a couraça em tão longo tempo de luta. 7. Nem mesmo por nossos ferimentos, então, César leva em conta que comanda mortais, e que nascemos para ter sofrimentos e dores na condição de mortais? Nem a um deus é possível forçar a estação do inverno e a ocasião do sopro do vento no mar; entretanto este homem arrisca-se não como se perseguisse inimigos, mas como se fugisse deles". 8. Assim falando, marchavam lentamente para Brindes. Mas, quando chegaram e perceberam que César se fizera ao largo, mudaram rapidamente de opinião e censuravam a si mesmos, chamando-se traidores de seu chefe; censuravam também seus comandantes por que não tinham apressado sua marcha. 9. Sentados nos promontórios, diante do mar aberto e do Epíro, observavam de longe as naus, nas quais iam ser transportados para junto dele[135].

[38] 1. Em Apolônia, César não tinha consigo as forças suficientes para combater e, como tardavam[136] as que vinham do outro lado, estava preocupado e aflito. Tomou então uma decisão arriscada, a de embarcar às escondidas de todos num barco de doze remos para Brindes, embora o mar estivesse bloqueado pelos inimigos com frotas tão poderosas. 2. Embarcou então de noite, disfarçado numa vestimenta de escravo, e, depois de se rebaixar assemelhando-se a alguém insignificante, permaneceu silencioso. 3. Enquanto o rio Aoo

---

135. Este episódio é mencionado somente aqui. É certo que, quando César partiu, não se tinha concluído a concentração de todas as legiões em Brindes.

136. Decorreram mais de dois meses e meio entre a chegada de César na Itália (5 de janeiro de 48 a.C.) e a de Marco Antônio, que lhe levava as cinco legiões deixadas em Brindes (cf. César *G.C.* III, 14-29).

209

VIDAS DE CÉSAR

τὴν ναῦν ὑποφέροντος εἰς τὴν θάλασσαν, τὴν μὲν ἑωθινὴν αὔραν, ἣ παρεῖχε τηνικαῦτα περὶ τὰς ἐκβολὰς γαλήνην, ἀπωθοῦσα πόρρω τὸ κῦμα, πολὺς πνεύσας πελάγιος διὰ νυκτὸς ἀπέσβεσε· 4. πρὸς δὲ τὴν πλημμύραν τῆς θαλάττης καὶ τὴν ἀντίβασιν τοῦ κλύδωνος ἀγριαίνων ὁ ποταμός, καὶ τραχὺς ἅμα καὶ κτύπῳ μεγάλῳ καὶ σκληραῖς ἀνακοπτόμενος δίναις, ἄπορος ἦν βιασθῆναι τῷ κυβερνήτῃ, καὶ μεταβαλεῖν ἐκέλευσε τοὺς ναύτας, ὡς ἀποστρέψων τὸν πλοῦν. 5. Αἰσθόμενος δ' ὁ Καῖσαρ ἀναδείκνυσιν ἑαυτόν, καὶ τοῦ κυβερνήτου λαβόμενος τῆς χειρός, ἐκπεπληγμένου πρὸς τὴν ὄψιν· "ἴθι," ἔφη "γενναῖε, τόλμα καὶ δέδιθι μηδέν· Καίσαρα φέρεις καὶ τὴν Καίσαρος τύχην συμπλέουσαν." 6. <Εὐθὺς οὖν ἐπ>ελάθοντο τοῦ χειμῶνος οἱ ναῦται, καὶ ταῖς κώπαις ἐμφύντες ἐβιάζοντο πάσῃ προθυμίᾳ τὸν ποταμόν· ὡς δ' ἦν ἄπορα, δεξάμενος πολλὴν θάλατταν ἐν τῷ στόματι καὶ κινδυνεύσας, συνεχώρησε μάλ' ἄκων τῷ κυβερνήτῃ μεταβαλεῖν. 7. Ἀνιόντι δ' αὐτῷ κατὰ πλῆθος ἀπήντων οἱ στρατιῶται, πολλὰ μεμφόμενοι καὶ δυσπαθοῦντες, εἰ μὴ πέπεισται καὶ σὺν αὐτοῖς μόνοις ἱκανὸς εἶναι νικᾶν, ἀλλ' ἄχθεται καὶ παραβάλλεται διὰ τοὺς ἀπόντας, ὡς ἀπιστῶν τοῖς παροῦσιν.

[39] 1. Ἐκ τούτου κατέπλευσε μὲν Ἀντώνιος, ἀπὸ Βρεντεσίου τὰς δυνάμεις ἄγων, θαρρήσας δὲ Καῖσαρ προὐκαλεῖτο Πομπήϊον, ἱδρυμένον ἐν καλῷ καὶ χορηγούμενον ἔκ τε γῆς καὶ θαλάττης ἀποχρώντως, αὐτὸς ἐν οὐκ ἀφθόνοις διάγων κατ' ἀρχάς, ὕστερον δὲ καὶ σφόδρα πιεσθεὶς ἀπορίᾳ τῶν ἀναγκαίων, 2. ἀλλὰ ῥίζαν τινὰ κόπτοντες οἱ στρατιῶται καὶ γάλακτι φυρῶντες προσεφέροντο, καί ποτε καὶ διαπλάσαντες ἐξ αὐτῆς ἄρτους καὶ ταῖς προφυλακαῖς τῶν πολεμίων ἐπιδραμόντες ἔβαλλον εἴσω καὶ διερρίπτουν, ἐπιλέγοντες ὡς ἄχρι ἂν ἡ γῆ τοιαύτας ἐκφέρῃ ῥίζας, οὐ παύσονται πολιορκοῦντες Πομπήϊον. 3. Ὁ μέντοι Πομπήϊος οὔτε τοὺς ἄρτους οὔτε τοὺς λόγους εἴα τούτους ἐκφέρεσθαι πρὸς τὸ πλῆθος· ἠθύμουν γὰρ οἱ στρατιῶται, τὴν ἀγριότητα καὶ τὴν ἀπάθειαν τῶν πολεμίων ὥσπερ θηρίων ὀρρωδοῦντες. 4. Ἀεὶ δέ τινες περὶ τοῖς ἐρύμασι τοῖς Πομπηΐου μάχαι σποράδες ἐγίγνοντο, καὶ περιῆν πάσαις ὁ Καῖσαρ πλὴν

PLUTARCO: CÉSAR

estava levando a nave para o mar, um forte vento que tinha soprado durante a noite fez desaparecer a brisa matinal, a qual ordinariamente trazia, nesse momento do dia, calma à embocadura, impelindo para longe a onda. 4. Contra a enchente da maré e a resistência da onda enfurecia-se o rio, e, encapelado, ele refluía com grande barulho e com turbilhões violentos. Era então difícil ser domado pela força do piloto, e este ordenou aos marinheiros mudar de direção para que reconduzisse a expedição naval em sentido contrário. 5. Mas César, ouvindo essa ordem, revelou-se e, pegando a mão do piloto, assombrado ante essa visão, disse: "Vai, meu bravo, encoraja-te e nada temas; tu levas César e a fortuna de César, que junto atravessa o mar". 6. Os marinheiros então esqueceram a tempestade e, apoiados nos remos, procuravam com toda a presteza forçar a passagem no rio. Mas, uma vez que era impossível, César, após ter recebido muita água do mar e corrido risco na embocadura, bem contra a vontade, permitiu ao piloto voltar para trás. 7. Quando ele retornou, seus soldados foram ao seu encontro em grande número, dirigindo-lhe muitas censuras e manifestando impaciência por não estar ele convicto de que era capaz de vencer, mesmo estando somente com eles, e por afligir-se e expor-se ao perigo por causa dos ausentes, como se não confiasse naqueles que estavam presentes.

[39] 1. Logo depois, Antônio desembarcou, conduzindo de Brindes suas forças. César, encorajado, provocava Pompeu que, acampado em lugar favorável, tirava suficientemente seus recursos da terra e do mar, enquanto ele mesmo, que no princípio já não vivia na abundância, foi mais tarde fortemente oprimido pela falta do necessário. 2. Contudo, os soldados, cortando certa raiz e amassando-a com leite, comiam-na. Uma vez também, depois de lhe darem forma de pães e de correrem aos postos avançados dos inimigos, lançaram no interior de seus acampamentos esses pães e espalharam-nos, dizendo que, enquanto a terra produzisse tais raízes, não cessariam de assediar Pompeu. 3. Este, entretanto, não permitia nem que os pães nem que essas palavras fossem levadas à massa do exército. Os soldados de fato estavam desencorajados, temendo a ferocidade e a insensibilidade dos inimigos como de animais selvagens. 4. Sempre ocorriam combates isolados em torno das fortificações de Pompeu; e César alcançava vitória em todos, exceto

VIDAS DE CÉSAR

μιᾶς, ἐν ᾗ τροπῆς γενομένης μεγάλης ἐκινδύνευσεν [μὲν] ἀπολέσαι τὸ στρατόπεδον. 5. Πομπηΐου γὰρ προσβαλόντος οὐδεὶς ἔμεινεν, ἀλλὰ καὶ τάφροι κατεπίμπλαντο κτεινομένων, καὶ περὶ τοῖς αὐτῶν χαρακώμασι καὶ περιτειχίσμασιν ἔπιπτον ἐλαυνόμενοι προτροπάδην. 6. Καῖσαρ δ' ὑπαντιάζων ἐπειρᾶτο μὲν ἀναστρέφειν τοὺς φεύγοντας, ἐπέραινε δ' οὐδέν, ἀλλ' ἐπιλαμβανομένου τῶν σημείων ἀπερρίπτουν οἱ κομίζοντες, ὥστε δύο καὶ τριάκοντα λαβεῖν τοὺς πολεμίους, αὐτὸς δὲ παρὰ μικρὸν ἦλθεν ἀποθανεῖν. 7. Ἀνδρὶ γὰρ μεγάλῳ καὶ ῥωμαλέῳ φεύγοντι παρ' αὐτὸν ἐπιβαλὼν τὴν χεῖρα, μένειν ἐκέλευσε καὶ στρέφεσθαι πρὸς τοὺς πολεμίους· ὁ δὲ μεστὸς ὢν ταραχῆς παρὰ τὸ δεινόν, ἐπήρατο τὴν μάχαιραν ὡς καθιξόμενος, φθάνει δ' ὁ τοῦ Καίσαρος ὑπασπιστὴς ἀποκόψας αὐτοῦ τὸν ὦμον. 8. Οὕτω δ' ἀπέγνω <τότε> τὰ καθ' αὑτόν, ὥστ' ἐπεὶ Πομπήϊος ὑπ' εὐλαβείας τινὸς ἢ τύχης ἔργῳ μεγάλῳ τέλος οὐκ ἐπέθηκεν, ἀλλὰ καθείρξας εἰς τὸν χάρακα τοὺς φεύγοντας ἀνεχώρησεν, εἶπεν ἄρα πρὸς τοὺς φίλους ἀπιὼν ὁ Καῖσαρ· "Σήμερον ἂν ἡ νίκη παρὰ τοῖς πολεμίοις ἦν, εἰ τὸν νικῶντα εἶχον." 9. Αὐτὸς δὲ παρελθὼν εἰς τὴν σκηνὴν καὶ κατακλιθείς, νύκτα πασῶν ἐκείνην ἀνιαροτάτην διήγαγεν ἐν ἀπόροις λογισμοῖς, ὡς κακῶς ἐστρατηγηκώς, ὅτι καὶ χώρας ἐπικειμένης βαθείας καὶ πόλεων εὐδαιμόνων τῶν Μακεδονικῶν καὶ Θετταλικῶν, ἐάσας ἐκεῖ περισπάσαι τὸν πόλεμον ἐνταῦθα καθέζοιτο πρὸς θαλάττῃ, ναυκρατούντων τῶν πολεμίων πολιορκούμενος τοῖς ἀναγκαίοις μᾶλλον ἢ τοῖς ὅπλοις πολιορκῶν. 10. Οὕτω δὴ ῥιπτασθεὶς καὶ ἀδημονήσας πρὸς τὴν ἀπορίαν καὶ χαλεπότητα τῶν παρόντων, ἀνίστη τὸν στρατόν, ἐπὶ Σκιπίωνα προάγειν εἰς Μακεδονίαν ἐγνωκώς· 11. ἢ γὰρ ἐπισπάσεσθαι Πομπήϊον, ὅπου μαχεῖται μὴ χορηγούμενος ὁμοίως ἀπὸ τῆς θαλάττης, ἢ περιέσεσθαι μεμονωμένου Σκιπίωνος.

[40] 1. Τοῦτο τὴν Πομπηΐου στρατιὰν ἐπῆρε καὶ τοὺς περὶ αὐτὸν ἡγεμόνας ὡς ἡττημένου καὶ φεύγοντος ἔχεσθαι Καίσαρος. 2. Αὐτὸς μὲν γὰρ εὐλαβῶς εἶχε Πομπήϊος ἀναρρῖψαι μάχην περὶ τηλικούτων, καὶ παρεσκευασμένος ἄριστα πᾶσι πρὸς τὸν

212

PLUTARCO: CÉSAR

em um, no qual, havendo uma grande fuga, correu o risco de perder seu acampamento. 5. De fato, quando Pompeu atacou, ninguém resistiu; as valas enchiam-se de mortos e, sendo os soldados levados a uma fuga precipitada, caíam em torno de suas próprias trincheiras e muralhas. 6. César, indo ao seu encontro, tentava fazer retornar os fugitivos, mas não obtinha nenhum resultado. Quando se apoderava dos estandartes, aqueles que os levavam os lançavam longe, de sorte que os inimigos tomaram trinta e dois, e ele próprio por pouco não chegou a morrer. 7. Com efeito, pondo sua mão sobre um homem grande e robusto que passava por ele fugindo, ordenou-lhe que parasse e se voltasse para os inimigos. Aquele, dominado pela agitação diante do perigo, ergueu sua espada para atingi-lo, mas o escudeiro de César, antecipando-se, golpeou-lhe o ombro. 8. A tal ponto César se desesperou de sua situação que, quando Pompeu, por certa precaução ou por acaso, não completou a grande obra mas se retirou, depois de ter fechado os fugitivos dentro de seu entrincheiramento, César afastando-se disse então a seus amigos: "Hoje a vitória seria dos inimigos, se eles contassem com quem habitualmente vence". 9. Após ter entrado em sua tenda e ter se deitado, passou a mais aflitiva de todas as noites em reflexões embaraçosas, crendo que dirigira mal a expedição, pois enquanto uma região fecunda se encontrava à frente, e também ricas cidades da Macedônia e da Tessália, ele tinha descuidado de para aí levar a guerra e tinha-se instalado ali mesmo diante do mar, onde os inimigos tinham superioridade naval, assediado pelas necessidades da vida mais do que assediando os inimigos com suas armas. 10. Assim então, agitado e atormentado pela falta de provisões e pela dificuldade da situação, fez levantar o exército, decidido a marchar para a Macedônia contra Cipião[137]. 11. Cria, com efeito, ou que atrairia Pompeu para onde ele combateria sem dispor, do mesmo modo, de recursos do mar, ou que venceria Cipião, se ele ficasse isolado.

[40] 1. Isso estimulou o exército de Pompeu e seus oficiais a perseguirem César, como se ele já estivesse derrotado e fugisse. 2. O próprio Pompeu estava cauteloso em correr o risco de uma batalha de tão grande importância e, como estava excelentemente preparado com tudo para a

---

137. O exército de Metelo Cipião, vindo da Síria e formado de duas legiões e cavalaria, encontrava-se já há pouco tempo na Macedônia.

VIDAS DE CÉSAR

χρόνον, ἠξίου τρίβειν καὶ μαραίνειν τὴν τῶν πολεμίων ἀκμήν, βραχεῖαν οὖσαν. 3. Τὸ γάρ τοι μαχιμώτατον τῆς Καίσαρος δυνάμεως ἐμπειρίαν μὲν εἶχε καὶ τόλμαν ἀνυπόστατον πρὸς τοὺς ἀγῶνας, ἐν δὲ ταῖς πλάναις καὶ ταῖς στρατοπεδείαις καὶ τειχοφυλακοῦντες καὶ νυκτεγερτοῦντες ἐξέκαμνον ὑπὸ γήρως, καὶ βαρεῖς ἦσαν τοῖς σώμασι πρὸς τοὺς πόνους, δι᾽ ἀσθένειαν ἐγκαταλείποντες τὴν προθυμίαν. 4. Τότε δὲ καί τι νόσημα λοιμῶδες ἐλέχθη, τὴν ἀτοπίαν τῆς διαίτης ποιησάμενον ἀρχήν, ἐν τῇ στρατιᾷ περιφέρεσθαι τῇ Καίσαρος, καὶ τὸ μέγιστον, οὔτε χρήμασιν ἐρρωμένος οὔτε τροφῆς εὐπορῶν, χρόνου βραχέος ἐδόκει περὶ αὐτῷ καταλυθήσεσθαι.

[41] 1. Διὰ ταῦτα Πομπήϊον μάχεσθαι μὴ βουλόμενον μόνος ἐπῄνει Κάτων φειδοῖ τῶν πολιτῶν· ὅς γε καὶ τοὺς πεσόν-τας ἐν τῇ μάχῃ τῶν πολεμίων εἰς χιλίους τὸ πλῆθος γενομένους ἰδών, ἀπῆλθεν ἐγκαλυψάμενος καὶ καταδα-κρύσας. 2. Οἱ δ᾽ ἄλλοι πάντες ἐκάκιζον τὸν Πομπήϊον φυγομαχοῦντα καὶ παρώξυνον, Ἀγαμέμνονα καὶ βασιλέα βασιλέων ἀποκαλοῦντες, ὡς δὴ μὴ βουλόμενον ἀποθέσθαι τὴν μοναρχίαν, ἀλλ᾽ ἀγαλλόμενον ἡγεμόνων τοσούτων ἐξηρτημένων αὐτοῦ καὶ φοιτώντων ἐπὶ σκηνήν. 3. Φαώνιος δὲ τὴν Κάτωνος παρρησίαν ὑποποιούμενος μανικῶς, ἐσχετλίαζεν εἰ μηδὲ τῆτες ἔσται τῶν περὶ Τουσκλάνον ἀπολαῦσαι σύκων διὰ τὴν Πομπήϊου φιλαρχίαν. 4. Ἀφράνιος δὲ (νεωστὶ γὰρ ἐξ Ἰβηρίας ἀφῖκτο κακῶς στρατηγήσας) διαβαλλόμενος ἐπὶ χρήμασι προδοῦναι τὸν στρατόν, ἠρώτα διὰ τί πρὸς τὸν ἔμπορον οὐ μάχονται τὸν ἐωνημένον παρ᾽ αὐτοῦ τὰς ἐπαρχίας. 5. Ἐκ τούτων ἁπάντων συνελαυνόμενος ἄκων εἰς μάχην ὁ Πομπήϊος ἐχώρει τὸν Καίσαρα διώκων. 6. Ὁ δὲ τὴν μὲν ἄλλην πορείαν χαλεπῶς ἤνυσεν, οὐδενὸς παρέχοντος ἀγοράν, ἀλλὰ πάντων καταφρονούντων διὰ τὴν ἔναγχος ἧτταν· 7. ὡς δ᾽ εἷλε Γόμφους Θεσσαλικὴν πόλιν, οὐ μόνον ἔθρεψε τὴν στρατιάν, ἀλλὰ καὶ τοῦ νοσήματος ἀπήλλαξε παραλόγως. 8. Ἀφθόνῳ γὰρ ἐνέτυχον οἴνῳ, καὶ πιόντες ἀνέδην,

---

138. É impossível que Favônio tivesse manifestado descontentamento naquele momento, pois ele se encontrava na Macedônia com Cipião (cf. César, G.C. III, 36, 3 e 57, 5).

214

PLUTARCO: CÉSAR

duração da guerra, pretendia esgotar e consumir o vigor dos inimigos, uma vez que era insignificante. 3. De fato, os melhores combatentes do exército de César tinham experiência e audácia irresistível nas batalhas, mas nas marchas e nos acampamentos e, quando guardavam as fortificações e passavam a noite em vigília, fatigavam-se sob o efeito da velhice. Eram fisicamente lerdos para os trabalhos, pois perdiam o ardor em virtude de sua debilidade. 4. Nesse momento, também se divulgou que uma doença contagiosa, que teve como origem o estranho regime alimentar, alastrava-se no exército de César. E o mais grave era que, não tendo solidez financeira nem sendo bem provido de víveres, parecia que em breve tempo César seria destruído por si mesmo.

[41] 1. Por essas razões Pompeu não queria combater. Catão era o único a apoiá-lo por respeito à vida de seus concidadãos; de fato ele, quando viu os inimigos que caíram na batalha atingirem o número de mil, afastou-se encobrindo a cabeça e derramando lágrimas. 2. Todos os outros censuravam Pompeu por fugir do combate e procuravam irritá-lo, chamando-o de Agamémnon e de Rei dos reis, porque, diziam, ele não queria depor o poder ditatorial e se regozijava por tantos chefes dependerem dele e freqüentarem sua tenda. 3. Favônio, imitando a franqueza de Catão, lamentava-se exageradamente na perspectiva de que não lhe fosse possível este ano deliciar-se com os figos de Túsculo, por causa do amor de Pompeu ao poder[138]. 4. Afrânio (tinha, com efeito, recentemente chegado da Hispânia, após ter comandado mal suas tropas), acusado de trair seu exército por dinheiro, perguntava por que não travavam combate contra esse traficante que lhe tinha comprado suas províncias. 5. Impelido por todos esses motivos, Pompeu marchou para a batalha contra a vontade, perseguindo César. 6. Este realizou parte de sua marcha com dificuldade, pois que ninguém lhe fornecia provisões e todos o desprezavam por causa da derrota recente; 7. mas quando ele tomou Gonfos, cidade da Tessália, não só forneceu alimento ao exército, mas ainda estranhamente o livrou da doença. 8. De fato, encontraram vinho em abundância e, bebendo sem medida,

VIDAS DE CÉSAR

εἶτα χρώμενοι κώμοις καὶ βακχεύοντες ἀνὰ τὴν ὁδὸν ἐκ μέθης, διεκρούσαντο καὶ παρήλλαξαν τὸ πάθος, εἰς ἕξιν ἑτέραν τοῖς σώμασι μεταπεσόντες.

[42] 1. Ὡς δ' εἰς τὴν Φαρσαλίαν ἐμβαλόντες ἀμφότεροι κατεστρατοπέδευσαν, ὁ μὲν Πομπήϊος αὖθις εἰς τὸν ἀρχαῖον ἀνεκρούετο λογισμὸν τὴν γνώμην, ἔτι καὶ φασμάτων οὐκ αἰσίων προσγενομένων καὶ καθ' ὕπνον ὄψεως· ἐδόκει γὰρ ἑαυτὸν ὁρᾶν ἐν τῷ θεάτρῳ κροτούμενον ὑπὸ Ῥωμαίων. 2. Οἱ δὲ περὶ αὐτὸν οὕτω θρασεῖς ἦσαν καὶ τὸ νίκημα ταῖς ἐλπίσι προειληφότες, ὥστε φιλονικεῖν ὑπὲρ τῆς Καίσαρος ἀρχιερωσύνης Δομίτιον καὶ Σπινθῆρα καὶ Σκιπίωνα διαμιλλωμένους ἀλλήλοις, πέμπειν δὲ πολλοὺς εἰς Ῥώμην, μισθουμένους καὶ προκαταλαμβάνοντας οἰκίας ὑπατεύουσι καὶ στρατηγοῦσιν ἐπιτηδείους, ὡς εὐθὺς ἄρξοντες μετὰ τὸν πόλεμον. 3. Μάλιστα δ' ἐσφάδαζον οἱ ἱππεῖς ἐπὶ τὴν μάχην, ἠσκημένοι περιττῶς ὅπλων λαμπρότησι καὶ τροφαῖς ἵππων καὶ κάλλεσι σωμάτων, μέγα φρονοῦντες καὶ διὰ τὸ πλῆθος, ἑπτακισχίλιοι πρὸς χιλίους τοὺς Καίσαρος ὄντες. 4. Ἦν δὲ καὶ τὸ τῶν πεζῶν πλῆθος οὐκ ἀγχώμαλον, ἀλλὰ τετρακισμύριοι καὶ πεντακισχίλιοι παρετάττοντο δισμυρίοις καὶ δισχιλίοις.

[43] 1. Ὁ δὲ Καῖσαρ τοὺς στρατιώτας συναγαγών, καὶ προειπὼν ὡς δύο μὲν αὐτῷ τάγματα Κορνιφίκιος ἄγων ἐγγύς ἐστιν, ἄλλαι δὲ πεντεκαίδεκα σπεῖραι μετὰ Καληνοῦ κάθηνται περὶ Μέγαρα καὶ Ἀθήνας, ἠρώτησεν εἴτε βούλονται περιμένειν ἐκείνους, εἴτ' αὐτοὶ διακινδυνεῦσαι καθ' ἑαυτούς. 2. Οἱ δ' ἀνεβόησαν δεόμενοι μὴ περιμένειν, ἀλλὰ μᾶλλον ὅπως τάχιστα συνίασιν εἰς χεῖρας τοῖς πολεμίοις τεχνάζεσθαι καὶ στρατηγεῖν. 3. Ποιουμένῳ δὲ καθαρμὸν αὐτῷ τῆς δυνάμεως καὶ θύσαντι τὸ πρῶτον ἱερεῖον εὐθὺς ὁ μάντις ἔφραζε, τριῶν ἡμερῶν μάχῃ κριθήσεσθαι πρὸς τοὺς πολεμίους. 4. Ἐρομένου δὲ τοῦ Καίσαρος,

---

139. Deve-se recorrer a *Pompeu*, 68, 2-3, para suprir esta lacuna. O referido aplauso pelos romanos animava Pompeu, mas, por outro lado, o fato de estar ele próprio adornando

PLUTARCO: CÉSAR

entregando-se a festas e a orgias ao longo do caminho, graças à sua embria-
guez repeliram e evitaram o mal, adquirindo, no que se refere ao físico, uma
disposição diferente.

[42] 1. Quando ambos entraram no território de Farsalo e aí
acamparam, Pompeu mentalmente voltou à sua antiga opinião, ainda mais
depois que lhe ocorreram aparições de mau agouro e uma visão em sonho. Pareceu-lhe, de fato, que se via no teatro aplaudido pelos romanos[139]...
2. Mas seus companheiros estavam tão cheios de audácia e, em virtude
de sua esperança, tão convictos antecipadamente da vitória que Domício,
Espínter e Cipião rivalizavam na dignidade de sumo pontífice de César,
lutando ardentemente uns contra os outros, e que enviavam muitos a Roma
para alugar e tomar antecipadamente casas adequadas a cônsules e a pretores, como se eles fossem exercer esses cargos logo depois da guerra. 3. Mas
eram sobretudo os cavaleiros que estavam impacientes de ir para a batalha;
munidos excelentemente de armas brilhantes e de alimento para os cavalos,
dispunham de belo físico e sentiam também orgulho de seu número, pois
que eram sete mil contra mil de César. 4. A quantidade dos soldados de
infantaria também não era igual: 45 mil alinhavam-se contra 22 mil.

[43] 1. César, depois de reunir seus soldados e de lhes dizer que
Cornifício se aproximava conduzindo-lhe duas legiões e que, além disso, quinze coortes, sob o comando de Caleno, estavam nos arredores de
Mégara e de Atenas, perguntou-lhes se queriam esperar essas tropas ou
correr o risco sozinhos. 2. Eles soltaram gritos, pedindo que não se esperasse, mas sobretudo que se tramasse e se manobrasse para se chegar a
vias de fato com os inimigos o mais rápido possível. 3. Como ele fazia a
purificação do exército e já tinha sacrificado a primeira vítima, o adivinho
imediatamente lhe disse que dentro de três dias haveria uma batalha decisiva contra os inimigos. 4. Perguntando-lhe César acerca do resultado,

---

o templo de Vênus, que deu origem à raça de César, trazia-lhe o temor de que levasse
àquele a glória e o brilho da vitória.

217

VIDAS DE CÉSAR

εἰ καὶ περὶ τοῦ τέλους ἐνορᾷ τι τοῖς ἱεροῖς εὔσημον, "Αὐτὸς ἂν" ἔφη "σὺ τοῦτο βέλτιον ὑποκρίναιο σαυτῷ. Μεγάλην γὰρ οἱ θεοὶ μεταβολὴν καὶ μετάπτωσιν ἐπὶ τὰ ἐναντία τῶν καθεστώτων δηλοῦσιν, ὥστ' εἰ μὲν εὖ πράττειν ἡγῇ σεαυτὸν ἐπὶ τῷ παρόντι, τὴν χείρονα προσδόκα τύχην· εἰ δὲ κακῶς, τὴν ἀμείνονα." 5. Τῇ δὲ πρὸ τῆς μάχης νυκτὶ τὰς φυλακὰς ἐφοδεύοντος αὐτοῦ περὶ τὸ μεσονύκτιον, ὤφθη λαμπὰς οὐρανίου πυρός, ἣν ὑπερενεχθεῖσαν τὸ Καίσαρος στρατόπεδον λαμπρὰν καὶ φλογώδη γενομένην ἔδοξεν εἰς τὸ Πομπηΐου καταπεσεῖν. 6. Ἑωθινῆς δὲ φυλακῆς καὶ πανικὸν τάραχον ᾔσθοντο γιγνόμενον παρὰ τοῖς πολεμίοις. 7. Οὐ μὴν μαχεῖσθαί γε κατ' ἐκείνην προσεδόκα τὴν ἡμέραν, ἀλλ' ὡς ἐπὶ Σκοτούσσης ὁδεύσων ἀνεζεύγνυεν.

[44] 1. Ἐπεὶ δὲ τῶν σκηνῶν ἤδη καταλελυμένων οἱ σκοποὶ προσίππευσαν αὐτῷ, τοὺς πολεμίους ἐπὶ μάχῃ καταβαίνειν ἀπαγγέλλοντες, περιχαρὴς γενόμενος καὶ προσευξάμενος τοῖς θεοῖς, παρέταττε τὴν φάλαγγα, τὴν τάξιν τριπλῆν ποιῶν. 2. Καὶ τοῖς μὲν μέσοις ἐπέστησε Καλβῖνον Δομίτιον, τῶν δὲ κεράτων τὸ μὲν εἶχεν Ἀντώνιος, αὐτὸς δὲ τὸ δεξιόν, ἐν τῷ δεκάτῳ τάγματι μέλλων μάχεσθαι. 3. Κατὰ τοῦτο δὲ τοὺς τῶν πολεμίων ἱππεῖς ἀντιταττομένους ὁρῶν, καὶ δεδοικὼς τὴν λαμπρότητα καὶ τὸ πλῆθος αὐτῶν, ἀπὸ τῆς ἐσχάτης τάξεως ἀδήλως ἐκέλευσε περιελθεῖν πρὸς ἑαυτὸν ἓξ σπείρας καὶ κατόπιν ἔστησε τοῦ δεξιοῦ, διδάξας ἃ χρὴ ποιεῖν ὅταν οἱ τῶν πολεμίων ἱππεῖς προσφέρωνται. 4. Πομπήϊος δὲ τὸ μὲν αὐτὸς εἶχε τῶν κεράτων, τὸ δ' εὐώνυμον Δομίτιος, τοῦ δὲ μέσου Σκιπίων ἦρχεν ὁ πενθερός. 5. Οἱ δ' ἱππεῖς ἅπαντες ἐπὶ τὸ ἀριστερὸν ἔβρισαν, ὡς τὸ δεξιὸν κυκλωσόμενοι τῶν πολεμίων καὶ λαμπρὰν περὶ αὐτὸν τὸν ἡγεμόνα ποιησόμενοι τροπήν· 6. οὐδὲν γὰρ ἀνθέξειν βάθος ὁπλιτικῆς φάλαγγος, ἀλλὰ συντρίψεσθαι καὶ καταρράξεσθαι πάντα τοῖς ἐναντίοις ἐπιβολῆς ἅμα τοσούτων ἱππέων γενομένης. 7. Ἐπεὶ δὲ σημαίνειν ἔμελλον ἀμφότεροι τὴν ἔφοδον, Πομπήϊος μὲν ἐκέλευσε τοὺς ὁπλίτας ἑστῶτας ἐν προβολῇ καὶ μένοντας ἀραρότως δέχεσθαι τὴν ἐπιδρομὴν τῶν

PLUTARCO: CÉSAR

se ele via também algum sinal favorável nas vítimas, ele respondeu: "És tu que melhor podes dar essa resposta a ti mesmo; pois os deuses manifestam uma grande mudança e uma revolução da situação presente para a oposta; assim, se crês estar bem atualmente, espera a sorte pior; se crês estar mal, espera a melhor". 5. Na noite antes da batalha, enquanto ele estava fazendo ronda aos postos de guarda por volta de meia-noite, foi vista uma tocha de fogo celeste, que se tornou brilhante e flamejante passando acima do campo de César, e pareceu cair no campo de Pompeu. 6. Durante a vigia matinal, percebeu-se que estava surgindo um terror pânico entre os inimigos. 7. Entretanto, César não esperava combater naquele dia mesmo, mas começava a levantar o acampamento a fim de dirigir-se para Escotussa.

[44] 1. Estando, porém, já desarmadas as tendas, quando os vigias a cavalo se dirigiam a ele anunciando que os inimigos desciam para a batalha, César, cheio de alegria, orou aos deuses e dispôs em batalha suas tropas, formando três corpos: 2. No centro colocou como chefe Calvino Domício; Antônio tinha uma das alas, e ele próprio, com a ala direita, devia combater com a décima legião. 3. Assim, vendo que a cavalaria dos inimigos se dispunha em batalha defronte dele, e temendo sua bela aparência e seu número, ordenou que seis coortes da última fila o contornassem às ocultas e colocou-as atrás da ala direita, instruindo-as sobre o que era preciso fazer quando os cavaleiros do inimigo atacassem. 4. O próprio Pompeu dirigia uma de suas alas, e Domício dirigia a esquerda, enquanto Cipião, sogro de Pompeu, comandava o centro[140]. 5. Seus cavaleiros aglomeraram-se todos na ala esquerda para cercar a direita dos inimigos e provocar uma brilhante derrota em torno do próprio chefe. 6. Pensavam, com efeito, que não lhes resistiria nenhum alinhamento da infantaria de qualquer profundidade que fosse, mas que eles destruiriam e esmagariam completamente o inimigo, logo depois que tivesse ocorrido o ataque de tantos cavaleiros. 7. Quando os dois chefes estavam prestes a dar o sinal do ataque, Pompeu ordenou que os infantes, mantendo-se em guarda e permanecendo em massa compacta, esperassem o ataque dos

---

140. Plutarco erra neste ponto, pois na realidade a ala direita de Pompeu era comandada por Lúcio Cornélio Lêntulo Crus, o centro, por Cipião, e a ala esquerda, diante de César, por Lúcio Domício Enobarbo e o próprio Pompeu. Labieno comandava a cavalaria.

VIDAS DE CÉSAR

πολεμίων, μέχρι ἂν ὑσσοῦ βολῆς ἐντὸς γένωνται. 8. Καῖσαρ δὲ καὶ περὶ τοῦτο διαμαρτεῖν φησιν αὐτόν, ἀγνοήσαντα τὴν μετὰ δρόμου καὶ φορᾶς ἐν ἀρχῇ γινομένην σύρραξιν, ὡς ἔν τε ταῖς πληγαῖς βίαν προστίθησι, καὶ συνεκκαίει τὸν θυμὸν ἐκ <τοῦ ἀ>παντᾶν ἀναρριπιζόμενον. 9. Αὐτὸς δὲ κινεῖν τὴν φάλαγγα μέλλων καὶ προϊὼν ἐπ' ἔργον ἤδη, πρῶτον ὁρᾷ τῶν ταξιάρχων ἄνδρα πιστὸν αὐτῷ καὶ πολέμων ἔμπειρον, ἐπιθαρσύνοντα τοὺς ὑφ' αὐτῷ καὶ προκαλούμενον εἰς ἅμιλλαν ἀλκῆς. 10. Τοῦτον ὀνομαστὶ προσαγορεύσας, "Τί ἐλπίζομεν," εἶπεν "ὦ Γάϊε Κράστινε, καὶ πῶς τι θάρσους ἔχομεν;" Ὁ δὲ Κράστινος ἐκτείνας τὴν δεξιὰν καὶ μέγα βοήσας, "Νικήσομεν" ἔφη "λαμπρῶς, ὦ Καῖσαρ· ἐμὲ δ' ἢ ζῶντα τήμερον ἢ τεθνηκότα ἐπαινέσεις." 11. Ταῦτ' εἰπὼν πρῶτος ἐμβάλλει τοῖς πολεμίοις δρόμῳ, συνεπισπασάμενος τοὺς περὶ ἑαυτὸν ἑκατὸν καὶ εἴκοσι στρατιώτας. 12. Διακόψας δὲ τοὺς πρώτους, καὶ πρόσω χωρῶν φόνῳ πολλῷ καὶ βιαζόμενος ἀνακόπτεται ξίφει πληγεὶς διὰ τοῦ στόματος, ὥστε καὶ τὴν ἀκμὴν ὑπὲρ τὸ ἰνίον ἀνασχεῖν.

[45] 1. Οὕτω δὲ τῶν πεζῶν κατὰ τὸ μέσον συρραγέντων καὶ μαχομένων, ἀπὸ τοῦ κέρατος οἱ ἱππεῖς τοῦ Πομπηΐου σοβαρῶς ἐπήλαυνον, εἰς κύκλωσιν τοῦ δεξιοῦ τὰς ἴλας ἀναχεόμενοι· 2. καὶ πρὶν ἢ προσβαλεῖν αὐτούς, ἐκτρέχουσιν αἱ σπεῖραι παρὰ Καίσαρος, οὐχ ὥσπερ εἰώθεσαν ἀκοντίσμασι χρώμενοι τοῖς ὑσσοῖς, οὐδὲ μηροὺς παίοντες ἐκ χειρὸς ἢ κνήμας τῶν πολεμίων, ἀλλὰ τῶν ὄψεων ἐφιέμενοι καὶ τὰ πρόσωπα συντιτρώσκοντες, ὑπὸ Καίσαρος δεδιδαγμένοι τοῦτο ποιεῖν, 3. ἐλπίζοντος ἄνδρας οὐ πολλὰ πολέμοις οὐδὲ τραύμασιν ὡμιληκότας, νέους δὲ καὶ κομῶντας ἐπὶ κάλλει καὶ ὥρᾳ, μάλιστα τὰς τοιαύτας πληγὰς ὑπόψεσθαι καὶ μὴ μενεῖν, τόν ἐν τῷ παρόντι κίνδυνον ἅμα καὶ τὴν αὖθις αἰσχύνην δεδοικότας. 4. Ὃ δὴ καὶ συνέβαινεν· οὐ γὰρ ἠνείχοντο τῶν ὑσσῶν ἀναφερομένων, οὐδ' ἐτόλμων ἐν ὀφθαλμοῖς τὸν σίδηρον ὁρῶντες, ἀλλ' ἀπεστρέφοντο καὶ συνεκαλύπτοντο, φειδόμενοι τῶν προσώπων· 5. καὶ τέλος οὕτως ταράξαντες ἑαυτοὺς ἐτράποντο φεύγειν, αἴσχιστα λυμηνάμενοι τὸ σύμπαν. 6. Εὐθὺς γὰρ οἱ μὲν νενικηκότες τούτους ἐκυκλοῦντο

PLUTARCO: CÉSAR

inimigos, até que eles estivessem ao alcance de um dardo. 8. E também nisso César disse que Pompeu errou, ignorando como o choque, por surgir no início com corrida e ímpeto, acrescenta força aos golpes e inflama a coragem reanimada pelo combate. 9. Quando o próprio César estava a ponto de fazer avançar suas tropas e já partia para a ação, o primeiro homem que viu foi um dos centuriões que lhe era fiel e que tinha experiência de guerras encorajar seus subordinados e exortá-los a uma disputa de coragem. 10. Tendo-o chamado pelo nome, disse: "Que esperanças temos, Caio Crástino, e como estamos de coragem?" Crástino, estendendo a mão direita e dando um grande grito, respondeu: "Venceremos brilhantemente, César, e deverás elogiar-me hoje, vivo ou morto." 11. Dito isso, foi o primeiro a se lançar correndo sobre os inimigos, levando consigo os 120 soldados, sob seu comando. 12. Depois de romper a primeira fila, avançando com grande matança e fazendo muita força, foi detido, ferido por uma espada através da boca, de modo que a ponta saiu acima da nuca.

[45] 1. E assim, enquanto os soldados da infantaria se entrechocavam e combatiam no centro, os cavaleiros de Pompeu lançavam-se impetuosamente da ala esquerda, espalhando seus esquadrões para envolver a direita do inimigo; 2. e antes que eles atacassem, as coortes saíram correndo de junto de César, não usando seus dardos com arremessos, como de hábito, nem atingindo de perto as coxas ou as pernas dos inimigos, mas visando aos olhos e ferindo os rostos, instruídos a agir assim por César, 3. porquanto este esperava que homens não muito familiarizados com guerras e ferimentos, jovens e orgulhosos de sua lindeza e de sua bela idade, temessem sobretudo tais golpes e não resistissem, receando o perigo presente e a fealdade futura. 4. E foi isso precisamente o que aconteceu: não suportavam os dardos dirigidos para o alto nem ousavam ver o ferro diante de seus olhos, mas viravam-se e cobriam-se, atentos ao rosto. 5. E, entregues assim à confusão, finalmente se puseram em fuga, causando vergonhosamente a ruína geral. 6. De fato, aqueles que tinham vencido cercaram logo

VIDAS DE CÉSAR

τοὺς πεζοὺς καὶ κατὰ νώτου προσπίπτοντες ἔκοπτον. 7. Πομπήϊος δ' ὡς κατεῖδεν ἀπὸ θατέρου τοὺς ἱππεῖς φυγῇ σκεδασθέντας, οὐκέτ' ἦν ὁ αὐτὸς οὐδ' ἐμέμνητο Πομπήϊος ὢν Μᾶγνος, ἀλλ' ὑπὸ θεοῦ μάλιστα βλαπτομένῳ τὴν γνώμην ἐοικώς [ἢ διὰ θείας ἥττης τεθαμβημένος], ἄφθογγος ᾤχετ' ἀπιὼν ἐπὶ σκηνήν, καὶ καθεζόμενος ἐκαραδόκει τὸ μέλλον, ἄχρι οὗ τροπῆς ἁπάντων γενομένης ἐπέβαινον οἱ πολέμιοι τοῦ χάρακος καὶ διεμάχοντο πρὸς τοὺς φυλάττοντας. 8. Τότε δ' ὥσπερ ἔννους γενόμενος, καὶ ταύτην μόνην, ὥς φασι, φωνὴν ἀφείς, "Οὐκοῦν καὶ ἐπὶ τὴν παρεμβολήν;" ἀπεδύσατο μὲν τὴν ἐναγώνιον καὶ στρατηγικὴν ἐσθῆτα, φεύγοντι δὲ πρέπουσαν μεταλαβὼν ὑπεξῆλθεν. 9. Ἀλλ' οὗτος μὲν οἵαις ὕστερον χρησάμενος τύχαις, ὅπως τε παραδοὺς ἑαυτὸν τοῖς Αἰγυπτίοις ἀνδράσιν ἀνῃρέθη, δηλοῦμεν ἐν τοῖς περὶ ἐκείνου γράμμασιν.

[46] 1. Ὁ δὲ Καῖσαρ ὡς ἐν τῷ χάρακι τοῦ Πομπηΐου γενόμενος τούς τε κειμένους νεκροὺς ἤδη τῶν πολεμίων εἶδε καὶ τοὺς ἔτι κτεινομένους, εἶπεν ἄρα στενάξας, "Τοῦτ' ἐβουλήθησαν, εἰς τοῦτό μ' ἀνάγκης ὑπηγάγοντο, ἵνα Γάϊος Καῖσαρ ὁ μεγίστους πολέμους κατορθώσας, εἰ προηκάμην τὰ στρατεύματα, κἂν κατεδικάσθην." 2. Ταῦτά φησι Πολλίων Ἀσίνιος τὰ ῥήματα Ἑλληνιστὶ μὲν ἀναφθέγξασθαι τὸν Καίσαρα παρὰ τὸν τότε καιρόν, Ῥωμαϊστὶ δ' ὑφ' αὐτοῦ γεγράφθαι· 3. τῶν δ' ἀποθανόντων τοὺς πλείστους οἰκέτας γενέσθαι, περὶ τὴν κατάληψιν τοῦ χάρακος ἀναιρεθέντας, στρατιώτας δὲ μὴ πλείους ἑξακισχιλίων πεσεῖν. 4. Τῶν δὲ ζώντων ἁλόντων κατέμειξε τοὺς πλείστους ὁ Καῖσαρ εἰς <τὰ ἑαυτοῦ> τάγματα· πολλοῖς δὲ καὶ τῶν ἐπιφανῶν ἄδειαν ἔδωκεν, ὧν καὶ Βροῦτος ἦν ὁ κτείνας αὐτὸν ὕστερον, ἐφ' ᾧ λέγεται μὴ φαινομένῳ μὲν ἀγωνιᾶσαι, σωθέντος δὲ καὶ παραγενομένου πρὸς αὐτὸν ἡσθῆναι διαφερόντως.

---

141. Sete coortes e auxiliares trácios e bárbaros, que combateram valorosamente (cf. César, *G.C.* III, 95, 2).

142. Deve-se ler o comentário do emprego dos dois termos gregos na nota introdutória ao "César", na edição de *Vies* da coleção Les Belles Lettres, pp. 138-9).

PLUTARCO: CÉSAR

a infantaria e, atacando por trás, começaram a trucidá-la. 7. Pompeu, quando viu da outra ala os cavaleiros dispersos em fuga, não foi mais o mesmo nem se lembrou de que era Pompeu Magno, mas, completamente privado da razão por um deus, ou apavorado por uma derrota de origem divina, afastou-se mudo para sua tenda, sentou-se e esperou o que devia acontecer, até que, depois de ocorrer a fuga de todos, os inimigos entraram no reduto e combateram contra seus defensores[141]. 8. Então, como se ele tivesse recuperado a razão, proferiu, como dizem, esta única frase: "Ora, até em meu acampamento?", tirou sua vestimenta de combate e de comandante, trocou-a por uma conveniente para um fugitivo e saiu secretamente. 9. Mas que fatalidades lhe ocorreram, e como, entregando-se aos egípcios, foi assassinado, vou expô-lo em sua biografia.

[46] 1. César, quando entrou no reduto de Pompeu e viu os inimigos que estavam estendidos já mortos e aqueles que ainda estavam para morrer, disse gemendo: "Quiseram isto; levaram-me pouco a pouco a esta extrema necessidade, porque se eu, Caio César, o vencedor das maiores guerras, tivesse licenciado meu exército, também teria sido declarado culpado". 2. Asínio Polião diz que César pronunciou essas palavras em grego naquela ocasião, e que foram por ele escritas em latim[142]; 3. diz também que a maior parte dos mortos foram servos trucidados na tomada do reduto e que não mais de seis mil soldados tombaram[143]. 4. Daqueles que foram capturados vivos César incorporou a maior parte em suas legiões, e concedeu impunidade a muitos homens ilustres, entre os quais estava Bruto, que mais tarde o matou; diz-se que ficou inquieto com ele, porque não se mostrava e que se alegrou particularmente quando se apresentou são e salvo junto dele[144].

---

143. César escreve que as perdas pompeianas foram de quinze mil mortos e 24 mil prisioneiros no *Guerra Civil*, III, 99, 4.

144. Marco Júnio Bruto, filho de Servília, amante de César. Após a fuga de Pompeu, Bruto conseguiu escapar, mas foi depois perdoado por César e tratado como grande amigo. Ele será governador da Cisalpina em 46 a.C. e pretor em 44.

VIDAS DE CÉSAR

[47] 1. Σημείων δὲ πολλῶν γενομένων τῆς νίκης ἐπιφανέστατον ἱστορεῖται τὸ περὶ Τράλλεις. 2. Ἐν γὰρ ἱερῷ Νίκης ἀνδριὰς εἱστήκει Καίσαρος, καὶ τὸ περὶ αὐτῷ χωρίον αὐτό τε στερεὸν φύσει καὶ λίθῳ σκληρῷ κατεστρωμένον ἦν ἄνωθεν· ἐκ τούτου λέγουσιν ἀνατεῖλαι φοίνικα παρὰ τὴν βάσιν τοῦ ἀνδριάντος. 3. Ἐν δὲ Παταβίῳ Γάιος Κορνήλιος, ἀνὴρ εὐδόκιμος ἐπὶ μαντικῇ, Λιβίου τοῦ συγγραφέως πολίτης καὶ γνώριμος, ἐτύγχανεν ἐπ' οἰωνοῖς καθήμενος ἐκείνην τὴν ἡμέραν. 4. Καὶ πρῶτον μέν, ὡς Λίβιός φησι, τὸν καιρὸν ἔγνω τῆς μάχης, καὶ πρὸς τοὺς παρόντας εἶπεν ὅτι καὶ δὴ περαίνεται τὸ χρῆμα καὶ συνίασιν εἰς ἔργον οἱ ἄνδρες. 5. Αὖθις δὲ πρὸς τῇ θέᾳ γενόμενος καὶ τὰ σημεῖα κατιδών, ἀνήλατο μετ' ἐνθουσιασμοῦ βοῶν· "Νικᾷς ὦ Καῖσαρ." 6. Ἐκπλαγέντων δὲ τῶν παρατυχόντων, περιελὼν τὸν στέφανον ἀπὸ τῆς κεφαλῆς ἐνώμοτος ἔφη μὴ πρὶν ἐπιθήσεσθαι πάλιν, ἢ τῇ τέχνῃ μαρτυρῆσαι τὸ ἔργον. ταῦτα μὲν οὖν ὁ Λίβιος οὕτως γενέσθαι καταβεβαιοῦται.

[48] 1. Καῖσαρ δὲ τῷ Θετταλῶν ἔθνει τὴν ἐλευθερίαν ἀναθεὶς νικητήριον, ἐδίωκε Πομπήιον· ἁψάμενος δὲ τῆς Ἀσίας, Κνιδίους τε Θεοπόμπῳ τῷ συναγαγόντι τοὺς μύθους χαριζόμενος ἠλευθέρωσε, καὶ πᾶσι τοῖς τὴν Ἀσίαν κατοικοῦσι τὸ τρίτον τῶν φόρων ἀνῆκεν. 2. Εἰς δ' Ἀλεξάνδρειαν ἐπὶ Πομπηΐῳ τεθνηκότι καταχθείς, Θεόδοτον μὲν ἀπεστράφη, τὴν Πομπηΐου κεφαλὴν προσφέροντα, τὴν δὲ σφραγῖδα δεξάμενος τοῦ ἀνδρὸς κατεδάκρυσεν· 3. ὅσοι δὲ τῶν ἑταίρων αὐτοῦ καὶ συνήθων πλανώμενοι κατὰ τὴν χώραν ἑαλώκεσαν ὑπὸ τοῦ βασιλέως, πάντας εὐεργέτησε καὶ προσηγάγετο. 4. Τοῖς δὲ φίλοις εἰς Ῥώμην ἔγραφεν, ὅτι τῆς νίκης ἀπολαύοι τοῦτο μέγιστον καὶ ἥδιστον, τὸ σῴζειν τινὰς ἀεὶ τῶν πεπολεμηκότων πολιτῶν αὐτῷ. 5. Τὸν δ' αὐτόθι πόλεμον οἱ μὲν οὐκ ἀναγκαῖον, ἀλλ' ἔρωτι Κλεοπάτρας

---

145. Cidade da Cária, partidária de César.

146. Os tessálios, com exceção de Farsalo, tinham sido declarados livres por Flaminino em 196 a.C. (cf. Tito Lívio, XXXIV, 34, 7; 49, 8).

PLUTARCO: CÉSAR

[47] 1. Entre os numerosos presságios da vitória que tinham surgido, conta-se o de Trales[145] como o mais notável. 2. No templo da Vitória estava erguida uma estátua de César, e o solo em torno dela era ele próprio firme por natureza e ademais estava pavimentado com pedra dura; daí surgiu, dizem, uma palmeira perto do pedestal da estátua. 3. Em Pádua, Caio Cornélio, homem famoso por sua arte de adivinho, concidadão e conhecido do historiador Tito Lívio, estava sentado casualmente naquele dia para anunciar presságios. 4. Primeiro, como narra Lívio, ele reconheceu o momento da batalha e aos que estavam presentes disse que, justamente naquele instante, a questão caminhava para o fim e os homens estavam entrando em ação. 5. Quando atentou de novo em sua observação e viu os sinais, deu um salto, gritando com entusiasmo: "Vences, ó César". 6. Como os presentes ficaram surpresos, ele tirou a coroa da cabeça e declarou com juramento que não a colocaria de novo antes que os acontecimentos tivessem dado testemunho de sua arte. Sem dúvida, é isso que Lívio assegura ter acontecido dessa maneira.

[48] 1. César, depois de conceder a liberdade ao povo tessálio[146] como prêmio de vitória, tratou de perseguir Pompeu; quando alcançou a Ásia, libertou os cnídios, procurando agradar a Teopompo, colecionador de fábulas, e perdoou um terço do tributo a todos os que habitavam a Ásia. 2. Tendo desembarcado em Alexandria, depois da morte de Pompeu, desviou-se horrorizado de Teódoto[147], que lhe apresentava a cabeça de Pompeu, mas, recebeu seu sinete, e derramou lágrimas. 3. Todos os companheiros e familiares de Pompeu que, vagando no país, tinham sido capturados pelo rei, ele os beneficiou e os fez vir a si. 4. Escreveu aos amigos em Roma que tirava o maior e o mais doce prazer de sua vitória em salvar sempre alguns dos cidadãos que tinham combatido contra ele. 5. Quanto à guerra que aí mesmo ocorreu, uns dizem que ela não era necessária, mas que, motivada pelo amor de Cleópatra,

---

147. Teódoto (de Quios, ou de Samos) era um retor encarregado da educação do jovem rei Ptolomeu XIV, irmão-esposo de Cleópatra. César fez enterrar a cabeça de Pompeu perto de Pelusa e construiu um pequeno templo de Nêmesis no local da sepultura.

VIDAS DE CÉSAR

ἄδοξον αὐτῷ καὶ κινδυνώδη γενέσθαι λέγουσιν, οἱ δὲ τοὺς βασιλικοὺς αἰτιῶνται, καὶ μάλιστα τὸν εὐνοῦχον Ποθεινόν, ὃς πλεῖστον δυνάμενος, καὶ Πομπήϊον μὲν ἀνῃρηκὼς ἔναγχος, ἐκβεβληκὼς δὲ Κλεοπάτραν, κρύφα μὲν ἐπεβούλευε τῷ Καίσαρι· 6. καὶ διὰ τοῦτό φασιν αὐτὸν ἀρξάμενον ἔκτοτε διανυκτερεύειν ἐν τοῖς πότοις ἕνεκα φυλακῆς τοῦ σώματος · φανερῶς δ' οὐκ ἦν ἀνεκτός, ἐπίφθονα πολλὰ καὶ πρὸς ὕβριν εἰς τὸν Καίσαρα λέγων καὶ πράττων. 7. Τοὺς μὲν γὰρ στρατιώτας τὸν κάκιστον μετρουμένους καὶ παλαιότατον σῖτον ἐκέλευσεν ἀνέχεσθαι καὶ στέργειν ἐσθίοντας τὰ ἀλλότρια, πρὸς δὲ τὰ δεῖπνα σκεύεσιν ἐχρῆτο ξυλίνοις καὶ κεραμεοῖς, ὡς τὰ χρυσᾶ καὶ ἀργυρᾶ πάντα Καίσαρος ἔχοντος εἴς τι χρέος. 8. Ὤφειλε γὰρ ὁ τοῦ βασιλεύοντος τότε πατὴρ Καίσαρι χιλίας ἑπτακοσίας πεντήκοντα μυριάδας, ὧν τὰς μὲν ἄλλας ἀνῆκε τοῖς παισὶν αὐτοῦ πρότερον ὁ Καῖσαρ, τὰς δὲ χιλίας ἠξίου τότε λαβὼν διαθρέψαι τὸ στράτευμα. 9. Τοῦ δὲ Ποθεινοῦ νῦν μὲν αὐτὸν ἀπιέναι καὶ τῶν μεγάλων ἔχεσθαι πραγμάτων κελεύοντος, ὕστερον δὲ κομιεῖσθαι μετὰ χάριτος, εἰπὼν ὡς Αἰγυπτίων ἐλάχιστα δέοιτο συμβούλων, κρύφα τὴν Κλεοπάτραν ἀπὸ τῆς χώρας μετεπέμπετο.

[49] 1. Κἀκείνη παραλαβοῦσα τῶν φίλων Ἀπολλόδωρον τὸν Σικελιώτην μόνον, εἰς ἀκάτιον μικρὸν ἐμβᾶσα, τοῖς μὲν βασιλείοις προσέσχεν ἤδη συσκοτάζοντος· 2. ἀπόρου δὲ τοῦ λαθεῖν ὄντος ἄλλως, ἡ μὲν εἰς στρωματόδεσμον ἐνδῦσα προτείνει μακρὰν ἑαυτήν, ὁ δ' Ἀπολλόδωρος ἱμάντι συνδήσας τὸν στρωματόδεσμον εἰσκομίζει διὰ θυρῶν πρὸς τὸν Καίσαρα. 3. Καὶ τούτῳ τε πρώτῳ λέγεται τῷ τεχνήματι τῆς Κλεοπάτρας ἁλῶναι λαμυρᾶς φανείσης, καὶ τῆς ἄλλης ὁμιλίας καὶ χάριτος ἥττων γενόμενος, διαλλάξαι πρὸς τὸν ἀδελφὸν ὡς συμβασιλεύσουσαν. 4. Ἔπειτα δ' ἐπὶ ταῖς διαλλαγαῖς ἑστιωμένων ἁπάντων, οἰκέτης Καίσαρος κουρεύς, διὰ δειλίαν ᾗ πάντας ἀνθρώπους ὑπερέβαλεν οὐδὲν ἐῶν ἀνεξέταστον,

---

148. O pai de Ptolomeu Aulete, que se tornou por muitos anos o centro de um conjunto de intrigas em Roma, foi finalmente reconduzido ao trono por Gabínio, em 55 a.C. Tornou-se devedor de pesadas somas a seus protetores, entre os quais César.

PLUTARCO: CÉSAR

foi para César inglória e cheia de riscos; outros acusam os servidores do rei e sobretudo o eunuco Potino, que dispunha do maior poder e recentemente tinha mandado matar Pompeu; tinha também expulsado Cleópatra e tramado secretamente contra César. 6. Por essas razões, dizem que este começou desde então a passar as noites bebendo para se proteger. Mesmo em público Potino era insuportável, porquanto dizia e fazia muitas coisas odiosas e ofensivas a César. 7. De fato, ordenou a seus soldados, quando recebiam uma medida da pior e mais velha farinha de trigo, que a aceitassem e ficassem satisfeitos, pois comiam o que pertencia a outros; e para os jantares ele usava utensílios de madeira e de terracota, alegando que César retinha todos os de ouro e de prata em pagamento de uma dívida. 8. Com efeito, o pai daquele que então reinava[148] devia a César dezessete milhões e meio de dracmas. César pretendia, com dez milhões dessa quantia, manter o exército, visto que o restante ele já tinha perdoado aos filhos de seu devedor. 9. Quando Potino pedia que ele partisse imediatamente e se ocupasse de seus grandes empreendimentos, dizendo que ele receberia o saldo mais tarde com agradecimentos, César replicou que não tinha a mínima necessidade de conselheiros egípcios e mandou vir secretamente Cleópatra de seu exílio.

[49] 1. E ela, levando consigo somente um de seus amigos, o siciliano Apolodoro, embarcou em uma pequena embarcação e abordou no palácio real, quando já anoitecia. 2. Como era difícil passar às ocultas de outra maneira, ela entrou num saco de cobertas e estendeu-se ao comprido, enquanto Apolodoro, prendendo com uma correia o saco de cobertas, levou-o através das portas a César. 3. Diz-se que ele se deixou prender por esse primeiro estratagema de Cleópatra, pois ela se mostrou ousada, e, além disso, dominado pela conversação e por sua graça, reconciliou-a com o irmão para que reinasse com ele. 4. Depois, como todos tomavam parte num banquete pela reconciliação, um escravo de César, seu barbeiro, que pela pusilanimidade, na qual ultrapassava todos os homens, não deixava nada sem investigação,

VIDAS DE CÉSAR

ἀλλ' ὠτακουστῶν καὶ πολυπραγμονῶν, συνῆκεν ἐπιβουλὴν Καίσαρι πραττομένην ὑπ' Ἀχιλλᾶ τοῦ στρατηγοῦ καὶ Ποθεινοῦ τοῦ εὐνούχου. 5. Φωράσας δ' ὁ Καῖσαρ, φρουρὰν μὲν περιέστησε τῷ ἀνδρῶνι, τὸν δὲ Ποθεινὸν ἀνεῖλεν· ὁ δ' Ἀχιλλᾶς φυγὼν εἰς τὸ στρατόπεδον περιΐστησιν αὐτῷ βαρὺν καὶ δυσμεταχείριστον πόλεμον, ὀλιγοστῷ τοσαύτην ἀμυνομένῳ πόλιν καὶ δύναμιν. 6. Ἐν ᾧ πρῶτον μὲν ἐκινδύνευσεν ὕδατος ἀποκλεισθείς· αἱ γὰρ διώρυχες ἀπῳκοδομήθησαν ὑπὸ τῶν πολεμίων· δεύτερον δὲ περικοπτόμενος τὸν στόλον, ἠναγκάσθη διὰ πυρὸς ἀπώσασθαι τὸν κίνδυνον, ὃ καὶ τὴν μεγάλην βιβλιοθήκην ἐκ τῶν νεωρίων ἐπινεμόμενον διέφθειρε· 7. τρίτον δὲ περὶ τῇ Φάρῳ μάχης συνεστώσης, κατεπήδησε μὲν ἀπὸ τοῦ χώματος εἰς ἀκάτιον καὶ παρεβοήθει τοῖς ἀγωνιζομένοις, ἐπιπλεόντων δὲ πολλαχόθεν αὐτῷ τῶν Αἰγυπτίων, ῥίψας ἑαυτὸν εἰς τὴν θάλασσαν ἀπενήξατο μόλις καὶ χαλεπῶς. 8. Ὅτε καὶ λέγεται βιβλίδια κρατῶν πολλὰ μὴ προέσθαι βαλλόμενος καὶ βαπτιζόμενος, ἀλλ' ἀνέχων ὑπὲρ τῆς θαλάσσης τὰ βιβλίδια, τῇ ἑτέρᾳ χειρὶ νήχεσθαι· τὸ δ' ἀκάτιον εὐθὺς ἐβυθίσθη. 9. Τέλος δὲ τοῦ βασιλέως πρὸς τοὺς πολεμίους ἀποχωρήσαντος, ἐπελθὼν καὶ συνάψας μάχην ἐνίκησε, πολλῶν πεσόντων αὐτοῦ τε τοῦ βασιλέως ἀφανοῦς γενομένου. 10. Καταλιπὼν δὲ τὴν Κλεοπάτραν βασιλεύουσαν Αἰγύπτου καὶ μικρὸν ὕστερον ἐξ αὐτοῦ τεκοῦσαν υἱόν, ὃν Ἀλεξανδρεῖς Καισαρίωνα προσηγόρευον, ὥρμησεν ἐπὶ Συρίας.

[50] 1. Κἀκεῖθεν ἐπιὼν τὴν Ἀσίαν, ἐπυνθάνετο Δομίτιον μὲν ὑπὸ Φαρνάκου τοῦ Μιθριδάτου παιδὸς ἡττημένον ἐκ Πόντου πεφευγέναι σὺν ὀλίγοις, Φαρνάκην δὲ τῇ νίκῃ χρώμενον ἀπλήστως, καὶ Βιθυνίαν ἔχοντα καὶ Καππαδοκίαν, Ἀρμενίας ἐφίεσθαι τῆς μικρᾶς καλουμένης,

---

149. Potino foi morto um pouco mais tarde, por ocasião do primeiro combate contra as tropas de Aquilas, quando os emissários que ele enviava a este foram denunciados e detidos.

150. O eunuco Ganimedes, sucessor de Aquilas que, após o assassinato deste, privara de água potável os romanos, já tinha antes cortado os canais e isolado todas as partes da cidade que ele mesmo ocupava.

PLUTARCO: CÉSAR

mas prestava atenção a tudo e intrometia-se em tudo, percebeu que uma trama estava sendo urdida contra César por Aquilas, comandante das tropas, e pelo eunuco Potino. 5. César, tendo-os apanhado em flagrante, colocou uma guarda em torno da sala de banquete e mandou matar Potino[149]. Aquilas contudo fugiu para seu acampamento e suscitou uma guerra dura e difícil contra César, visto que este se defendia de tão grande cidade e de tão grande exército com poucos companheiros. 6. Nessa guerra, primeiramente ele correu risco porque ficou sem água; com efeito os canais tinham sido obstruídos pelos inimigos[150]. Em segundo lugar, separado da frota, foi forçado a afastar o perigo por meio do fogo, que, espalhando-se a partir do arsenal, destruiu a grande biblioteca[151]. 7. Em terceiro lugar, quando surgiu uma batalha em torno da ilha de Faros, saltou do dique numa embarcação e tentava ajudar aqueles que combatiam; mas como os egípcios avançavam por mar de vários lados contra ele, lançando-se ao mar, escapou a nado a muito custo e penosamente. 8. Nessa ocasião, também se conta que, segurando muitos papéis, não os soltava, embora fosse atingido por projéteis e estivesse mergulhado na água, mas que, mantendo acima do mar os papéis, com a outra mão nadava; a embarcação logo afundou. 9. Finalmente, afastando-se o rei para junto dos inimigos, César marchou contra ele, travou batalha e venceu-o, após terem tombado muitos dos seus e ter desaparecido o rei. 10. Deixando Cleópatra reinando no Egito e, pouco depois, tendo ela dado à luz um filho seu, que os alexandrinos chamavam Cesarião, ele partiu para a Síria.

[50] 1. Indo dessa região para a Ásia[152], soube que Domício[153], vencido por Fárnaces, filho de Mitridates, tinha fugido do Ponto com poucos homens, e que Fárnaces, tirando avidamente proveito de sua vitória e ocupando a Bitínia e a Capadócia, cobiçava a chamada Pequena Armênia

---

151. Como Aquilas estava prestes a apoderar-se dos navios romanos, César preferiu incendiá-los. A grande biblioteca aqui citada é a famosa Biblioteca do Museu de Alexandria.

152. Trata-se da província romana da Ásia, onde Fárnaces, filho de Mitridates, tentava aproveitar a guerra civil para reconstituir o antigo império de seu pai, retomando a Pequena Armênia e a Capadócia.

153. Domício Calvino (cônsul em 53) foi derrotado por Fárnaces em Nicópolis, na Pequena Armênia.

229

VIDAS DE CÉSAR

καὶ πάντας ἀνιστάναι τοὺς ταύτῃ βασιλεῖς καὶ τετράρχας.
2. Εὐθὺς οὖν ἐπὶ τὸν ἄνδρα τρισὶν ἤλαυνε τάγμασι, καὶ περὶ πόλιν
Ζῆλαν μάχην μεγάλην συνάψας αὐτὸν μὲν ἐξέβαλε τοῦ Πόντου
φεύγοντα, τὴν δὲ στρατιὰν ἄρδην ἀνεῖλε. 3. Καὶ τῆς μάχης
ταύτης τὴν ὀξύτητα καὶ τὸ τάχος ἀναγγέλλων εἰς Ῥώμην πρός
τινα τῶν φίλων Μάτιον ἔγραψε τρεῖς λέξεις· "Ἦλθον, εἶδον,
ἐνίκησα." 4. Ῥωμαϊστὶ δ' αἱ λέξεις, εἰς ὅμοιον ἀπολήγουσαι
σχῆμα ῥήματος, οὐκ ἀπίθανον τὴν βραχυλογίαν ἔχουσιν.

[51] 1. Ἐκ τούτου διαβαλὼν εἰς Ἰταλίαν ἀνέβαινεν εἰς Ῥώμην,
τοῦ μὲν ἐνιαυτοῦ καταστρέφοντος εἰς ὃν ᾕρητο δικτάτωρ τὸ
δεύτερον, οὐδέποτε πρότερον τῆς ἀρχῆς ἐκείνης ἐνιαυσίου
γενομένης· εἰς δὲ τοὐπιὸν <ἔτος> ὕπατος ἀπεδείχθη. 2. Καὶ
κακῶς ἤκουσεν, ὅτι τῶν στρατιωτῶν στασιασάντων καὶ δύο
στρατηγικοὺς ἄνδρας ἀνελόντων, Κοσκώνιον καὶ Γάλβαν,
ἐπετίμησε μὲν αὐτοῖς τοσοῦτον ὅσον ἀντὶ στρατιωτῶν
πολίτας προσαγορεῦσαι, χιλίας δὲ διένειμεν ἑκάστῳ
δραχμὰς καὶ χώραν τῆς Ἰταλίας ἀπεκλήρωσε πολλήν.
3. Ἦν δ' αὐτοῦ διαβολὴ καὶ ἡ Δολοβέλλα μανία, καὶ ἡ Ματίου
φιλαργυρία, καὶ μεθύων Ἀντώνιος καὶ [Κορφίνιος] τὴν
Πομπηΐου σκευωρούμενος οἰκίαν καὶ μετοικοδομῶν, ὡς
ἱκανὴν οὐκ οὖσαν. ἐπὶ τούτοις γὰρ ἐδυσφόρουν Ῥωμαῖοι·
4. Καῖσαρ δὲ διὰ τὴν ὑπόθεσιν τῆς πολιτείας οὐκ ἀγνοῶν οὐδὲ
βουλόμενος ἠναγκάζετο χρῆσθαι τοῖς ὑπουργοῦσι.

[52] 1. Τῶν δὲ περὶ Κάτωνα καὶ Σκιπίωνα μετὰ τὴν ἐν
Φαρσάλῳ μάχην εἰς Λιβύην φυγόντων κἀκεῖ, τοῦ βασιλέως
Ἰόβα βοηθοῦντος αὐτοῖς, ἠθροικότων δυνάμεις ἀξιολόγους,
ἔγνω στρατεύειν ὁ Καῖσαρ ἐπ' αὐτούς· 2. καὶ περὶ τροπὰς
χειμερινὰς διαβὰς εἰς Σικελίαν, καὶ βουλόμενος εὐθὺς ἀποκόψαι
τῶν περὶ αὐτὸν ἡγεμόνων ἅπασαν ἐλπίδα μελλήσεως καὶ
διατριβῆς, ἐπὶ τοῦ κλύσματος ἔπηξε τὴν ἑαυτοῦ σκηνήν, καὶ
γενομένου πνεύματος ἐμβὰς ἀνήχθη μετὰ τρισχιλίων πεζῶν

---

154. O Senado nomeou César ditador para o ano 47 a.C., logo depois da batalha de Farsalo.

155. Para o ano 46 a.C., com Emílio Lépido como colega; era seu terceiro consulado.

PLUTARCO: CÉSAR

e ainda que estava incitando à revolta todos os seus reis e tetrarcas. 2. Logo então César marchou contra ele com três legiões e, travando uma batalha perto da cidade de Zela, expulsou-o do Ponto, pondo-o em fuga, e aniquilou totalmente seu exército. 3. Anunciando a impetuosidade e a velocidade dessa batalha a Mácio, um de seus amigos em Roma, César escreveu três palavras: "Vim, vi, venci". 4. Em latim, essas palavras, por terem a mesma desinência verbal, dispõem de uma concisão que impressiona.

[51] 1. Depois disso, ele atravessou o mar para ir à Itália e subiu a Roma, quando findava o ano para o qual tinha sido escolhido como ditador[154] pela segunda vez, embora esse cargo até então jamais tivesse sido anual. Foi proclamado cônsul para o ano seguinte[155]. 2. Censuravam-no porque, depois que seus soldados se tinham rebelado e matado dois pretorianos, Coscônio e Golba, infligiu-lhes somente a pena de chamá-los "cidadãos" em vez de "soldados", e distribuiu a cada um mil dracmas e ainda lhes atribuiu muitos lotes de terra na Itália. 3. Imputavam-lhe também a doidice de Dolabela[156], a ganância de Mácio, a bebedeira de Antônio, o qual demoliu a casa de Pompeu e a reconstruiu, pois julgava não ser bastante grande para ele. Os romanos irritavam-se com esses fatos. 4. Embora César não os ignorasse nem os aprovasse, por causa de seus planos políticos era forçado a servir-se de tais auxiliares.

[52] 1. Depois da batalha de Farsalo, como Catão e Cipião fugiram para a Líbia, e aí tinham reunido com a ajuda do rei Juba[157] forças consideráveis, César decidiu fazer uma expedição contra eles. 2. Por volta do solstício de inverno, ele atravessou o mar para ir à Sicília, e, querendo logo tirar de seus oficiais toda esperança de demora e de prazo, armou sua tenda em local banhado pelas ondas. Quando surgiu um vento favorável, embarcou e zarpou com três mil soldados de infantaria

---

156. Públio Cornélio Dolabela, genro de Cícero, tribuno da plebe em 47 a.C., tinha proposto uma revisão das dívidas, que provocou um tumulto.
157. Juba I era rei da Numídia. Em 49 a.C., ele tinha vencido e matado Curião. Marcos Cipião dispunha de dez legiões e de quatorze mil cavaleiros a que se juntava o exército de Juba: quatro legiões, uma grande cavalaria, uma numerosa infantaria ligeira e sessenta elefantes.

VIDAS DE CÉSAR

καὶ ἱππέων ὀλίγων. 3. Ἀποβιβάσας δὲ τούτους καὶ λαθών, ἀνήχθη πάλιν, ὑπὲρ τῆς μείζονος ὀρρωδῶν δυνάμεως, καὶ κατὰ θάλατταν οὖσιν ἤδη προστυχών, κατήγαγεν ἄπαντας εἰς τὸ στρατόπεδον. 4. Πυνθανόμενος δὲ χρησμῷ τινι παλαιῷ θαρρεῖν τοὺς πολεμίους, ὡς προσῆκον ἀεὶ τῷ Σκιπιώνων γένει κρατεῖν ἐν Λιβύῃ, χαλεπὸν εἰπεῖν εἴτε φλαυρίζων ἐν παιδιᾷ τινι τὸν Σκιπίωνα, στρατηγοῦντα τῶν πολεμίων, εἴτε καὶ σπουδῇ τὸν οἰωνὸν οἰκειούμενος, 5. ἦν γὰρ καὶ παρ' αὐτῷ τις ἄνθρωπος, ἄλλως μὲν εὐκαταφρόνητος καὶ παρημελημένος, οἰκίας δὲ τῆς Ἀφρικανῶν, Σκιπίων ἐκαλεῖτο Σαλλουΐτων, τοῦτον ἐν ταῖς μάχαις προέταττεν ὥσπερ ἡγεμόνα τῆς στρατιᾶς, ἀναγκαζόμενος πολλάκις ἐξάπτεσθαι τῶν πολεμίων καὶ φιλομαχεῖν. 6. Ἦν γὰρ οὔτε σῖτος τοῖς ἀνδράσιν ἄφθονος οὔθ' ὑποζυγίοις χιλός, ἀλλὰ βρύοις ἠναγκάζοντο θαλαττίοις, ἀποπλυθείσης τῆς ἁλμυρίδος, ὀλίγην ἄγρωστιν ὥσπερ ἥδυσμα παραμειγνύντες, ἐπάγειν τοὺς ἵππους. 7. Οἱ γὰρ Νομάδες, ἐπιφαινόμενοι πολλοὶ καὶ ταχεῖς ἑκάστοτε, κατεῖχον τὴν χώραν· καί ποτε τῶν Καίσαρος ἱππέων σχολὴν ἀγόντων (ἔτυχε γὰρ αὐτοῖς ἀνὴρ Λίβυς ἐπιδεικνύμενος ὄρχησιν ἅμα καὶ μοναυλῶν θαύματος ἀξίως), οἱ μὲν ἐκάθηντο τερπόμενοι, τοῖς παισὶ τοὺς ἵππους ἐπιτρέψαντες, ἐξαίφνης δὲ περιελθόντες ἐμβάλλουσιν οἱ πολέμιοι, καὶ τοὺς μὲν αὐτοῦ κτείνουσι, τοῖς δ' εἰς τὸ στρατόπεδον προτροπάδην ἐλαυνομένοις συνεισέπεσον. 8. Εἰ δὲ μὴ Καῖσαρ αὐτός, ἅμα δὲ Καίσαρι Πολλίων Ἀσίνιος, βοηθοῦντες ἐκ τοῦ χάρακος ἔσχον τὴν φυγήν, διεπέπρακτ' ἂν ὁ πόλεμος. 9. Ἔστι δ' ὅτε καὶ καθ' ἑτέραν μάχην ἐπλεονέκτησαν οἱ πολέμιοι συμπλοκῆς γενομένης, ἐν ᾗ Καῖσαρ τὸν ἀετοφόρον φεύγοντα λέγεται κατασχὼν ἐκ τοῦ αὐχένος ἀναστρέψαι καὶ εἰπεῖν· "'Ενταῦθ' εἰσιν οἱ πολέμιοι."

[53] 1. Τούτοις μέντοι τοῖς προτερήμασιν ἐπήρθη Σκιπίων μάχῃ κριθῆναι, καὶ καταλιπὼν χωρὶς μὲν Ἀφράνιον, χωρὶς δ' Ἰόβαν, δι' ὀλίγου στρατοπεδεύοντας, αὐτὸς ἐτείχιζεν ὑπὲρ λίμνης ἔρυμα τῷ στρατοπέδῳ περὶ πόλιν Θάψον, ὡς εἴη πᾶσιν ἐπὶ τὴν μάχην ὁρμητήριον καὶ καταφυγή. 2. Πονουμένου δ' αὐτοῦ περὶ ταῦτα Καῖσαρ

PLUTARCO: CÉSAR

e alguns cavaleiros. 3. Depois de fazê-los desembarcar, voltou de novo ao mar, secretamente, porquanto temia pela maior parte de suas forças; encontrando essas quando já estavam no mar, conduziu-as todas ao acampamento. 4. Sabendo que os inimigos tinham confiança num antigo oráculo, segundo o qual competia sempre à família dos Cipiões vencer na África, ele, seja porque quisesse numa brincadeira depreciar Cipião, que comandava os inimigos, seja porque tentasse tomar seriamente para si o oráculo, 5. — é difícil dizê-lo —, encontrando-se perto dele um homem, aliás desprezível e insignificante, mas da família dos Cipiões (chamava-se Cipião Salvitão), colocava-o na frente nos combates, como se fosse o comandante do exército, sendo César compelido muitas vezes a atacar os inimigos e a procurar o combate. 6. Não havia, com efeito, alimento abundante para os homens nem forragem para as bestas de carga, e eles eram forçados a nutrir os cavalos com algas marinhas, após ter sido retirada a salmoura com banhos, misturando um pouco de grama, como tempero. 7. Os númidas, mostrando-se a todo o instante numerosos e fortes, dominavam o país. Um dia, enquanto os cavaleiros de César estavam de folga (aconteceu que um líbio lhes estava exibindo uma dança e ao mesmo tempo tocava uma flauta, de maneira digna de admiração, e eles, tendo confiado seus cavalos aos escravos, estavam sentados, fascinados), os inimigos de repente os rodearam e os atacaram; mataram alguns deles e precipitaram-se sobre os demais, que eram impelidos em debandada até o acampamento. 8. Se César em pessoa e com ele Asínio Polião, vindos do acampamento em seu auxílio, não tivessem detido a fuga, a guerra teria acabado. 9. Em uma ocasião também, em outra batalha, os inimigos tiveram vantagem, havendo um conflito em que César, dizem, segurando fortemente pelo pescoço o porta-estandarte que fugia, fê-lo voltar-se em sentido contrário e disse-lhe: "É deste lado que estão os inimigos".

[53] 1. Por essas vantagens, Cipião encorajou-se a travar uma batalha decisiva. Deixando de um lado Afrânio e do outro Juba, acampados separadamente a pouca distância, ele mesmo pôs-se a construir uma defesa para o acampamento, acima do lago, perto da cidade de Tapso, a fim de que fosse para todos uma base de operação e um refúgio. 2. Mas, enquanto ele estava ocupado com esses trabalhos, César,

233

VIDAS DE CÉSAR

ὑλώδεις τόπους καὶ προσβολὰς ἀφράστους ἔχοντας ἀμηχάνῳ τάχει διελθών, τοὺς μὲν ἐκυκλοῦτο, τοῖς δὲ προσέβαλλε κατὰ στόμα. 3. Τρεψάμενος δὲ τούτους, ἐχρῆτο τῷ καιρῷ καὶ τῇ ῥύμῃ τῆς τύχης, ὑφ' ἧς αὐτοβοεὶ μὲν ᾔρει τὸ Ἀφρανίου στρατόπεδον, αὐτοβοεὶ δὲ φεύγοντος Ἰόβα διεπόρθει τὸ τῶν Νομάδων· 4. ἡμέρας δὲ μιᾶς μέρει μικρῷ τριῶν στρατοπέδων ἐγκρατὴς γεγονὼς καὶ πεντακισμυρίους τῶν πολεμίων ἀνῃρηκώς, οὐδὲ πεντήκοντα τῶν ἰδίων ἀπέβαλεν. 5. Οἱ μὲν <οὖν> ταῦτα περὶ τῆς μάχης ἐκείνης ἀναγγέλλουσιν· οἱ δ' οὔ φασιν αὐτὸν ἐν τῷ ἔργῳ γενέσθαι, συντάττοντος δὲ τὴν στρατιὰν καὶ διακοσμοῦντος ἅψασθαι τὸ σύνηθες νόσημα· 6. τὸν δ' εὐθὺς αἰσθόμενον ἀρχομένου, πρὶν ἐκταράττεσθαι καὶ καταλαμβάνεσθαι παντάπασιν ὑπὸ τοῦ πάθους τὴν αἴσθησιν ἤδη σειομένην, εἴς τινα τῶν πλησίον πύργων κομισθῆναι καὶ διαγαγεῖν ἐν ἡσυχίᾳ. 7. Τῶν δὲ πεφευγότων ἐκ τῆς μάχης ὑπατικῶν καὶ στρατηγικῶν ἀνδρῶν οἱ μὲν ἑαυτοὺς διέφθειραν ἁλισκόμενοι, συχνοὺς δὲ Καῖσαρ ἔκτεινεν ἁλόντας.

[54] 1. Κάτωνα δὲ λαβεῖν ζῶντα φιλοτιμούμενος, ἔσπευδε πρὸς Ἰτύκην· ἐκείνην γὰρ παραφυλάττων τὴν πόλιν, οὐ μετέσχε τοῦ ἀγῶνος. 2. Πυθόμενος δ' ὡς ἑαυτὸν ὁ ἀνὴρ διεργάσαιτο, δῆλος μὲν ἦν δηχθείς, ἐφ' ᾧ δ' ἄδηλον. Εἶπε δ' οὖν· "Ὦ Κάτων, φθονῶ σοι τοῦ θανάτου· καὶ γὰρ σύ μοι τῆς <σῆς> σωτηρίας ἐφθόνησας." 3. Ὁ μὲν οὖν μετὰ ταῦτα γραφεὶς ὑπ' αὐτοῦ πρὸς Κάτωνα τεθνεῶτα λόγος οὐ δοκεῖ πράως ἔχοντος οὐδ' εὐδιαλλάκτως σημεῖον εἶναι· πῶς γὰρ ἂν ἐφείσατο ζῶντος, εἰς ἀναίσθητον ἐκχέας ὀργὴν τοσαύτην; 4. Τῇ δὲ πρὸς Κικέρωνα καὶ Βροῦτον αὐτοῦ καὶ μυρίους ἄλλους τῶν πεπολεμηκότων ἐπιεικείᾳ τεκμαίρονται καὶ τὸν λόγον ἐκεῖνον οὐκ ἐξ ἀπεχθείας, ἀλλὰ φιλοτιμίᾳ πολιτικῇ συντετάχθαι διὰ τοιαύτην αἰτίαν. 5. Ἔγραψε Κικέρων ἐγκώμιον Κάτωνος, ὄνομα τῷ λόγῳ θέμενος Κάτωνα· καὶ πολλοῖς ὁ λόγος ἦν διὰ σπουδῆς, ὡς εἰκός, ὑπὸ τοῦ δεινοτάτου τῶν ῥητόρων εἰς τὴν καλλίστην πεποιημένος ὑπόθεσιν. 6. Τοῦτ' ἡνία Καίσαρα, κατηγορίαν αὐτοῦ νομίζοντα τὸν τοῦ τεθνηκότος δι' αὐτὸν ἔπαινον. Ἔγραψεν οὖν πολλάς τινας κατὰ τοῦ Κάτωνος αἰτίας συναγαγών·

PLUTARCO: CÉSAR

atravessando com uma rapidez inconcebível lugares cobertos de florestas e que tinham pontos de ataque inesperados, cercava uns e atacava outros de frente. 3. Depois de pô-los em fuga, aproveitou a ocasião e o favor da fortuna, e graças a esta tomou na primeira investida o acampamento de Afrânio e, no mesmo assalto, fugindo Juba, devastou o acampamento dos númidas. 4. Em pequena parte de um só dia, apoderou-se de três acampamentos e, matando cinqüenta mil dos inimigos, nem mesmo cinqüenta dos seus ele perdeu. 5. Esta é uma das versões sobre essa batalha; mas outros dizem que César não esteve no combate e que, enquanto dispunha em ordem de batalha seu exército e o organizava, foi atacado pela doença habitual; 6. mas apenas sentiu que ela estava começando, antes de seus sentidos, já combalidos, serem transtornados e tomados completamente pelo mal, foi levado para uma das torres vizinhas e aí passou o tempo da luta em repouso[158]. 7. Entre os homens da classe consular e da pretoriana que fugiram da batalha uns se mataram, quando foram capturados, e César fez perecer muitos outros, depois de capturá-los.

[54] 1. Desejoso de pegar Catão vivo, ele dirigiu-se apressadamente para Utica; como, de fato, Catão guardava aquela cidade, não tinha participado do combate. 2. Sabendo que ele se tinha matado, César visivelmente se afligiu, mas não é claro por qual razão; disse então: "Ó Catão invejo-te por tua morte, pois me invejaste pela preservação de tua vida". 3. Em todo o caso, o tratado que depois disso foi escrito por ele contra Catão, já morto, não parece indicar que ele era um homem dócil e indulgente. Como o teria poupado estando vivo, se fez recair tanta ira sobre o morto? 4. Mas, por sua clemência para com Cícero, Bruto e muitíssimos outros que tinham sustentado combate contra ele, presume-se que também aquele discurso foi composto não por ódio, mas por ambição política, em razão do seguinte: 5. Cícero tinha escrito um elogio de Catão, intitulando-o *Catão*; e para muitos o livro foi de vivo interesse, como era natural, uma vez que tinha sido composto pelo mais hábil dos oradores sobre o mais belo tema. 6. Isso desgostou César, porquanto considerava como uma acusação contra ele o elogio daquele que morreu por sua causa. Recolheu, portanto, muitas acusações contra Catão e redigiu

---

158. Não se deve aceitar essa versão dos fatos, pois o autor do *Guerra da África* 83, 1, que parece ter sido uma testemunha ocular, escreve que César se lançou à rédea solta e correu na primeira fila contra o inimigo.

VIDAS DE CÉSAR

τὸ δὲ βιβλίον Ἀντικάτων ἐπιγέγραπται. Καὶ σπουδαστὰς ἔχει τῶν λόγων ἑκάτερος διὰ Καίσαρα <καὶ Κικέρωνα> καὶ Κάτωνα πολλούς.

[55] 1. Ἀλλὰ γὰρ ὡς ἐπανῆλθεν εἰς Ῥώμην ἀπὸ Λιβύης, πρῶτον μὲν ὑπὲρ τῆς νίκης ἐμεγαληγόρησε πρὸς τὸν δῆμον, ὡς τοσαύτην κεχειρωμένος χώραν, ὅση παρέξει καθ᾽ ἕκαστον ἐνιαυτὸν εἰς τὸ δημόσιον σίτου μὲν εἴκοσι μυριάδας Ἀττικῶν μεδίμνων, ἐλαίου δὲ λιτρῶν μυριάδας τριακοσίας. 2. Ἔπειτα θριάμβους κατήγαγε <τὸν Κελτικόν>, τὸν Αἰγυπτιακόν, τὸν Ποντικόν, τὸν Λιβυκόν, οὐκ ἀπὸ Σκιπίωνος, ἀλλ᾽ ἀπ᾽ Ἰόβα δῆθεν τοῦ βασιλέως. 3. Τότε καὶ Ἰόβας, υἱὸς ὢν ἐκείνου κομιδῇ νήπιος, ἐν τῷ θριάμβῳ παρήχθη, μακαριωτάτην ἁλοὺς ἅλωσιν, <ὡς> ἐκ βαρβάρου καὶ Νομάδος Ἑλλήνων τοῖς πολυμαθεστάτοις ἐναρίθμιος γενέσθαι συγγραφεῦσι. 4. Μετὰ δὲ τοὺς θριάμβους <τοῖς> στρατιώταις τε μεγάλας δωρεὰς ἐδίδου, καὶ τὸν δῆμον ἀνελάμβανεν ἑστιάσεσι καὶ θέαις, ἑστιάσας μὲν ἐν δισμυρίοις καὶ δισχιλίοις τρικλίνοις ὁμοῦ σύμπαντας, θέας δὲ καὶ μονομάχων καὶ ναυμάχων ἀνδρῶν παρασχὼν ἐπὶ τῇ θυγατρὶ Ἰουλίᾳ πάλαι τεθνεώσῃ. 5. Μετὰ δὲ τὰς θέας γενομένων τιμήσεων, ἀντὶ τῶν προτέρων δυεῖν καὶ τριάκοντα μυριάδων ἐξητάσθησαν αἱ πᾶσαι πεντεκαίδεκα. 6. Τηλικαύτην ἡ στάσις ἀπειργάσατο φθορὰν καὶ τοσοῦτον ἀπανάλωσε τοῦ δήμου μέρος, ἔξω λόγου τιθεμένοις τὰ κατασχόντα τὴν ἄλλην Ἰταλίαν ἀτυχήματα καὶ τὰς ἐπαρχίας.

[56] 1. Συντελεσθέντων δὲ τούτων ὕπατος ἀποδειχθεὶς τὸ τέταρτον, εἰς Ἰβηρίαν ἐστράτευσεν ἐπὶ τοὺς Πομπηΐου παῖδας, νέους μὲν ὄντας ἔτι, θαυμαστὴν δὲ τῷ πλήθει στρατιὰν συνειλοχότας καὶ τόλμαν ἀποδεικνυμένους ἀξιόχρεων πρὸς ἡγεμονίαν,

---

159. O medimno ático corresponde em medida romana a seis *modii* (*modius* = 8,75 litros). 1,2 milhão *midii* de trigo, pois, são dez milhões e meio de hectolitros. E três milhões de libras romanas de óleo equivalem a um pouco menos de um milhão de quilogramas

160. Em 46 a.C., o futuro Juba II não tinha mais de que cinco anos. Em 45 a.C., Augusto deu-lhe o reino de Mauretânia. Casou-se em 19 com Cleópatra Selene, filha de Antônio e·Cleópatra. Entre suas numerosas obras, há uma *História romana*.

PLUTARCO: CÉSAR

o livro que foi intitulado *Anticatão*. Cada uma das duas obras teve muitos defensores, graças a César, (a Cícero) e a Catão.

[55] 1. Mas, quando voltou da Líbia para Roma, dirigiu primeiro ao povo palavras cheias de jactância sobre sua vitória, dizendo que tinha conquistado um território bastante grande para fornecer cada ano ao tesouro público duzentos mil medimnos de trigo e três milhões de libras de óleo[159]. 2. Depois, abordou seus triunfos sobre a Gália, sobre o Egito, sobre o Ponto e sobre a Líbia, este último não sobre Cipião, mas certamente sobre o rei Juba. 3. Naquela ocasião, Juba[160], um filho muito pequeno desse rei, também foi levado na procissão triunfal e foi detido numa captura de resultados felicíssimos, visto que, de bárbaro e númida que ele era, veio a ser incluído entre os mais sábios escritores gregos. 4. Após esses triunfos, César deu grandes presentes a seus soldados e atraía o povo com banquetes e com espetáculos. Ofereceu um banquete a todos ao mesmo tempo em 22 mil triclínios e ofereceu espetáculos de gladiadores e de combatentes navais em homenagem à sua filha Júlia, falecida há muito tempo. 5. Depois desses espetáculos, houve um censo[161] e, em vez dos 320 mil cidadãos que havia antes, foram arrolados ao todo apenas 150 mil. 6. Tão grande ruína a guerra civil tinha provocado e tão grande parte do povo ela tinha destruído, sem levar em conta os infortúnios que tinham invadido o resto da Itália e as províncias!

[56] 1. Levadas a cabo essas questões, César foi nomeado cônsul pela quarta vez e fez uma expedição à Ibéria contra os filhos de Pompeu, que eram ainda jovens[162], mas eles tinham reunido um exército de surpreendente número e mostravam uma audácia considerável para o comando,

---

161. Não se trata de um censo geral, mas simplesmente de uma revisão da lista de beneficiários das *frumentationes*. Pelo *Monumentum Ancyranum*, II, 2, resulta que não foi feito nenhum censo de 70 a 28 a.C..

162. Cneu Pompeu Magno tinha então entre 30 e 34 anos; Sexto Pompeu Magno tinha 29.

VIDAS DE CÉSAR

ὥστε κίνδυνον τῷ Καίσαρι περιστῆσαι τὸν ἔσχατον. 2. Ἡ δὲ μεγάλη μάχη περὶ πόλιν συνέστη Μοῦνδαν, ἐν ᾗ Καῖσαρ ἐκθλιβομένους ὁρῶν τοὺς ἑαυτοῦ καὶ κακῶς ἀντέχοντας, ἐβόα διὰ τῶν ὅπλων καὶ τῶν τάξεων περιθέων, εἰ μηδὲν αἰδοῦνται, λαβόντας αὐτὸν ἐγχειρίσαι τοῖς παιδαρίοις. 3. Μόλις δὲ προθυμίᾳ πολλῇ τοὺς πολεμίους ὠσάμενος, ἐκείνων μὲν ὑπὲρ τρισμυρίους διέφθειρε, τῶν δ᾽ ἑαυτοῦ χιλίους ἀπώλεσε τοὺς ἀρίστους. 4. Ἀπιὼν δὲ μετὰ τὴν μάχην πρὸς τοὺς φίλους εἶπεν, ὡς πολλάκις μὲν ἀγωνίσαιτο περὶ νίκης, νῦν δὲ πρῶτον περὶ ψυχῆς. 5. Ταύτην τὴν μάχην ἐνίκησε τῇ τῶν Διονυσίων ἑορτῇ, καθ᾽ ἣν λέγεται καὶ Πομπήϊος Μᾶγνος ἐπὶ τὸν πόλεμον ἐξελθεῖν· διὰ μέσου δὲ χρόνος ἐνιαυτῶν τεσσάρων διῆλθε. 6. Τῶν δὲ Πομπηΐου παίδων ὁ μὲν νεώτερος διέφυγε, τοῦ δὲ πρεσβυτέρου μεθ᾽ ἡμέρας ὀλίγας Δείδιος ἀνήνεγκε τὴν κεφαλήν. 7. Τοῦτον ἔσχατον Καῖσαρ ἐπολέμησε τὸν πόλεμον· ὁ δ᾽ ἀπ᾽ αὐτοῦ καταχθεὶς θρίαμβος ὡς οὐδὲν ἄλλο Ῥωμαίους ἠνίασεν. 8. Οὐ γὰρ ἀλλοφύλους ἡγεμόνας οὐδὲ βαρβάρους βασιλεῖς κατηγωνισμένον, ἀνδρὸς δὲ Ῥωμαίων κρατίστου τύχαις κεχρημένου παῖδας καὶ γένος ἄρδην ἀνῃρηκότα ταῖς τῆς πατρίδος ἐπιπομπεύειν συμφοραῖς οὐ καλῶς εἶχεν, 9. ἀγαλλόμενον ἐπὶ τούτοις ὧν μία καὶ πρὸς θεοὺς καὶ πρὸς ἀνθρώπους ἀπολογία τὸ μετ᾽ ἀνάγκης πεπρᾶχθαι, καὶ ταῦτα πρότερον μήτ᾽ ἄγγελον μήτε γράμματα δημοσίᾳ πέμψαντα περὶ νίκης ἀπὸ τῶν ἐμφυλίων πολέμων, ἀλλ᾽ ἀπωσάμενον αἰσχύνῃ τὴν δόξαν.

[57] 1. Οὐ μὴν ἀλλὰ καὶ πρὸς τὴν τύχην τοῦ ἀνδρὸς ἐγκεκλικότες, καὶ δεδεγμένοι τὸν χαλινόν, καὶ τῶν ἐμφυλίων πολέμων καὶ κακῶν ἀναπνοὴν ἡγούμενοι τὴν μοναρχίαν, δικτάτορα μὲν αὐτὸν ἀπέδειξαν διὰ βίου· τοῦτο δ᾽ ἦν ὁμολογουμένη [μὲν] τυραννίς, τῷ ἀνυπευθύνῳ τῆς μοναρχίας τὸ ἀκατάπαυστον προσλαβούσης· 2. τιμὰς δὲ τὰς πρώτας Κικέρωνος εἰς τὴν βουλὴν γράψαντος, ὧν ἁμῶς γέ πως ἀνθρώπινον ἦν τὸ μέγεθος, ἕτεροι προστιθέντες ὑπερβολὰς καὶ διαμιλλώμενοι πρὸς ἀλλήλους, ἐξειργάσαντο καὶ τοῖς πραοτάτοις ἐπαχθῆ τὸν ἄνδρα καὶ λυπηρὸν γενέσθαι

---

163. A batalha de Munda, no extremo sul da Espanha, ocorreu em 45 a.C.

PLUTARCO: CÉSAR

de sorte que levaram a César perigo extremo. 2. A grande batalha foi travada perto da cidade de Munda[163], na qual César, vendo que os seus estavam sendo derrotados e mal resistiam, perguntava em brados, correndo entre as fileiras de seus soldados, se eles não tinham vergonha de pegá-lo e pô-lo nas mãos desses garotos. 3. Repelindo com dificuldade e grande esforço os inimigos, ele matou mais de trinta mil deles e perdeu mil dos seus, os melhores. 4. Quando estava indo embora, depois da batalha, ele disse aos amigos que muitas vezes tinha combatido pela vitória, mas agora era a primeira vez que lutava por sua vida[164]. 5. Ele venceu essa batalha no dia das festas de Dioniso, no qual também se diz que Pompeu, o Grande, tinha partido para a guerra. 6. Dos filhos de Pompeu o mais novo escapou, mas, poucos dias depois, Dídio trouxe a cabeça do mais velho. 7. Essa foi a última guerra que César empreendeu[165], mas o triunfo alcançado por ele desgostou os romanos como nenhuma outra coisa. 8. De fato, não era belo que ele, sem ter vencido chefes estrangeiros ou reis bárbaros, mas tendo aniquilado os filhos e a raça do melhor dos romanos, a qual se rendera às vicissitudes da sorte, triunfasse sobre os infortúnios da pátria, 9. glorificando-se de atos cuja única justificativa diante dos deuses e dos homens era o de ter agido por necessidade; e isso enquanto antes não tinha enviado oficialmente nem mensageiro nem cartas pela vitória nas guerras civis, mas, ao contrário, tinha repelido a glória sobrevinda em virtude de um sentimento de pudor.

[57] 1. Entretanto, como os romanos se inclinaram diante da sorte desse homem e aceitaram o freio e como julgaram que a monarquia fosse uma pausa após os males das guerras civis, nomearam-no ditador vitalício; era uma tirania declarada, visto que a monarquia admitiu, além da irresponsabilidade, a perpetuidade. 2. Depois que Cícero propôs ao Senado as primeiras honras, cuja grandeza de certo modo era adequada ao ser humano, outros concentraram honras excessivas e, rivalizando uns com os outros, chegaram a tornar César odioso e insuportável mesmo aos cidadãos mais moderados,

---

164. César tinha pensado em suicídio, diz Suetônio, *César* 36, 2.

165. Esse quinto triunfo foi celebrado em outubro de 45 a.C.

VIDAS DE CÉSAR

διὰ τὸν ὄγκον καὶ τὴν ἀτοπίαν τῶν ψηφιζομένων, 3. οἷς οὐδὲν ἧττον οἴονται συναγωνίσασθαι τῶν κολακευόντων Καίσαρα τοὺς μισοῦντας, ὅπως ὅτι πλείστας κατ' αὐτοῦ προφάσεις ἔχωσι καὶ μετὰ μεγίστων ἐγκλημάτων ἐπιχειρεῖν δοκῶσιν. 4. Ἐπεὶ τά γ' ἄλλα, τῶν ἐμφυλίων αὐτῷ πολέμων πέρας ἐσχηκότων, ἀνέγκλητον <ἑαυτὸν> παρεῖχε· καὶ τό γε τῆς Ἐπιεικείας ἱερὸν οὐκ ἀπὸ τρόπου δοκοῦσι χαριστήριον ἐπὶ τῇ πρᾳότητι ψηφίσασθαι. 5. Καὶ γὰρ ἀφῆκε πολλοὺς τῶν πεπολεμηκότων πρὸς αὐτόν, ἐνίοις δὲ καὶ ἀρχὰς καὶ τιμάς, ὡς Βρούτῳ καὶ Κασσίῳ, προσέθηκεν· ἐστρατήγουν γὰρ ἀμφότεροι. 6. Καὶ τὰς Πομπηΐου καταβεβλημένας εἰκόνας οὐ περιεῖδεν, ἀλλ' ἀνέστησεν, ἐφ' ᾧ καὶ Κικέρων εἶπεν, ὅτι Καῖσαρ τοὺς Πομπηΐου στήσας ἀνδριάντας τοὺς ἰδίους ἔπηξε. 7. Τῶν δὲ φίλων ἀξιούντων αὐτὸν δορυφορεῖσθαι καὶ πολλῶν ἐπὶ τοῦτο παρεχόντων ἑαυτούς, οὐχ ὑπέμεινεν, εἰπὼν ὡς βέλτιόν ἐστιν ἅπαξ ἀποθανεῖν ἢ ἀεὶ προσδοκᾶν. 8. Τὴν δ' εὔνοιαν ὡς κάλλιστον ἅμα καὶ βεβαιότατον ἑαυτῷ περιβαλλόμενος φυλακτήριον, αὖθις ἀνελάμβανε τὸν δῆμον ἑστιάσεσι καὶ σιτηρεσίοις, τὸ δὲ στρατιωτικὸν ἀποικίαις, ὧν ἐπιφανέσταται Καρχηδὼν καὶ Κόρινθος ἦσαν, αἷς καὶ πρότερον τὴν ἅλωσιν καὶ τότε τὴν ἀνάληψιν ἅμα καὶ κατὰ τὸν αὐτὸν χρόνον ἀμφοτέραις γενέσθαι συνέτυχε.

[58] 1. Τῶν δὲ δυνατῶν τοῖς μὲν ὑπατείας καὶ στρατηγίας εἰς τοὔπιον ἐπηγγέλλετο, τοὺς δ' ἄλλαις τισὶν ἐξουσίαις καὶ τιμαῖς παρεμυθεῖτο, πᾶσι δ' ἐλπίζειν ἐνεδίδου, μνηστευόμενος ἄρχειν ἑκόντων· 2. ὡς καὶ Μαξίμου τοῦ ὑπάτου τελευτήσαντος εἰς τὴν περιοῦσαν ἔτι τῆς ἀρχῆς μίαν ἡμέραν ὕπατον ἀποδεῖξαι Κανίνιον Ῥεβίλιον. 3. Πρὸς ὃν ὡς ἔοικε πολλῶν δεξιώσασθαι καὶ προπέμψαι βαδιζόντων, ὁ Κικέρων· "Σπεύδωμεν" ἔφη, "πρὶν φθάσῃ τῆς ὑπατείας ἐξελθὼν ὁ ἄνθρωπος."
4. Ἐπεὶ δὲ τὸ φύσει μεγαλουργὸν αὐτοῦ καὶ φιλότιμον αἱ πολλαὶ κατορθώσεις οὐ πρὸς ἀπόλαυσιν ἔτρεπον τῶν πεπονημένων,

---

166. Para o ano 44 a.C., Bruto foi designado como *praetor urbanus*, e Cássio como *praetor peregrinus*.

240

PLUTARCO: CÉSAR

em razão da quantidade e da estranheza do que foi por eles votado. 3. Pensa-se que os inimigos de César não contribuíram menos que seus aduladores para isso, a fim de terem contra ele a maior quantidade de pretextos, e de parecer que o atacavam com as mais graves acusações. 4. E entretanto, no resto pelo menos, depois que as guerras civis tiveram fim, ele mostrou-se irrepreensível e pensa-se não sem razão que o templo da Clemência lhe foi dedicado por decreto, como oferenda de ação de graças por sua brandura. 5. Com efeito, ele perdoou a muitos daqueles que lhe tinham feito guerra, e a alguns deu também cargos e honras, como a Bruto e a Cássio; de fato, os dois foram pretores[166]. 6. E não descuidou das estátuas de Pompeu que tinham sido derrubadas, mas ergueu-as, pelo que também Cícero disse que César, levantando as estátuas de Pompeu, tinha consolidado as suas. 7. Como seus amigos julgavam conveniente que ele fosse protegido por guardas e muitos se ofereciam para isso, ele não o consentiu, dizendo que era melhor morrer uma única vez do que estar sempre esperando a morte. 8. Cercando-se da benevolência com a guarda mais bela e, ao mesmo tempo, mais segura, ele prendia o povo com banquetes e distribuição de trigo, e o exército, com colônias, das quais as mais famosas foram Cartago e Corinto; aconteceu que essas duas cidades que outrora tinham sido tomadas ao mesmo tempo foram também reerguidas simultaneamente[167].

[58] 1. Quanto aos homens de prestígio, a uns prometia consulados e preturas para o futuro, a outros consolava com outros cargos e dignidades; a todos dava esperanças, ambicionando governar súditos com boa vontade, 2. de sorte que, depois da morte do cônsul Máximo, nomeou como cônsul Canínio Rebilo, para o único dia que ainda restava daquela magistratura[168]. 3. Visto que muitos estavam se dirigindo a ele, como é natural, para cumprimentá-lo e acompanhá-lo, Cícero disse. "Apressemo-nos, antes que ele nos saia do consulado". 4. Como os numerosos sucessos de César não volviam sua natural inclinação pelos grandes empreendimentos e pela ambição para a fruição do que ele tinha penosamente realizado,

---

167. Corinto e Cartago tinham sido destruídas em 146 a.C. Cartago teria sido restaurada somente em 42 a.C. pelos triúnviros.

168. Quinto Flávio Máximo tinha tomado Munda e tinha triunfado. Nomeado cônsul em 45 a.C., morreu no último dia de dezembro, data em que César nomeou Rebilo como cônsul.

VIDAS DE CÉSAR

ἀλλ' ὑπέκκαυμα καὶ θάρσος οὖσαι πρὸς τὰ μέλλοντα μειζόνων ἐνέτικτον ἐπινοίας πραγμάτων καὶ καινῆς ἔρωτα δόξης, ὡς ἀποκεχρημένῳ τῇ παρούσῃ, 5. τὸ μὲν πάθος οὐδὲν ἦν ἕτερον ἢ ζῆλος αὐτοῦ καθάπερ ἄλλου καὶ φιλονικία τις ὑπὲρ τῶν μελλόντων πρὸς τὰ πεπραγμένα, 6. παρασκευὴ δὲ καὶ γνώμη στρατεύειν μὲν ἐπὶ Πάρθους, καταστρεψαμένῳ δὲ τούτους καὶ δι' Ὑρκανίας παρὰ τὴν Κασπίαν θάλασσαν καὶ τὸν Καύκασον ἐκπεριελθόντι τὸν Πόντον εἰς τὴν Σκυθικὴν ἐμβαλεῖν, 7. καὶ τὰ περίχωρα Γερμανοῖς καὶ Γερμανίαν αὐτὴν ἐπιδραμόντι διὰ Κελτῶν ἐπανελθεῖν εἰς Ἰταλίαν, καὶ συνάψαι τὸν κύκλον τοῦτον τῆς ἡγεμονίας τῷ πανταχόθεν Ὠκεανῷ περιορισθείσης. 8. Διὰ μέσου δὲ τῆς στρατείας τόν τε Κορίνθιον Ἰσθμὸν ἐπεχείρει διασκάπτειν, Ἀνιηνὸν ἐπὶ τούτῳ προχειρισάμενος, καὶ τὸν Τίβεριν εὐθὺς ἀπὸ τῆς πόλεως ὑπολαβὼν διώρυχι βαθείᾳ καὶ περικλάσας ἐπὶ τὸ Κιρκαῖον ἐμβαλεῖν εἰς τὴν πρὸς Ταρρακίνην θάλατταν, ἀσφάλειαν ἅμα καὶ ῥαστώνην τοῖς δι' ἐμπορίας φοιτῶσιν εἰς Ῥώμην μηχανώμενος· 9. πρὸς δὲ τούτοις τὰ μὲν ἕλη τὰ περὶ Πωμεντῖνον καὶ Σητίαν ἐκτρέψας, πεδίον ἀποδεῖξαι πολλαῖς ἐνεργὸν ἀνθρώπων μυριάσι, 10. τῇ δ' ἔγγιστα τῆς Ῥώμης θαλάσσῃ κλεῖθρα διὰ χωμάτων ἐπαγαγών, καὶ τὰ τυφλὰ καὶ δύσορμα τῆς Ὠστιανῆς ἠϊόνος ἀνακαθηράμενος, λιμένας ἐμποιήσασθαι καὶ ναύλοχα πρὸς τοσαύτην ἀξιόπιστα ναυτιλίαν. Καὶ ταῦτα μὲν ἐν παρασκευαῖς ἦν.

[59] 1. Ἡ δὲ τοῦ ἡμερολογίου διάθεσις καὶ διόρθωσις τῆς περὶ τὸν χρόνον ἀνωμαλίας, φιλοσοφηθεῖσα χαριέντως ὑπ' αὐτοῦ καὶ τέλος λαβοῦσα, γλαφυρωτάτην παρέσχε χρείαν. 2. Οὐ γὰρ μόνον ἐν τοῖς παλαιοῖς πάνυ χρόνοις τεταραγμέναις ἐχρῶντο Ῥωμαῖοι ταῖς τῶν μηνῶν πρὸς τὸν ἐνιαυτὸν περιόδοις, ὥστε τὰς θυσίας καὶ τὰς ἑορτὰς ὑποφερομένας κατὰ μικρὸν εἰς ἐναντίας ἐκπεπτωκέναι τοῖς χρόνοις ὥρας,

---

169. O porto artificial da Óstia será criado por Cláudio, cem anos mais tarde (cf. Suetônio, *Cláudio* 20, 1).

170. A reforma "juliana" do calendário foi introduzida por César desde 46 a.C. Plutarco não expõe com muita exatidão a cronologia.

PLUTARCO: CÉSAR

mas, sendo um incentivo e um encorajamento para o futuro, inspiravam-lhe projetos de empreendimentos ainda maiores e desejo ardente de nova glória, como se ele já tivesse anulado a presente, 5. sua paixão não era nada mais que uma inveja de si mesmo, como se fosse de uma outra pessoa, e uma espécie de competição de suas ações futuras com as já realizadas. 6. Ele tinha equipamento e projeto para fazer uma expedição contra os partos e, após tê-los aniquilado, contornando o Ponto-Euxino, através da Hircânia e ao longo do mar Cáspio e do Cáucaso, invadir a Cítia; 7. e, depois de marchar contra os países vizinhos da Germânia e contra a própria Germânia, voltar à Itália e fechar aquele círculo de seu império, circunscrito de todos os lados pelo Oceano. 8. Enquanto preparava essa expedição tentava escavar o istmo de Corinto, designando Anieno para essa tarefa; intentou também, depois de desviar o Tibre precisamente abaixo da cidade por um canal profundo, e de fazê-lo mudar de direção, seguindo para o Circeu, lançá-lo no mar perto de Terracina, trazendo ao mesmo tempo segurança e comodidade àqueles que iam freqüentemente a Roma, por causa do comércio. 9. Além disso, empreendeu, após desviar as águas estagnadas em torno de Pomécia e de Sécia, fazer disso uma planície cultivável para muitos milhares de homens, 10. e, erguendo barreiras, mediante diques na parte do mar, a mais próxima de Roma, e ainda limpando as partes do litoral inabordáveis e obstruídas pelo lodo da costa de Óstia, construir então portos e ancoradouros suficientes para tão intensa atividade marítima[169]. E todas essas obras estavam em preparação.

[59] 1. A reforma do calendário e a correção da irregularidade no cálculo do tempo, cientificamente estudadas com habilidade por ele, e levadas a cabo, trouxeram a mais alta utilidade[170]. 2. De fato, não somente nos tempos muito antigos, os romanos tinham os ciclos que punham em relação os meses com o ano já tão confusos que os sacrifícios e as festas, deslocando-se pouco a pouco, tinham caído em estações opostas do ano[171],

---

171. Por falha dos pontífices, o calendário estava em tal desordem em razão do abuso da intercalação, que as festas das colheitas não caíam mais no verão, nem as das vindimas no outono (cf. Suetônio, *César* 40, 1).

243

VIDAS DE CÉSAR

3. ἀλλὰ καὶ περὶ τὴν τότ' οὖσαν ἡλικίαν οἱ μὲν ἄλλοι παντάπασι τούτων ἀσυλλογίστως εἶχον, οἱ δ' ἱερεῖς μόνοι τὸν καιρὸν εἰδότες ἐξαίφνης καὶ προησθημένου μηδενὸς τὸν ἐμβόλιμον προσέγραφον μῆνα, Μερκηδόνιον ὀνομάζοντες· 4. ὃν Νομᾶς ὁ βασιλεὺς πρῶτος ἐμβαλεῖν λέγεται, μικρὰν καὶ διατείνουσαν οὐ πόρρω βοήθειαν ἐξευρὼν τῆς περὶ τὰς ἀποκαταστάσεις πλημμελείας, ὡς ἐν τοῖς περὶ ἐκείνου γέγραπται. 5. Καῖσαρ δὲ τοῖς ἀρίστοις τῶν φιλοσόφων καὶ μαθηματικῶν τὸ πρόβλημα προθείς, ἐκ τῶν ὑποκειμένων ἤδη μεθόδων ἔμειξεν ἰδίαν τινὰ καὶ διηκριβωμένην μᾶλλον ἐπανόρθωσιν, ᾗ χρώμενοι μέχρι νῦν Ῥωμαῖοι δοκοῦσιν ἧττον ἑτέρων σφάλλεσθαι περὶ τὴν ἀνωμαλίαν. 6. Οὐ μὴν ἀλλὰ καὶ τοῦτο τοῖς βασκαίνουσι καὶ βαρυνομένοις τὴν δύναμιν αἰτίας παρεῖχε· Κικέρων γοῦν ὁ ῥήτωρ ὡς ἔοικε, φήσαντός τινος αὔριον ἐπιτελεῖν Λύραν, "Ναὶ" εἶπεν "ἐκ διατάγματος", ὡς καὶ τοῦτο πρὸς ἀνάγκην τῶν ἀνθρώπων δεχομένων.

[60] 1. Τὸ δ' ἐμφανὲς μάλιστα μῖσος καὶ θανατηφόρον ἐπ' αὐτὸν ὁ τῆς βασιλείας ἔρως ἐξειργάσατο, τοῖς μὲν πολλοῖς αἰτία πρώτη, τοῖς δ' ὑπούλοις πάλαι πρόφασις εὐπρεπεστάτη γενομένη. 2. Καίτοι καὶ λόγον τινὰ κατέσπειραν εἰς τὸν δῆμον οἱ ταύτην Καίσαρι τὴν τιμὴν προξενοῦντες, ὡς ἐκ γραμμάτων Σιβυλλείων ἁλώσιμα τὰ Πάρθων φαίνοιτο Ῥωμαίοις σὺν βασιλεῖ στρατευομένοις ἐπ' αὐτούς, ἄλλως ἀνέφικτ' ὄντα. 3. Καὶ καταβαίνοντος ἐξ Ἄλβης Καίσαρος εἰς τὴν πόλιν, ἐτόλμησαν αὐτὸν ἀσπάσασθαι βασιλέα· τοῦ δὲ δήμου διαταραχθέντος, ἀχθεσθεὶς ἐκεῖνος οὐκ ἔφη βασιλεύς, ἀλλὰ Καῖσαρ καλεῖσθαι, καὶ γενομένης πρὸς τοῦτο πάντων σιωπῆς, οὐ πάνυ φαιδρὸς οὐδ' εὐμενὴς παρῆλθεν. 4. Ἐν δὲ συγκλήτῳ τιμάς τινας ὑπερφυεῖς αὐτῷ ψηφισαμένων, ἔτυχε μὲν ὑπὲρ τῶν ἐμβόλων καθεζόμενος, προσιόντων δὲ τῶν ὑπάτων καὶ τῶν στρατηγῶν, ἅμα δὲ καὶ τῆς βουλῆς ἁπάσης ἐπομένης, οὐχ ὑπεξαναστάς, ἀλλ' ὥσπερ ἰδιώταις τισὶ χρηματίζων ἀπεκρίνατο συστολῆς μᾶλλον ἢ προσθέσεως τὰς τιμὰς δεῖσθαι.

---

172. Essa consulta dos livros sibilinos deve ter acontecido muito pouco tempo antes da sessão dos idos de março, e não no momento a que Plutarco parece situá-la.

PLUTARCO: CÉSAR

3. mas, ainda nesse tempo, a maior parte das pessoas não compreendia absolutamente esses cálculos, enquanto os sacerdotes, por serem os únicos a conhecer o tempo real, acrescentaram, de repente e sem que ninguém esperasse por isso, um mês intercalar, a que chamavam Mercedônio. 4. Diz-se que o rei Numa foi o primeiro a intercalá-lo, tendo encontrado com isso um pequeno remédio de pouco alcance para os erros feitos sobre o retorno periódico dos astros, como está escrito em sua *Vida*. 5. César propôs o problema aos melhores filósofos e matemáticos, e aos métodos que já subsistiam juntou uma reforma pessoal e mais rigorosa, de que se servem até hoje os romanos. Parece que eles se enganam menos que outros povos, acerca da medida irregular do ano. 6. Contudo, até essa reforma fornecia motivos de censura aos que invejavam César e dificilmente suportavam seu poder. O orador Cícero, pelo menos como parece, quando alguém disse que no dia seguinte a Lira apareceria, retrucou: "Sim, por decreto", como se os homens aceitassem também essa reforma por coação.

[60] 1. O amor ardente pela dignidade real provocou contra César o ódio mais declarado e que foi causa de sua morte; isso foi para o povo um primeiro motivo de censura, e para aqueles que há muito tempo procediam com dissimulação foi o mais especioso pretexto. 2. Ora, os que tentavam obter essa honra para César espalharam entre o povo a notícia de que, segundo os livros sibilinos, os partos apareciam como presa fácil para os romanos, no caso de fazerem expedição contra eles com um rei, já que de outra maneira eles eram inatingíveis[172]; 3. e, quando César estava descendo de Alba para a cidade, ousaram saudá-lo como rei. O povo conturbou-se profundamente e ele, irritado, disse que não se chamava Rei, mas sim César; tendo surgido diante disso um silêncio geral, ele passou adiante não muito alegre nem afável. 4. No Senado, depois de lhe terem votado honras extraordinárias, aconteceu que ele estava sentado na tribuna e, quando se aproximaram os cônsules e os pretores, seguidos de todo o Senado, ele não se levantou diante deles, mas como se estivesse tratando com simples particulares, replicou que suas honras necessitavam mais de limitação que de acrescentamento[173].

---

173. A cena não ocorreu no Senado, mas no átrio do templo de *Venus Genitrix*, recentemente consagrado.

VIDAS DE CÉSAR

5. Καὶ τοῦτ᾽ οὐ μόνον ἠνίασε τὴν βουλήν, ἀλλὰ καὶ τὸν δῆμον, ὡς ἐν τῇ βουλῇ τῆς πόλεως προπηλακιζομένης, καὶ μετὰ δεινῆς κατηφείας ἀπῆλθον εὐθὺς οἷς ἐξῆν μὴ παραμένειν, 6. ὥστε κἀκεῖνον ἐννοήσαντα παραχρῆμα μὲν οἴκαδε τραπέσθαι καὶ βοᾶν πρὸς τοὺς φίλους ἀπαγαγόντα τοῦ τραχήλου τὸ ἱμάτιον, ὡς ἕτοιμος εἴη τῷ βουλομένῳ τὴν σφαγὴν παρέχειν, ὕστερον δὲ προφασίζεσθαι τὴν νόσον· 7. οὐ γὰρ ἐθέλειν τὴν αἴσθησιν ἀτρεμεῖν τῶν οὕτως ἐχόντων, ὅταν ἱστάμενοι διαλέγωνται πρὸς ὄχλον, ἀλλὰ σειομένην ταχὺ καὶ περιφερομένην ἰλίγγους ἐπισπᾶσθαι καὶ καταλαμβάνεσθαι. 8. Τότε δ᾽ οὐκ εἶχεν οὕτως, ἀλλὰ καὶ πάνυ βουλόμενον αὐτὸν ὑπεξαναστῆναι τῇ βουλῇ λέγουσιν ὑπό του τῶν φίλων, μᾶλλον δὲ κολάκων, Κορνηλίου Βάλβου, κατασχεθῆναι φήσαντος· "Οὐ μεμνήσῃ Καῖσαρ ὤν, οὐδ᾽ ἀξιώσεις ὡς κρείττονα θεραπεύεσθαι σεαυτόν;"

[61] 1. Ἐπιγίνεται τούτοις τοῖς προσκρούσμασιν ὁ τῶν δημάρχων προπηλακισμός. ἦν μὲν γὰρ ἡ τῶν Λουπερκαλίων ἑορτή, περὶ ἧς πολλοὶ γράφουσιν ὡς ποιμένων τὸ παλαιὸν εἴη, καί τι καὶ προσήκει τοῖς Ἀρκαδικοῖς Λυκαίοις. 2. Τῶν δ᾽ εὐγενῶν νεανίσκων καὶ ἀρχόντων πολλοὶ διαθέουσιν ἀνὰ τὴν πόλιν γυμνοί, σκύτεσι λασίοις τοὺς ἐμποδὼν ἐπὶ παιδιᾷ καὶ γέλωτι παίοντες· 3. πολλαὶ δὲ καὶ τῶν ἐν τέλει γυναικῶν ἐπίτηδες ἀπαντῶσαι παρέχουσιν ὥσπερ ἐν διδασκάλου τὼ χεῖρε ταῖς πληγαῖς, πεπεισμέναι πρὸς εὐτοκίαν κυούσαις, ἀγόνοις δὲ πρὸς κύησιν ἀγαθὸν εἶναι. 4. Ταῦτα Καῖσαρ ἐθεᾶτο, καθήμενος ὑπὲρ τῶν ἐμβόλων ἐπὶ δίφρου χρυσοῦ, θριαμβικῷ κόσμῳ κεκοσμημένος. 5. Ἀντώνιος δὲ τῶν θεόντων τὸν ἱερὸν δρόμον εἷς ἦν· καὶ γὰρ ὑπάτευεν· ὡς οὖν εἰς τὴν ἀγορὰν ἐνέβαλε καὶ τὸ πλῆθος αὐτῷ διέστη, φέρων διάδημα στεφάνῳ δάφνης περιπεπλεγμένον ὤρεξε τῷ Καίσαρι· καὶ γίνεται κρότος οὐ λαμπρός, ἀλλ᾽ ὀλίγος ἐκ παρασκευῆς. 6. Ἀπωσαμένου δὲ τοῦ Καίσαρος, ἅπας ὁ δῆμος ἀνεκρότησεν· αὖθις δὲ προσφέροντος, ὀλίγοι, καὶ μὴ δεξαμένου, πάλιν ἅπαντες. 7. Οὕτω δὲ τῆς πείρας ἐξελεγχομένης, Καῖσαρ μὲν ἀνίσταται, τὸν στέφανον εἰς τὸ Καπιτώλιον ἀπενεχθῆναι κελεύσας, 8. ὤφθησαν δ᾽

246

PLUTARCO: CÉSAR

5. E isso não só descontentou o Senado, mas também o povo, como se no Senado a cidade tivesse sido ultrajada, e aqueles a quem era permitido não permanecer partiram imediatamente com terrível desânimo. 6. Assim, mesmo César quando o percebeu, voltou imediatamente para casa e gritava aos amigos, afastando do pescoço a toga, que estava pronto para quem quisesse decapitá-lo[174]. Mais tarde, porém, ele se desculpava com a doença, 7. dizendo que a sensibilidade dos que estão nesse estado se recusa a permanecer inalterável quando eles falam de pé diante da multidão, mas, como rapidamente ela é abalada e provoca vertigens, eles ficam transtornados e perdem os sentidos. 8. Mas as coisas então não se passaram assim; pelo contrário, estando ele muito desejoso de levantar-se diante do Senado, dizem, foi retido por um de seus amigos, ou melhor, de seus bajuladores, Cornélio Balbo, que lhe disse: "Não te lembrarás de que és César, e não te julgarás digno de ser tratado como superior?"

[61] 1. Veio acrescentar-se a essas ofensas o ultraje aos tribunos da plebe. Era a festa das Lupercais sobre a qual muitos escrevem que era antigamente celebrada pelos pastores e tem mesmo alguma semelhança com a festa do Liceu da Arcádia. 2. Muitos dos jovens nobres e dos magistrados correm nus, através da cidade, e batem naqueles que encontram no caminho com correias cobertas de lã, provocando diversão e risadas; 3. muitas mulheres de alta posição vão intencionalmente ao seu encontro e, como crianças na escola, estendem as duas mãos para os golpes, convencidas de que isso é útil às grávidas para terem um bom parto, e às estéreis para ficarem grávidas. 4. César assistia a esse espetáculo, sentado na tribuna em trono de ouro e adornado com sua veste de triunfo. 5. Antônio era um dos corredores na corrida sagrada, pois era cônsul. Quando irrompeu no *forum* e a multidão se afastou para sua passagem, como ele trazia um diadema entrelaçado por uma coroa de louro, estendeu-o a César. Houve aplausos não fortes, mas fracos e convencionais. 6. Mas, quando César repeliu o diadema, o povo todo o aplaudiu; e, quando Antônio de novo o ofereceu, poucos lhe deram aplausos; recusando-o César, todos novamente o ovacionaram. 7. Assim, como a prova foi evidente, César levantou-se, após ter ordenado que a coroa fosse levada ao Capitólio; 8. mas viu-se então que as

---

174. Cf. Plutarco, *Antônio* 12, 6, mas aí esse fato se refere à tentativa de coroação, nas Lupercais.

VIDAS DE CÉSAR

ἀνδριάντες αὐτοῦ διαδήμασιν ἀναδεδεμένοι βασιλικοῖς, καὶ τῶν δημάρχων δύο, Φλάουϊος καὶ Μάρυλλος, ἐπελθόντες ἀπέσπασαν, καὶ τοὺς ἀσπασαμένους βασιλέα τὸν Καίσαρα πρώτους ἐξευρόντες ἀπῆγον εἰς τὸ δεσμωτήριον. 9. Ὁ δὲ δῆμος εἵπετο κροτῶν καὶ Βρούτους ἀπεκάλει τοὺς ἄνδρας, ὅτι Βροῦτος ἦν ὁ καταλύσας τὴν τῶν βασιλέων διαδοχὴν καὶ τὸ κράτος εἰς βουλὴν καὶ δῆμον ἐκ μοναρχίας καταστήσας. 10. Ἐπὶ τούτῳ Καῖσαρ παροξυνθείς, τὴν μὲν ἀρχὴν ἀφείλετο τῶν περὶ τὸν Μάρυλλον, ἐν δὲ τῷ κατηγορεῖν αὐτῶν ἅμα καὶ τὸν δῆμον ἐφυβρίζων, πολλάκις Βρούτους τε καὶ Κυμαίους ἀπεκάλει τοὺς ἄνδρας.

[62] 1. Οὕτω δὴ τρέπονται πρὸς Μᾶρκον Βροῦτον οἱ πολλοί, γένος μὲν ἐκεῖθεν εἶναι δοκοῦντα πρὸς πατέρων, καὶ τὸ πρὸς μητρὸς δ' ἀπὸ Σερουιλίων, οἰκίας ἑτέρας ἐπιφανοῦς, γαμβρὸν δὲ καὶ ἀδελφιδοῦν Κάτωνος. 2. Τοῦτον ἐξ ἑαυτοῦ μὲν ὁρμῆσαι πρὸς κατάλυσιν τῆς μοναρχίας ἤμβλυνον αἱ παρὰ Καίσαρος τιμαὶ καὶ χάριτες. 3. Οὐ γὰρ μόνον ἐσώθη περὶ Φάρσαλον ἀπὸ τῆς Πομπηΐου φυγῆς, οὐδὲ πολλοὺς τῶν ἐπιτηδείων ἔσωσεν ἐξαιτησάμενος, ἀλλὰ καὶ πίστιν εἶχε μεγάλην παρ' αὐτῷ. 4. Καὶ στρατηγιῶν μὲν ἐν ταῖς τότε τὴν ἐπιφανεστάτην ἔλαβεν, ὑπατεύειν δ' ἔμελλεν εἰς τέταρτον ἔτος, ἐρίσαντος Κασσίου προτιμηθείς. 5. Λέγεται γὰρ ὁ Καῖσαρ εἰπεῖν, ὡς δικαιότερα μὲν λέγοι Κάσσιος, αὐτὸς μέντοι Βροῦτον οὐκ ἂν παρέλθοι. 6. Καί ποτε καὶ διαβαλλόντων τινῶν τὸν ἄνδρα, πραττομένης ἤδη τῆς συνωμοσίας, οὐ προσέσχεν, ἀλλὰ τοῦ σώματος τῇ χειρὶ θιγὼν ἔφη πρὸς τοὺς διαβάλλοντας· "'Αναμενεῖ τοῦτο τὸ δέρμα Βροῦτος," ὡς ἄξιον μὲν ὄντα τῆς ἀρχῆς δι' ἀρετήν, διὰ δὲ τὴν ἀρετὴν οὐκ ἂν ἀχάριστον καὶ πονηρὸν γενόμενον. 7. Οἱ δὲ τῆς μεταβολῆς ἐφιέμενοι καὶ πρὸς μόνον ἐκεῖνον ἢ πρῶτον ἀποβλέποντες, αὐτῷ μὲν οὐκ ἐτόλμων διαλέγεσθαι, νύκτωρ δὲ κατεπίμπλασαν γραμμάτων τὸ βῆμα καὶ τὸν δίφρον, ἐφ' οὗ

---

175. Aqueles que tinham primeiro saudado César com o título de rei já o tinham feito precedentemente, quando César retornava de Alba a Roma. Isso prova que Plutarco mistura aqui duas narrativas antes distintas.

estátuas de César tinham sido coroadas de diademas reais. Dois dos tribunos, Flávio e Marulo, aproximaram-se e arrancaram os diademas, e, depois de descobrirem aqueles que primeiro tinham saudado César como rei, conduziram-nos à prisão[175]. 9. O povo seguia-os com aplausos e os chamava de Brutos, porque tinha sido Bruto que pusera fim à sucessão dos reis e levara o poder da monarquia ao Senado e ao povo. 10. Irritado com isso, César tirou a magistratura de Marulo e de Flávio e, em sua acusação contra eles, insultando ao mesmo tempo também o povo, chamava esses tribunos de Brutos e de Címeos[176].

[62] 1. Nessas circunstâncias, a maior parte dos cidadãos voltou-se para Marco Bruto, que, do lado paterno, parecia ser descendente daquele antigo Bruto, e, do lado materno, descendente dos Servílios, outra ilustre família; além disso, era genro e sobrinho de Catão. 2. As honras e os favores recebidos de César tiravam-lhe a coragem de empreender por si a queda da monarquia. 3. De fato, não só ele foi salvo em Farsalo após a fuga de Pompeu e, por sua intercessão, tinha salvado muitos de seus amigos, mas também fruía de grande confiança junto dele[177]. 4. Ele tinha recebido a mais célebre pretura entre aquelas de então e devia ser cônsul três anos depois, tendo sido preferido a Cássio que disputava com ele. 5. Com efeito, diz-se que César declarara que Cássio tinha argumentos mais justos e que, entretanto, ele não poderia passar adiante de Bruto. 6. Uma vez também, quando algumas pessoas acusavam este homem no momento em que já decorria a conspiração, César não lhes deu atenção, mas, pondo a mão sobre seu próprio corpo, disse aos acusadores: "Bruto esperará esta pele", julgando que Bruto, por sua virtude, era digno do poder, mas que, por essa virtude, não se tornaria ingrato e um celerado. 7. Aqueles, porém, que desejavam a mudança de regime e tinham os olhos cravados somente em Bruto, ou nele em primeiro lugar, não ousavam falar-lhe disso mas, durante a noite, cobriam de palavras a tribuna e a cadeira curul na qual

---

176. Os tribunos representavam o povo e eram eleitos por ele; a injúria dirigida a eles recaía, portanto, sobre o povo. Quanto aos habitantes de Cime da Eólida, eles eram famosos por sua parvoíce.

177. César tinha grande afeição por Bruto, cuja mãe, sua amante, foi por ele amada apaixonadamente.

VIDAS DE CÉSAR

στρατηγῶν ἐχρημάτιζεν, ὧν ἦν τὰ πολλὰ τοιαῦτα· "Καθεύδεις, ὦ Βροῦτε" καὶ "Οὐκ εἶ Βροῦτος." 8. Ὑφ' ὧν ὁ Κάσσιος αἰσθόμενος διακινούμενον ἡσυχῇ τὸ φιλότιμον αὐτοῦ, μᾶλλον ἢ πρότερον ἐνέκειτο καὶ παρώξυνεν, αὐτὸς ἰδίᾳ τι καὶ μίσους ἔχων πρὸς τὸν Καίσαρα δι' αἰτίας ἃς ἐν τοῖς περὶ Βρούτου γεγραμμένοις δεδηλώκαμεν. 9. Εἶχε μέντοι καὶ δι' ὑποψίας ὁ Καῖσαρ αὐτόν, ὥστε καὶ πρὸς τοὺς φίλους εἰπεῖν ποτε· "Τί φαίνεται βουλόμενος ὑμῖν Κάσσιος; ἐμοὶ μὲν γὰρ οὐ λίαν ἀρέσκει λίαν ὠχρὸς ὤν." 10. Πάλιν δὲ λέγεται περὶ Ἀντωνίου καὶ Δολοβέλλα διαβολῆς πρὸς αὐτὸν ὡς νεωτερίζοιεν ἐλθούσης, "Οὐ πάνυ" φάναι "τούτους δέδοικα τοὺς παχεῖς καὶ κομήτας, μᾶλλον δὲ τοὺς ὠχροὺς καὶ λεπτοὺς ἐκείνους", Κάσσιον λέγων καὶ Βροῦτον.

[63] 1. Ἀλλ' ἔοικεν οὐχ οὕτως ἀπροσδόκητον ὡς ἀφύλακτον εἶναι τὸ πεπρωμένον, ἐπεὶ καὶ σημεῖα θαυμαστὰ καὶ φάσματα φανῆναι λέγουσι. 2. Σέλα μὲν οὖν οὐράνια καὶ κτύπους νύκτωρ πολλαχοῦ διαφερομένους καὶ καταίροντας εἰς ἀγορὰν <ἀν>ημέρους ὄρνιθας οὐκ ἄξιον ἴσως ἐπὶ πάθει τηλικούτῳ μνημονεῦσαι· 3. Στράβων δ' ὁ φιλόσοφος ἱστορεῖ πολλοῖς μὲν ἀνθρώπους διαπύρους ἐπιφερομένους φανῆναι, στρατιώτου δ' ἀνδρὸς οἰκέτην ἐκ τῆς χειρὸς ἐκβαλεῖν πολλὴν φλόγα καὶ δοκεῖν καίεσθαι τοῖς ὁρῶσιν, ὡς δ' ἐπαύσατο, μηδὲν ἔχειν κακὸν τὸν ἄνθρωπον· 4. αὐτῷ δὲ Καίσαρι θύοντι τὴν καρδίαν ἀφανῆ γενέσθαι τοῦ ἱερείου, καὶ δεινὸν εἶναι τὸ τέρας· οὐ γὰρ ἂν φύσει γε συστῆναι ζῷον ἀκάρδιον. 5. Ἔστι δὲ καὶ ταῦτα πολλῶν ἀκοῦσαι διεξιόντων, ὥς τις αὐτῷ μάντις ἡμέρᾳ Μαρτίου μηνὸς ἣν Εἰδοὺς Ῥωμαῖοι καλοῦσι προείποι μέγαν φυλάττεσθαι κίνδυνον, 6. ἐλθούσης δὲ τῆς ἡμέρας προϊὼν ὁ Καῖσαρ εἰς τὴν σύγκλητον ἀσπασάμενος προσπαίξειε τῷ μάντει φάμενος· "Αἱ μὲν δὴ Μάρτιαι Εἰδοὶ πάρεισιν"· ὁ δ' ἡσυχῇ πρὸς αὐτὸν εἴποι· "Ναί πάρεισιν, ἀλλ' οὐ παρεληλύθασι." 7. Πρὸ μιᾶς δ' ἡμέρας Μάρκου Λεπίδου δειπνίζοντος αὐτόν, ἔτυχε μὲν ἐπιστολαῖς ὑπογράφων ὥσπερ εἰώθει κατακείμενος·

250

PLUTARCO: CÉSAR

dava audiência enquanto pretor; a maior parte dessas palavras era deste gênero: "Dormes, Bruto", ou "Não és um Bruto". 8. Quando Cássio percebeu que a ambição de Bruto estava pouco a pouco sendo estimulada por essas censuras, insistia mais do que antes e o instigava, porquanto também ele tinha certo motivo de ódio contra César, por razões que indiquei na *Vida de Bruto*[178]. 9. César, entretanto, considerava-o suspeito, de sorte que um dia disse aos amigos: "O que vos parece que Cássio deseja? A mim, não me agrada muito, visto que ele é pálido demais". 10. Conta-se que, uma outra vez, chegando a ele uma acusação de que Antônio e Dolabela tramavam revolução, ele disse: "Não temo absolutamente estes, gordos e cabeludos, mas sobretudo aqueles, pálidos e magros", referindo-se a Cássio e Bruto.

[63] 1. Mas parece que o destino não é tão inesperado quanto inevitável, pois dizem que foram vistos sinais admiráveis e aparições. 2. Certamente os clarões no céu, os rumores noturnos produzidos em muitos lugares, as aves de rapina que desciam no *forum* talvez não mereçam ser citados a propósito de tão grande acontecimento. 3. O filósofo Estrabão, porém, narra que se tornou visível a muitos que homens em chamas se arremessavam uns contra os outros; que o escravo de um soldado lançou de sua mão uma grande chama e para aqueles que o viam parecia que ele estava se queimando, mas, quando se extinguiu a chama, o homem estava intacto; 4. ele narra que ao próprio César, enquanto sacrificava, não apareceu o coração da vítima, e esse prodígio era assustador, visto que, por natureza certamente, não nasce um animal sem o coração. 5. É possível também ouvir muitos relatar que um adivinho predisse a César que se resguardasse de um grande perigo no dia do mês de março, que os romanos chamam os Idos; 6. e que tendo chegado esse dia, estando César a caminho do Senado, escarneceu do adivinho, depois de saudá-lo, dizendo: "Eis que vieram os Idos de março"; e ele tranqüilamente respondeu: "Sim, chegaram, mas não passaram". 7. No dia anterior, quando Marco Lépido lhe oferecia um jantar, aconteceu que ele estava assinando cartas como era seu costume,

---

178. Cássio odiava César por lhe ter tirado, em 48 a.C., em Mégara, os leões que ele destinava aos jogos que, como edil, ele apresentaria; além disso, por ter dado preferência a Bruto para a pretura, e por retardar seu acesso ao consulado.

VIDAS DE CÉSAR

ἐμπεσόντος δὲ λόγου, ποῖος ἄρα τῶν θανάτων ἄριστος, ἅπαντας φθάσαςἐξεβόησεν· '''Οἀπροσδόκητος.''8.Μετὰταῦτακοιμώμενος ὥσπερ εἰώθει παρὰ τῇ γυναικί, πασῶν ἅμα τῶν θυρῶν τοῦ δωματίουκαὶτῶνθυρίδωνἀναπεταννυμένων,διαταραχθεὶςἅμα τῷ κτύπῳ καὶ τῷ φωτὶ καταλαμπούσης τῆς σελήνης, ἤσθετο τὴν Καλπουρνίαν βαθέως μὲν καθεύδουσαν, ἀσαφεῖς δὲ φωνὰς καὶ στεναγμοὺς ἀνάρθρους ἀναπέμπουσαν ἐκ τῶν ὕπνων· 9. ἐδόκει δ' ἄρα κλαίειν ἐκεῖνον ἐπὶ ταῖς ἀγκάλαις ἔχουσα κατεσφαγμένον· οἱ δ' οὔ φασι τῇ γυναικὶ ταύτην γενέσθαι τὴν ὄψιν, ἀλλ', ἦν γάρ τι τῇ Καίσαρος οἰκίᾳ προσκείμενον οἷον ἐπὶ κόσμῳ καὶ σεμνότητι τῆς βουλῆς ψηφισαμένης ἀκρωτήριον, ὡς Λίβιος ἱστορεῖ, τοῦτ' ὄναρ ἡ Καλπουρνία θεασαμένη καταρρηγνύμενον ἔδοξεποτνιᾶσθαικαὶδακρύειν. 10. Ἡμέρας δ' οὖν γενομένης ἐδεῖτο τοῦ Καίσαρος, εἰ μὲν οἷόν τε, μὴ προελθεῖν, ἀλλ' ἀναβαλέσθαι τὴν σύγκλητον· εἰ δὲ τῶν ἐκείνης ὀνείρων ἐλάχιστα φροντίζει, σκέψασθαι διὰ μαντικῆς ἄλλης καὶ ἱερῶν περὶ τοῦ μέλλοντος. 11. Εἶχε δέ τις ὡς ἔοικε κἀκεῖνον ὑποψία καὶ φόβος· οὐδένα γὰρ γυναικισμὸν ἐν δεισιδαιμονίᾳ πρότερον κατεγνώκει τῆς Καλπουρνίας, τότε δ' ἑώρα περιπαθοῦσαν. 12. Ὡς δὲ καὶ πολλὰ καταθύσαντες οἱ μάντεις ἔφρασαν αὐτῷ δυσιερεῖν, ἔγνω πέμψας Ἀντώνιον ἀφεῖναι τὴν σύγκλητον.

[64] 1. Ἐν δὲ τούτῳ Δέκιμος Βροῦτος ἐπίκλησιν Ἀλβῖνος, πιστευόμενος μὲν ὑπὸ Καίσαρος, ὥστε καὶ δεύτερος ὑπ' αὐτοῦ κληρονόμος γεγράφθαι, τοῖς δὲ περὶ Βροῦτον τὸν ἕτερον καὶ Κάσσιον μετέχων τῆς συνωμοσίας, 2. φοβηθεὶς μὴ τὴν ἡμέραν ἐκείνην διακρουσαμένου τοῦ Καίσαρος ἔκπυστος ἡ πρᾶξις γένηται, τούς τε μάντεις ἐχλεύαζε καὶ καθήπτετο τοῦ Καίσαρος, ὡς αἰτίας καὶ διαβολὰς ἑαυτῷ κτωμένου πρὸς τὴν σύγκλητον, ἐντρυφᾶσθαι δοκοῦσαν· 3. ἥκειν μὲν γὰρ αὐτὴν κελεύσαντος ἐκείνου, καὶ προθύμους εἶναι ψηφίζεσθαι πάντας, ὅπως τῶν ἐκτὸς Ἰταλίας ἐπαρχιῶν βασιλεὺς ἀναγορεύοιτο καὶ φοροίη διάδηματὴνἄλληνἐπιὼνγῆν<τε>καὶθάλασσαν·4.εἰδὲφράσειτις αὐτοῖς καθεζομένοις νῦν μὲν ἀπαλλάττεσθαι, παρεῖναι δ' αὖθις,

252

PLUTARCO: CÉSAR

enquanto se reclinava na mesa; como a conversa inesperadamente chegou à pergunta acerca de qual é a melhor das mortes, César, adiantando-se a todos, exclamou: "A inesperada". 8. Depois disso, enquanto dormia, como habitualmente, junto de sua mulher, escancararam-se ao mesmo tempo todas as portas e janelas do quarto; perturbado pelo barulho e pela claridade da lua que iluminava o aposento, percebeu que Calpúrnia dormia profundamente e emitia em seu sono palavras obscuras e gemidos inarticulados; 9. ela imaginava então que derramava lágrimas por ter seu marido em seus braços decapitado; outros dizem que sua esposa não teve essa visão, mas uma outra: havia, de fato, uma benfeitoria na casa de César como para adorná-la e dar-lhe imponência, um acrotério, votado pelo Senado, segundo diz Tito Lívio, e Calpúrnia imaginou que se lamentava e chorava por ter visto em sonho que esse acrotério se quebrava. 10. Quando então surgiu o dia, ela pedia a César que, se fosse possível, não saísse, e adiasse a reunião do Senado; e que, se suas preocupações com os sonhos dela eram mínimas, que fizesse indagação acerca do futuro por outros meios de adivinhação e por sacrifícios. 11. Apoderou-se dele também, como parece, certa desconfiança e certo temor. Com efeito, ele não tinha observado antes em Calpúrnia nenhuma debilidade mulheril a propósito de superstição, e ele a via nesse momento fortemente impressionada. 12. Como os adivinhos também, após muitos sacrifícios, declararam que os presságios eram desfavoráveis, ele decidiu enviar Antônio e suspender a reunião do Senado.

[64] 1. Neste ínterim, Décimo Bruto, cognominado Albino, que desfrutava de tanta confiança de César que foi inscrito por ele como segundo herdeiro, mas que participava da conspiração com o outro Bruto e Cássio, 2. temendo que a trama fosse descoberta, se César evitasse aquele dia, zombava dos adivinhos e criticava César, pois ele estava atraindo a si acusações e censuras da parte do Senado, se este se julgasse ridicularizado; 3. com efeito, César tinha ordenado que o Senado se reunisse e que todos estivessem prontos a votar para que ele fosse proclamado rei das províncias fora da Itália e usasse o diadema, percorrendo terra e mar além da Itália. 4. Se alguém lhes disser que se retirem, agora que estão sentados, e voltem uma outra

VIDAS DE CÉSAR

ὅταν ἐντύχῃ βελτίοσιν ὀνείροις Καλπουρνία, τίνας ἔσεσθαι λόγους παρὰ τῶν φθονούντων; 5. ἢ τίνα τῶν φίλων ἀνέξεσθαι διδασκόντων ὡς οὐχὶ δουλεία ταῦτα καὶ τυραννίς ἐστιν; ἀλλ' εἰ δοκεῖ πάντως, ἔφη, τὴν ἡμέραν ἀφοσιώσασθαι, βέλτιον αὐτὸν παρελθόντα καὶ προσαγορεύσαντα τὴν βουλὴν ὑπερθέσθαι. 6. Ταῦθ' ἅμα λέγων ὁ Βροῦτος ἦγε τῆς χειρὸς λαβόμενος τὸν Καίσαρα. καὶ μικρὸν μὲν αὐτῷ προελθόντι τῶν θυρῶν οἰκέτης <τις> ἀλλότριος ἐντυχεῖν προθυμούμενος, ὡς ἡττᾶτο τοῦ περὶ ἐκεῖνον ὠθισμοῦ καὶ πλήθους, βιασάμενος εἰς τὴν οἰκίαν παρέδωκεν ἑαυτὸν τῇ Καλπουρνίᾳ, φυλάττειν κελεύσας ἄχρι ἂν ἐπανέλθῃ Καῖσαρ, ὡς ἔχων μεγάλα πράγματα κατειπεῖν πρὸς αὐτόν.

[65] 1. Ἀρτεμίδωρος δὲ Κνίδιος τὸ γένος, Ἑλληνικῶν λόγων σοφιστὴς καὶ διὰ τοῦτο γεγονὼς ἐνίοις συνήθης τῶν περὶ Βροῦτον, ὥστε καὶ γνῶναι τὰ πλεῖστα τῶν πραττομένων, ἧκε μὲν ἐν βιβλιδίῳ κομίζων ἅπερ ἔμελλε μηνύειν· 2. ὁρῶν δὲ τὸν Καίσαρα τῶν βιβλιδίων ἕκαστον δεχόμενον καὶ παραδιδόντα τοῖς περὶ αὐτὸν ὑπηρέταις, ἐγγὺς σφόδρα προσελθών, "Τοῦτ'," ἔφη "Καῖσαρ ἀνάγνωθι μόνος καὶ ταχέως· γέγραπται γὰρ ὑπὲρ πραγμάτων μεγάλων καὶ σοὶ διαφερόντων." 3. Δεξάμενος οὖν ὁ Καῖσαρ, ἀναγνῶναι μὲν ὑπὸ πλήθους τῶν ἐντυγχανόντων ἐκωλύθη, καίπερ ὁρμήσας πολλάκις, ἐν δὲ τῇ χειρὶ κατέχων καὶ φυλάττων μόνον ἐκεῖνο παρῆλθεν εἰς τὴν σύγκλητον. 4. Ἔνιοι δέ φασιν ἄλλον ἐπιδοῦναι τὸ βιβλίον τοῦτο, τὸν δ' Ἀρτεμίδωρον οὐδ' ὅλως προσελθεῖν, ἀλλ' ἐκθλιβῆναι παρὰ πᾶσαν τὴν ὁδόν.

[66] 1. Ἀλλὰ ταῦτα μὲν ἤδη που φέρει καὶ τὸ αὐτόματον· ὁ δὲ δεξάμενος τὸν φόνον ἐκεῖνον καὶ τὸν ἀγῶνα χῶρος, εἰς ὃν ἡ σύγκλητος ἠθροίσθη τότε, Πομπηΐου μὲν εἰκόνα κειμένην ἔχων, Πομπηΐου δ' ἀνάθημα γεγονὼς τῶν προσκεκοσμημένων τῷ θεάτρῳ, παντάπασιν ἀπέφαινε δαίμονός τινος ὑφηγουμένου καὶ καλοῦντος ἐκεῖ τὴν πρᾶξιν ἔργον γεγονέναι. 2. Καὶ γὰρ οὖν καὶ λέγεται Κάσσιος εἰς τὸν ἀνδριάντα τοῦ Πομπηΐου πρὸ τῆς ἐγχειρήσεως ἀποβλέπων ἐπικαλεῖσθαι σιωπῇ, καίπερ οὐκ ἀλλότριος ὢν τῶν Ἐπικούρου λόγων· 3. ἀλλ' ὁ καιρὸς ὡς ἔοικεν

PLUTARCO: CÉSAR

vez, quando Calpúrnia tiver tido melhores sonhos, que dirão os invejosos? 5. Ou quem ouviria pacientemente teus amigos tentar demonstrar não ser isso escravidão e tirania? Mas, continuou ele, se absolutamente estás decidido a livrar-se desse dia por sentimento religioso, é melhor que tu, apresentando-te em pessoa e dirigindo a palavra ao Senado, adies a reunião. 6. Falando assim, Bruto conduziu César, tomando-o pela mão. Quando este caminhou um pouco além de sua porta, um escravo alheio que se esforçava por encontrá-lo, como era impedido pelo tumulto da multidão em torno dele, abriu à força um caminho para a casa e entregou-se nas mãos de Calpúrnia, pedindo-lhe que ficasse com ele até o retorno de César, porque tinha importantes assuntos a lhe revelar.

[65] 1. Artemidoro, originário de Cnido, um mestre das letras gregas, e que, por isso, se tinha tornado familiar de alguns dos partidários de Bruto para também saber a maior parte do que se tramava, chegou trazendo num bilhete as revelações que ele lhe ia fazer; 2. mas vendo que César recebia todos os bilhetes e os entregava a seus subordinados, aproximando-se muito dele, disse-lhe: "Lê isto, César, sozinho e rapidamente, pois foi escrito sobre questões importantes e que te interessam". 3. Depois então que César o recebeu, foi impedido de lê-lo pela multidão dos que tentavam chegar a ele, embora se tivesse disposto a fazê-lo muitas vezes, mas, segurando-o na mão e guardando apenas aquele, entrou no Senado. 4. Dizem alguns que foi um outro que lhe entregou esse bilhete, e que Artemidoro absolutamente não se aproximou dele, mas foi comprimido em todo o caminho pela multidão.

[66] 1. Ora, todos esses fatos podem sem dúvida ser também produto do acaso; mas o lugar que se tornou sede da luta e daquele assassinato, e onde então se tinha reunido o Senado, contendo uma estátua de Pompeu e tendo sido uma oferenda de Pompeu entre os ornamentos acrescentados a seu teatro, provava cabalmente que era a obra de uma divindade que estava chamando e guiando a ação para lá. 2. De fato, diz-se também que Cássio, antes do assassinato, dirigindo o olhar para a estátua de Pompeu, invocou-o em silêncio, embora não fosse alheio à doutrina de Epicuro; 3. mas, como é natural, o momento

VIDAS DE CÉSAR

ἤδη τοῦ δεινοῦ παρεστῶτος ἐνθουσιασμὸν ἐνεποίει καὶ πάθος ἀντὶ τῶν προτέρων λογισμῶν. 4. Ἀντώνιον μὲν οὖν, πιστὸν ὄντα Καίσαρι καὶ ῥωμαλέον, ἔξω παρακατεῖχε Βροῦτος Ἀλβῖνος, ἐμβαλὼν ἐπίτηδες ὁμιλίαν μῆκος ἔχουσαν· 5. εἰσιόντος δὲ Καίσαρος ἡ βουλὴ μὲν ὑπεξανέστη θεραπεύουσα, τῶν δὲ περὶ Βροῦτον οἱ μὲν ἐξόπισθεν τὸν δίφρον αὐτοῦ περιέστησαν, οἱ δ' ἀπήντησαν ὡς δὴ Τιλλίῳ Κίμβρῳ περὶ ἀδελφοῦ φυγάδος ἐντυχάνοντι συνδεησόμενοι, καὶ συνεδέοντο μέχρι τοῦ δίφρου παρακολουθοῦντες. 6. Ὡς δὲ καθίσας διεκρούετο τὰς δεήσεις καὶ προσκειμένων βιαιότερον ἠγανάκτει πρὸς ἕκαστον, ὁ μὲν Τίλλιος τὴν τήβεννον αὐτοῦ ταῖς χερσὶν ἀμφοτέραις συλλαβὼν ἀπὸ τοῦ τραχήλου κατῆγεν, ὅπερ ἦν σύνθημα τῆς ἐπιχειρήσεως. 7. Πρῶτος δὲ Κάσκας ξίφει παίει παρὰ τὸν αὐχένα πληγὴν οὐ θανατηφόρον οὐδὲ βαθεῖαν, ἀλλ' ὡς εἰκὸς ἐν ἀρχῇ τολμήματος μεγάλου ταραχθείς, ὥστε καὶ τὸν Καίσαρα μεταστραφέντα τοῦ ἐγχειριδίου λαβέσθαι καὶ κατασχεῖν. 8. Ἅμα δέπωςἐξεφώνησαν,ὁμὲνπληγεὶςῬωμαϊστί·"ΜιαρώτατεΚάσκα, τί ποιεῖς;" ὁ δὲ πλήξας Ἑλληνιστὶ πρὸς τὸν ἀδελφόν· "'Αδελφέ, βοήθει." 9. Τοιαύτης δὲ τῆς ἀρχῆς γενομένης, τοὺς μὲν οὐδὲν συνειδότας ἔκπληξις εἶχε καὶ φρίκη πρὸς τὰ δρώμενα, μήτε φεύγειν μήτ' ἀμύνειν, ἀλλὰ μηδὲ φωνὴν ἐκβάλλειν τολμῶντας. 10. Τῶν δὲ παρεσκευασμένων ἐπὶ τὸν φόνον ἑκάστου γυμνὸν ἀποδείξαντος τὸ ξίφος, ἐν κύκλῳ περιεχόμενος, καὶ πρὸς ὅ τι τρέψειε τὴν ὄψιν, πληγαῖς ἀπαντῶν καὶ σιδήρῳ φερομένῳ καὶ κατὰ προσώπου καὶ κατ' ὀφθαλμῶν, διελαυνόμενος ὥσπερ θηρίον ἐνειλεῖτο ταῖς πάντων χερσίν· 11. ἅπαντας γὰρ ἔδει κατάρξασθαι καὶ γεύσασθαι τοῦ φόνου. διὸ καὶ Βροῦτος αὐτῷ πληγὴν ἐνέβαλε μίαν εἰς τὸν βουβῶνα. 12. Λέγεται δ' ὑπό τινων, ὡς ἄρα πρὸς τοὺς ἄλλους ἀπομαχόμενος καὶ διαφέρων δεῦρο κἀκεῖ τὸ σῶμα καὶ κεκραγώς, ὅτε Βροῦτον εἶδεν ἐσπασμένον τὸ ξίφος, ἐφειλκύσατο κατὰ τῆς κεφαλῆς τὸ ἱμάτιον καὶ παρῆκεν ἑαυτόν, εἴτ' ἀπὸ τύχης εἴθ' ὑπὸ τῶν κτεινόντων ἀπωσθεὶς πρὸς τὴν βάσιν ἐφ' ἧς ὁ Πομπηΐου βέβηκεν ἀνδριάς. 13. Καὶ πολὺς καθήμαξεν αὐτὴν ὁ φόνος, ὡς δοκεῖν

256

PLUTARCO: CÉSAR

do perigo iminente fazia surgir em seu espírito entusiasmo e emoção em lugar dos antigos raciocínios. 4. Bruto Albino detinha então na parte de fora Antônio, que era um homem robusto e fiel a César, levando-o propositalmente a uma longa conversação. 5. Quando César entrou, os senadores levantaram-se por respeito. Alguns dos partidários de Bruto se dispuseram por detrás, em redor do trono de César; outros foram ao seu encontro, como para unir suas súplicas às de Tílio Cimbro, que intercedia por seu irmão exilado, e eles uniam seus rogos aos dele acompanhando César até seu trono. 6. Mas, como depois de tomar assento, ele repelia suas súplicas, e como, insistindo eles mais energicamente, César se indignava contra cada um, Tílio agarrou sua toga com as duas mãos e fê-la descer de seu pescoço; esse era o sinal combinado para o ataque. 7. Casca foi o primeiro que com um punhal desferiu em sua nuca um golpe, não mortal nem profundo, mas perturbou-se, como era natural no início de um empreendimento de grande ousadia, de sorte que César se voltou, apoderou-se do punhal e segurou-o firmemente. 8. Quase ao mesmo tempo, os dois gritaram, o ferido em latim: "Amaldiçoado Casca, que fazes"?, e aquele que o feriu se dirigiu em grego ao irmão: "Irmão, ajuda-me". 9. Assim foi o começo; o espanto e o abalo diante daquilo que se passava dominavam os que de nada sabiam, e eles então nem ousavam fugir nem defender César, nem mesmo emitir um som. 10. E, quando cada um dos que estavam preparados para o assassinato mostrou a espada nua, César, cercado de todos os lados, e, para qualquer ponto que voltasse o olhar, deparando com golpes de armas de ferro dirigidos ao seu rosto e aos olhos, debatia-se trespassado de lado a lado, como uma fera entre as mãos de todos, 11. pois todos deviam participar do sacrifício e desfrutar do assassinato. Por isso, também Bruto lhe aplicou um golpe na virilha. 12. Alguns dizem que então, embora ele lutasse contra os outros, deslocando-se daqui e dali e gritando, quando viu Bruto tirar seu punhal, puxou a toga sobre a cabeça e deixou-se cair, ou por acaso ou por ter sido empurrado por seus assassinos, perto do pedestal no qual se achava a estátua de Pompeu. 13. E abundante sangue da vítima cobriu esse pedestal, de sorte que parecia

VIDAS DE CÉSAR

αὐτὸν ἐφεστάναι τῇ τιμωρίᾳ τοῦ πολεμίου Πομπήϊον, ὑπὸ πόδας κεκλιμένου καὶ περισπαίροντος ὑπὸ πλήθους τραυμάτων. 14. Εἴκοσι γὰρ καὶ τρία λαβεῖν λέγεται, καὶ πολλοὶ κατετρώθησαν ὑπ' ἀλλήλων, εἰς ἓν ἀπερειδόμενοι σῶμα πληγὰς τοσαύτας.

[67] 1. Κατειργασμένου δὲ τοῦ ἀνδρός, ἡ μὲν γερουσία, καίπερ εἰς μέσον Βρούτου <προ>ελθόντος ὥς τι περὶ τῶν πεπραγμένων ἐροῦντος, οὐκ ἀνασχομένη διὰ θυρῶν ἐξέπιπτε καὶ φεύγουσα κατέπλησε ταραχῆς καὶ δέους ἀπόρου τὸν δῆμον, ὥστε τοὺς μὲν οἰκίας κλείειν, τοὺς δ' ἀπολείπειν τραπέζας καὶ χρηματιστήρια, δρόμῳ δὲ χωρεῖν τοὺς μὲν ἐπὶ τὸν τόπον ὀψομένους τὸ πάθος, τοὺς δ' ἐκεῖθεν ἑωρακότας. 2. Ἀντώνιος δὲ καὶ Λέπιδος οἱ μάλιστα φίλοι Καίσαρος ὑπεκδύντες εἰς οἰκίας ἑτέρας κατέφυγον. 3. Οἱ δὲ περὶ Βροῦτον, ὥσπερ ἦσαν ἔτι θερμοὶ τῷ φόνῳ, γυμνὰ τὰ ξίφη δεικνύντες ἅμα πάντες ἀπὸ τοῦ βουλευτηρίου συστραφέντες ἐχώρουν εἰς τὸ Καπιτώλιον, οὐ φεύγουσιν ἐοικότες, ἀλλὰ μάλα φαιδροὶ καὶ θαρραλέοι, παρακαλοῦντες ἐπὶ τὴν ἐλευθερίαν τὸ πλῆθος καὶ προσδεχόμενοι τοὺς ἀρίστους τῶν ἐντυγχανόντων. 4. Ἔνιοι δὲ καὶ συνανέβαινον αὐτοῖς καὶ κατεμείγνυσαν ἑαυτούς, ὡς μετεσχηκότες τοῦ ἔργου, καὶ προσεποιοῦντο τὴν δόξαν, ὧν ἦν καὶ Γάϊος Ὀκτάουϊος καὶ Λέντλος Σπινθήρ. 5. Οὗτοι μὲν οὖν τῆς ἀλαζονείας δίκην ἔδωκαν ὕστερον, ὑπ' Ἀντωνίου καὶ τοῦ νέου Καίσαρος ἀναιρεθέντες, καὶ μηδὲ τῆς δόξης δι' ἣν ἀπέθνησκον ἀπολαύσαντες ἀπιστίᾳ τῶν ἄλλων. 6. Οὐδὲ γὰρ οἱ κολάζοντες αὐτοὺς τῆς πράξεως, ἀλλὰ τῆς βουλήσεως τὴν δίκην ἔλαβον. 7. Μεθ' ἡμέραν δὲ τῶν περὶ Βροῦτον κατελθόντων καὶ ποιησαμένων λόγους, ὁ μὲν δῆμος οὔτε δυσχεραίνων οὔθ' ὡς ἐπαινῶν τὰ πεπραγμένα τοῖς λεγομένοις προσεῖχεν, ἀλλ' ὑπεδήλου τῇ πολλῇ σιωπῇ Καίσαρα μὲν οἰκτίρων, αἰδούμενος δὲ Βροῦτον· 8. ἡ δὲ σύγκλητος ἀμνηστίας τινὰς καὶ συμβάσεις πράττουσα πᾶσι, Καίσαρα μὲν ὡς θεὸν τιμᾶν ἐψηφίσατο καὶ κινεῖν μηδὲ τὸ μικρότατον ὧν ἐκεῖνος ἄρχων ἐβούλευσε, 9. τοῖς δὲ περὶ Βροῦτον ἐπαρχίας τε διένειμε καὶ

---

179. Os conspiradores tinham pensado em matar Antônio, que era então cônsul, mas foram dissuadidos por Bruto. Ele fugiu, disfarçado em homem do povo. Lépido foi ao encontro do exército que ele tinha reunido fora da cidade para partir para suas províncias.

PLUTARCO: CÉSAR

que Pompeu em pessoa presidia a vingança contra seu inimigo, que estava estendido a seus pés e se debatia convulsivamente sob o grande número de ferimentos. 14. Diz-se, com efeito, que ele tinha recebido vinte e três; e muitos se feriram mutuamente, enquanto aplicavam tantos golpes num só corpo.

[67] 1. Estando César já morto, embora Bruto se dirigisse para o centro da assembléia como para dizer alguma coisa sobre o que tinha sido feito, os senadores não podendo conter-se precipitaram-se portas a fora, e, fugindo, encheram o povo de confusão e de medo insuperável; assim, uns fechavam suas casas, outros abandonavam seus bancos e locais de comércio; uns partiam correndo ao Senado para ver o que tinha acontecido, outros voltavam de lá depois de tê-lo visto. 2. Antônio e Lépido, os principais amigos de César, fugiram secretamente e refugiaram-se em casas alheias[179]. 3. Bruto e seus companheiros, como ainda estavam acalorados em virtude do assassinato, mostrando os punhais nus, todos ao mesmo tempo, em massa, retiraram-se do Senado e partiram para o Capitólio, não se assemelhando a fugitivos, mas muito contentes e resolutos, exortando o povo à liberdade e acolhendo amavelmente os notáveis que se lhes deparavam. 4. Alguns também subiram e se misturaram com eles, como se tivessem tomado parte no acontecimento, e reivindicavam por isso a glória. Entre esses estavam Caio Otávio e Lêntulo Espínter. 5. Esses homens, então, foram punidos mais tarde por sua presunção, tendo sido levados à morte por Antônio e pelo jovem César, sem nem mesmo ter desfrutado da glória pela qual morriam, e isso em virtude da incredulidade dos outros. 6. De fato, nem mesmo aqueles que os castigaram lhes infligiram pena pela ação, mas sim pela intenção. 7. No dia seguinte[180], quando Bruto e seus partidários desceram ao *forum* e proferiram discursos, o povo prestava atenção no que era dito sem indignar-se, e também sem parecer que aprovava o que tinha sido feito, mas insinuava, por seu grande silêncio, que, enquanto se compadecia de César, respeitava Bruto. 8. O Senado, procurando fazer uma anistia e tentando uma reconciliação geral, decidiu por voto que César fosse honrado como deus, e que não se tocasse nem mesmo na menor das medidas que ele tinha tomado quando estava no poder; 9. atribuiu províncias a Bruto e aos seus

---

180. Isso ocorreu no mesmo dia, 15 de março, pois no dia seguinte os soldados de Antônio e de Lépido os teriam impedido de fazê-lo.

VIDAS DE CÉSAR

τιμὰς ἀπέδωκε πρεπούσας, ὥστε πάντας οἴεσθαι τὰ πράγματα κατάστασιν ἔχειν καὶ σύγκρασιν ἀπειληφέναι τὴν ἀρίστην.

[68] 1. Ἐπεὶ δὲ τῶν διαθηκῶν τῶν Καίσαρος ἀνοιχθεισῶν εὑρέθη δεδομένη Ῥωμαίων ἑκάστῳ δόσις ἀξιόλογος, καὶ τὸ σῶμα κομιζόμενον δι' ἀγορᾶς ἐθεάσαντο ταῖς πληγαῖς διαλελωβημένον, οὐκέτι κόσμον εἶχεν οὐδὲ τάξιν αὐτῶν τὸ πάθος, ἀλλὰ τῷ μὲν νεκρῷ περισωρεύσαντες ἐξ ἀγορᾶς βάθρα καὶ κιγκλίδας καὶ τραπέζας, ὑφῆψαν αὐτοῦ καὶ κατέκαυσαν, 2. ἀράμενοι δὲ δαλοὺς διαπύρους ἔθεον ἐπὶ τὰς οἰκίας τῶν ἀνῃρηκότων ὡς καταφλέξοντες, ἄλλοι δ' ἐφοίτων πανταχόσε τῆς πόλεως, συλλαβεῖν καὶ διασπάσασθαι τοὺς ἄνδρας ζητοῦντες. οἷς ἐκείνων μὲν οὐδεὶς ἀπήντησεν, ἀλλ' εὖ πεφραγμένοι πάντες ἦσαν· 3. Κίννας δέ τις τῶν Καίσαρος ἑταίρων ἔτυχε μὲν ὥς φασι τῆς παρῳχημένης νυκτὸς ὄψιν ἑωρακὼς ἄτοπον· ἐδόκει γὰρ ὑπὸ Καίσαρος ἐπὶ δεῖπνον καλεῖσθαι, παραιτούμενος δ' ἄγεσθαι τῆς χειρὸς ὑπ' αὐτοῦ, μὴ βουλόμενος ἀλλ' ἀντιτείνων. 4. Ὡς δ' ἤκουσεν ἐν ἀγορᾷ τὸ σῶμα καίεσθαι τοῦ Καίσαρος, ἀναστὰς ἐβάδιζεν ἐπὶ τιμῇ, καίπερ ὑφορώμενός τε τὴν ὄψιν ἅμα καὶ πυρέττων. 5. Καί τις ὀφθέντος αὐτοῦ τῶν πολλῶν ἔφρασεν ἑτέρῳ τοὔνομα πυνθανομένῳ, κἀκεῖνος ἄλλῳ, καὶ διὰ πάντων θροῦς ἦν, ὡς οὗτός ἐστιν ὁ ἀνὴρ τῶν ἀνῃρηκότων Καίσαρα· 6. καὶ γὰρ ἦν τις ὁμώνυμος ἐκείνῳ Κίννας ἐν τοῖς συνομοσαμένοις, ὃν τοῦτον εἶναι προλαβόντες, ὥρμησαν εὐθὺς καὶ διέσπασαν ἐν μέσῳ τὸν ἄνθρωπον. 7. Τοῦτο μάλιστα δείσαντες οἱ περὶ Βροῦτον καὶ Κάσσιον οὐ πολλῶν ἡμερῶν διαγενομένων ἀπεχώρησαν ἐκ τῆς πόλεως. ἃ δὲ καὶ πράξαντες καὶ παθόντες ἐτελεύτησαν, ἐν τοῖς περὶ Βρούτου γέγραπται.

[69] 1. Θνῄσκει δὲ Καῖσαρ τὰ μὲν πάντα γεγονὼς ἔτη πεντήκοντα καὶ ἕξ, Πομπηΐῳ δ' ἐπιβιώσας οὐ πολὺ πλέον ἐτῶν τεσσάρων, ἣν δὲ τῷ βίῳ παντὶ δυναστείαν καὶ ἀρχὴν διὰ κινδύνων τοσούτων διώκων μόλις κατειργάσατο, ταύτης οὐδὲν ὅτι μὴ τοὔνομα μόνον καὶ τὴν ἐπίφθονον καρπωσάμενος δόξαν παρὰ τῶν πολιτῶν. 2. Ὁ μέντοι μέγας αὐτοῦ δαίμων,

260

PLUTARCO: CÉSAR

partidários e concedeu-lhes honras adequadas; assim, todos criam que a situação se normalizara e encontrara a melhor harmonização.

[68] 1. Mas depois que, tendo sido aberto o testamento de César, foi averiguado que a doação feita a cada romano era considerável, e depois que se viu ser o corpo transportado através do *forum*, desfigurado pelos ferimentos, o povo já não mantinha disciplina nem ordem, mas amontoando em torno do cadáver bancos, grades e mesas tomados do *forum*, aí pôs fogo e queimou o corpo; 2. depois, erguendo tições esbraseados, correu às casas dos assassinos para incendiá-las, enquanto outros percorriam todos os lugares da cidade, procurando agarrá-los e despedaçá-los. Nenhum desses se lhes apresentou, mas, ao contrário, estavam todos bem entrincheirados. 3. Aconteceu que Cina, um dos amigos de César, teve, como dizem, uma visão estranha, na noite precedente; parecia-lhe que era convidado de César para uma ceia, mas que, como recusava, era conduzido por ele pela mão, contra a vontade e oferecendo resistência. 4. Quando ouviu dizer que se queimava o corpo de César no *forum*, levantou-se e foi prestar-lhe homenagem, embora experimentasse receios em virtude de sua visão e também tivesse febre. 5. Quando ele foi notado, alguém na multidão disse seu nome a um outro que procurava sabê-lo, e este a um terceiro, e correu por toda a multidão o rumor de que ele era um dos assassinos de César. 6. De fato, havia entre os conjurados alguém que tinha o mesmo nome que ele, Cina; e presumindo que este homem era ele, arremessaram-se logo em cima e prontamente o despedaçaram. 7. Assustados ao máximo por esse acontecimento, Bruto e Cássio, transcorridos não muitos dias, partiram da cidade. O que fizeram e o que sofreram antes de morrer está exposto na *Vida de Bruto*.

[69] 1. César morreu com a idade de 56 anos completos, tendo sobrevivido a Pompeu não muito mais de quatro anos[181]; do poder e do domínio que perseguiu toda a vida através de grandes riscos e que penosamente obteve não colheu fruto algum, salvo o nome e a glória que excitou a inveja de seus concidadãos. 2. Entretanto, seu grande gênio protetor, a

---

181. Na realidade, menos de quatro anos, pois Pompeu morrera em 28 de setembro de 48 a.C.

VIDAS DE CÉSAR

ᾧ παρὰ τὸν βίον ἐχρήσατο, καὶ τελευτήσαντος ἐπηκολούθησε τιμωρὸς τοῦ φόνου, διά τε γῆς πάσης καὶ θαλάττης ἐλαύνων καὶ ἀνιχνεύων ἄχρι τοῦ μηδένα λιπεῖν τῶν ἀπεκτονότων, ἀλλὰ καὶ τοὺς καθ' ὁτιοῦν ἢ χειρὶ τοῦ ἔργου θιγόντας ἢ γνώμη μετασχόντας ἐπεξελθεῖν. 3. Θαυμασιώτατον δὲ τῶν μὲν ἀνθρωπίνων τὸ περὶ Κάσσιον· ἡττηθεὶς γὰρ ἐν Φιλίπποις, ἐκείνῳ τῷ ξιφιδίῳ διέφθειρεν ἑαυτὸν ᾧ κατὰ Καίσαρος ἐχρήσατο· 4. τῶν δὲ θείων ὅ τε μέγας κομήτης (ἐφάνη γὰρ ἐπὶ νύκτας ἑπτὰ μετὰ τὴν Καίσαρος σφαγὴν διαπρεπής, εἶτ' ἠφανίσθη), καὶ τὸ περὶ τὸν ἥλιον ἀμαύρωμα τῆς αὐγῆς. 5. Ὅλον γὰρ ἐκεῖνον τὸν ἐνιαυτὸν ὠχρὸς μὲν ὁ κύκλος καὶ μαρμαρυγὰς οὐκ ἔχων ἀνέτελλεν, ἀδρανὲς δὲ καὶ λεπτὸν ἀπ' αὐτοῦ κατῄει τὸ θερμόν, ὥστε τὸν μὲν ἀέρα δνοφερὸν καὶ βαρὺν ἀσθενείᾳ τῆς διακρινούσης αὐτὸν ἀλέας ἐπιφέρεσθαι, τοὺς δὲ καρποὺς ἡμιπέπτους καὶ ἀτελεῖς ἀπανθῆσαι καὶ παρακμάσαι διὰ τὴν ψυχρότητα τοῦ περιέχοντος. 6. Μάλιστα δὲ τὸ Βρούτῳ γενόμενον φάσμα τὴν Καίσαρος ἐδήλωσε σφαγὴν οὐ γενομένην θεοῖς ἀρεστήν· ἦν δὲ τοιόνδε. 7. Μέλλων τὸν στρατὸν ἐξ Ἀβύδου διαβιβάζειν εἰς τὴν ἑτέραν ἤπειρον, ἀνεπαύετο νυκτὸς ὥσπερ εἰώθει κατὰ σκηνήν, οὐ καθεύδων, ἀλλὰ φροντίζων περὶ τοῦ μέλλοντος· 8. λέγεται γὰρ οὗτος ἀνὴρ ἥκιστα δὴ τῶν στρατηγῶν ὑπνώδης γενέσθαι καὶ πλεῖστον ἑαυτῷ χρόνον ἐγρηγορότι χρῆσθαι πεφυκώς· 9. ψόφου δέ τινος αἰσθέσθαι περὶ τὴν θύραν ἔδοξε, καὶ πρὸς τὸ τοῦ λύχνου φῶς ἤδη καταφερομένου σκεψάμενος, ὄψιν εἶδε φοβερὰν ἀνδρὸς ἐκφύλου τὸ μέγεθος καὶ χαλεποῦ τὸ εἶδος. 10. Ἐκπλαγεὶς δὲ τὸ πρῶτον, ὡς ἑώρα μήτε πράττοντά τι μήτε φθεγγόμενον, ἀλλ' ἑστῶτα σιγῇ παρὰ τὴν κλίνην, ἠρώτα [ὅσ]τίς ἐστιν. 11. Ἀποκρίνεται δ' αὐτῷ τὸ φάσμα· "Ὁ σὸς, ὦ Βροῦτε, δαίμων κακός· ὄψει δέ με περὶ Φιλίππους." Τότε μὲν οὖν ὁ Βροῦτος εὐθαρσῶς, "Ὄψομαι" εἶπε, καὶ τὸ δαιμόνιον εὐθὺς ἐκποδὼν ἀπήει. 12. Τῷ δ' ἱκνουμένῳ χρόνῳ περὶ τοὺς Φιλίππους ἀντιταχθεὶς Ἀντωνίῳ καὶ Καίσαρι, τῇ μὲν πρώτῃ μάχῃ κρατήσας τὸ καθ' ἑαυτὸν ἐτρέψατο, καὶ διεξήλασε πορθῶν τὸ Καίσαρος στρατόπεδον, 13. τὴν δὲ δευτέραν αὐτῷ μάχεσθαι μέλλοντι φοιτᾷ τὸ αὐτὸ φάσμα τῆς νυκτὸς αὖθις, οὐχ ὥστε τι προσειπεῖν, ἀλλὰ συνεὶς ὁ Βροῦτος τὸ πεπρωμένον,

PLUTARCO: CÉSAR

quem recorreu durante sua vida, acompanhou-o mesmo depois de morto como vingador do assassinato, impelindo e perseguindo, por terra e por mar, os assassinos, até que não restasse nenhum deles, mas tivesse punido mesmo os que tinham de qualquer maneira participado do ato ou tinham tomado parte na decisão. 3. Mas o mais surpreendente dos fatos humanos foi o relativo a Cássio: vencido em Filipos, matou-se com aquele mesmo punhal que tinha usado contra César. 4. Entre os acontecimentos de ordem divina, houve o grande cometa, pois se mostrou resplandecente por sete noites, depois do assassinato de César, e em seguida desapareceu; houve também o obscurecimento da luz do sol. 5. Por todo aquele ano, de fato, o disco solar levantou-se pálido e sem seu brilho trepidante; e leve e tênue era o calor que dele descia, de sorte que o ar circulava obscuro e pesado, por causa da insuficiência do calor que o determinava, os frutos muracha-ram, meio amadurecidos e imperfeitos, e deterioraram-se em virtude do frio da atmosfera. 6. Mas sobretudo o fantasma aparecido a Bruto mostrou que o assassinato de César não tinha sido agradável aos deuses. Foi assim: 7. como ele estava prestes a fazer passar seu exército de Abido para o outro continente, repousava à noite sob a tenda, como estava habituado, sem dormir, mas pensando no futuro; 8. de fato, ele foi, dizem, entre os chefes militares aquele que menos dormia, e que por natureza permanecia desperto durante o mais longo tempo. 9. Pareceu-lhe ouvir um barulho na porta e, olhando para a luz da lâmpada que já declinava, teve uma visão terrível, a de um homem de estatura desmedida e de aspecto terrível. 10. Apavo-rado a princípio, quando viu que ele não fazia nada, mas ficava de pé em silêncio ao lado de seu leito, perguntou-lhe quem era. 11. Respondeu-lhe o fantasma: "Sou teu gênio mau, Bruto; tu me verás em Filipos". E então Bruto replicou corajosamente: "Ver-te-ei", e o espectro logo desapareceu. 12. Vindo então aquele momento em Filipos, tendo-se alinhado com seus soldados contra Antônio e César, ele foi vencedor na primeira batalha; pôs em fuga a parte dos adversários que estava à sua frente e dispersou-os, devastando o acampamento de César; 13. mas o mesmo fantasma apresen-tou-se-lhe novamente de noite, quando estava prestes a travar a segunda batalha; ele nada disse, mas Bruto compreendeu a sentença do destino

VIDAS DE CÉSAR

ἔρριψε φέρων ἑαυτὸν εἰς τὸν κίνδυνον. 14. Οὐ μὴν ἔπεσεν ἀγωνιζόμενος, ἀλλὰ τῆς τροπῆς γενομένης ἀναφυγὼν πρός τι κρημνῶδες, καὶ τῷ ξίφει γυμνῷ προσβαλὼν τὸ στέρνον, ἅμα καὶ φίλου τινὸς ὥς φασι συνεπιρρώσαντος τὴν πληγήν, ἀπέθανεν.

PLUTARCO: CÉSAR

e lançou-se rapidamente no perigo. 14. Entretanto, não caiu combatendo, mas, depois que ocorreu a fuga, refugiou-se num lugar escarpado e encostou o peito contra sua espada nua, enquanto – segundo dizem – um amigo o ajudou a tornar mais forte o golpe, e assim ele morreu.

Títulos correlatos na
Editora Estação Liberdade

Alexandre, o Grande, de Claude Mossé, 2004.
Júlio César, de Luciano Canfora, 2002.
Guerra Civil, de Caio Júlio César, 1999.
Péricles, de Claude Mossé (no prelo).

ESTE LIVRO FOI COMPOSTO EM GARAMOND
(TEXTO EM PORTUGUÊS E LATIM) E GENTIUM
(TEXTO EM GREGO) CORPO 11 POR 13, E
IMPRESSO SOBRE PAPEL OFF-SET 75 g/m^2
NAS OFICINAS DA BARTIRA GRÁFICA, SÃO
BERNARDO DO CAMPO - SP, EM MAIO DE 2007